Rotthowe · Schnittstellen-Management im Handel

SCHRIFTEN ZUR EDV-ORIENTIERTEN BETRIEBSWIRTSCHAFT

HERAUSGEGEBEN VON PROF. DR. A.-W. SCHEER

In den „Schriften zur EDV-orientierten Betriebswirtschaft" werden Beiträge aus Wissenschaft und Praxis veröffentlicht, die sich durch ausgeprägten Anwendungsbezug und hohes fachliches Niveau auszeichnen.

Thomas Rotthowe

Schnittstellen-Management im Handel

Eine Analyse der Informationsflüsse zwischen Warenwirtschaft und Rechnungswesen

GABLER

Die Deutsche Bibliothek - CIP-Einheitsaufnahme

Rotthowe, Thomas:
Schnittstellen-Management im Handel : eine Analyse der
Informationsflüsse zwischen Warenwirtschaft und Rechnungswesen
/ Thomas Rotthowe. - Wiesbaden : Gabler, 1998
(Schriften zur EDV-orientierten Betriebswirtschaft)
Zugl.: Münster, Univ., Diss., 1998
   ISBN 3-409-12326-1

D6 1998

Alle Rechte vorbehalten

© Betriebswirtschaftlicher Verlag Dr. Th. Gabler GmbH, Wiesbaden, 1998
Lektorat: Ute Wrasmann / Annegret Heckmann
Der Gabler Verlag ist ein Unternehmen der Bertelsmann Fachinformation GmbH.

Das Werk einschließlich aller seiner Teile ist urheberrechtlich geschützt. Jede Verwertung außerhalb der engen Grenzen des Urheberrechtsgesetzes ist ohne Zustimmung des Verlages unzulässig und strafbar. Das gilt insbesondere für Vervielfältigungen, Übersetzungen, Mikroverfilmungen und die Einspeicherung und Verarbeitung in elektronischen Systemen.

http://www.gabler-online.de

Höchste inhaltliche und technische Qualität unserer Produkte ist unser Ziel. Bei der Produktion und Ausliefe-rung unserer Bücher wollen wir die Umwelt schonen: Dieses Buch ist auf säurefreiem und chlorfrei gebleichtem Papier gedruckt.

Die Wiedergabe von Gebrauchsnamen, Handelsnamen, Warenbezeichnungen usw. in diesem Werk berechtigt auch ohne besondere Kennzeichnung nicht zu der Annahme, daß solche Namen im Sinne der Warenzeichen- und Markenschutz-Gesetzgebung als frei zu betrachten wären und daher von jedermann benutzt werden dürften.

Druck und Buchbinder: Rosch-Buch, Scheßlitz
Printed in Germany

ISBN 3-409-12326-1

Geleitwort

Eine zentrale Aufgabe der Wirtschaftsinformatik ist die Untersuchung der Frage, wie Organisations- und Softwaresystemgestaltung möglichst kongruent durchgeführt werden können. Die kontinuierliche Anpassung von Softwaresystemen an eine sich permanent ändernde Organisation muß wesentlich vereinfacht werden. Gerade für Handelsunternehmen, die aufgrund der Wettbewerbssituation zu einer hohen Flexibilität gezwungen sind, ist die Erreichung dieses Ziels von besonderer Bedeutung.

Im Zentrum der Arbeit von Thomas Rotthowe stehen Informationsflüsse zwischen dem Warenwirtschaftssystem und dem Rechnungswesensystem eine Handelsunternehmens. Die Darstellung erfolgt auf fachkonzeptueller Ebene, d. h. sie ist unabhängig davon, ob die Realisierung der Systeme als zwei oder mehrere große Blöcke erfolgt, als Komponenten, die über Workflow-Systeme gekoppelt sind, als einheitlicher Monolith oder über einen Client-/Server-Verteilungsmechanismus. Letztlich wird die technische Realisierung auch eher einem Wandel unterworfen sein als die grundsätzliche Struktur der Informationsflüsse. Die Auswirkungen von Handelsspezifika auf die Informationsflüsse werden detailliert untersucht, wie z. B. die Spannenberechnung, die Verrechnung zwischen Zentrale und Filiale, die Bewertung des Bestandes zu Verkaufspreisen oder die wertmäßige Bestandsführung (ohne Mengen) auf Warengruppenebene.

Vorbereitend geht Thomas Rotthowe auf Beschreibungstechniken zur Informationsflußanalyse aus den Disziplinen der Betriebswirtschaftslehre und der Informatik ein. Darauf aufbauend beschreibt er Gestaltungspotentiale für verschiedene Organisationsformen in mehrstufigen Handelsunternehmen, die sowohl die Einzelhandels- als auch die Großhandelsstufe umfassen. Dabei wird ein prozeßorientiertes Vorgehen bei der Organisationsgestaltung unterstellt, das in einen kontinuierlichen Verbesserungsprozeß eingebettet ist.

Zur Untermauerung der detaillierten Informationsflußbeschreibungen wurden im Vorfeld der Arbeit Gespräche mit DV-Leitern und Rechnungswesen-Verantwortlichen geführt. Die Verbindung von Organisations- und Informationssystemgestaltung erfolgt unter Verwendung der Methoden der Informationsmodellierung, die es erlaubt, Informationssysteme für die Anwendungsdomäne der Warenwirtschaft und des Rechnungswesens im Handel ganzheitlich zu analysieren. Für die betriebliche Praxis ist so ein Instrumentarium erarbeitet worden, das sowohl für die Organisations- als auch für die Informationssystemgestaltung einsetzbar ist.

Jörg Becker

Vorwort

Die Idee zu dieser Arbeit entstand während meiner Tätigkeit am Institut für Wirtschaftsinformatik der Westfälischen Wilhelms-Universität Münster. Viele in der Literatur diskutierte Konzepte wie vollständig integrierte Informationssysteme, Efficient Consumer Response, etc., finden sich in der Praxis gar nicht oder zumindest nur in Ansätzen wieder. Aus diesem Grunde habe ich mich mit diesem Themenbereich aus einer Wirtschaftsinformatik-typischen, weil pragmatischen Herangehensweise, beschäftigt. Am Institut für Wirtschaftsinformatik, Lehrstuhl für Wirtschaftsinformatik und Informationsmanagement, wurde mir insbesondere durch meine Kollegen ein konstruktives Umfeld zum regelmäßigen Erfahrungs- und Gedankenaustausch geboten, das meine Arbeit wesentlich geprägt hat.

Zu großem Dank verpflichtet bin ich meinem akademischen Lehrer und Doktorvater, Herrn Prof. Dr. Jörg Becker, nicht nur für die vielen konstruktiven Hinweise in fachlicher Hinsicht, sondern auch für die Unterstützung bei der Auseinandersetzung mit der Bürokratie der Universitätsverwaltung. Herrn Prof. Dr. Heinz Lothar Grob danke ich sehr herzlich für die Übernahme des Zweitgutachtens.

Für wertvolle Hinweise und fruchtbare Diskussionen möchte ich mich ganz besonders bei meinem Freund und Kollegen Dr. Reinhard Schütte bedanken, der trotz eigener hoher Arbeitsbelastung immer eine offene Tür für meine Fragen und Probleme hatte. Darüber hinaus danke ich Dr. Michael Rosemann und Dr. David Schüppler für kritische Anmerkungen und ihre Unterstützung bei der Durchsicht des Manuskripts.

Mein Dank geht auch an die Interviewpartner aus den Handelsunternehmen, namentlich Frau Vallböhmer, Herrn Funke, Herrn Kleist, Herrn König, Herrn Moog, Herrn Dr. Michael Pietsch, Herrn Riemer, Herrn Schulte, Herrn Schwarz, Herrn Stein, Herrn Vielhaber, Herrn Wettlaufer und Herrn Zientek.

Ebenfalls bedanken möchte ich mich bei Katja Kümmel, Volker Auhagen, Clemes Pelster und Marcel Strogies, die mir mit großem persönlichen Engagement bei der Literaturrecherche und der Erstellung von Grafiken behilflich waren. Olaf Glöckner gebührt mein Dank für die langwierige, akribisch durchgeführte Korrektur der Endfassung.

Meinen Eltern möchte ich an dieser Stelle ein ganz besonderes Dankeschön sagen. Sie mußten in vielen Dingen kürzertreten, um mir meine Ausbildung zu ermöglichen, und sie haben mich immer wieder zum Durchhalten motiviert. Aus diesem Grunde widme ich ihnen diese Arbeit.

Last but not least möchte ich meiner Freundin Stephanie Hörl von Herzen danken, die trotz eigenem Examens- und Dissertationsstreß nicht nur die Arbeit sprachlich wesentlich verbessert hat, sondern die Höhen und insbesondere die Tiefen meiner Diss-Zeit geduldig miterlebt hat und mich immer wieder aufgebaut hat.

Thomas Rotthowe

Inhaltsverzeichnis

Abbildungsverzeichnis	XIII
Tabellenverzeichnis	XVII
Abkürzungsverzeichnis	XIX

1 Informationsflußanalyse als Voraussetzung für die effiziente
  Informationssystemgestaltung im Handel 1
  1.1 Problemstellung 1
  1.2 Zielsetzung der Arbeit 2
  1.3 Aufbau der Arbeit 3

2 Begriffliche Grundlagen 5
  2.1 Typen und Merkmale mehrstufiger Handelssysteme 5
  2.2 Die Warenwirtschaft und das Rechnungswesen im mehrstufigen Handel 9
    2.2.1 Begriffliche Grundlagen der Warenwirtschaft und des
        Warenwirtschaftssystems 9
      2.2.1.1 Definition 9
      2.2.1.2 Ziele und Aufgaben von Warenwirtschaftssystemen 14
    2.2.2 Begriffliche Grundlagen des Rechnungswesens 23
      2.2.2.1 Definition 23
      2.2.2.2 Ziele und Aufgaben des externen Rechnungswesen 24
    2.2.3 Abgrenzung zu anderen Handelsinformationssystemen 29
  2.3 Integrierte Informationsverarbeitung und Schnittstellengestaltung 33
    2.3.1 Integration als Zustand und Vorgang 35
    2.3.2 Schnittstellen als Konsequenz der Subsystembildung 36
    2.3.3 Dimensionen der integrierten Informationsverarbeitung 39
      2.3.3.1 Unterscheidung nach dem Anwendungsbereich der Integration 40
      2.3.3.2 Unterscheidung nach dem Integrationsgegenstand 41
      2.3.3.3 Unterscheidung nach der Integrationsrichtung 45
      2.3.3.4 Unterscheidung nach der Integrationsreichweite 46
    2.3.4 Nutzenpotentiale und Probleme der Integration
        von Informationssystemen 51
      2.3.4.1 Generelle Nutzenpotentiale der Integration 51
      2.3.4.2 Nutzenpotentiale der Integration innerhalb der Warenwirtschaft 52
      2.3.4.3 Nutzenpotentiale der Integration von Informationssystemen
              der Warenwirtschaft und des Rechnungswesens 53
      2.3.4.4 Probleme der Integration 55

3 Innerbetriebliches Schnittstellen-Management von Informationsflüssen 57
  3.1 Innerbetriebliches Schnittstellen-Management (ISM) 57
  3.2 Zwecke der Informationsflußanalyse innerhalb des ISM 59
    3.2.1 Der Begriff des Informationsflusses 59
    3.2.2 Zwecke der Informationsflußanalyse 61

3.3	Beschreibungskonzepte zur Informationsflußanalyse	63
3.3.1	Informatik-orientierte Methoden	64
3.3.2	Betriebswirtschaftlich-orientierte Methoden	72
3.3.3	Informationsflußmodelle i. e. S.	77
	3.3.3.1 Einordnung	77
	3.3.3.2 Methoden zur Darstellung des Informationsflusses innerhalb der Steuerungssicht der ARIS-Architektur	79
3.3.4	Existierende Referenzinformationsflußmodelle	81
	3.3.4.1 Anwendungssystemspezifische Referenzinformationsflußmodelle	82
	3.3.4.2 Industriespezifische Referenzinformationsflußmodelle	84
	3.3.4.3 Handelsspezifische Referenzinformationsflußmodelle	88
3.4 Auswahl der verwendeten Methode		92
3.4.1	Gegenüberstellung der vorgestellten Methoden	92
3.4.2	Darstellungsform und Metamodell der verwendeten Informationsflußmodelle	96
3.5 Ableitung der Informationsflüsse aus dem Handels-Referenzmodell		100
3.5.1	Ableitung aus den Informationsflußmodellen	100
3.5.2	Ableitung der Informationsflüsse aus den Datenmodellen	101
3.5.3	Ableitung aus dem Prozeßmodell	103
3.6 Merkmale zur Klassifikation und Bewertung von Informationsflüssen		108
3.6.1	Auswahl von Merkmalen	108
3.6.2	Inhalt des Informationsflusses	109
3.6.3	Wertigkeit des Informationsflusses	110
3.6.4	Form des Informationsflusses	113
3.6.5	Abhängigkeiten zwischen den Merkmalen	116
3.6.6	Bezug zum Integrationsgrad des Informationsflusses	116

4 Informationsflüsse zwischen Warenwirtschaft und Rechnungswesen im mehrstufigen Handel — 118

4.1 Auswahl der Szenarios und Informationsflüsse		118
4.1.1	Das Handels-H-Modell als Ordnungsrahmen für die Informationsflußanalyse	118
4.1.2	Organisationsformen von mehrstufigen Handelssystemen	119
	4.1.2.1 WWS bei zentraler Organisation	123
	4.1.2.2 WWS bei zentraler/dezentraler Organisation	124
	4.1.2.3 WWS bei dezentraler Organisation	125
4.1.3	DV-technische Alternativen in der dezentralen Einheit	127
	4.1.3.1 Keine DV-Anbindung	128
	4.1.3.2 Reines POS-System	128
	4.1.3.3 Kombination von Filial-Warenwirtschaftssystem und POS-System	129
	4.1.3.4 Remote-Anbindung	131
4.1.4	Typisierung der Organisationsformen und deren DV-Unterstützung	131
4.1.5	Auswahl der Informationsflüsse	134

4.2 Informationsflüsse des Beschaffungsprozesses 136
    4.2.1 Informationsfluß im Rahmen der Stammdatenverwaltung 137
        4.2.1.1 Informationsfluß innerhalb der Zentrale 137
        4.2.1.2 Informationsfluß zwischen Filiale und Zentrale 143
    4.2.2 Informationsfluß zwischen Disposition und Wareneingang sowie innerhalb des Wareneingangs 151
        4.2.2.1 Informationsfluß von der Zentrale zur Filiale 153
        4.2.2.2 Informationsfluß von der Filiale zur Zentrale 155
    4.2.3 Informationsfluß zwischen Wareneingang und Rechnungsprüfung 158
        4.2.3.1 Informationsfluß innerhalb der Zentrale 159
        4.2.3.2 Informationsfluß von der Filiale zur Zentrale 160
        4.2.3.3 Informationsfluß von der Zentrale zur Filiale 162
    4.2.4 Informationsfluß zwischen Wareneingang und Hauptbuchhaltung 163
    4.2.5 Informationsfluß zwischen Rechnungsprüfung und Kreditorenbuchhaltung 169
    4.2.6 Informationsfluß zwischen Rechnungsprüfung und Hauptbuchhaltung 178
    4.2.7 Informationsfluß zwischen Kreditorenbuchhaltung und Hauptbuchhaltung 182
        4.2.7.1 Informationsfluß von der Hauptbuchhaltung zur Kreditorenbuchhaltung 183
        4.2.7.2 Informationsfluß von der Kreditorenbuchhaltung zur Hauptbuchhaltung 186
    4.2.8 Informationsfluß bei der Abwicklung nachträglicher Vergütungen 188
4.3 Informationsflüsse des Distributionsprozesses 194
    4.3.1 Informationsfluß zwischen Verkauf und Debitorenbuchhaltung 196
        4.3.1.1 Informationsfluß von der Zentrale zur Filiale 196
        4.3.1.2 Informationsfluß von der Filiale zur Zentrale 198
    4.3.2 Informationsfluß zwischen Warenausgang und Fakturierung 200
    4.3.3 Informationsfluß zwischen Warenausgang und Hauptbuchhaltung 205
    4.3.4 Informationsfluß zwischen Fakturierung und Debitorenbuchhaltung 211
    4.3.5 Informationsfluß zwischen Fakturierung und Hauptbuchhaltung 213
        4.3.5.1 Informationsfluß zwischen Filiale und Zentrale 214
        4.3.5.2 Die Umsatzsteuerberechnung als besondere Problematik im Einzelhandel 218
    4.3.6 Informationsfluß zwischen Debitorenbuchhaltung und Hauptbuchhaltung 225
        4.3.6.1 Informationsfluß von der Hauptbuchhaltung zur Debitorenbuchhaltung 226
        4.3.6.2 Informationsfluß von der Debitorenbuchhaltung zur Hauptbuchhaltung 228
    4.3.7 Informationsfluß bei der Leergutabwicklung 230
    4.3.8 Informationsfluß auf der Großhandelsstufe 233
        4.3.8.1 Informationsfluß zwischen Verkauf und Debitorenbuchhaltung 234
        4.3.8.2 Informationsfluß zwischen Warenausgang und Fakturierung 236
        4.3.8.3 Informationsfluß zwischen Warenausgang und Hauptbuchhaltung 240
        4.3.8.4 Informationsfluß zwischen Fakturierung und Debitorenbuchhaltung 244

4.3.8.5 Informationsfluß zwischen Fakturierung und Hauptbuchhaltung		249
4.3.9 Spannenberechnung		252
5 Zusammenfassung und Ausblick		256
Literaturverzeichnis		259
Anhang		289

Abbildungsverzeichnis

Abb. 1.1:	Einordnung der Arbeit in die Wirtschaftsinformatik	3
Abb. 1.2:	Aufbau der Arbeit	4
Abb. 2.1:	Merkmale zur Charakterisierung von Handelsbetrieben	6
Abb. 2.2:	Struktur von Filialunternehmen und Freiwilliger Kette	7
Abb. 2.3:	Struktur mehrstufiger Handelsunternehmen	8
Abb. 2.4:	Der Waren- und Informationsfluß im System Handelsbetrieb	10
Abb. 2.5:	Interne und externe Integration von CWWS	13
Abb. 2.6:	Zielhierarchie eines Handelsunternehmens	15
Abb. 2.7:	Die vier Teilbereiche des WWS nach EBERT	16
Abb. 2.8:	Der Kreislauf eines geschlossenen Warenwirtschaftssystems	17
Abb. 2.9:	Das Handels-H-Modell	18
Abb. 2.10:	Die Anwendungssysteme der Nebenbücher im externen Rechnungswesen	26
Abb. 2.11:	Datenmodell Lieferant/Kreditoren	27
Abb. 2.12:	Einordnung von WWS und externem Rechnungswesen innerhalb der Handelsinformationssysteme	32
Abb. 2.13:	Kontinuum der integrierten Informationsverarbeitung	34
Abb. 2.14:	Zusammenhang von Integrationszustand und -vorgang	36
Abb. 2.15:	Typisierung von Schnittstellen	38
Abb. 2.16:	Ausprägungen der integrierten Informationsverarbeitung	39
Abb. 2.17:	Ausprägungen des Integrationsgegenstandes	42
Abb. 2.18:	Integrationsgrade der Datenintegration	43
Abb. 2.19:	Integrationsgegenstand und Schnittstellenrealisierung	45
Abb. 2.20:	Horizontale und vertikale Integration von Handelsinformationssystemen	46
Abb. 2.21:	Dimensionen der Integrationsreichweite	47
Abb. 2.22:	Schnittstellen im Handelsunternehmen	50
Abb. 2.23:	Integrationsreichweite und Schnittstellenumfang	51
Abb. 2.24:	Kosten und Nutzen in Abhängigkeit vom Integrationsgrad	54
Abb. 3.1:	Exemplarische Informationsbeziehungen zwischen Funktionsbereichen	58
Abb. 3.2:	Verhältnis von Wissen - Information - Daten	59
Abb. 3.3:	SADT-Diagrammtypen	65
Abb. 3.4:	Beispiel einer HIPO-Strukturübersicht	66
Abb. 3.5:	Beispiel eines HIPO-Detaildiagramms	66
Abb. 3.6:	Anwendungsfalldiagramm Beschaffung	67
Abb. 3.7:	Interaktionsdiagramme	69
Abb. 3.8:	Datenflußdiagramm	70
Abb. 3.9:	Elemente der Datenflußdiagramme	71
Abb. 3.10:	Ein-/Ausgabe-Matrix	73
Abb. 3.11:	Kommunikationsdiagramm in Dreiecksform	74
Abb. 3.12:	Beispiele für DFP und PAP	76
Abb. 3.13:	Einordnung in die ARIS-Architektur	78
Abb. 3.14:	Detaillierung einer EPK durch ein Funktionszuordnungsdiagramm	79
Abb. 3.15:	Erweiterung der EPK um Input-/Outputdaten	80
Abb. 3.16:	Informationsflußdiagramm mit Verbindung zur Datensicht	81
Abb. 3.17:	R/3-Anwendungsbeispiel der Informationsflußsicht	83
Abb. 3.18:	Darstellung der Informationsflüsse im Business Navigator des R/3-Systems	84

Abb. 3.19:	Beispiel der Interdependenzen der Fertigungssteuerung	87
Abb. 3.20:	Die Geschäftsprozesse in der RAA	88
Abb. 3.21:	Auszug aus dem Retail Store Business Area Functional Scope	90
Abb. 3.22:	Auszug aus dem Retail Store Business Area Context Data Flow Diagram	90
Abb. 3.23:	Informationsflußmodell Rechnungsprüfung des Handelsreferenzmodells	91
Abb. 3.24:	Informationsflußmodell	97
Abb. 3.25:	Metamodell des Informationsflußmodells	99
Abb. 3.26:	Verbindung der Datensicht (Struktur) und der Prozeßsicht (Verhalten) durch das Prozeßobjekt	101
Abb. 3.27:	Beziehungen der Informationsobjekte im Handels-H-Modell	102
Abb. 3.28:	Prozeßwegweiser in der EPK	103
Abb. 3.29:	Modellierung des Kontroll-/Informationsflusses an Prozeßübergängen	104
Abb. 3.30:	Explikation des Informationsflusses zwischen dem Prozeß Rechnungsprüfung und dem Prozeß Zahlungsausgangsbuchung	105
Abb. 3.31:	Explikation des Informationsflusses zwischen dem Prozeß Warenbewertung und dem Prozeß Bestandsbuchung	106
Abb. 3.32:	Prozeßmodell Rechnungserfassung	107
Abb. 3.33:	Spezialisierung der Informationsflußmerkmale	109
Abb. 3.34:	Exemplarische Aggregationsebenen	115
Abb. 4.1:	Bestimmungsfaktoren zur (De-)Zentralisation der Organisationsform	121
Abb. 4.2:	Funktionsverteilung des WWS im zentral organisierten Handelsunternehmen	124
Abb. 4.3:	Funktionsverteilung des WWS im zentral/dezentral organisierten Handelsunternehmen	125
Abb. 4.4:	Funktionsverteilung des WWS im dezentral organisierten Handelsunternehmen	126
Abb. 4.5:	Verhältnis von zentralem HIS und dezentralem System	127
Abb. 4.6:	Überblick über die Informationsabläufe zwischen Zentrale und Filiale bei einer Kombination von POS-System und FWWS	130
Abb. 4.7:	Informationsaustausch zwischen den Marktpartnern	134
Abb. 4.8:	Informationsflußmodell Stammdaten innerhalb der Zentrale	137
Abb. 4.9:	Exemplarische Ableitung von Kontierungsinformationen im R/3-System	142
Abb. 4.10:	Informationsflußmodell Stammdaten zwischen Filiale und Zentrale	144
Abb. 4.11:	Funktionsbereiche beim Checkout im klassischen Einzelhandel	145
Abb. 4.12:	Funktionsbereiche beim Checkout im Einzelhandel mit Kundenkarten	146
Abb. 4.13:	Informationsflußmodell Disposition - Wareneingang	153
Abb. 4.14:	Informationsflußmodell Wareneingang - Rechnungsprüfung	159
Abb. 4.15:	Unidirektionale Schnittstelle WWS - Rechnungswesen	163
Abb. 4.16:	Informationsflußmodell Wareneingang - Hauptbuchhaltung	164
Abb. 4.17:	Ermittlung der Buchungszeilen zur Warenbestandsbuchung	166
Abb. 4.18:	Informationsflußmodell Rechnungsprüfung - Kreditorenbuchhaltung	171
Abb. 4.19:	Informationen aus einer Lieferantenrechnung	172
Abb. 4.20:	Informationsflußmodell Rechnungsprüfung - Hauptbuchhaltung	179
Abb. 4.21:	Informationsflußmodell Kreditorenbuchhaltung - Hauptbuchhaltung	183
Abb. 4.22:	Datenmodell zur Kontenstruktur der Hauptbuchhaltung	184
Abb. 4.23:	Prozeßmodell Zahlungsausgang	186

Abb. 4.24:	Buchungssätze beim Zahlungsausgleich	187
Abb. 4.25:	Interdependenzen der Abwicklung nachträglicher Vergütungen mit anderen betrieblichen Funktionsbereichen	189
Abb. 4.26:	Buchungsinformationen zu den nachträglichen Vergütungen	191
Abb. 4.27:	Belegfluß im Einzelhandel	195
Abb. 4.28:	Informationsflußmodell Verkauf - Debitorenbuchhaltung	196
Abb. 4.29:	Informationsflußmodell Warenausgang - Fakturierung	200
Abb. 4.30:	Entwicklung der Scannerinstallationen in Deutschland von 1977-1996	201
Abb. 4.31:	Die größten Anwender von Scannerkassen im Handel in Deutschland	202
Abb. 4.32:	Belegflüsse vom Warenausgang zur Hauptbuchhaltung	206
Abb. 4.33:	Informationsflußmodell Warenausgang - Hauptbuchhaltung	207
Abb. 4.34:	Exemplarischer Tages-Kassenbericht eines Nicht-Scannermarktes	208
Abb. 4.35:	Informationsflußmodell Fakturierung - Debitorenbuchhaltung	212
Abb. 4.36:	Informationsflußmodell Fakturierung - Hauptbuchhaltung	214
Abb. 4.37:	Beispiel für das Verfahren der tatsächlichen und üblichen Aufschläge	220
Abb. 4.38:	Beispiel für die Anwendung des gewogenen Durchschnittsaufschlags	221
Abb. 4.39:	Beispiel für die Berechnung im Rahmen des Monatsabschlusses	224
Abb. 4.40:	Informationsflußmodell Debitorenbuchhaltung - Hauptbuchhaltung	226
Abb. 4.41:	Übersicht über die Logistikprozesse beim Leergut	230
Abb. 4.42:	Belegfluß im Distributionsprozeß des Großhandels	233
Abb. 4.43:	Informationsflußmodell Verkauf - Debitorenbuchhaltung im Großhandel	234
Abb. 4.44:	Informationsflußmodell Warenausgang - Fakturierung	237
Abb. 4.45:	Informationsflußmodell Warenausgang - Hauptbuchhaltung im Großhandel	240
Abb. 4.46:	Ableitung des Informationsflusses Bestandsminderung aus dem Prozeßmodell Kommissionierung	241
Abb. 4.47:	Informationsflußmodell Fakturierung - Debitorenbuchhaltung im Großhandel	244
Abb. 4.48:	Exemplarische Einzel- und Sammelfaktura	245
Abb. 4.49:	Informationsflußmodell Fakturierung - Hauptbuchhaltung im Großhandel	249

Tabellenverzeichnis

Tab. 2.1:	Funktionen von WWS und externem Rechnungswesen	30
Tab. 2.2:	Anwendungsbereiche der Integration	41
Tab. 2.3:	Überschneidung von Integrationsdimensionen	48
Tab. 3.1:	Tabellendarstellung der CIM-Schnittstellen Vertrieb	86
Tab. 3.2:	Charakterisierung der informatik-orientierten Methoden	93
Tab. 3.3:	Charakterisierung der betriebswirtschaftlich-orientierten Methoden	94
Tab. 3.4:	Ausprägungen des Merkmals Informationsflußinhalt	110
Tab. 3.5:	Ausprägungen des Merkmals Informationsflußwertigkeit	113
Tab. 3.6:	Ausprägungen des Merkmals Informationsflußform	115
Tab. 4.1:	Strukturmerkmale der Szenarios	133
Tab. 4.2:	Übersicht über die analysierten Informationsflüsse	135
Tab. 4.3:	Details des Informationsflusses Lieferantenstammdaten innerhalb der Zentrale	140
Tab. 4.4:	Details des Informationsflusses Abnehmerstammdaten innerhalb der Zentrale	141
Tab. 4.5:	Details des Informationsflusses Artikelstammdaten zur Filiale	147
Tab. 4.6:	Details des Informationsflusses Abnehmerstammdaten zur Filiale	148
Tab. 4.7:	Details des Informationsflusses Preisänderungen/Artikelstammdaten zur Zentrale	151
Tab. 4.8:	Details des Informationsflusses im Wareneingang von der Zentrale zur Filiale	155
Tab. 4.9:	Details des Informationsflusses vom Wareneingang Filiale zur Zentrale	157
Tab. 4.10:	Details des Informationsflusses Wareneingang zur Rechnungsprüfung	161
Tab. 4.11:	Details des Informationsflusses Rechnungsprüfung zur Filiale	162
Tab. 4.12:	Details des Informationsflusses Bestandszugang zwischen Wareneingang und Hauptbuchhaltung	167
Tab. 4.13:	Details der Informationsflüsse Inventurdaten und Abgrenzungen zur Zentrale	169
Tab. 4.14:	Die Verwendung der Informationen aus der Rechnung in den Funktionsbereichen	173
Tab. 4.15:	Details des Informationsflusses Rechnungsübergabe von der Rechnungsprüfung zur Kreditorenbuchhaltung	177
Tab. 4.16:	Details des Informationsflusses Bestandszugang zwischen Rechnungsprüfung und Hauptbuchhaltung	180
Tab. 4.17:	Details des Informationsflusses Anlagenzugang von der Rechnungsprüfung zur Hauptbuchhaltung	181
Tab. 4.18:	Details des Informationsflusses Zahlungseingang von der Haupt- zur Kreditorenbuchhaltung	185
Tab. 4.19:	Details des Informationsflusses Zahlungsausgang von der Kreditoren- zur Hauptbuchhaltung	188
Tab. 4.20:	Details des Informationsflusses im Rahmen der Abwicklung nachträglicher Vergütungen	194
Tab. 4.21:	Details des Informationsflusses von der Debitorenbuchhaltung zum Verkauf Filiale	197
Tab. 4.22:	Details des Informationsflusses vom Verkauf Filiale zur Debitorenbuchhaltung	199

Tab. 4.23:	Details des Informationsflusses vom Warenausgang Filiale zur Fakturierung	204
Tab. 4.24:	Details des Informationsflusses zwischen Warenausgang Filiale und Hauptbuchhaltung	210
Tab. 4.25:	Details des Informationsflusses von der Fakturierung der Filiale zur Debitorenbuchhaltung	213
Tab. 4.26:	Details des Informationsflusses Warenverkäufe zwischen Fakturierung und Hauptbuchhaltung	217
Tab. 4.27:	Beispieltabelle zur Ermittlung des Umsatzanteils pro Warengruppe und Steuersatz	223
Tab. 4.28:	Details des Informationsflusses von der Fakturierung zur Hauptbuchhaltung im Rahmen der Umsatzsteuerumrechnung	225
Tab. 4.29:	Details des Informationsflusses von der Haupt- zur Debitorenbuchhaltung	228
Tab. 4.30:	Details des Informationsflusses von der Debitoren- zur Hauptbuchhaltung	229
Tab. 4.31:	Informationsflüsse bei der Leergutabwicklung	232
Tab. 4.32:	Details des Informationsflusses zwischen Verkauf und Debitorenbuchhaltung im Großhandel	235
Tab. 4.33:	Details des Informationsflusses zwischen Warenausgang und Fakturierung im Großhandel	238
Tab. 4.34:	Details des Informationsflusses zwischen Warenausgang und Hauptbuchhaltung im Großhandel	243
Tab. 4.35:	Informationen aus dem Fakturabeleg für die Positionen des Buchungsbeleges im Rechnungswesen	245
Tab. 4.36:	Details des Informationsflusses von der Fakturierung zur Debitorenbuchhaltung im Großhandel	248
Tab. 4.37:	Details des Informationsflusses von der Fakturierung zur Hauptbuchhaltung im Großhandel	251
Tab. 4.38:	Berechnung des Wareneinsatzes bei unterschiedlichen Szenarios	254
Tab. 4.39:	Details des Informationsflusses Wareneinsatzbuchung	255
Tab. A.1:	Charakteristika der interviewten Firmen - Teil 1	293
Tab. A.2:	Charakteristika der interviewten Firmen - Teil 2	294
Tab. A.3:	Charakteristika der interviewten Firmen - Teil 3	295
Tab. B.1:	Informationsflußinhalte des Gesamtmodells	298
Tab. B.2:	Gesamtinformationsflußmodell	299

Abkürzungsverzeichnis

a. a. O.	am angegebenen Ort
Abb.	Abbildung
Abs.	Absatz
Abt.	Abteilung
abw.	abweichender
AktG	Aktiengesetz
Anm. d. V.	Anmerkung des Verfassers
AO	Abgabenordnung
ARIS	Architektur für integrierte Informationssysteme
Art.	Artikel
bbn	Bundeseinheitliche Betriebsnummer
BGB	Bürgerliches Gesetzbuch
BGBl	Bundesgesetzblatt
BSP	Business Systems Planning
Buchst.	Buchstabe
bez.	bezüglich
CAS	Computer Aided Selling
CASE	Computer Aided Software Engineering
CCG	Centrale für Coorganisation
CIM	Computer Integrated Manufacturing
CM	Category Management
CMS	Cash-Management-System
CWWS	computergestütztes Warenwirtschaftssystem
d. h.	das heißt
DBW	Die Betriebswirtschaft (Zeitschrift)
DFD	Datenflußdiagramm, data flow diagram
DFP	Datenflußplan
DFÜ	Datenfernübertragung
DIN	Deutsches Institut für Normung
Diss.	Dissertation
DM	Deutsche Mark
EAN	Europäische Artikelnumerierung
EANCOM	EAN-Communications
ECR	Efficient Consumer Response
EDI	Electronic Data Interchange
EDIFACT	Electronic Data Interchange for Administration, Commerce and Transport
EDV	Elektronische Datenverarbeitung
EFTPOS	Electronic Funds Transfer at the Point of Sale
EK	Einkaufspreis
EPK	Ereignisgesteuerte Prozeßkette
erm.	ermäßigter
EStR	Einkommensteuer-Richtlinie
et al.	et alii
e.V.	eingetragener Verein
f.	folgende
ff.	fortfolgende

FWWS	Filial-Warenwirtschaftssystem
ggf.	gegebenenfalls
GI	Gesellschaft für Informatik
GLD	Gleitender Durchschnittspreis
GoM	Grundsätze ordnungsmäßiger Modellierung
HGB	Handelsgesetzbuch
HIPO	Hierarchy of Input-Process-Output
Hrsg.	Herausgeber
HWGR	Hauptwarengruppe(n)
i. d. R.	in der Regel
IDS	Gesellschaft für integrierte Datenverarbeitungssysteme mbH
i. e.	id est
i. e. S.	im engen Sinne, im engeren Sinne
ILN	Internationale Lokationsnummer
IM	Information Management (Zeitschrift)
IS	Informationssystem
ISM	Innerbetriebliches Schnittstellen-Management
ISO	International Standardization Organization
IuK, IKS	Informations- und Kommunikationssysteme
IV-System	Informationsverarbeitungssystem
i. w. S.	im weiten Sinne, im weiteren Sinne
Jg.	Jahrgang
Kap.	Kapitel
LEH	Lebensmitteleinzelhandel
Lifo	Last in – first out
LS	Lieferschein
LVP	Ladenverkaufspreis
M.	Main
m&c	management & computer (Zeitschrift)
m. E.	meines Ermessens
MADAKOM	Marktdatenkommunikation
MDE	Mobile Datenerfassung
MHD	Mindesthaltbarkeitsdatum
Mill.	Millionen
Mrd.	Milliarden
MTV	Mehrwegtransportverpackung
MwSt.	Mehrwertsteuer
Nr.	Nummer
NVG	Nachträgliche Vergütungen
o. ä.	oder ähnliches, oder ähnlichem
OCR	Optical Character Recognition
o. Jg.	ohne Jahrgang
o. O.	ohne Ort
o. V.	ohne Verfasser
OWGR	Oberwarengruppe
PAP	Programmablaufplan
PC	Personal Computer
PLU	Price-Look-up
POS	Point of Sale

Pos.	Position, Positions-
QR	Quick Response
resp.	respektive
RGH	Rationalisierungs-Gemeinschaft des Handels beim RKW e.V.
RKW	Rationalisierungs-Kuratorium der deutschen Wirtschaft
RW	Rechnungswesen
S.	Seite
SA	Structured Analysis
SA/RT	Structured Analysis / Real Time Analysis
SCM	Supply Chain Management
SDS	SEDAS-Daten-Service
SEDAS	Standardregelungen einheitlicher Datenaustauschsysteme
SEH	Selbständige(r) Einzelhändler
SERM	Strukturiertes Entity-Relationship-Model
SINFOS	SEDAS-Informationssatz
sog.	sogenannte(r)
Sp.	Spalte
SzU	Schriften zur Unternehmensführung
Tab.	Tabelle
THM	Transporthilfsmittel
u. a.	und andere, unter anderem
UML	Unified Modeling Language
unabh.	unabhängiger
UPC	Universal Product Code
UStG	Umsatzsteuergesetz
UStDV	Umsatzsteuer-Durchführungsverordnung
USt-RiL	Umsatzsteuer-Richtlinie
usw.	und so weiter
u. U.	unter Umständen
UN	United Nations
VK	Verkaufspreis
vs.	versus
WE/RE-Konto	Wareneingang-/Rechnungseingang-Verrechnungskonto
WGR	Warengruppe(n)
WiSt	Wirtschaftswissenschaftliches Studium (Zeitschrift)
WISU	Das Wirtschaftsstudium (Zeitschrift)
WKZ	Werbekostenzuschüsse
WMS	Workflow-Management-System
WWS	Warenwirtschaftssystem, Warenwirtschaftssysteme
z. B.	zum Beispiel
ZfB	Zeitschrift für Betriebswirtschaft
zfbf	Zeitschrift für betriebswirtschaftliche Forschung
ZfP	Marketing - Zeitschrift für Forschung und Praxis
zfo	Zeitschrift für Führung und Organisation
z. T.	zum Teil
ZuO	Zuordnung
ZwF	Zeitschrift für wirtschaftliche Fertigung und Automatisierung

1 Informationsflußanalyse als Voraussetzung für die effiziente Informationssystemgestaltung im Handel

1.1 Problemstellung

Informationstechnologie wird vor dem Hintergrund aktueller Wettbewerbsentwicklungen als Enabler und wichtiger Potentialfaktor eingeschätzt, der u. a. die Gestaltung unternehmensübergreifender Wertschöpfungsketten fördert.[1] Der Einsatz moderner Informations- und Kommunikationssysteme ermöglicht eine betriebsübergreifende Vernetzung der Hersteller, des Handels und der Serviceanbieter, die bisher im Handel vernachlässigt wurden. Aktuell diskutierte Konzepte wie Efficient Consumer Response (ECR)[2] setzen als organisatorische Konsequenz die Integration der innerbetrieblichen Prozeßketten voraus.[3]

Die interne Integration stellt jedoch insbesondere in mehrstufigen Handelsunternehmen ein großes Problem dar, weil Interdependenzen auf verschiedenen Stufen der Wertschöpfungskette bestehen. Mithin sind Informations- und Warenflüsse zwischen einer Zentrale, regionalen Niederlassungen, Distributionszentren und den Filialen bzw. Abnehmern in verschiedenen Vertriebsschienen zu unterstützen. Während Warenwirtschaftssysteme auf der Großhandelsstufe bereits weit entwickelt sind, wird das in dezentralen Einheiten (Filiale) vorhandene Einsatzpotential noch nicht ausgeschöpft.[4] Zu den Problembereichen gehört die Kopplung von heterogenen Warenwirtschaftssystemen der unterschiedlichen Vertriebsschienen und Betriebstypen, die von einfachen Kassensystemen bis zu integrierten Filial-Warenwirtschaftssystemen reichen können, aber auch die Anbindung der Systeme für das externe Rechnungswesen und das Controlling.[5]

Diese Probleme sind deshalb gravierend, weil mehrstufige Handelsunternehmen aufgrund der Konzentrations- und Systembildungsprozesse der letzten Jahre die dominierende Organisationsform in der deutschen Handelslandschaft darstellen.[6] Insbesondere für diese Unternehmen stellt die Verbindung von regional verteilten, heterogenen Informationssystemen innerhalb des Handelssystems und zu den Marktpartnern eine komplexe Aufgabe dar, die wissenschaftlich noch nicht erschöpfend betrachtet worden ist.

---

[1] Vgl. Becker, Schütte (HIS) (1997), S. 343 f.; Hoffmann (1995); Hotch (1992).

[2] Vgl. zu ECR Wiezorek (1998); von der Heydt (1997); Kalmbach (1997); Klein, Lachhammer (1996); Töpfer (1995); Zentes (1994); zu Praxisberichten vgl. Eierhoff (1998); Ritter (1996), S. 25 ff.; Hallier (1992), S. 113-116.

[3] Vgl. Bruhn, Weber (1996), S. 404; Becker, Schütte (1996), S. 447 f.; Zentes (1991); Petri (1990), S. 4 f.

[4] Vgl. Prüssing (1997), Hertel (1997), S. 56 ff.; Hertel (1995), S. 30. Die vorliegende Arbeit wurde durch mehrere Projekte bei mehrstufigen Handelsunternehmen und zahlreiche Gespräche mit Experten motiviert. Eine Übersicht über die interviewten Handelsunternehmen ist in Anhang A zu finden. Obwohl die Ergebnisse nicht strengen Kriterien der Objektivität und Reteststabilität genügen, kann den Befunden doch ein großer heuristischer Wert beigemessen werden. Das Problem der Verallgemeinerbarkeit von empirischen Aussagen wurde bereits von FLECHTNER treffend kommentiert: „Bei jeder Verallgemeinerung müssen wir uns fragen: was wird dabei gewonnen? - z. B. eine umfassendere Gesetzmäßigkeit kann gefunden werden. Was geht dabei verloren? - z. B. das eigentliche Charakteristikum [...] geht verloren [...]." Flechtner (1974), S. 15.

[5] Vgl. Becker, Schütte (1996), S. 284 ff.; Zentes, Exner, Braune-Krickau (1989).

[6] Vgl. Pauli, Hoffmann (1994), S. 135 f.; Zentes (1994), S. 75 f.; Tietz (Zukunft) (1993), S. 415 f. und S. 533 ff.

Besondere Bedeutung kommt in mehrstufigen Handelsunternehmen den systeminternen Schnittstellen zwischen den operativen Systemen der Warenwirtschaft und den betriebswirtschaftlich-administrativen Systemen des externen Rechnungswesens zu.[7] Gerade in den aufgrund rechtlicher Vorgaben und der historischen Entwicklung i. d. R. funktional gegliederten Informationssystemen der Warenwirtschaft und des Rechnungswesens entstehen Informationsflüsse, die orthogonal zu den Geschäftsprozessen des Handelsunternehmens verlaufen. Dazu gehören zum einen steuerungsrelevante Informationen für das Controlling, welche überwiegend aus dem externen Rechnungswesen gewonnen werden. Die Herkunft dieser Daten aus den operativen Systemen der Warenwirtschaft muß detailliert nachvollziehbar sein.[8] Zum anderen erfährt das Finanz- und Liquiditätsmanagement aufgrund der hohen Kostensensibilität eine zunehmende Bedeutung. Diesbezüglich werden aktuelle Daten über die Kapitalbindung und die Zahlungsmittelbestände aus den Kassensystemen der dezentralen Einheiten benötigt, welche über effiziente Informationssysteme zeitnah zur Verfügung gestellt werden müssen.

1.2 Zielsetzung der Arbeit

Um die vielfältigen Anforderungen an die Systeme der Warenwirtschaft und des externen Rechnungswesens zu erfüllen, ist eine Beschreibung der Informationsbeziehungen zwischen den beteiligten Funktionsbereichen im Rahmen eines Schnittstellen-Management-Ansatzes erforderlich. Daher ist das *Ziel der Arbeit* die detaillierte Beschreibung der Informationsflüsse zwischen den Subsystemen der Warenwirtschaft und des Rechnungswesens in mehrstufigen Handelsunternehmen.

Besonderes Gewicht wird auf die Untersuchung der Informationsflüsse in Abhängigkeit von der betrachteten Organisationsform des Handelsunternehmens gelegt. Die Funktionsverteilung zwischen Zentrale und dezentraler Einheit bildet ein besonderes Spannungsfeld, das u. a. durch die Führungsphilosophie des Handelssystems, die logistische Abwicklung und die DV-Unterstützung geprägt wird. Beispielsweise sind für die dezentrale Wareneingangserfassung in einem mehrstufigen Handelsunternehmen andere Anforderungen an die Anwendungssysteme zu berücksichtigen als bei der einer zentral durchgeführten Erfassung der Wareneingänge.[9]

Für die Dokumentation der Informationsflüsse ist eine geeignete Beschreibungstechnik auszuwählen. Ein erstes Ziel der Arbeit ist somit die Untersuchung der in der Literatur zur Wirtschaftsinformatik, Betriebswirtschaftslehre und Informatik diskutierten Methoden zur Informationsflußanalyse.

---

[7] Vgl. Becker, Schütte (1996), S. 16 f.
[8] Vgl. zu Anforderungen an Daten als Grundlage für Entscheidungen in Handelsunternehmen Becker (1995), S. 158 f.
[9] Vgl. Schüppler, Dönselmann (1997).

Ein weiteres Ziel - neben der Selektion einer für die Zwecke der Arbeit geeigneten Beschreibungstechnik - ist die Auswahl von Merkmalen zur Analyse und Bewertung von Informationsflüssen im Rahmen der erläuterten Problemstellung.

Wird für die Wirtschaftsinformatik ein Erkenntnisziel und ein Gestaltungsziel unterschieden und für deren Erfüllung ein methodischer Auftrag und ein inhaltlich-funktionaler Auftrag differenziert,[10] läßt sich die vorliegende Arbeit in folgender Weise einordnen (vgl. Abb. 1.1): Ausgehend von der Auswahl einer Methode zur Darstellung der Informationsflüsse (1) und ihrer Erweiterung (2) werden die Schnittstellen zwischen Warenwirtschaft und Rechnungswesen detailliert dokumentiert und analysiert (3), wobei aus der Darstellung des common practice in den Fällen, in denen eine allgemeingültige Aussage möglich ist, Empfehlungen (4) für die Informationsflußgestaltung formuliert werden.

Abb. 1.1: Einordnung der Arbeit in die Wirtschaftsinformatik

1.3 Aufbau der Arbeit

Die Arbeit gliedert sich in fünf Kapitel. In *Kapitel zwei* erfolgt eine Erörterung der zentralen Begrifflichkeiten der Arbeit, insbesondere des Warenwirtschaftssystembegriffs, des Rechnungswesenbegriffs, des Integrationsbegriffs und des Schnittstellenbegriffs. Anschließend werden die Nutzenpotentiale und Probleme der integrierten Informationsverarbeitung im allgemeinen und im speziellen für die Integration von Warenwirtschaft und Rechnungswesen aufgezeigt.

In *Kapitel drei* wird die Informationsflußanalyse in das Rahmenkonzept des innerbetrieblichen Schnittstellen-Managements eingeordnet und die Zwecke der Informationsflußanalyse im einzelnen dargestellt. Darauf aufbauend erfolgt die Vorstellung von verschiedenen Beschreibungstechniken zur Abbildung von Informationsflüssen und die Auswahl der in dieser Arbeit verwendeten Methode zur Informationsflußmodellierung. Es schließt sich die Aufstellung von Merkmalen zur Beschreibung der einzelnen Informationsflüsse an.

---

[10] Vgl. Becker (Strukturanalogien) (1995), S. 133 ff.

Das *Kapitel vier* bildet den inhaltlichen Schwerpunkt der Arbeit. Die für die Untersuchung relevanten Szenarios der Organisationsformen von mehrstufigen Handelsunternehmen werden voneinander abgegrenzt. Ausgehend von der Architektur für Handelsinformationssysteme (Handels-H-Modell) von BECKER, SCHÜTTE[11] werden die Schnittstellen zwischen Funktionsbereichen in der Warenwirtschaft und im Rechnungswesen im Beschaffungs- und Distributionsprozeß ausgewählt und anschließend detailliert erläutert.

In der Schlußbetrachtung *(Kapitel 5)* werden die Ergebnisse der Arbeit zusammengefaßt und ein Ausblick auf weiteren Forschungsbedarf gegeben. Im *Anhang A* ist eine Übersicht über die befragten Unternehmen, im *Anhang B* ist das Gesamtinformationsflußmodell dargestellt.

Abb. 1.2 stellt die Struktur der Arbeit im Überblick dar.

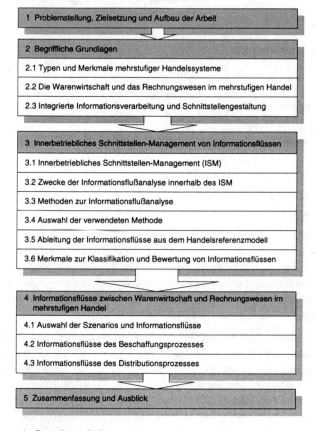

Abb. 1.2:   Aufbau der Arbeit

---

[11] Vgl. Becker, Schütte (1996), S. 9 ff.

2 Begriffliche Grundlagen

2.1 Typen und Merkmale mehrstufiger Handelssysteme

Handel im *funktionalen* Begriffsverständnis bedeutet den Austausch von Waren und Dienstleistungen zwischen Lieferanten, Handelsunternehmen und Abnehmern.[1] Der Wirtschaftssektor der Handelsbetriebe bildet den *institutionellen* Handel. Handelsbetriebe kaufen Ware ein und verkaufen diese i. d. R. stofflich unverändert an gewerbliche Abnehmer oder Konsumenten und stehen somit als Absatzmittler zwischen Produktion und Konsumtion.[2] Das Sachziel eines Handelsunternehmens ist daher „[...] die rechte Ware zur rechten Zeit, zum richtigen Preis, in der richtigen Menge und am richtigen Ort vorrätig zu haben."[3]

Handelsbetriebe werden oft nach dem Gefüge der Aktivitäten im Zusammenhang mit der Ware typisiert.[4] Die heute allgemein verwendete und in der Literatur weithin akzeptierte Betriebstypendefinition für den Handel wurde vom AUSSCHUSS FÜR BEGRIFFSDEFINITIONEN AUS DER HANDELS- UND ABSATZWIRTSCHAFT veröffentlicht.[5] TIETZ unterscheidet zwischen Betriebstypen des Großhandels (z. B. Sortimentsgroßhandel, Spezialgroßhandel, Cash-and-Carry-Betriebe[6], Produktionsverbindungshandel) und Betriebs- und Vertriebstypen des Einzelhandels (z. B. Fachgeschäft, Spezialgeschäft, Warenhaus, Kaufhaus, Verbrauchermarkt, Filialunternehmen, Versandhandel).[7]

In Abb. 2.1 werden in einem morphologischen Kasten[8] unterschiedliche Merkmale zur Charakterisierung von Betriebstypen angegeben. Der Betrachtungsbereich dieser Arbeit wurde aufgrund der Vielfältigkeit der Handelsbetriebe auf die in der Abbildung grau hinterlegten Ausprägungen beschränkt.

Seit den 70er Jahren ist der Groß- und Einzelhandel durch zunehmende Konzentration gekennzeichnet, die sich in zwei Dimensionen differenzieren läßt.[9] Zum einen ist eine *Umsatzkonzentration auf größere Geschäfte* zu beobachten. So hat sich z. B. der Umsatzanteil der Einzelhandelsunternehmen bis 1 Mill. DM steuerbarer Umsätze von 41,1 % in 1970 auf 17 % in 1988 vermindert; im gleichen Zeitraum stieg der Umsatzanteil der

---

[1] Vgl. Müller-Hagedorn (1993), S. 15 ff.; Tietz (1993), S. 4; Marré (1974), Sp. 710 ff.; Seyffert (1972), S. 4 ff.
[2] Vgl. Gümbel (1985), S. 17, S. 45 ff.; Buddeberg (1959), S. 13 ff.
[3] Sturzenegger (1974), S. 7.
[4] Vgl. Tietz (1993), S. 21 f.
[5] Vgl. Ausschuß für Begriffsdefinitionen (1982), S. 11-69.
[6] Cash-and-Carry-Betriebe sind Selbstbedienungsgroßhandlungen, die ein breites Sortiment von Konsumgütern insbesondere kleineren Einzelhändlern, Großverbrauchern und sonstigen gewerblichen Verwendern anbieten, vgl. Ausschuß für Begriffsdefinitionen (1982), S. 21.
[7] Vgl. Tietz (1993), S. 29 ff. Für weitere Beispiele vgl. Müller-Hagedorn (1993), S. 23 ff.; Barth (1996), S. 83 ff.; Falk, Wolf (1992), S. 18 f.
[8] Zur morphologischen Methode vgl. Schmidt (1975), S. 258; zu den Grundlagen vgl. Zwicky (1966).
[9] Vgl. Zentes (1994), S. 75. Zu den Konzentrationstendenzen vgl. auch Olbrich (Konzentration) (1997); Tietz (EH) (1992), S. 196 ff.; Falk, Wolf (1992) S. 21 ff.; Hansen (1990), S. 26 ff.

Unternehmen mit mehr als 25 Mill. DM Umsatz von 29,2 % auf 44,5 %.[10] Zum rückläufigen Anteil der Geschäfte mit weniger als 1 Mill. DM Umsatz gehören hauptsächlich die traditionellen mittelständischen Unternehmen, die zu einem großen Teil Verbundgruppen[11] angeschlossen sind.

Zum anderen wird neben der Umsatzkonzentration auf größere Geschäfte eine *Umsatzkonzentration auf Handelssysteme* konstatiert.[12] Filialunternehmen[13] gewinnen an Bedeutung: Im Vergleich zu 1956 ist der Anteil der selbständigen Händler im Lebensmitteleinzelhandel (LEH) von 91,4 % auf 69,4 % in 1989 zurückgegangen und der Anteil der Filialunternehmen im gleichen Zeitraum von 8,6 % auf 30,6 % gestiegen. Noch deutlicher zeigt sich diese Entwicklung in der Umschichtung des Umsatzes: In 1956 lag der Umsatzanteil der Selbständigen im LEH bei 71,1 %, in 1989 gerade noch bei 17,9 %.[14]

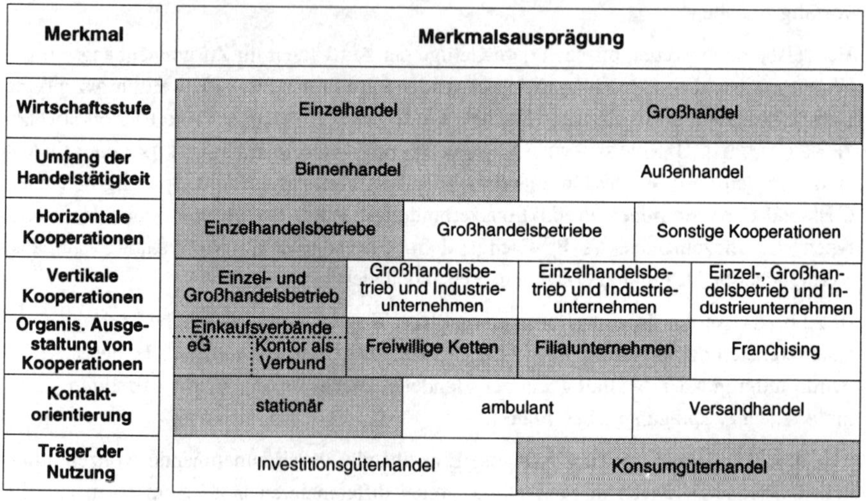

Merkmal	Merkmalsausprägung			
Wirtschaftsstufe	Einzelhandel		Großhandel	
Umfang der Handelstätigkeit	Binnenhandel		Außenhandel	
Horizontale Kooperationen	Einzelhandelsbetriebe	Großhandelsbetriebe	Sonstige Kooperationen	
Vertikale Kooperationen	Einzel- und Großhandelsbetrieb	Großhandelsbetrieb und Industrieunternehmen	Einzelhandelsbetrieb und Industrieunternehmen	Einzel-, Großhandelsbetrieb und Industrieunternehmen
Organis. Ausgestaltung von Kooperationen	Einkaufsverbände eG Kontor als Verbund	Freiwillige Ketten	Filialunternehmen	Franchising
Kontaktorientierung	stationär	ambulant	Versandhandel	
Träger der Nutzung	Investitionsgüterhandel		Konsumgüterhandel	

In Anlehnung an Becker, Schütte (1996), S. 2.

Abb. 2.1: Merkmale zur Charakterisierung von Handelsbetrieben

Als Reaktion auf den Verdrängungswettbewerb entstanden verschiedene horizontale und vertikale Kooperationsformen[15] unter anderem mit dem Ziel, durch beschaffungs- und

---

[10] Vgl. Tietz (EH) (1992), S. 196 f. Diese Angaben werden untermauert von aktuellen Pressemeldungen des Handelsforschungsinstituts M+H Eurodata, vgl. o. V. (M+M) (1997); o. V. (Konzentration) (1996) o. V. (TOP 30) (1996). Die 10 führenden Unternehmen des deutschen Lebensmittelhandels haben demnach im Jahre 1996 einen Marktanteil von 81,4 %, die Top 30 verbuchen 95,9 % des Marktes für sich.

[11] Unter einer Verbundgruppe ist eine Kooperationsgemeinschaft zu verstehen, vgl. Tietz (Zukunft) (1993), S. 423 f.; Falk, Wolf (1992), S. 106; Ausschuß für Begriffsdefinitionen (1982), S. 21.

[12] Vgl. Zentes (1994), S. 75 f.

[13] Filialunternehmen werden von Falk, Wolf (1992), S. 235, definiert als „[...] Einzelhandelsbetriebe, die eine größere Anzahl räumlich getrennter Verkaufsstellen (Filialen) unter einheitlicher Leitung betreiben".

[14] Vgl. Tietz (EH) (1992), S. 199.

[15] Von einer Kooperation wird gesprochen, wenn mehrere rechtlich selbständige Unternehmen auf freiwilliger Basis vertragliche Vereinbarungen treffen mit dem Ziel, einzelne oder mehrere Betriebsfunktionen koordiniert

absatzwirtschaftliche Ökonomisierungsbestrebungen die Wettbewerbsposition der vorwiegend mittelständischen Handelsbetriebe zu stärken.[16]

Nach dem Merkmal der „Organisatorischen Ausgestaltung von Kooperationen" lassen sich diese Kooperationen klassifizieren. Bei den Einkaufsverbänden ist zu differenzieren in kooperierende Handelssystemen (häufig in der Rechtsform der Genossenschaft) und, auf höherer Ebene, den Verbund von Verbundgruppen bzw. Einkaufskontoren, d. h. der horizontalen Kooperation von selbständigen Großhändlern oder Einkaufsgenossenschaften zum Zwecke der Erzielung günstigerer Einkaufskonditionen durch eine gemeinsame Warenbeschaffung.[17] Freiwillige Ketten zeichnen sich durch eine vertikale vertragliche Bindung von i. d. R. selbständigen Einzelhändlern (SEH) und einem Großhändler aus, der die Einzelhändler über eine Kooperationszentrale als Quasi-Filialen beliefert.[18] Von Filialunternehmen wird gesprochen, wenn ein Einzelhandelsunternehmen mindestens fünf standörtlich getrennte Betriebsstätten unter einheitlicher Leitung unterhält.[19] Abb. 2.2 zeigt die grundsätzliche Struktur von Filialunternehmen und Freiwilliger Kette auf.

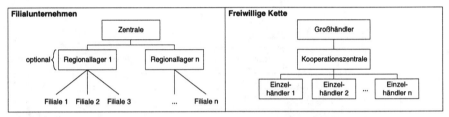

Abb. 2.2: Struktur von Filialunternehmen und Freiwilliger Kette

Die Ausführungen dieser Arbeit beziehen sich auf *mehrstufige Handelssysteme*. Es wird hier von einem Handelssystem[20] gesprochen, wenn zwei oder mehrere Handelsbetriebe in irgendeiner Weise miteinander verbunden sind. „Dies können

- die rechtlich und wirtschaftlich unselbständigen Filialen einer *Handelsunternehmung*,
- die in einem *Handelskonzern* zusammengefaßten rechtlich selbständigen Handelsunternehmungen oder
- die rechtlich und wirtschaftlich (weitgehend) selbständigen Mitgliedsbetriebe einer kooperierenden *Handelsgruppe* sein."[21]

---

[16] besser wahrnehmen zu können. Vgl. Backhaus (1997), S. 258 ff.; Zentes (1992), S. 18 ff.; Schminke (1981), S. 4.

[17] Vgl. Barth (1996), S. 107 ff.; Hansen (1990), S. 28.

[18] Vgl. zu den Typen von Kooperationen im Handel auch Tietz (1993), S. 261-278; Schminke (1981), S. 4 ff.

Vgl. Ausschuß für Begriffsdefinitionen (1982), S. 29 f. Siehe auch Barth (1996), S. 95 ff.; Scheer, Leismann (1989), S. 112 ff.

[19] Ab zehn Filialbetrieben gilt ein Filialunternehmen im allgemeinen als Großbetriebsform des Einzelhandels. Vgl. Lerchenmüller (1995), S. 299; Tietz (1993), S. 33; Barth (1996), S. 95 f.

[20] Zu den Grundlagen der Systemtheorie vgl. Baetge (1974), S. 11-20; Meffert (1975), S. 2 ff.; Flechtner (1984), S. 228-246; Schulte-Zurhausen (1995), S. 27 ff.

Die Mehrstufigkeit[22] ergibt sich sowohl durch die horizontale Verbindung von Einzelhandelsunternehmen als auch durch die vertikale Kooperation von Einzel- und Großhandelsbetrieben (vgl. Abb. 2.1).[23] Mehrstufige Handelssysteme treten in der Praxis in den drei oben beschriebenen Kooperationsformen auf und bestehen im allgemeinen aus den Elementen einer übergeordneten Systemzentrale und mehreren angeschlossenen Geschäftsstätten, z. B. Filialen oder selbständigen Einzelhändlern (vgl. Abb. 2.3).[24] Mithin übernimmt die Zentrale i. d. R. die Funktion eines Zentrallagers, das die Betriebsstätten beliefert. Wichtigste Unterscheidung der Filialisten von den Kooperationsformen der Freiwilligen Kette und der Kooperierenden Handelssysteme ist die „[...] Weisungsgebundenheit der Filialen an die ihr übergeordnete Zentrale [...]"[25], die durch die vollständige Deckung des Filialsortiments durch die Zentrale gekennzeichnet ist.[26] Im Gegensatz dazu haben sich die selbständigen Einzelhändler durch Verträge an ihre Kooperationszentrale gebunden, die daraufhin einzelne Funktionen für die angeschlossenen Partner übernimmt. Die rechtliche und wirtschaftliche Selbständigkeit der Unternehmen bleibt jedoch im Normalfall erhalten.[27]

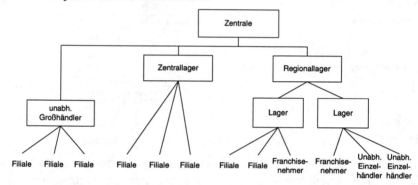

In Anlehnung an Hertel (1997), S. 151.

Abb. 2.3: Struktur mehrstufiger Handelsunternehmen

Obwohl sich diese Arbeit thematisch auf mehrstufige Handelsunternehmen beschränkt, lassen sich einzelne der im folgenden beschriebenen Systeme und Funktionen auch auf andere Formen des Einzel- und Großhandels übertragen.

---

[21] Ahlert (1997), S. 8.
[22] Vgl. zum Begriff der Mehrstufigkeit Gümbel (1985), S. 59 ff.
[23] Vgl. Hertel (1997), S. 6. Petri (1990), S. 17, benutzt dafür den Begriff *verzweigte Handelsunternehmen*.
[24] Vgl. Hertel (1997), S. 151.
[25] Olbrich (1992), S. 28.
[26] Vgl. Schröder, Tenberg (1997), S. 157 f.; Tietz (Zukunft) (1993), S. 423 f.
[27] Die klassische Unterscheidung zwischen Kooperations- und Filialsystemen ist in den letzten Jahren aufgeweicht worden. Beide Systeme integrieren Elemente der jeweils anderen Kooperationsform, so daß im Groß- und Einzelhandel zunehmend hybride Systeme entstehen. Vgl. Schröder, Tenberg (1997), S. 157 ff.; Tietz (Zukunft) (1993), S. 423 f.

2.2 Die Warenwirtschaft und das Rechnungswesen im mehrstufigen Handel

2.2.1 Begriffliche Grundlagen der Warenwirtschaft und des Warenwirtschaftssystems

2.2.1.1 Definition

Für eine grundsätzliche Erörterung der in der Literatur auf unterschiedlichste Weise definierten Begriffe der Warenwirtschaft und des Warenwirtschaftssystems wird auf die Grundlagenarbeit in den Dissertationen von EBERT und SCHIFFEL verwiesen.[28] Im folgenden wird eine Zusammenfassung der wesentlichen Aussagen zu diesen Begriffen angeführt.

„Als Summe aller Tätigkeiten im Zusammenhang mit der Ware [...]"[29] ist die Warenwirtschaft nicht nur auf den Handelsbetrieb als solches beschränkt, sondern umfaßt alle warenbezogenen Prozesse in Handelsbetrieben bzw. -systemen, Industriebetrieben und insbesondere auch im Beziehungsfeld zwischen Handel und Industrie.

Aus einzelbetrieblicher Sicht umfaßt die Warenwirtschaft alle „[...] Aktivitäten, die mit der Beschaffung, dem Transport, der Lagerung und dem Absatz von Waren verbunden sind."[30] Im engeren Sinne wird Warenwirtschaft vielfach auf Institutionen des Handels begrenzt, so z. B. EBERT, der Warenwirtschaft als die „[...] physische, administrative und dispositive Behandlung von Handelsware in der *Handelsunternehmung*" definiert.[31] Kennzeichnend für alle Definitionen ist die zentrale Bedeutung der Ware, deren logistischer Fluß durch das System des Handelsbetriebes mit Hilfe von Informationsflüssen gesteuert wird.[32] So umfaßt die Warenwirtschaft innerhalb eines Handelssystems nach EBERT ein Warenprozeßsystem, das alle physischen Prozesse im Zusammenhang mit der Ware beinhaltet, und ein Warenwirtschaftssystem, welches die mit dem Warenprozeß zusammenhängenden Informations- und Managementtätigkeiten einschließt (vgl. Abb. 2.4).[33]

In Analogie zu den Ausführungen von GROCHLA zum betrieblichen Basis- und Informationssystem[34] ist das Warenwirtschaftssystem ein Informationssystem, dessen Aufgabe die

---

[28] Vgl. Ebert (1986), S. 52 ff., der acht Definitionen von WWS auf ihre Gemeinsamkeiten und Unterschiede analysiert; Schiffel (1984), S. 49 ff., systematisiert Definitionen von WWS aus Sicht des Einzelhandels, der EDV-Industrie und der Wissenschaft.
[29] Ahlert (1997), S. 6, im Original mit Hervorhebungen.
[30] Leismann (1990), S. 12.
[31] Ebert (1986), S. 52, im Original ohne Hervorhebung. Ebenso Zentes (1985), S. 1 ff.; Schiffel (1984), S. 49 ff.; Stubbe (1980), S. 4 f.
[32] Vgl. Leismann (1990), S. 12; Sternberg (1990), S. 101 ff.; Schinnerl (1986), S. 124; o. V. (Definition) (1983), S. 53.
[33] Vgl. Ebert (1986), S. 52 ff.; auch Ahlert (1997), S. 17 ff. Ähnlich beschreiben STERNBERG und WOLF ein Warenwirtschaftssystem als Abbildung des physischen Warenflusses auf informationeller Seite. Vgl. Lerchenmüller (1995), S. 416 und S. 443; Sternberg (1990), S. 101 f.; Wolf (1993), S. 11. Vgl. auch Zentes (1985), S. 1 f.
[34] Vgl. Grochla (1975), zitiert von Ferstl, Sinz (1994), S. 28 ff.

Planung, Steuerung und Kontrolle des Warenprozeßsystems, d. h. des Basissystems, ist.[35] Dadurch wird der enge Zusammenhang zwischen dem Waren- und Informationsfluß deutlich.

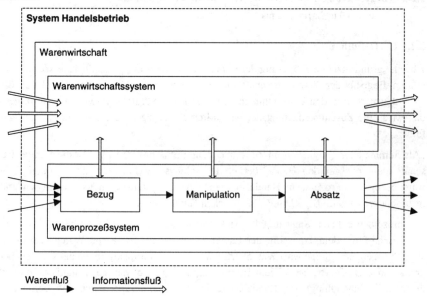

In Anlehnung an Ebert (1986), S. 64; Schinnerl (1986), S. 125.

Abb. 2.4: Der Waren- und Informationsfluß im System Handelsbetrieb

Wird die Information über einen physischen Warenprozeß, die in einem Informationssystem repräsentiert wird, als Modell aufgefaßt, so „[...] wird bei der Betrachtung des Warenwirtschaftssystems die Auswirkung auf das Warenprozeßsystem inkludiert."[36] Eine Definition, die den Modellcharakter der Information und die Abläufe in Handelsunternehmen fokussiert, stammt von BECKER, SCHÜTTE: *„Ein Warenwirtschaftssystem stellt das immaterielle und abstrakte Abbild der warenorientierten dispositiven, logistischen und abrechnungsbezogenen Prozesse für die Durchführung der Geschäftsprozesse eines Handelsunternehmens dar."*[37]

Im folgenden werden die in der Literatur z. T. kontrovers diskutierten Eigenschaften von Warenwirtschaftssystemen, i. e. die Computerunterstützung, die Geschlossenheit und die Dezentralität/Zentralität der Systeme kurz erläutert.

Computerunterstützung von Warenwirtschaftssystemen

Nach der Art und Weise der Informationsverarbeitung von Warenwirtschaftssystemen werden konventionelle WWS auf der einen und computergestützte Warenwirtschafts-

---

[35] Vgl. zum Informationssystembegriff auch Koreimann (1976), S. 20 ff.
[36] Becker, Schütte (1996), S. 13. Zur Sichtweise von Information als Modell vgl. dieselben, S. 19 ff.
[37] Becker, Schütte (1996), S. 13.

systeme auf der anderen Seite unterschieden.[38] Konventionelle WWS, d. h. die manuelle Verwaltung der Warenwirtschaft mit Hilfe von Karteien o. ä., sind eher selten geworden - in der Regel kann davon ausgegangen werden, daß Warenwirtschaftssysteme zumindest in Teilbereichen rechnergestützt eingesetzt werden. Die nachfolgend dargestellten Ziele und Aufgaben von modernen WWS (Kap. 2.2.1.2) lassen sich nur durch den Einsatz entsprechender Technologien umsetzen. Daher wird hier die Computerunterstützung als konstituierendes Merkmal in die Definition des Warenwirtschaftssystems aufgenommen.

Offene/Geschlossene Warenwirtschaftssysteme

In der Literatur wie auch in der Praxis wird widersprüchlich von offenen und geschlossenen Warenwirtschaftssystemen gesprochen.[39] Es wird unter einem offenen WWS ein System verstanden, bei dem entweder nur die Wareneingangsdaten oder nur die Warenausgangsdaten genau erfaßt werden, ein geschlossenes WWS zeichnet sich durch die Abdeckung aller Phasen des Warenkreislaufs aus.[40] Für ein geschlossenes WWS gelten demnach die Prinzipien der lückenlosen Erfassung aller Warenbewegungen, der Integration aller Teilfunktionen und die aktuelle Verfügbarkeit aller Informationen. EBERT weist auf die Problematik der Verwendung des Begriffes „Geschlossenheit" hin, da im Verständnis der Systemtheorie ein geschlossenes System keine Verbindungen zur Umwelt aufweist.[41] Ein WWS hat aber sehr wohl enge Verbindungen zur Umwelt, d. h. zu anderen Informationssystemen und unternehmensextern zu Marktpartnern und Kunden. Ebenfalls wird der von TIETZ benutzte Begriff der Offenheit nicht nur auf die Informationsbasis bezogen, sondern wie bei HERTEL auf die Möglichkeit der Integration der unternehmensinternen und -externen Umwelt durch standardisierte Schnittstellen.[42] An anderer Stelle wird bei Einbeziehung der Informations- und Kommunikationsbeziehungen zur externen Umwelt, hier den Beziehungen zu Marktpartnern wie Kunden, Lieferanten, Banken und Marktforschungsunternehmen, von einem integrierten WWS gesprochen.[43]

Dezentrale/Zentrale Warenwirtschaftssysteme

Traditionell werden Funktionen in mehrstufigen Handelssystemen zwischen der Systemzentrale und den operativen dezentralen Einheiten in verschiedenen Abstufungen aufgeteilt. Zum einen resultiert die Aufteilung aus der Führungsphilosophie des Handelssystems, d. h. welcher Zentralisationsgrad der Entscheidungsstruktur geplant ist, zum

---

[38] Vgl. Ebert (1986), S. 53 ff., insbesondere S. 55; Olbrich (1992), S. 50 ff. Computergestützte WWS werden auch als rechnergestützte, EDV-gestützte oder -gesteuerte WWS bezeichnet, vgl. Leismann (1990), S. 13 f.; Sternberg (1990), S. 105 ff. ; Zentes (1985), S. 2; Schiffel (1984), S. 64 f.

[39] Vgl. Tietz (1993), S. 1082; Zentes, Anderer (WWS) (1993), S. 347 ff.; Sternberg (1990), S. 101 ff.; Zentes (1985), S. 2 ff.

[40] Vgl. Tietz (1993), S. 1082; Petri (1990), S. 39; Zentes, Exner, Braune-Krickau (1989), S. 17 f.

[41] Vgl. Ebert (1986), S. 60 f.; Flechtner (1984), S. 230. Ebenso kritisch Schiffel (1984), S. 51 f.; Zur Unterscheidung von offenen und geschlossenen Systemen vgl. z. B. Schulte-Zurhausen (1995), S. 29 f.

[42] Vgl. Tietz (1993), S. 1082; Hertel (1997), S. 138 f.

[43] Vgl. Leismann (1990), S. 11; Trommsdorff, Fielitz, Hormuth (1988), S. 180; Kirchner, Zentes (1984), S. 48 ff. Im Vergleich dazu Ahlert (1997), S. 40 f., bzw. Olbrich (1992), S. 52 ff., die bei der Integration zwischen interner und externer Integration unterscheiden. Zum Begriff der Integration wird auf Abschnitt 2.3 verwiesen.

anderen spielt die zur Verfügung stehende Informationstechnologie, z. B. durch den Einsatz dezentraler computergestützter Warenwirtschaftssysteme, eine entscheidende Rolle.[44] Zu der Einführung computergestützter Warenwirtschaftssysteme in den dezentralen Betriebsstätten hat die technologische Weiterentwicklung der Kassensysteme und Warenwirtschaftssysteme für die Filialen erheblich beigetragen, deren Funktionalität von der reinen Abverkaufsdatenerfassung auf die Bestandsführung und auf Auswertungsfunktionen wesentlich erweitert werden konnte. Die dezentralen operativen Einheiten sind daher heute in der Lage, mit Hilfe dezentraler WWS Informationsfunktionen zu erfüllen, die bisher gar nicht vorhandene oder vom zentralen WWS vorgenommene Auswertungen, wie z. B. tagesgenaue Bestandsmeldungen, in der dezentralen Einheit ermöglichen.[45] Auch die Entwicklung von mehrstufigen Warenwirtschaftssystemen hat zu dieser Funktionsverlagerung beigetragen. „Ein WWS gilt als mehrstufig, wenn alle Anforderungen eines filialisierenden Unternehmens von der Zentrale über regionale Niederlassungen und Lager bis hin zu verschiedenen Vertriebsschienen und den Filialen abgedeckt werden."[46] Damit sind mehrstufige Handelsunternehmen in der Lage, mit Hilfe von mehrstufigen WWS sowohl Großhandels- als auch Einzelhandels-Funktionalitäten zu übernehmen, wenn zum Beispiel eine regionale Niederlassung gegenüber ihren Filialen wie ein Großhändler auftritt.

Aufgrund der Lieferbeziehungen zwischen Zentrale und dezentralen Betriebsstätten bestehen enge Verbindungen zwischen dem zentralen WWS und den dezentralen WWS in der Betriebsstätte. Bei einer entsprechenden Kopplung der WWS, z. B. im Funktionsbereich Bestellwesen, wird der bereits oben genannte Integrationsbegriff herangezogen. Einen Überblick über die Zusammenhänge von interner und externer Integration von computergestützten Warenwirtschaftssystemen gibt Abb. 2.5.

---

[44] Vgl. zum Rollenverständnis der Systemzentrale und dem Zentralisationsgrad der Entscheidungsstruktur Olbrich (1992), S. 32 ff.
[45] Vgl. Hertel (1997), S. 56 ff.; Olbrich (1992), S. 50 ff.
[46] Hertel (1995), S. 30.

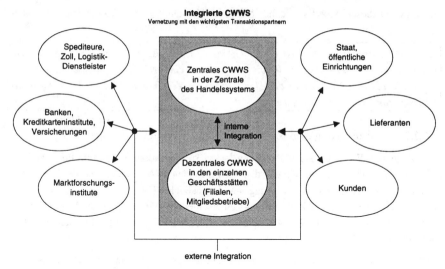

In Anlehnung an Olbrich (1995), S. 122.

Abb. 2.5: Interne und externe Integration von CWWS

Zusammenfassend lassen sich folgende Facetten von Warenwirtschaftssystemen als kennzeichnend für den Gegenstand dieser Arbeit gewichten:

- WWS liefern Informationen zur Steuerung und Regelung des Warenflusses innerhalb der Warenwirtschaft und nehmen im Rahmen des Warenfluß-Managements auch dispositive Aufgaben wahr.
- Darüber hinaus liefern WWS Informationen über die Warenbewegungen für die übrigen Bereiche eines Handelssystems, insbesondere für das Rechnungswesen. Es bestehen daher innerbetriebliche Verbindungen zwischen den Sub-Informationssystemen.
- Ein Warenwirtschaftssystem ist zwar nicht per definitionem computergestützt, jedoch ermöglicht erst der Einsatz von adäquaten Informations- und Kommunikationstechnologien eine wirtschaftliche Umsetzung der Anforderungen an moderne WWS.
- Ein WWS weist Verbindungen zur Umwelt des Handelssystems auf, d. h. zu Lieferanten, Kunden, Banken, Öffentlichen Verwaltungen, Marktforschungsinstituten und anderen Dienstleistungsunternehmen.
- Die Grundlage eines WWS bildet die geschlossene Informationsbasis, d. h. die Erfassung der Wareneingangsdaten (Beschaffungsdaten) und der Warenausgangsdaten (Verkaufsdaten).[47]

---

[47] Die Notwendigkeit von geschlossenen WWS wird vor allem im Einzelhandel deutlich, der die strategische Bedeutung einer integrativen Betrachtung neuer Informations- und Kommunikationstechnologie m. E. noch immer unterschätzt. Vgl. dazu auch die empirische Untersuchung von Olbrich (1992), S. 131 ff. Artikel-

Im Rahmen dieser Arbeit gilt daher folgendes Verständnis von Warenwirtschaftssystemen:

> *Ein Warenwirtschaftssystem ist ein alle Phasen des logistischen Warenflusses präzise abbildendes rechnergestütztes Informationssystem eines Handelssystems, das sowohl innerhalb als auch außerhalb des Handelssystems Verbindungen zu anderen Informationssystemen und Marktpartnern aufweist.*

2.2.1.2 Ziele und Aufgaben von Warenwirtschaftssystemen

Die Ziele von Warenwirtschaftssystemen lassen sich aus dem Zielsystem des Handelsunternehmens ableiten, das sich aus den nach Sachzielen (Art und Zweck der Leistungserstellung und der Leistungsverwertung) und Formalzielen (Definition des Zielinhalts, der Qualität und der Güte der Zielerfüllung) unterschiedenen Oberzielen des Unternehmens zusammensetzt.[48] In Abb. 2.6 wird ein grundsätzliches Zielsystem von Handelsunternehmen als Zielhierarchie dargestellt.

EBERT leitet die Detailziele der Warenwirtschaft aus den Oberzielen des Handelsbetriebs ab und unterscheidet nach den Bereichszielen Kostenwirtschaftlichkeit, Informationsversorgung, Präsenz (Lieferbereitschaft) und Liquiditätserhaltung.[49] Aus den Bereichszielen der Warenwirtschaft lassen sich konkrete Zielsetzungen für das *Informationssystem* der Warenwirtschaft entwickeln.

---

[48] genaue WWS, die erst durch Scanning möglich wurden, erschließen weitreichende Potentiale für Führungsinformationen. Jedoch wird, wie z. B. bei der Abverkaufserfassung der beiden großen Bereiche Fleisch, Wurst, Geflügel, Fisch und Obst, Gemüse im Lebensmitteleinzelhandel mit einem Gesamtumsatzanteil von ca. 30 %, wegen nicht integrierter Waagen auf eine artikelgenaue Erfassung häufig verzichtet. Vgl. Simmet, Schulte (1990), S. 40; Zimmer (1990), S. 27 ff.

[48] Vgl. zu Zielsystemen Adam (1996), S. 99-126; Wöhe (1993), S. 59 ff.; Hauschildt (1980), S. 2419 ff.; zur Unterscheidung von Sach- und Formalzielen vgl. Heinrich (1996), S. 103 f.; Ferstl, Sinz (1994), S. 65 ff.; Hesse et al. (1994), S. 42 f. Insbesondere zu Zielen von Handelssystemen (Verbundgruppen und filialisierenden Unternehmen) siehe auch Tietz (Zukunft) (1993), S. 416 ff.

[49] Vgl. Ebert (1986), S. 81 ff. Siehe dazu auch Trommsdorff, Fielitz, Hormuth (1988), S. 180 f.; Sturzenegger (1974), S. 7 ff.

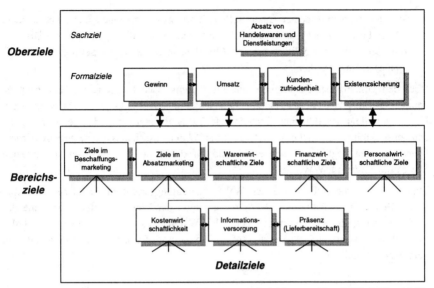

In Anlehnung an Ebert (1986), S. 76 und S. 82.

Abb. 2.6: Zielhierarchie eines Handelsunternehmens

Die operative Zielsetzung eines Warenwirtschaftssystems besteht somit darin, „[...] die wert- und mengenmäßigen Informationen aus den Warenbewegungen artikelgenau zu erfassen, die Bestände fortzuschreiben und auszuwerten."[50] Im einzelnen sind folgende Mittel zur Erreichung der Ziele der Warenwirtschaft zu nennen:

- Mengen- und wertmäßige Erfassung des Warenflusses vom Wareneingang bis zum Warenausgang.
  Die zeitnahe, möglichst artikelgenaue Erfassung aller Warenbewegungen ist zentrale Voraussetzung für die Informationsversorgung der gesamten Unternehmung. Viele dispositive Aufgaben des Handelsunternehmens, z. B. Verfahren zur bedarfsgerechten Disposition, Inventurauswertung, Sortimentsentwicklung und -überwachung, bauen auf diesen Daten auf. Insbesondere tragen die Bestandsinformationen zur Sicherstellung einer optimalen Verkaufsbereitschaft und zu einem hohen Servicegrad bei.

- Ausnutzung von Rationalisierungspotentialen.
  Die durch das WWS zur Verfügung gestellten Wareninformationen und Abverkaufsdaten bieten sich z. B. zur Optimierung des Personaleinsatzes an. Durch den Einsatz von Technologien und Standards bei der Datenerfassung und beim Datenaustausch (Scanning, EAN, MADAKOM, EDIFACT) in allen Bereichen der Warenwirtschaft und durch eine Verbesserung der gesamten Warenlogistik lassen sich Rationalisierungspotentiale aufdecken.

- Bereitstellung entscheidungsrelevanter Informationen.

---

[50] Tietz (1993), S. 1081.

Aus den warenbezogenen Daten sollen Führungsinformationen abgeleitet werden, z. B. in Form von betriebswirtschaftlichen Kennzahlen[51], die im Rahmen der Disposition, der Sortimentspolitik und der Abverkaufsanalyse (Cross-Selling, Preiselastizitäten) genutzt werden.[52]

Über den Umfang der Funktionen, die ein Warenwirtschaftssystem im Handelsunternehmen erfüllt, gibt es in der Literatur unterschiedliche Auffassungen.[53] Die Vielfalt der Nennungen liegt zweifelsohne auch in der Tatsache begründet, daß je nach Unternehmenstyp unterschiedliche Anforderungen an Warenwirtschaftssysteme gestellt werden. Unter anderem liegt darin auch ein Grund für die bisher nur wenigen vorhandenen Standardlösungen für WWS im Handel.[54]

EBERT gliedert die Subsysteme des WWS verrichtungsorientiert (dargestellt in Abb. 2.7).[55] Demnach beinhaltet das WWS die am Fluß der Ware orientierten Systeme des Wareneingangs, der Lagerwirtschaft und des Warenausgangs. Des weiteren wird das Einkaufssystem aufgeführt, das als Informations- und Entscheidungssystem auf den vorgenannten aufbaut.

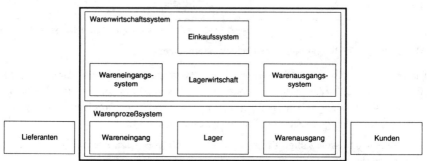

Quelle: Ebert (1986), S. 109.

Abb. 2.7: Die vier Teilbereiche des WWS nach EBERT

Sowohl in der Praxis als auch in der Literatur werden diese Subsysteme zum Teil weiter unterteilt und ergänzt. So umfassen bei ZENTES die Aufgaben eines WWS im wesentlichen die Disposition, das Bestellwesen, die Wareneingangserfassung, die Rechnungsprüfung oder -kontrolle, die Warenausgangserfassung, die Kassenabwicklung, die inventur- und die warenbezogenen Auswertungen.[56] Eine ähnliche Darstellung in Kreislaufform gibt Abb. 2.8 wieder. Hier wird der Bereich der Stammdatenpflege und Listung explizit

---

[51] Betriebswirtschaftliche Kennzahlen sind „[...] Verhältniszahlen und absolute Zahlen, die in konzentrierter Form über einen zahlenmäßig erfaßbaren betriebswirtschaftlichen Tatbestand informieren [...]". Staehle (1969), S. 50.
[52] Vgl. Tietz (1993), S. 1081 f.; Schwarze (1991), S. 370 ff.; Schiffel (1984), S. 62 ff.
[53] Vgl. Hertel (1997); S. 2 ff.; Lerchenmüller (1995), S 444 ff.; Zentes, Anderer (WWS) (1993); Leismann (1990), S. 15 ff.; Sternberg (1990); Ebert (1986), S. 107 ff.
[54] Vgl. Hertel (1997), S. 16 ff.; Becker (HIS) (1995), S. 225.
[55] Vgl. Ebert (1986), S. 107 ff.
[56] Vgl. Zentes (1988), S. 59.

aufgenommen und die Weitergabe von Daten an nachgelagerte Informationssysteme des Rechnungswesens angedeutet.[57]

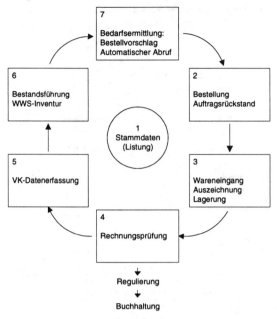

Quelle: Sternberg (1990), S. 104.

Abb. 2.8: Der Kreislauf eines geschlossenen Warenwirtschaftssystems

Bei den oben skizzierten Ansätzen wird hauptsächlich auf die Anforderungen des Einzelhandels fokussiert und die Aufgaben der Lagerverwaltung, Auftragserfassung und Fakturierung, die primär in einem Zentrallager bzw. Großhandel anfallen, vernachlässigt. Für die weiteren Ausführungen der Arbeit zu mehrstufigen Handelssystemen bietet sich daher eine umfassendere Betrachtung der Aufgaben an, die innerhalb der zentralen Prozesse mehrstufiger Handelsunternehmen anfallen.[58]

Die Handelsaktivitäten können grob in die informationsbezogenen Prozesse der Beschaffung und der Distribution unterteilt werden, die durch den logistischen Prozeß der Lagerung verbunden werden.[59] Die Zusammenhänge der Prozesse lassen sich durch das von BECKER, SCHÜTTE vorgestellte Handels-H-Modell verdeutlichen (vgl. Abb. 2.9), das als Architektur für Handelsinformationssysteme aufgefaßt wird.[60] Anhand dieser Unterteilung

---

[57] Vgl. Sternberg (1990), S. 104 ff.
[58] Zu den Geschäftsprozessen im Handel, insbesondere zum Geschäftsprozeß des Lagergeschäfts vgl. Schütte (1996), S. 260 ff.
[59] Vgl. Becker (HIS) (1995), S. 222. Ähnlich bei Schinnerl (1986), S. 128.
[60] Vgl. zum Handels-H-Modell Becker, Schütte (1996), S. 9 ff.; Becker (Architektur) (1996). Allgemein zur Architektur von Informationssystemen vgl. Mertens et al. (1996); Böhm, Fuchs, Pacher (1993), S. 55-62, Sowa, Zachman (1992); Krcmar (1990); Zachman (1987).

des Handels-H-Modells sollen die Aufgaben von WWS innerhalb der einzelnen Prozesse im folgenden erläutert werden.[61] Hierbei werden in erster Linie die Anforderungen an computergestützte und geschlossene WWS formuliert.

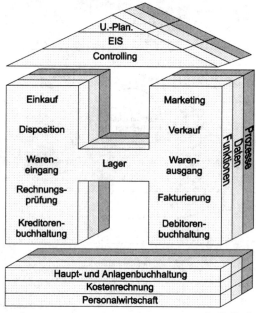

Quelle: Becker, Schütte (1996), S. 11.

Abb. 2.9: Das Handels-H-Modell

Aufgaben im Beschaffungsprozeß

Der *Beschaffungsprozeß* schließt die Teilprozesse des Einkaufs, der Disposition und des Bestellwesens, des Wareneingangs, der Rechnungsprüfung und der Kreditorenbuchhaltung ein. Das Warenwirtschaftssystem deckt hiervon i. d. R. die Bereiche des Einkaufs bis zur Rechnungsprüfung ab, die Kreditorenbuchhaltung wird im allgemeinen dem Rechnungswesen zugerechnet, auf das im nächsten Kapitel näher eingegangen wird.[62]

Zu den Aufgaben des **Einkaufs** gehören die Lieferantenstammdatenverwaltung, die Verwaltung der Verträge bzw. Kontrakte mit den Lieferanten, die Pflege der Artikel-

---

[61] Vgl. im folgenden Becker, Schütte (1996), S. 150-248, S. 261-362; Zentes, Anderer (WWS) (1993), S. 349-355; Falk, Wolf (1992), S. 101-126; Leismann (1990), S. 15-22; Spindler (1991), S. 41-46; Ebert (1986), S. 107-130; Kirchner, Zentes (Führen mit WWS) (1984), S. 7-47; Schulte, Steckenborn, Blasberg (1981), S. 118-151; Muhme (1979), S. 189 f.

[62] Vgl. Zentes (1988), S. 59 f. Im Gegensatz dazu verstehen BECKER, SCHÜTTE die Kreditorenbuchhaltung als Bestandteil des Warenwirtschaftssystems. Analoges wird für die Distributionsseite mit der Debitorenbuchhaltung dargestellt, vgl. Becker, Schütte (1996), S. 13 f. und S. 147 f. Ähnlich auch SCHINNERL, der den Bereich des Finanz- und Rechnungswesens ebenfalls zum Aufgabenbereich des WWS zählt, vgl. Schinnerl (1986), S. 128. Dieser Auffassung wird hier nur bedingt gefolgt, da die Buchhaltung originär einen Teilbereich des externen Rechnungswesens bildet, vgl. auch Männel (1988), S. 13 f. Vgl. Kapitel 2.2.2.

stammdaten und der Konditionen, die im allgemeinen in den Verhandlungen mit den Lieferanten periodisch festgelegt werden.

Der **Disposition** werden die Funktionen der Ermittlung von Bestellmengen (Bestellvorschläge) aufbauend auf einer Limit- und Bedarfsrechnung zugeordnet. Zudem umfaßt die Disposition alle mit der Bestellung verbundenen verwaltenden Tätigkeiten (Bestellwesen). Hierzu zählen i. d. R. die Lieferantenauswahl, das Schreiben der Bestellungen, die Verwaltung des Bestellbestandes und der Bestellrückstände sowie die Überwachung der Liefertermineinhaltung. Des weiteren ist die Funktion der Aufteilung[63] eine Disposition der Zentrale für die Filialen, da bereits bei der Bestellung an den Lieferanten die Anteile der einzelnen Filialen an der bestellten Ware systemseitig festgehalten werden, um beim Wareneingang in der Zentrale eine zügige Aufteilung auf die Empfänger vornehmen zu können.

Zu den Aufgaben des Funktionsbereichs **Wareneingang** gehören die Wareneingangsplanung, die Warenannahme und Warenkontrolle, die Bearbeitung von Lieferantenrückgaben, die Wareneinlagerung (Schnittstelle zum Lagerprozeß), die Wareneingangserfassung und die Lieferscheinbewertung (Bestandsfortschreibung). Diese einzelnen Teilprozesse können im Zentral- bzw. Großhandelslager und in den dezentralen Betriebsstätten in unterschiedlichen Ausprägungen auftreten. Beispielsweise wird im Großhandel für die Wareneingangsplanung eine detaillierte Rampenbelegungsplanung auf Grundlage der Lieferavise der Industrie erstellt. Die Wareneingangskontrolle hat sicherzustellen, daß die vom Lieferanten auf dem Lieferschein angegebenen Waren in der richtigen Menge und der vereinbarten Qualität eingegangen sind. Nach erfolgter Kontrolle sind die Waren im Lager physisch zu vereinnahmen bzw. über Etiketten o. ä. auszuzeichnen und in den Regalen zu plazieren. Die Wareneingangserfassung der dezentralen Einheiten findet traditionell in der Zentrale statt, obwohl einige Unternehmen bereits eine dezentrale Wareneingangserfassung umgesetzt haben.[64] Die artikelgenaue Erfassung der Wareneingangsdaten mit Bezugnahme auf die im WWS hinterlegte Bestellung bildet dabei eine Grundvoraussetzung für die Versorgung der Bestandsführung mit exakten Daten. In der Lieferscheinbewertung werden die Artikelzugangswerte aus den gültigen Konditionen der Bestellung und der quittierten Zugangsmengen berechnet und Buchungen für die Bestandsfortschreibung erzeugt.[65]

Die Aufgaben der **Rechnungsprüfung** werden in vielen Fällen in der Zentrale durchgeführt. Dazu gehören im einzelnen die manuelle oder elektronische Rechnungserfassung, die Rechnungskontrolle und -freigabe, die eventuelle Nachbearbeitung der Rechnungen und die Bearbeitung nachträglicher Vergütungen. Eine Nachbearbeitung ist in den Fällen erforderlich, in denen die (automatische) Rechnungskontrolle Abweichungen zwischen

---

[63] Unter Aufteilung wird die Verteilung einer Gesamtbeschaffungsmenge auf Abnehmer (i. d. R. Filialen) verstanden, vgl. Becker, Schütte (1996), S. 184.
[64] Vgl. die Ergebnisse einer Umfrage bei 24 mehrstufigen Handelsunternehmen von Schüppler, Dönselmann (1997), S. 66 ff. Siehe auch Hertel (1997), S. 258 f.
[65] Auf Besonderheiten und Probleme bei nicht-artikelgenauer Erfassung wird in Kapitel 4.2 eingegangen.

Lieferantenrechnung und bewertetem Lieferschein ergeben hat, die über festgelegte Toleranzen hinausgehen. Nach Abschluß der Rechnungskontrolle werden für die spätere Berechnung der nachträglichen Konditionen Sollpositionen erstellt, die als Grundlage für die Abrechnung bzw. die Kontrolle gegenüber dem Lieferanten nach Ende des Konditionszeitraums dienen.

Aufgaben im Distributionsprozeß

Der *Distributionsprozeß* beinhaltet die Funktionsbereiche des operativen Marketing[66], des Verkaufs, des Warenausgangs, der Fakturierung bzw. Abverkaufserfassung und der Debitorenbuchhaltung (vgl. Abb. 2.9).[67] Aufgrund der erheblichen Unterschiede zwischen der Vertriebsabwicklung im Zentrallager/Großhandel und in der dezentralen Betriebsstätte werden im folgenden die Ausführungen zu den durch das WWS übernommenen Aufgaben getrennt beschrieben.

a) Der Distributionsprozeß im Großhandel/Zentrallager:

Zu den Aufgaben des **Marketing**, die vom WWS unterstützt werden und i. d. R. organisatorisch der Zentrale zugeordnet sind, gehören die Stammdatenpflege der Abnehmer (Filialen bzw. Kunden), die Warenplanung und Artikellistung, die Konditionenpflege und die operativen Aktivitäten der Absatzwerbung (z. B. Auswahl der Zielbereiche, Werbeerfolgskontrolle). Darüber hinaus liefert das WWS weitere Führungsinformationen, die in das strategische und taktische Marketing eingehen. Bei der Abnehmerstammdatenpflege werden vertriebsspezifische Daten verwaltet. Innerhalb der Warenplanung wird festgelegt, welche Artikel das Handelsunternehmen im Sortiment führen soll, und darauf aufbauend wird die Verkaufs- und Umsatzplanung durchgeführt. Letztere bildet die Grundlage für die Limitplanung der Disposition. Außerdem fällt in den Bereich des Marketing die Listung der Artikel für die unterschiedlichen Abnehmer (Filialen bzw. Kunden). Bei der Konditionenpflege sind die Verkaufspreiskalkulation für verschiedene Vertriebsschienen (von der Zentrale betrachtet) und die Sonderangebotspolitik in der Betriebsstätte zu nennen. Die Aufgaben des Marketing werden in vielen Handelsunternehmen organisatorisch der Abteilung Einkauf zugeordnet, obwohl sie originär dem Vertrieb zugerechnet werden.[68]

Zentralseitig wahrzunehmende Aufgaben des **Verkaufs** sind insbesondere die Auftragsabwicklung des Großhandels und die Ordersatzerstellung (für die Filialen und dezentralen Betriebsstätten). Der Auftragsabwicklung sind die Anfrage- und Angebotsbearbeitung und die Auftragserfassung und -verfolgung im Großhandel zuzuordnen. Bestellt die Filiale bzw. ein Einzelhändler bei der Zentrale, werden die Aufträge mittels des Ordersatzes manuell oder auf elektronische Weise in das WWS der Zentrale eingegeben. Die

---

[66] Marketing wird hier im Sinne von BECKER, SCHÜTTE mit Marketing im engeren Sinne, d. h. mit den Instrumenten der Sortiments- und Produktpolitik, der Konditionenpolitik und der Absatzwerbung gleichgesetzt. Vgl. Becker, Schütte (HIS) (1997), S. 355; Becker, Schütte (1996), S. 263 f. Vgl. für einen Überblick über verschiedene Instrumente des Handelsmarketing Meffert (1998), S. 1107 ff.

[67] Die Debitorenbuchhaltung wird ebenfalls im folgenden Kapitel zum Rechnungswesen behandelt.

[68] Vgl. z. B. Hogarth-Scott, Parkinson (1993), S. 59 ff.; Ebert (1986), S. 123 ff.

technologische Unterstützung reicht hier von MDE-Geräten[69], mit denen Mitarbeiter in den Filialen zu bestellende Waren erfassen, bis zum Einsatz von Computer Aided Selling-Systemen (CAS-Systeme)[70], die durch Außendienstmitarbeiter der Zentrale genutzt werden. Die Auftragsbearbeitung mit der Verfügbarkeitsprüfung und der ggf. angeschlossenen Kreditwürdigkeitsprüfung bildet die Grundlage für die sich anschließenden Funktionen des **Warenausgangs**, i. e. der Tourenplanung, der Kommissionierplanung, der Kommissionierung und der Warenausgangserfassung. Mit der Lieferscheinerstellung wird in der Regel die Bestandsbuchung für den Warenausgang angestoßen. Weiterhin zählen die Versandabwicklung mit dem Druck von Warenbegleitpapieren und die Erfassung von ausgegebenen Mehrwegtransportverpackungen (MTV) oder Transporthilfsmitteln (THM) sowie die Abnehmerrückgabenverwaltung (MTV, Leergut) zum Bereich des Warenausgangs.

Im Rahmen des Funktionsbereichs **Fakturierung** erfolgt die Lieferscheinbewertung, die Rechnungserstellung, die Gutschriften-/Lastschriftenbearbeitung bei Retouren und die Berechnung nachträglicher Vergütungen zur Kundenseite analog der Bearbeitung auf der Lieferantenseite. Die Übergabe von Rechnungsdaten an die Debitorenbuchhaltung bildet eine bedeutende Schnittstelle zum Rechnungswesen.

b) Der Distributionsprozeß in den dezentralen Einheiten:

Zu den Aktivitäten des **Marketing** auf Filialebene sind vor allem die zur Kommunikationspolitik zu zählenden Funktionen der Werbung, der Beratung, der Ladengestaltung und der Plazierung der Artikel zu nennen.[71] Diese Aufgaben werden allerdings in Abhängigkeit der Führungsphilosophie des Unternehmens in enger Abstimmung mit den übergeordneten Zielen und Vorgaben der Zentrale wahrgenommen. Im Bereich der Sortimentspolitik sind die Betriebsstätten zum Teil berechtigt, regionale Teilsortimente zu pflegen und Entscheidungen über die Konditionspolitik für dieses Teilsortiment zu treffen.[72]

In der dezentralen Betriebsstätte fallen der **Verkauf**, der **Warenausgang** und die **Fakturierung** am Point of Sale an der Kasse zusammen, so daß eine getrennte Betrachtung in den meisten Fällen nicht sinnvoll erscheint. Die Erfassung des Warenausgangs findet dabei am Checkout statt, wo die Waren über Scanner oder Lesegeräte erfaßt werden. Anschließend erfolgt die Erstellung einer Quittung oder Rechnung (z. B. in Cash-and-Carry-Märkten üblich).

Die Abverkaufsdaten werden für Auswertungszwecke an nachgelagerte Informationssysteme online oder periodisch (z. B. nach Tagesabschluß) an die Zentrale weitergegeben.

---

[69] MDE-Geräte sind handliche Erfassungshilfen zur mobilen Datenerfassung, die mit einer Tastatur, einem Druckwerk und einem Barcode- oder Strichcode-Scanner ausgestattet sind. Mit ihnen können Warendaten am Ort der Entstehung aufgenommen, gespeichert und asynchron an das WWS weitergegeben werden. Vgl. Tietz (1993), S. 1047 ff.; Conz (1979), S. 5-9.

[70] Vgl. zu CAS Timm (1997), S. 87 f.; Mertens (1995), S. 55 f. Zum Einsatz von CAS insbesondere in Handelsunternehmen vgl. Hoffmann, Kusterer (1997), S. 47 f.

[71] Vgl. zur Kommunikationspolitik als absatzpolitisches Instrument Müller-Hagedorn (1993), S. 110-113.

[72] Vgl. Rosmanith (1997).

Sie dienen weiterhin der Buchung des Warenabgangs in der dezentralen und/oder zentralen Bestandsführung. Die Kassenabrechnung liefert die Zahlungsmitteldaten für die Sachkontenbuchhaltung des Rechnungswesens. In den Kassensystemen der Betriebsstätten stellt die Erfassung der Verkäuferdaten eine wichtige Datenquelle für die Personalplanung, die Personalkontrolle und die Entlohnungssysteme dar.

Aufgaben im Lagerprozeß

Das *Lager* als Bindeglied zwischen dem Beschaffungs- und Distributionsprozeß umfaßt die Lagerlogistik, d. h. das Ein- und Auslagern der Ware, sowie die Bestandsführung und -optimierung. Diese Funktionen sind bereits in den Bereichen des Wareneingangs und des Warenausgangs kurz erläutert worden. Grundsätzlich sind die Funktionen des Lagerprozesses sowohl im Großhandel/Zentrallager als auch in den dezentralen Einheiten zu finden. Jedoch ist der Umfang der Aufgaben in kleineren Filialen i. d. R. geringer, insbesondere im Bereich der Lagerstammdatenpflege.[73]

Das Warenwirtschaftssystem hat im Rahmen der Lagerorganisation die Lagerstammdatenpflege zu gewährleisten, Umlagerungen und Umbuchungen zu unterstützen und Verfahren für die Inventurdurchführung zur Verfügung zu stellen. Im Zentrallager fallen unter die Aufgaben des WWS innerhalb der **Lagerstammdatenpflege** die Verwaltung von Lagerbereichen und Lagerplätzen.[74] Bei **Umlagerungen**[75] zwischen dezentralen Einheiten untereinander und zur Zentrale und **Umbuchungen**[76] hat das WWS die adäquaten Datensätze zu den Zu- und Abgangsbuchungen zu erzeugen bzw. entsprechende Bestandskorrekturen vorzunehmen. Im Einzelhandel gehört zur Lagerstammdatenpflege die Regalplatzoptimierung, die eine nicht unbedeutende Rolle spielt. Zur **Inventurdurchführung** gehören die Aufgaben der Erstellung von Inventurlisten, der Erfassung von Daten per MDE-Gerät oder Kassensystem und der Übermittlung der Inventur- bzw. Bestandsdaten an die Systeme des Rechnungswesens zur Abschlußerstellung.

2.2.2 Begriffliche Grundlagen des Rechnungswesens

2.2.2.1 Definition

Unter dem Begriff Rechnungswesen wird allgemein „[...] ein System zur quantitativen, vorwiegend mengen- und wertmäßigen Ermittlung, Aufbereitung und Darstellung von wirtschaftlichen Zusammenhängen in einem bestimmten Zeitpunkt und von wirtschaft-

---

[73] Die Aufgaben des Lagers im Einzelhandel beschränken sich nach Lerchenmüller (1995), S. 436, „[...] auf die Schleusen- oder Pufferfunktion beim Wareneingang, auf die Vorratshaltung bei einigen wesentlichen Artikeln sowie die Aufbewahrung [... von Sonderposten] bis zum Verkauf [...]".

[74] Nicht selten wird im WWS mit logischen Lagerplätzen gearbeitet; die physische Lagerverwaltung wird von einem Lagersteuerungssystem übernommen, das mithin die technische Anbindung von Förderfahrzeugen sowie deren Steuerung sicherstellt. Vgl. zu diesem Themenbereich u. a. Hertel (1997), S. 268 ff.

[75] Unter Umlagerung wird der physische Transport von Waren zwischen zwei organisatorischen Einheiten verstanden, vgl. Becker, Schütte (1996), S. 347.

[76] Eine Umbuchung ist im Gegensatz zur Umlagerung ein rein wertmäßiger Vorgang, der zu einer Korrektur des Bestandswerts führt, vgl. Becker, Schütte (1996), S. 348.

lichen Abläufen während eines bestimmten (meist äquidistanten) Zeitraums [...]"[77] verstanden.

Bezogen auf das einzelne Unternehmen befaßt sich das betriebliche Rechnungswesen mit der Planung, Kontrolle und Dokumentation aller Geschäftsvorgänge und -ergebnisse.[78] Gegliedert wird das betriebliche Rechnungswesen üblicherweise in die Teilbereiche internes und externes Rechnungswesen.

Das externe Rechnungswesen umfaßt die Tätigkeit der (Finanz-)Buchhaltung mit dem Ziel der Bilanzerstellung. Das Handelsgesetzbuch (HGB) verpflichtet den Kaufmann, Bücher zu führen und zum Jahresende einen Jahresabschluß aufzustellen.[79] Dieser Pflicht kommt das Unternehmen mit der Einrichtung des externen Rechnungswesens nach.

Das interne Rechnungswesen umfaßt die Kosten- und Leistungsrechnung (Betriebsbuchhaltung), die Betriebsstatistik und diverse Planungsrechnungen.[80]

Die Finanzbuchhaltung als ex post durchgeführte Rechnung nimmt als Teil des externen Rechnungswesens die Aufgabe wahr, die Geschäftsvorfälle zwischen Unternehmen und Außenwelt zahlenmäßig zu erfassen. Sie wird für die Zwecke der Rechenschaftslegung gegenüber externen Adressaten durchgeführt.[81] Gleichzeitig bilden die Daten der Finanzbuchhaltung eine wesentliche Grundlage für die Teilbereiche des internen Rechnungswesens, d. h. der Kosten- und Leistungsrechnung, der Kurzfristigen Erfolgsrechnung und der Vergleichs- und Planungsrechnungen.[82] In dieser Arbeit wird dem Bereich des externen Rechnungswesens besondere Beachtung geschenkt, da die dort vorzunehmenden Aufgaben in direkter Beziehung zu den Geschäftsprozessen des Handelsunternehmens stehen.[83] So ist die Kreditorenbuchhaltung die auf die Rechnungsprüfung folgende Funktion im Beschaffungsprozeß, die Debitorenbuchhaltung bildet den Abschluß des Distributionsprozesses.[84]

---

[77] Coenenberg (1993), S. 23. Ähnlich Wöhe (1993), S. 997; Busse von Colbe (1990), S. 403; Eisele (1990), S. 3 f.; Weber (1988), S. 1.
[78] Vgl. Grob (1996), S. 1; Baetge (1996), S. 1; Schierenbeck (1993), S. 485; Haberstock (1987), S. 17 ff.; Buddeberg (1959), S. 115 ff.
[79] Vgl. § 238 Abs. 1 S. 1 HGB und § 242 Abs. 3 HGB. Auf die Diskussion über die Kaufmannseigenschaft wird hier nicht gesondert eingegangen. Vgl. dazu Baetge (1996), S. 29 ff. und S. 50 f.; Luckey (1992), S. 2 ff.
[80] Vgl. Wöhe (1993), S. 998 f.; Coenenberg (1993), S. 23 ff.; Kreis (1992), S. 456; Hörmann (1990), S. 8.
[81] Zum Rechnungswesen als Informationsquelle für externe Personen und Stellen vgl. stellvertretend für andere Eisele (1990), S. 7 ff.; Neuhof (1978), 4 ff.; Weber (1977), S. 118.
[82] Vgl. Grob (1996), S. 5; Mertens (1995), S. 257 f.; Koch (1988), S. 1.
[83] Vgl. dazu die Ausführungen zu den Prozessen im Handel in Kapitel 2.2.1.2.
[84] Vgl. Becker, Schütte (1996), S. 147, S. 249 und S. 334.

2.2.2.2 Ziele und Aufgaben des externen Rechnungswesen

In der Vergangenheit wurden überwiegend Daten aus der Finanzbuchhaltung zur Steuerung von Handelsbetrieben verwendet, heute ist es durch den Einsatz moderner Informations- und Kommunikationstechnologien möglich, direkt Daten aus dem Prozeß des Warenflusses im Warenwirtschaftssystem für Zwecke der Planung, Steuerung und Kontrolle zu nutzen.[85] Das hat auch dazu geführt, daß die Subsysteme des Rechnungswesens enger mit der Warenwirtschaft gekoppelt wurden.[86] Den größten Teil der warenbezogenen mengen- und wertmäßigen Daten bezieht das externe Rechnungswesen aus den Teilbereichen des Warenwirtschaftssystems.

Obgleich das externe Rechnungswesen grundsätzlich zu den branchenneutralen Anwendungssystemen gezählt wird[87], sind die folgenden Punkte als Besonderheiten des externen Rechnungswesens im Handelsbetrieb herauszustellen:

- Belegvolumen
  Die Menge der zu verarbeitenden Lieferantenrechnungsbelege (1 Millionen Rechnungsbelege im Jahr sind in mittelständischen Handelsunternehmen keine Seltenheit) erfordert eine rationelle und effiziente Gestaltung der Rechnungserfassung, der Archivierung und der Rechnungsprüfung.

- Rechnungsprüfung
  Die Lieferantenrechnungskontrolle gehört nach klassischer Gliederung zum externen Rechnungswesen, in der Handelspraxis ist sie jedoch Bestandteil des Warenwirtschaftssystems, da sie auf die Stammdaten für Lieferanten, Artikel, Konditionen und Bestell- und Wareneingangsdaten des WWS zurückgreift.

- Finanzwirtschaft
  Die zeitnahe Verarbeitung von Kassenabrechnungen der dezentralen Einheiten und die daraus resultierenden regional verteilten Bankeinzahlungen führen zu besonderen Anforderungen an die Verwaltung der Bankkonten und an die Finanzplanung.[88]

- Umsatzsteuerermittlung - Trennung der Entgelte
  Die Umsatzsteuerermittlung bei nicht-artikelgenauer Abverkaufserfassung bildet durch die nicht eindeutig festzustellenden Verhältnisse der Umsätze mit halben und vollen Mehrwertsteuersätzen eine besondere Problematik im Einzelhandel.[89]

- Warenbestandsführung und -bewertung
  Die Warenbestandsführung und -bewertung stellt aufgrund der Artikelvielzahl besondere Anforderungen an die Leistungsfähigkeit des Buchhaltungssystems und des zugrundeliegenden Datenbanksystems. Bei der Verarbeitung der artikelgenauen Daten

---

[85] Vgl. Hertel (1997), S. 299 f.; Zentes, Exner, Braune-Krickau (1989), S. 408.
[86] Vgl. Hertel (1997), S. 316ff.
[87] Vgl. Becker, Schütte (1996), S. 249; Lerchenmüller (1995), S. 470; Stahlknecht, Hasenkamp (1997), S. 361; Reblin (1986), S. 3 f.
[88] Zur Finanzplanung vgl. z. B. Veit, Walz, Gramlich (1993); Michel et al. (1994).
[89] Hier hat der Gesetzgeber besondere Regelungen geschaffen, die in Kapitel 4.3.5 näher erläutert werden.

bzw. der Verdichtung auf Auswertungskonstrukte muß die Abstimmung zwischen Warenwirtschaft und Rechnungswesen gewährleistet werden.

- Spannenberechnung
Die Berechnung der Handelsspanne basiert auf der Kalkulation der Wareneinkaufs- und -verkaufspreise. Die Grundlage für die Kalkulation bilden die mit der Industrie verhandelten Rechnungskonditionen und die Fülle der nachträglichen Konditionen. Letztere sind in geeigneter Art und Weise in die Kalkulation einzubeziehen und müssen darüber hinaus ihren Niederschlag im Rechnungswesen finden. Die Interdependenz zwischen Warenwirtschaft und Rechnungswesen ist im Handel in dieser Problematik besonders ersichtlich, da die Instrumente der Kostenrechnung im allgemeinen auf Daten der Finanzbuchhaltung aufbauen, die über die Bestandsfortschreibung in das Rechnungswesen gelangt sind. Je höher die Anforderungen der Geschäftsführung an den Detaillierungsgrad der Auswertungen sind, desto detaillierter müssen die Daten aus dem WWS an das Rechnungswesen übergeben werden.

Neben dem Warenwirtschaftssystem ist das externe Rechnungswesen ein spezielles Informationssystem des Handelsunternehmens, welches Dokumentations-, Kontroll-, Dispositions-, Planungs- und Entscheidungsaufgaben wahrnimmt und folgende Zwecke erfüllt:[90]

- „[...] die Erfassung der buchhalterisch integrierten wertmäßigen Geschäftsvorfälle in sachlicher und chronologischer Ordnung,

- die Ermittlung von Gewinnen und Verlusten nach gesetzlich vorgeschriebenen Abgrenzungskriterien,

- die Ermittlung von Beständen nach gesetzlich fixierten Abgrenzungskriterien."[91]

Das externe Rechnungswesen[92] bzw. die Finanzbuchhaltung wird unterteilt in die Führung des Hauptbuchs (Bilanz, Gewinn- und Verlustrechnung) und die Erstellung verschiedener Nebenbücher, die jeweils ein Konto des Hauptbuchs erklären. Die Buchführung unterliegt den gesetzlichen Regelungen des HGB und muß die Einhaltung der Grundsätze ordnungsmäßiger Buchführung (GoB) gewährleisten.[93] Die Kreditoren- und Debitorenbuchhaltung gehören wie die Anlagenbuchhaltung zu den klassischen Nebenbüchern[94] des Rechnungswesens, die als Kontokorrent[95] geführt werden und über ein sog. Mitbuch- oder Abstimmkonto in das Hauptbuch der Sachbuchhaltung konsolidiert

---

[90] Vgl. Wöhe (1993), S. 997 ff.; Falk, Wolf (1992), S. 389 f. Zur Auffassung des Rechnungswesens als Informationssystem vgl. z. B. Coenenberg (1993), S. 26; Kreis (1992), S. 456; Neuhof (1978), S. 9.
[91] Tietz (1993), S. 1103.
[92] Auch unter dem Begriff Finanzwesen diskutiert, vgl. Stahlknecht, Hasenkamp (1997), S. 366.
[93] § 238 und § 239 HGB. Vgl. zu den GoB insbesondere Baetge (1996), S. 65-94. Weitere zu beachtende Vorschriften sind z. B. die Abgabenordnung (AO), das Aktiengesetz (AktG) und die Einkommensteuer-Richtlinien (EStR).
[94] Vgl. zum Begriff des Nebenbuches Eisele (1990), S. 334 f.; Koch (1988), S. 47 ff.
[95] Ein Kontokorrent ist i. w. S. jede Geschäftsverbindung, bei der Leistung und Gegenleistung in Rechnung gestellt und in regelmäßigen Zeitabschnitten ausgeglichen werden (§355 HGB). Es wird als Hilfsbuch der doppelten Buchführung genutzt, das die Einzelkonten der Kunden und Lieferanten enthält. Vgl. Eisele (1990), S. 33.

werden. Die weiteren Nebenbücher der Warenbuchhaltung und der Lohn-/Gehaltsbuchhaltung sind i. d. R. in die Anwendungssysteme der Warenwirtschaft und der Personalwirtschaft ausgelagert. Einen Überblick über die Nebenbücher, ihre bilanzielle Einordnung und die zugehörigen Anwendungssysteme zeigt Abb. 2.10.

Abb. 2.10: Die Anwendungssysteme der Nebenbücher im externen Rechnungswesen

Im folgenden werden die einzelnen Aufgabengebiete, die dem Anwendungssystem des externen Rechnungswesen im Handelsbetrieb zugerechnet werden, näher beschrieben.[96]

In der **Haupt- bzw. Sachbuchhaltung** finden alle wertmäßigen Vorgänge ihren Niederschlag in den Sachkonten durch die Erstellung von Journalen, Salden und Summen. Neben der Pflege des Kontenplans und der Sachkontenstammdaten ist ein Aufgabenbereich die Führung der Bankkonten und Bankverrechnungskonten[97], die täglich mit den Kontoauszügen der Banken abgeglichen werden. Diese Daten bilden eine wichtige Grundlage für die Durchführung der Liquiditäts- und Finanzplanung. Die Lohn- und Gehaltszahlungen werden aus der Personalbuchhaltung auf den Aufwands- und Finanzkonten verbucht und die Auszahlungen angewiesen. Im Rahmen der Monats- und Jahresabschlußarbeiten wird nach den Abgrenzungsbuchungen aus den Sachkonten die Bilanz und die Gewinn- und Verlustrechnung erstellt.[98]

Zu den Aufgaben der **Kreditorenbuchhaltung** gehören die Pflege der buchhaltungsspezifischen Lieferantenstammdaten, die Buchung und Verwaltung der Lieferantenrechnungen als Offene Posten[99] und die Zahlungsregulierung. Zu den für die Buchhaltung relevanten Stammdaten der Lieferanten zählen z. B. die für die Zahlungsregulierung wichtigen Daten der Zahlungsart, der Bankverbindung oder der Angabe eines abweichenden Zahlungsempfängers. Als Lieferanten sind nicht nur Lieferanten von Handelsware anzunehmen, sondern auch Lieferanten von Materialien und Dienstleistungen, die zum Zwecke des

---

[96] Vgl. dazu u. a. Becker, Schütte (1996), S. 363-377; Biethahn (Konzeption 2) (1990), S. 200 ff.; Stahlknecht (1990), S. 35-40; Horváth, Petsch, Weihe (1986), S. 21-32; Reblin (1971), S. 65-143.
[97] In der Regel werden für die verschiedenen Zahlungsarten separate Konten je Bankverbindung geführt, z. B. Scheckeingang, Scheckausgang, Überweisungsausgang und Lastschriften.
[98] Vgl. Reblin (1986), S. 5 ff.
[99] Vgl. zur Offene-Posten-Buchführung Eisele (1990), S. 342 f.

Geschäftsbetriebs benötigt werden (sog. Kostenkreditoren).[100] Grundsätzlich wird jeder Lieferant durch ein Kreditorenkonto im Rechnungswesen repräsentiert. In einigen Fällen kann es notwendig sein, für einen Lieferanten in der Warenwirtschaft mehrere Lieferantenstammsätze zu verwenden (etwa für die regionalen Auslieferungslager des Lieferanten). Die Abrechnung der Verbindlichkeiten erfolgt jedoch sehr oft über die Zentrale des Lieferanten, der in der Kreditorenbuchhaltung über ein Konto abgewickelt wird. Andererseits gibt es Fälle, in denen für einen Lieferanten mehrere Kreditorenkonten in der Buchhaltung existieren, da z. B. die Warenverbindlichkeiten von anderen Verbindlichkeiten oder von Forderungen aus nachträglichen Vergütungen getrennt verwaltet werden sollen.[101] Die Beziehung zwischen Lieferantendaten und Kreditorenkonten wird im Datenmodell in Abb. 2.11 verdeutlicht.[102]

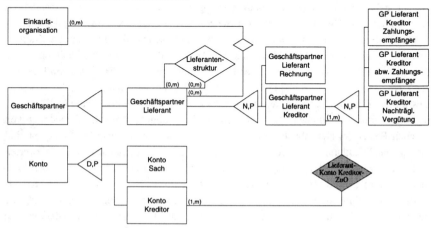

In Anlehnung an Becker, Schütte (1996), S. 160 und S. 254.

Abb. 2.11: Datenmodell Lieferant/Kreditoren

Bei den Kostenkreditoren erfolgt die Erfassung und Kontrolle der Rechnungen im allgemeinen nicht im Warenwirtschaftssystem, sondern direkt in der Kreditorenbuchhaltung.[103] Die Zahlungsregulierung umfaßt die Anweisung und Buchung der Zahlungsausgänge. Aus den Buchungen auf den Kreditorenkonten sind unter Berücksichtigung von Zahlungsbedingungen die fälligen Offenen Posten zu selektieren und per Scheck, Orderscheck oder Überweisung zur Zahlung anzuweisen. Verbundgruppenzentralen wie z. B.

---

[100] Vgl. zu verschiedenen Arten von Sachkosten im Handelsunternehmen Falk, Wolf (1992), S. 94. Eine Auswertung über die Kosten im Lebensmitteleinzelhandel in 1993 ist zu finden bei Groner (1994).
[101] Aus diesem Grund ist eine häufig anzutreffende Problematik im Handel die Vielzahl an doppelt vorhandenen Lieferantenstammsätzen, die einen hohen Reorganisationsbedarf offenbaren.
[102] Zur Notation des dargestellten Entity-Relationship-Modells (ERM) vgl. Becker, Schütte (1996), S. 31 ff.
[103] Im Handel wird die Rechnungsprüfung der Warenrechnungen i. d. R. von einer von der Kreditorenbuchhaltung getrennten Organisationseinheit vorgenommen. In der Industrie fällt die Rechnungsprüfung organisatorisch i. d. R. unter die Kreditorenbuchhaltung. Vgl. Kurrle (1988), S. 92-99, insbesondere S. 95, Fußnote 2.

die Markant[104] sind dazu übergegangen, ihre Forderungen gegenüber den Handelsbetrieben per Lastschrift abzubuchen oder einzuziehen. Weitere Arbeiten fallen bei der Buchung von Gutschriften aus Retouren oder Belastungsanzeigen aus Forderungen von nachträglichen Konditionen an, die nicht unerhebliche Aufwände im Bereich der Kreditorenbuchhaltung erzeugen. Die Bearbeitung von Mahnvorgängen bei Gutschriften aus Rücklieferungen oder nachträglichen Vergütungen wird ebenfalls dem Bereich der Kreditorenbuchhaltung zugerechnet, wobei in der Praxis der tatsächliche Kontakt mit den Lieferanten durch die Organisationseinheit Einkauf wahrgenommen wird.[105]

Die Ausführungen zu den Aufgaben der Kreditorenbuchhaltung gelten analog für die Verwaltung von Kundenkonten in der **Debitorenbuchhaltung**.

Die Aufgaben der Debitorenbuchhaltung entfallen im herkömmlichen Einzelhandel, da der Kunde i. d. R. direkt in bar oder per Scheck bezahlt und eine Erfassung der entstandenen Forderung nicht notwendig wird. Durch den zunehmenden Einsatz von Kundenkarten in Handelsunternehmen[106] kommt der Aufgabe der Debitorenbuchhaltung in der dezentralen Einheit wieder eine steigende Bedeutung zu, da die Stammdatenpflege und der Zugriff auf und die Verwaltung von Offenen Posten in der Filiale möglich sein sollte. Des weiteren sind im Lebensmitteleinzelhandel in der Praxis Kreditverkäufe (z. B. an Einrichtungen der Öffentlichen Verwaltungen) nicht unüblich, die eine Verwaltung von Offenen Posten im Nebenbuch erforderlich machen. Für die dezentralen Einheiten sind die Kassenabrechnungen mit den verschiedenen Zahlungsmittelarten und Umsatzwerten zu buchen. Zur Verwaltung von Kundenkonten in einem Großhandelsunternehmen bzw. in der Zentrale eines mehrstufigen Handelsunternehmens[107] gehören außerdem Kreditwürdigkeitsprüfungen und die Verwaltung von kundenspezifischen Kreditlimits, die bereits bei der Auftragserfassung überprüft werden. Kooperierende Handelssysteme ziehen ihre Forderungen gegenüber den Kunden bzw. Mitgliedern häufig per Lastschriftverfahren ein. Weiterhin kommen automatisierte Verfahren zur Selektion von offenen Rechnungen und die Erstellung von elektronisch verarbeitbaren Zahlungsformularen zum Einsatz.

In Cash-and-Carry-Betrieben ist es in der Praxis nicht unüblich, die Debitorenbuchhaltung im WWS der Betriebsstätte zu integrieren, da der Abnehmer i. d. R. über eine

---

[104] Die Markant, Schweiz, ist eine aus der Selex-Gruppe hervorgegangene kooperative Verbundgruppe im deutschen Lebensmitteleinzelhandel. Vgl. zur Entwicklung der Markant o. V. (M+M) (1996), S. III,24 ff.

[105] Womit ein weiteres Problem im Handel angerissen wird: Der Kontakt zum Lieferanten erfolgt heute noch sehr häufig über den „Engpaß" Einkauf, d. h. das alle Prozesse, nicht nur die konstituierenden Vertragsverhandlungen und Jahresgespräche von der Organisationseinheit Einkauf durchgeführt werden, sondern auch administrative Prozesse, wie die o. g. Mahnbearbeitung, die Kapazitäten des Einkaufs in Anspruch nehmen. Erst durch das Denken in „Categories", wie sie z. B. von Wiezorek (1998) und Biehl (1997) vorgestellt werden, werden die Informationsflüsse zwischen Lieferant und Handelsunternehmen entzerrt.

[106] Vgl. dazu z. B. Mohme (1997).

[107] Sowohl ein Großhandelsunternehmen als auch die Zentrale eines mehrstufigen Handelsunternehmen verfügen über externe Kunden bzw. Abnehmer, die rechtlich unabhängig vom Handelsunternehmen existieren, und Abnehmer, die operative Einheiten (Betriebsstätten, Filialen) in mehr oder weniger rechtlicher Abhängigkeit von Handelsunternehmen darstellen. Für beide Typen des Geschäftspartners Abnehmer (vgl. Becker, Schütte (1996), S. 270 f.) werden Stammsätze und Konten benötigt.

Kundenkarte identifiziert wird und am Checkout das Debitorenkonto aufgerufen werden kann. Die Buchhaltung der Zentrale übernimmt in diesem Fall die Sammelbuchung der Forderungen im Hauptbuch und Nacharbeiten wie Rücklastschriften, Mahnungen und ähnliches.

Für die Darstellung der Aufgaben der **Anlagenbuchhaltung** wird auf die einschlägige Literatur verwiesen, da dieses Nebenbuch im Rahmen der Untersuchung keine Rolle spielt.[108]

2.2.3 Abgrenzung zu anderen Handelsinformationssystemen

„Unter Handelsinformationssystemen werden diejenigen Informationssysteme subsumiert, die die operativ-dispositiven, die betriebswirtschaftlich-administrativen und die Controlling- und Unternehmensplanungsaufgaben unterstützen."[109] Innerhalb der Informationssystem-Architektur des Handels-H-Modells zählt das WWS zu den operativ-dispositiven Systemen und das externe Rechnungswesen zu den betriebswirtschaftlich-administrativen Systemen. In Tab. 2.1 sind die vom WWS und dem externen Rechnungswesen generell unterstützten Funktionsbereiche[110] und Funktionen im Handelsbetrieb zusammenfassend dargestellt, unabhängig davon, ob die Funktionen von der Zentrale oder den dezentralen Einheiten wahrgenommen werden.[111]

---

[108] Vgl. zur Anlagenbuchhaltung z. B. Becker, Schütte (1996), S. 367 ff.; Mertens (1995), S. 275 f.

[109] Becker, Schütte (1996), S. 9. Die Bedeutung von Informationssystemen im Handel über das WWS hinaus betont auch Witt (1992), S. 8.

[110] Der Bildung von Funktionsbereichen liegt eine handlungsorientierte Gliederung des Unternehmens zugrunde, die neben der ressourcenorientierten Organisationsstruktur zu den ältesten und noch heute in der Praxis verbreitetsten Organisationsformen gehört. Vgl. Frese (1995), S. 195; Ferstl, Sinz (1994), S. 59 f.; Lehner et al. (1991), S. 85 ff.

[111] Auf die Verteilung von Aufgaben zwischen Zentrale und dezentralen Einheiten wird im Kapitel 4.1 ausführlich eingegangen.

Einkauf	• Artikelstammdatenpflege • Konditionenpflege • Lieferantenstammdatenpflege • Kontraktverwaltung	• Abnehmerstammdaten- pflege • Warenplanung • Artikellistung • Absatzwerbung	Marketing
Disposition	• Limitrechnung • Bedarfsrechnung • Bestellmengenrechnung • Bestellwesen • Aufteilung	• Ordersatzerstellung • Auftragsabwicklung • Außendienstunterstützung	Verkauf
Waren- eingang	• Wareneingangsplanung • Warenannahme und -kontrolle • Wareneingangserfassung • Wareneingangsbuchung • Lieferrückgaben • Lieferscheinbewertung	• Tourenplanung • Kommissionierplanung • Kommissionierung • Warenausgangserfassung • Versandabwicklung • Abnehmerrückgaben- verwaltung • Warenausgangsbuchung	Waren- ausgang
Lager			
• Lagerorganisation • Bestandsführung • Umlagerung und Umbuchung • Inventurduchführung			

Rechnungs-
prüfung
	• Rechnungserfassung
	• Rechnungskontrolle
	• Rechnungsnachbearbeitung
	• Berechnung nachträglicher Konditionen
		• Lieferscheinbewertung
		• Rechnungserstellung
		• Gutschriften-/Lastschriften-
		  bearbeitung
		• Nachträgliche Vergütungen
		  zur Abnehmerseite
			Fakturierung

Kreditoren-
buch-
haltung
	• Kreditorenstammdatenpflege
	• Rechnungsbuchung Waren-
	  und Kostenkreditoren
	• Zahlungsausgangsbearbeitung
	• Bearbeitung Zahlung nach-
	  träglicher Konditionen
	• Mahnwesen
		• Debitorenstammdatenpflege
		• Rechnungsbuchung im
		  Großhandel/Zentrale
		• Buchung der Kassenabrech-
		  nungen
		• Zahlungseingangs-
		  bearbeitung
		• Mahnwesen
			Debitoren-
			buchhaltung

Hauptbuchhaltung			
• Sachkontenstammdatenpflege • Bankkontenbuchhaltung • Jahresabschlußerstellung • Finanzplanung			

Tab. 2.1: Funktionen von WWS und externem Rechnungswesen

Daneben sind im Handelsbetrieb weitere Informationssysteme von Bedeutung, deren Aufgaben im folgenden kurz abgegrenzt werden.[112]

---

[112] Vgl. dazu ausführlicher Becker, Schütte (1996), S. 378-418.

Die **Kostenrechnung** als Teilbereich des internen Rechnungswesens erhält ihre Daten zu einem großen Teil aus der Finanzbuchhaltung des externen Rechnungswesens. Zu den Aufgaben der Kostenrechnung gehört die Bereitstellung sämtlicher Informationen zum Zweck der Dokumentation, Planung, Steuerung und Kontrolle des Wertschöpfungsprozesses.[113] Im Handel werden insbesondere die Kostenarten- und die Kostenstellenrechnung eingesetzt. Die Kostenträgerrechnung ist im Handel nur in Form einer Kostenträgerzeitrechnung üblich.[114] Große Verbreitung hat in Handelsunternehmen die Relative Einzelkosten- und Deckungsbeitragsrechnung nach RIEBEL[115] erfahren.[116]

Zu den Aufgaben der **Personalwirtschaft** zählen alle Tätigkeiten, die sich mit der Personalstammdatenpflege, der Personalbedarfsrechnung, der Personalverwaltung und -abrechnung und der Personalsteuerung befassen. Die Personalkosten sind neben den Warenkosten die wichtigste Kostenkomponente im Einzelhandel: Der durchschnittliche Anteil der Personalkosten (einschließlich kalkulatorischem Unternehmerlohn) an den Handlungskosten im Einzelhandel betrug im Jahre 1989 57 % und im Jahre 1994 60 %.[117] Der Funktionsbereich Personalwirtschaft wird aus Datenschutzgründen i. d. R. von den operativen Bereichen der Warenwirtschaft und des Rechnungswesens getrennt. In vielen Fällen werden die Anwendungssysteme der Personalwirtschaft sogar auf separaten Servern installiert und damit zusätzliche Medienbrüche in Kauf genommen. Schnittstellen zur Finanzbuchhaltung bestehen insbesondere bei der Durchführung der Lohn- und Gehaltsabrechnung wegen der Buchung der Löhne und Gehälter und der Sozialaufwendungen auf Kostenkonten, und der Buchung der Zahlungsverpflichtungen an die Gehaltsempfänger, die Sozialversicherungsträger und das Finanzamt auf Finanzkonten.

Im Dach des Handels-H-Modells ist der Bereich des **Controlling / Executive Information Systems (EIS) / Strategische Unternehmensplanung** angesiedelt, dessen Aufgabe die Informationsversorgung des Managements für Zwecke der strategischen Planung[118] ist. „Der Begriff Controlling umfaßt eine erfolgsorientierte Führungskonzeption, der die zielorientierte Koordination von Informationen zur Planung, Steuerung und Überwachung der funktionalen Teilbereiche der Handelsunternehmung zugrunde liegt."[119] Dazu gehören zyklische Auswertungsrechnungen (sog. Standardberichte) und ereignisbezogene Auswertungsrechnungen, die in den meisten Fällen zentral durchgeführt werden.[120] Unter

---

[113] Vgl. Schweitzer, Küpper (1995), S. 13 f.
[114] Vgl. Tietz (1993), S. 1129 f.; Witt (1992), S. 96 ff.
[115] Vgl. Riebel (1994).
[116] Vgl. Hoffmann, Kusterer (1997), S. 48 ff.; Tietz (1993), S. 1155 ff.
[117] Vgl. Tietz (EH) (1992), S. 231, zitiert nach: Deutsches Handelsinstitut Köln e. V. (Hrsg.): Handel '91, Köln 1991, S. 219; Lebensmittelzeitung Nr. 28 vom 12.07.96, S. 37.
[118] Der Begriff strategische Planung faßt die Maßnahmen zusammen, die den Unternehmenserfolg langfristig beeinflussen. Vgl. Adam (1996), S. 314; Kreikebaum (1993), S. 26 ff.
[119] Barth (1996), S. 343. Bezüglich der Diskussion um den Controlling-Begriff vgl. z. B. Grob (Positionsbestimmung) (1996); Reichmann (1995), S. 1 ff.; Weber (1995), S. 3-30; Horváth (1994), S. 26-69. Zu den Spezifika des Handelscontrolling vgl. insbesondere Ahlert (1997), S. 75 ff.; Witt (1992), S. 2-15; Günther (1989); Ebert (1986), S. 197 ff.
[120] Vgl. dazu die Ergebnisse einer in den Jahren 1992 und 1994 durchgeführten Befragung bundesdeutscher Handelskonzerne in Burg (1997), S. 257-279, insb. S. 262 f.

Executive Information Systems (EIS) werden computergestützte Informationssysteme verstanden, die z. B. mit Hilfe von Exception Reporting und Ad-hoc-Analysen zur Entscheidungsunterstützung des Managements beitragen.[121] Die Unternehmensführung nutzt diese Systeme für Betriebstypenvergleiche, Konkurrenzvergleiche und Marktdatenanalysen. Der strategischen Planung sind die Funktionen Geschäftsfeld-, Standortplanung und die strategische Logistikplanung zuzuordnen.[122]

Abb. 2.12 gibt die Zusammenhänge der einzelnen Informationssysteme im Überblick wieder und stellt die Einordnung von WWS und externem Rechnungswesen innerhalb der Handelsinformationssysteme heraus.

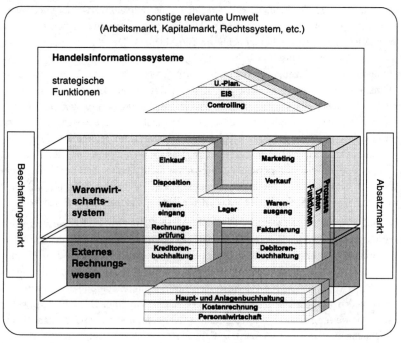

Abb. 2.12: Einordnung von WWS und externem Rechnungswesen innerhalb der Handelsinformationssysteme

---

[121] Vgl. ausführlicher zum Thema EIS Hansen (1996), S. 285-298; Henneböle (1995); Hichert, Moritz (1995); Tiemeyer, Zsifkovits (1995). Zu EIS im Handel vgl. insbesondere Becker (1997); Hoffmann, Kusterer (1997); Möhlenbruch, Meier (1997); Vialon (1997).
[122] Vgl. Becker (1997), S. 189 ff.

2.3 Integrierte Informationsverarbeitung und Schnittstellengestaltung

Das Schlagwort der integrierten Informationsverarbeitung beschäftigt nicht nur die Vertreter der Wirtschaftsinformatik, sondern hat auch in der Betriebswirtschaftslehre eine große Verbreitung gefunden.[123] Die Notwendigkeit der Integration von Informationssystemen wird u. a. aus der Optimierung der Ablauforganisation, aber auch aus den gestiegenen Anforderungen im Wettbewerb mit anderen Unternehmen abgeleitet.[124] „Integration ist [...] eine wichtige Aufgabe, die jedoch nicht darin gesehen werden kann, lediglich bestehende Abläufe zu automatisieren. Informationstechnische Integration erfordert eine Reorganisation von organisatorischen Abläufen und Strukturen [...]".[125] Auf der anderen Seite ist der Trend zur Modularisierung von Informationssystemen, einhergehend mit der Dezentralisierung von Unternehmensfunktionen, zu beobachten.[126]

Ausgehend von den beschriebenen Trends der Integration und Modularisierung lassen sich mögliche Ausprägungen der integrierten Informationsverarbeitung beschreiben auf einem Kontinuum zwischen den Polen der vollständigen Integration, bei der ein einziges Informationssystem alle Unternehmensfunktionen unterstützt, und des unabhängigen Nebeneinanders von Insellösungen, die nicht miteinander verbunden sind.[127] Zwischen diesen Polen befinden sich je nach dem Grad der Kopplung der Informationssysteme Lösungen mit Schnittstellen, die mehr oder weniger automatisiert und für den Anwender intransparent die Verbindung der Systeme ermöglichen (vgl. Abb. 2.13).

Die Forderung nach einem vollintegrierten System wurde allerdings in Anbetracht der Probleme bei der Integration der Anwendungssysteme aufgegeben, was in folgenden Zitaten zum Ausdruck kommt:[128]

- „Es wird immer EDV-Schnittstellen geben, da es kein vollständig integriertes DV-System für ein Unternehmen gibt. [...] Das <u>vollständig</u> integrierte DV-System ist unwirtschaftlich. Es ist als Denkmodell vorstellbar."[129]

---

[123] Vgl. Mertens (1995); Bellmann (1991); Männel (1988); Grochla (1982), S. 195 ff.; Emery (1975).
[124] Vgl. Wildemann (1995), S. 262.
[125] Wildemann (1995), S. 262.
[126] Vgl. Zelewski (1986), S. 1 und S. 18. Die Forschungsaktivitäten im Bereich der Softwareentwicklung (Componentware und CORBA) sprechen ebenfalls für diese Entwicklung. Vgl. dazu näher Otte, Patrick, Roy (1996); Bullinger, Fähnrich, Kopperger (1995). Als ein wesentlicher Vorteil des modularen Aufbaus von Informationssystemen wird die Möglichkeit der stufenweise Einführung, die Austauschbarkeit der verschiedenen Teilsysteme und die dadurch relativ flexible Anpassung an betriebliche Veränderungen gesehen, vgl. Olthoff (1992), S. 33; Schulte, Steckenborn, Blasberg (1981), S. 115.
[127] Wildemann (1991), S. 425, unterscheidet Voll- und Teilintegration, wobei eine Teilintegration keine oder nur wenige Beziehungen zwischen Informationssystemen bedeutet. Vgl. auch Sääksjärvi, Talvinen (1993); Brooks (1990). Reblin (1986), S. 5 ff., spricht in diesem Zusammenhang von partieller vs. integrierter Datenverarbeitung.
[128] Vgl. auch Österle, Brenner, Hilbers (1991), S. 24; Ortner (1991), 270 ff.; Gröner (1991), S. 27 f.; Zelewski (1986), S. 19; Hübner (1979), S. 2 f. und S. 14 f.; Emery (1975), S. 99.
[129] Wüst (1980), S. 427, Hervorhebungen im Original.

„Die Realisierung einer vollständigen Integration stellt eine Idealvorstellung von Theorie und Praxis dar."[130]

- „Zur Zielerreichung [des Konzepts des integrierten Industriebetriebs, Anm. d. V.] ist keine totale Integration aller nur denkbaren Beziehungen im System des Industriebetriebes erforderlich."[131]

- „Aus dem Gestaltungsziel Integration darf jedoch nicht die Forderung nach vollständiger Integration abgeleitet werden. Aus theoretischer Sicht liegt - einer Differentialbetrachtung gemäß - der optimale Integrationsgrad dort, wo der zusätzliche Grenznutzen (Reduktion von Autonomiekosten) durch eine höhere Integration dem damit verbundenen Grenzaufwand (Integrationskosten durch Systemverwaltung, Mitarbeiterqualifikation etc.) entspricht."[132]

- „Der Erfolg unternehmerischen Engagements wird nicht durch die Wahl der besten Technik bestimmt, sondern durch die sinnvolle Aufteilung der Funktion zwischen Menschen und Maschinen sowie die Gestaltung der Schnittstellen. ´Lean Production´ und ´Lean Computing´ verdrängen die Gesamtintegration und den Einsatz einer alles abdeckenden Standardsoftware über alle Funktionsbereiche."[133]

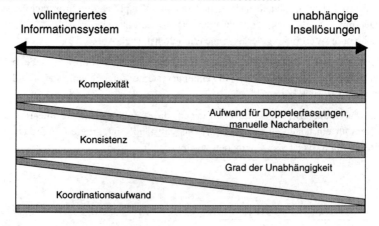

Abb. 2.13: Kontinuum der integrierten Informationsverarbeitung

Bei der Realisierung eines Zwischenstadiums zwischen den beiden Extrempolen des Kontinuums gewinnt der Aspekt der Schnittstellengestaltung der betrieblichen Informationssysteme zunehmend an Bedeutung.[134] Als wesentliche Begriffe werden daher im folgenden der Integrationsbegriff und der Schnittstellenbegriff näher erläutert, bevor auf

---

[130] Picot, Reichwald (1991), S. 289.
[131] Kurrle (1988), S. 292.
[132] Rosemann (1996), S. 156.
[133] Nickel (1993), S. 102.
[134] Vgl. Zelewski (1986), S. 1.

die Merkmale der integrierten Informationsverarbeitung und die Zusammenhänge von Integration und Schnittstellen eingegangen wird.

2.3.1 Integration als Zustand und Vorgang

Unter Integration[135] wird im allgemeinen eine Tätigkeit verstanden, bei der bestimmte Teile zu einem Ganzen zusammengefügt werden[136], wobei das Ganze mehr sein soll als die Summe seiner Teile.[137] Die grundsätzliche Idee der Integration besteht darin, einzelne Teile nicht nur für sich zu betrachten, sondern immer unter Beachtung ihrer Bedeutung für das Ganze. Der Begriff findet in den unterschiedlichsten Wissenschaftsdisziplinen Verwendung[138], insbesondere auch in der Systemtheorie, in der Integration als die spezifische Form der Verknüpfung von Elementen zum Ganzen eines Systems definiert wird.[139] Veränderungen eines Elementes haben dadurch Auswirkungen auf die anderen Elemente des Systems. Seit Mitte der sechziger Jahre findet sich der Begriff der Integration im organisatorischen Bereich der betrieblichen Daten- bzw. Informationsverarbeitung wieder.[140]

Integration kann als Zustand und als Vorgang interpretiert werden.[141] Der *Integrationszustand* bezeichnet den Endzustand nach einem Integrationsvorgang und gibt an, ob, wie und wie stark ein Informationssystem[142] mit einer Organisationseinheit und anderen Informationssystemen verknüpft ist. Der Zustand läßt sich durch die verschiedenen Integrationsformen, Integrationsdimensionen und durch den Integrationsgrad beschreiben.[143] Unter dem *Integrationsvorgang* wird die Zusammenführung von einzelnen Komponenten

---

[135] Integration und integrieren leiten sich aus dem lateinischen *integrare* (wiederherstellen, ergänzen) und *integratio* (Wiederherstellung eines Ganzen) ab. DUDEN: Etymologie (1989), S. 307.

[136] Vgl. dazu Mertens (1995), S. 1; Heinrich (SP II) (1994), S. 163; Picot, Reichwald (1991), S. 286 ff.; Krcmar (1991), S. 4; Heilmann (1989), S. 47 f.

[137] Vgl. Kern (1992), S. 337; Czeguhn, Franzen (1987), S. 169 f. KÜCHLER formuliert als qualitative Anforderung, „[...] daß dieses Ganze sich auf einem höheren Niveau [...]" befinden sollte. Küchler (1990), S. 28.

[138] Vgl. überblicksweise Lehmann (1969), Sp. 769 ff. Hübner (1979), S. 20 ff., geht insbesondere auf das Begriffsverständnis von Integration in den wissenschaftlichen Teilbereichen der allgemeinen Betriebswirtschaftslehre und Organsationslehre, der systemorientierten Organisationslehre und der Betrieblichen Informationssysteme.

[139] Vgl. Grochla et al. (1974), S. 38 f.; Lehmann (1969), Sp. 769.

[140] Vgl. Lehmann (1969), Sp. 768. Eine Darstellung des Verständnisses von Integration innerhalb der Wissenschaftsdisziplin Wirtschaftsinformatik im Wandel der Zeit ist bei Heilmann (1989), S. 46-58, zu finden. Vgl. insbesondere auch Linß (1995), S. 8-17, der das Integrationsverständnis unter anderem von HEILMANN, SCHEER, HEINRICH/BURGHOLZER, MERTENS und SCHUMANN analysierte.

[141] Vgl. Lehmann (1969), Sp. 768; Hübner (1979), S. 13, und im folgenden ausführlich Linß (1995), S. 5 ff.; Köhl (1990), S. 14 f. Heinrich (SP II) (1994), S. 163, betont ebenfalls, daß Integration entweder als Vorgang oder als Ergebnis verstanden wird.

[142] Informationssystem wird hier synonym mit dem Begriff Informationsverarbeitungssystem (IV-System) benutzt. Ein spezielles Informationssystem ist das Anwendungssystem, welches den automatisierbaren Teil eines Informationssystems bezeichnet. Vgl. Ferstl, Sinz (1994), S. 4. Im engeren Sinn wird unter einem Anwendungssystem die Gesamtheit aller Programme (Anwendungssoftware) und die dazugehörigen Daten für ein konkretes betriebliches Anwendungsgebiet verstanden, vgl. Stahlknecht, Hasenkamp (1997), S. 358.

[143] Vgl. zum Integrationsgrad Heinrich (SP I) (1996), S. 260; Linß (1995), S. 6; Wildemann (Erfolgsfaktor) (1995); Kemmner, Treuling (1989), S. 38 ff.; Sova, Piper (1985), S. 58 f.

zu einem Ganzen verstanden.[144] Als Gegenstand des Integrationsvorgangs können sowohl Teilbereiche des Unternehmens als auch das gesamte Unternehmen in Betracht kommen. Dabei sollte ein ganzheitlicher Ansatz verfolgt werden, um überprüfen zu können, ob bei dem bottom-up-Vorgehen die Gesamtheit der Teilsysteme das Gesamtsystem noch repräsentiert.[145]

Jeder Integrationsvorgang beginnt mit der Analyse des Integrationszustands des betrachteten Teilbereichs der Unternehmung.[146] Über den Integrationsansatz[147] werden Möglichkeiten der Zusammenfügung der Einzelsysteme überprüft und ein neuer Integrationszustand nach der Implementierung der Integrationsmaßnahmen erreicht.[148] Der Zusammenhang zwischen Zustand und Vorgang wird in Abb. 2.14 veranschaulicht.

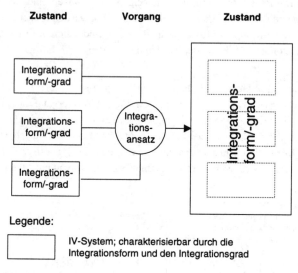

Quelle: Linß (1995), S. 7.

Abb. 2.14: Zusammenhang von Integrationszustand und -vorgang

2.3.2 Schnittstellen als Konsequenz der Subsystembildung

Der Schnittstellenbegriff wird in der Literatur überwiegend aus einem systemtheoretischen Verständnis heraus definiert, insbesondere mit Hinweis auf die Subsystem-

---

[144] GROCHLA bezeichnet den Integrationsvorgang als Prozeß, dessen Ziel es ist, „[...] durch Zusammenfügen eines oder mehrerer Elemente oder Systeme ein neues System zu schaffen." Grochla et al. (1974), S. 38. Köhl betont, daß durch Integration als Prozeß ein System auf eine höhere Integrationsstufe überführt wird, vgl. Köhl (1990), S. 14.
[145] Vgl. Linß (1995), S. 6; Biethahn, Muksch, Ruf (1994), S. 11 f.; ähnlich Hübner (1979), S. 28.
[146] Vgl. Hübner (1979), S. 13.
[147] Einen Vergleich von verschiedenen Integrationsansätzen stellen Mertens, Holzner (1992) vor.
[148] Vgl. Linß (1995), S. 6 f.

bildung.[149] Das Hauptmotiv für die Einteilung eines Systems in Subsysteme liegt in dem Bestreben begründet, durch Ausbildung relativ teilautonomer Teilsysteme komplizierte Beziehungen zu strukturieren, damit die Unternehmung als System überschaubarer zu machen und die durch Spezialisierungen resultierenden Produktivitätssteigerungen zu nutzen.[150] Gleichermaßen wird mit der Subsystembildung das Ziel der Flexibilität verfolgt.[151] Jedes Subsystem widmet sich einer in sich geschlossenen Teilumwelt und ist daher flexibler in der Anpassung an Umweltänderungen. Die Verbindung zwischen den Subsystemen und Elementen des Systems wird allgemein durch Schnittstellen bewerkstelligt.[152] Somit ist unter einer Schnittstelle eine (formale) Beschreibung der Verbindung zwischen zwei Teilen eines Systems zu verstehen, wobei Verbindungen zwischen Elementen des Systems, den Subsystemen innerhalb des Systems und zwischen Subsystemen und dem Umsystem bestehen können.[153] Aus Sicht der Wirtschaftsinformatik definiert KRCMAR: „Schnittstellen entstehen, wenn von einem System zu einem anderen System Elemente ausgetauscht werden."[154] Diese Elemente können z. B. nach der Art des Übertragungsobjektes in Material-, Energie- und Informationsfluß unterschieden werden.[155] Auf den dynamischen Charakter fokussierend definiert z. B. BRENIG eine Schnittstelle als „[...] vermittelnde, informationsflußbezogene Verbindung zwischen den Elementen und/oder Subsystemen eines Systems."[156] Der Austausch von Informationen kann mithin zwischen zwei Informationssystemen, aber auch zwischen Anwender und Informationssystem stattfinden. Schnittstellen haben somit die Aufgabe, Informationen zu transportieren, zu transformieren und zu kontrollieren.[157] Zusammenfassend ist festzustellen, daß Schnittstellen zum einen teilenden Charakter haben, da Gesamtsysteme

---

[149] Vgl. zusammenfassend Zelewski (1986), S. 3 f. Siehe zur Subsystembildung unter anderem Gagsch (1980), Sp. 2156 ff.; Meffert (1975), S. 6 ff.; Emery (1975), S. 95: „A system is created as a way of dealing with complexity."

[150] Vgl. Freimuth (1986), S. 235; Zur Entwicklung arbeitsteiliger Organisationsformen vgl. Bellmann (1991), S. 107 ff.; Klein (1990), S. 7.

[151] Vgl. dazu stellvertretend Wermeyer (1994), S. 7 ff.

[152] Anstelle von Verbindungen wird häufig auch von Beziehungen, Relationen oder Wechselwirkungen gesprochen. Vgl. Lehner, Hildebrand, Maier (1995), S. 47 ff.; Biethahn, Muksch, Ruf (1994), S. 88 f. und S. 97 f.; Wedekind (1976), S. 12; Baetge (1974), S. 11.

[153] Vgl. Gabler Wirtschaftsinformatik-Lexikon (1997), S. 640; Zelewski (1986), S. 3 f.: „Eine Schnittstelle ist ein Gebilde, das die Beziehung zwischen einer nicht-leeren Menge von Systemen und ihrer Umwelt darstellt. [...]. Das Gebilde selbst kann, muß aber nicht ein System sein." Ähnlich das DEUTSCHE INSTITUT FÜR NORMUNG: „Unter einer Schnittstelle kann hierbei generell ein System von Bedingungen, Regeln und Vereinbarungen verstanden werden, das den Informationsaustausch zweier miteinander kommunizierender System oder Systemkomponenten festlegt." DIN (Hrsg.) (1987), S. 64.

[154] Krcmar (1983), S. 325.

[155] Vgl. Wüst (1980), S. 427; Feierabend (1980), S. 58. Ähnlich BAETGE, der zwischen Informations-, Stoff- und Energieflüssen in Systemen unterscheidet. Vgl. Baetge (1974), S. 37. Der Material- und Energiefluß findet auf der Ebene des Basissystems (z. B. in der Ausprägung des Warenflusses im Warenprozeßsystem des Handelsbetriebes) statt. Vgl. stellvertretend für Arbeiten, die sich hauptsächlich mit dem Material- bzw. Warenfluß beschäftigen, Feierabend (1980), S. 56-142, der sich sowohl inner- als auch überbetrieblichen logistischen Schnittstellen in der Industrie widmet. Vgl. auch Kern (1992), S. 255-265. Da im Rahmen dieser Arbeit Informationssysteme betrachtet werden, wird auf den Energie- und den Materialfluß im folgenden nicht weiter eingegangen. Auf den Begriff des Informationsflusses wird in Kapitel 3.2.1 näher eingegangen.

[156] Brenig (1990), S. 30.

[157] Vgl. z. B. Wüst (1980), S. 427, der sich auf die Darstellung bzgl. Informationssystemen beschränkt. Ähnlich Scholz-Reiter (1991), S. 29; Zelewski (1986), S 14.

mit dem Zweck der Komplexitätsreduktion in kleinere Subsysteme aufgeteilt werden, zum anderen haben sie verbindenden Charakter, da durch sie integrierte Lösungen realisiert werden können.[158]

In der Literatur haben sich verschiedene Möglichkeiten der Klassifizierung von Schnittstellen entwickelt. Einen Überblick zur Typisierung nach den Kriterien des Übertragungsobjektes und der Aufgabenträger gibt Abb. 2.15.[159] Die einzelnen Typen definieren in Form von Klassen „abstrakte" Schnittstellen - die tatsächliche, konkrete Ausprägung wird durch entsprechende Kombinationen der abstrakten Typen festgelegt.[160]

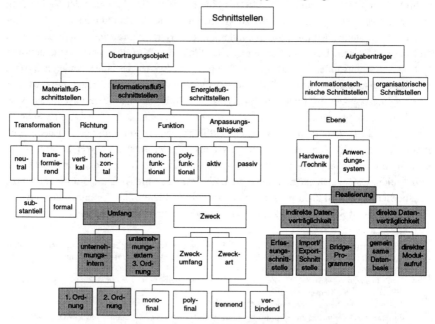

Erweiterte Darstellung in Anlehnung an Brenig (1990), S. 31.

Abb. 2.15: Typisierung von Schnittstellen

Für die vorliegende Untersuchung sind insbesondere die Instanzen des Umfangs und der Realisierung von Bedeutung, die auf der organisatorischen und informationssystembezogenen Ebene untersucht werden (in der Abb. grau hinterlegt). Einzelne Typen werden im folgenden Kapitel den Integrationsformen gegenübergestellt und weiter detailliert.

---

[158] Die verbindende Funktion von Schnittstellen wird durch den englischen Begriff „interface" besonders betont.
[159] Auf eine detaillierte Erläuterung der einzelnen Typen wird an dieser Stelle verzichtet und auf die Ausführungen von ZELEWSKI und BRENIG verwiesen. Vgl. zu den informationsflußbezogen Schnittstellen Brenig (1990), S. 31 f.; Zelewski (1986), S. 4 ff. Die Einteilung nach dem Kriterium Aufgabenträger nimmt Becker (1996), Sp. 1818, vor.
[160] Vgl. Zelewski (1986), S. 4.

2.3.3 Dimensionen der integrierten Informationsverarbeitung

Die Integration der Informationsverarbeitung wird in der Literatur unterschiedlich kategorisiert und klassifiziert.[161] Abb. 2.16 basiert auf der Einteilung von MERTENS, der die Dimensionen der *Integrationsreichweite*, der *Integrationsrichtung*, des *Integrationsgegenstands* und des *Automationsgrades* unterscheidet. Die Ausprägungen der Integrationsreichweite wurden in Anlehnung an LINß um spezifische Aspekte der innerbetrieblichen Integration erweitert.[162] Außerdem wird hier eine weitere Dimension, der *Integrationsbereich*, herausgestellt.

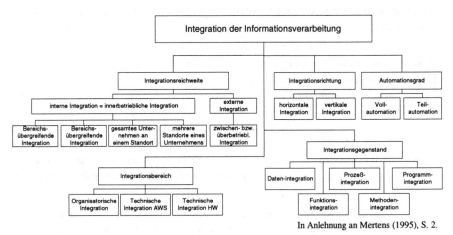

In Anlehnung an Mertens (1995), S. 2.

Abb. 2.16: Ausprägungen der integrierten Informationsverarbeitung

Als Maß für den Integrationszustand der jeweiligen Dimensionsausprägung wird der Integrationsgrad benutzt, der den von MERTENS eingeführten Automationsgrad impliziert. Gleichzeitig wird der Bezug zur Schnittstellengestaltung durch die Verbindung der Integrationsausprägungen zu den Schnittstellentypisierungen[163] hergestellt. Diese Gegenüberstellung der Konzepte der Integration von Informationssystemen und der Schnittstellentypisierung wird bisher in der Literatur nicht vorgenommen, obwohl insbesondere bei der Betrachtung des Integrationsgegenstands implizit die Schnittstellen von IV-Systemen immer mitdiskutiert werden.

---

[161] Vgl. Scheer (1993), S. 83 ff.; Schumann (1992), S. 6 ff.; Picot, Reichwald (1991); Krcmar (1991); Heinrich (SP II) (1994), S. 149 ff.; Heilmann (1989), S. 47 ff.
[162] Vgl. Mertens (1995), S. 3; Linß (1995), S 19-27; Rosemann (1996), S. 155-165 ff. Für eine etwas andere Einteilung der Integrationsausprägungen vgl. auch Biethahn, Muksch, Ruf (1994), S. 77; Krcmar (1991), S. 5 ff.
[163] Vgl. Kap. 2.3.2.

2.3.3.1 Unterscheidung nach dem Anwendungsbereich der Integration

Über die Definition von technischer und organisatorischer Integration besteht in der Literatur keine Einigkeit.[164] Nach der *Integrationsmethode* unterscheidet WITTMANN die organisatorische Integration, die technische Integration über Schnittstellen und die technische Integration mit einem geschlossenen System.[165] ROSEMANN benennt die *Integrationsrealisierung* mit der Unterteilung in Integration in der Realwelt (organisatorische Integration), Informationssystem-Integration (Programm- bzw. technische Integration) und Integration in der Modellwelt.[166] Wiederum anders benutzt HEILMANN die Dimension des *Integrationsbereichs* zur Differenzierung von technischer Integration (von Hardware und Systemsoftware), organisatorischer Integration (von Anwendungssystemen) und der Integration im Entwicklungsprozeß.[167]

WITTMANN und SEIBT stimmen in ihren Aussagen zur Ausprägung der organisatorischen Integration überein, welche die verbindende Gestaltung von organisatorischen Schnittstellen zwischen betrieblichen Funktionsbereichen beinhaltet, die oftmals separate Organisationseinheiten darstellen. Die organisatorische Integration wird als grundlegende Voraussetzung für die effiziente Nutzung DV-technischer Integrationswerkzeuge gesehen.[168] Zur Umsetzung der organisatorischen Integration schlagen zum Beispiel SCHANZ und GAITANIDES die Einrichtung der Stelle eines Integrationsmanagers vor, dessen Aufgabe die Koordination der zur Aufbauorganisation quer verlaufenden Kommunikationsbeziehungen sein soll.[169]

Bei der Integration der Informationsverarbeitung sind nicht nur Anwendungssystemaspekte, sondern insbesondere unternehmensspezifische Restriktionen der Aufbauorganisation und der Kommunikationsbeziehungen zwischen betrieblichen Funktionsbereichen zu berücksichtigen. Insofern hebt sich der vermeintliche Widerspruch zu HEILMANN, die die technische Integration auf Hardware- und Systemsoftwareebene als generelle Voraussetzung der organisatorischen Integration in ihrem Sinne bezeichnet, auf, da die organisatorische Integration im Sinne HEILMANNS mit der technischen Integration von Anwendungssystemen in der Einteilung von WITTMANN und SEIBT übereinstimmt.[170] Der Anwendungsbereich der technischen Integration der Hardware und Systemsoftware im Sinne von HEILMANN wird beibehalten, da sich diese Integrationsausprägung vor allem der Daten-

---

[164] Vgl. Wildemann (Erfolgsfaktor) (1995); Säärksjärvi, Talvinen (1993), S. 66 f.; Krcmar (1991), S. 8. Bemerkenswerterweise gehen Beiträge in der Literatur häufig entweder auf die organisatorischen oder die technischen Schnittstellen ein. Eine Betrachtung beider Aspekte wird jedoch auch von FRESE gefordert. Vgl. Frese (1994), insbesondere S. 131 ff.
[165] Vgl. Wildemann (1995), S. 261. Ähnlich Seibt (1989), S. 148 ff., der als Beispiele für Integrationsarten ohne Gruppierung oder Klassifizierung die Hardware-technische Integration, Software-technische Integration, Aufgabenintegration, Datenintegration, Endgeräte-Integration, Netz-Integration, Dienste-Integration und organisatorische Integration unterscheidet.
[166] Vgl. Rosemann (1996), S. 162 f.
[167] Vgl. Heilmann (1989), S. 48 ff.; siehe auch Heinrich (SP II) (1994), S. 163 f.; Krcmar (1991), S. 8.
[168] Vgl. Wildemann (1995), S. 262.
[169] Vgl. Schanz (1994), S. 188 f.; Gaitanides (1983), S. 221.
[170] Vgl. Heilmann (1989), S. 49 f.

kommunikation auf technischer Ebene widmet. Die Programm- bzw. technische Integration im Sinne von ROSEMANN ist vergleichbar mit der nachfolgend beschriebenen technischen Funktionsintegration als Ausprägung des Integrationsgegenstands.[171] An der Schwelle zwischen organisatorischer und technischer Integration (bzw. beiden zugehörig) sind z. B. die Vereinheitlichung von Nummernsystemen, konsistente Datenhaltung, Objektverantwortung statt Taylorismus und Auftragsverfolgung zu nennen. Beispiele für die technische Integration auf Anwendungssystemebene sind die Nutzung standardisierter Schnittstellen, gemeinsam genutzte Ressourcen, einheitliche Benutzeroberfläche, Verkettung von Fertigungseinrichtungen und die Zusammenführung von Text, Grafik und alphanumerischen Daten in einem Dokument.[172]

Führt man sich die Ziele der integrierten Informationsverarbeitung vor Augen, sind sowohl die organisatorische als auch die technische Integration gemeinsam notwendig, um die Informationssysteme auf die Belange der Organisation und der Technik einzustellen. Zusammenfassend wird das Verständnis von organisatorischer und technischer Integration in Tab. 2.2 dargestellt.

Anwendungsbereich	Erläuterung	Beispiele
Organisatorische Integration	(Wieder-)Herstellen eines Ganzen durch Verbinden und Vereinigen von getrennten Funktionen mit Hilfe von organisatorischen Maßnahmen	Neustrukturierung der Aufbauorganisation (Zusammenlegung von Abteilungen, Einrichtung einer Koordinationsstelle „Integrationsmanager")
Technische Integration auf Anwendungssystemebene (AWS)	Integration von Anwendungssystemen	Einheitliche Benutzeroberfläche, gemeinsame Datenbasis
Technische Integration auf Hardware-/Technikebene (HW)	(Wieder-)Herstellen einer Einheit im Hardware- und Systemsoftwarebereich (Begriff der Informatik)	Standardisierung von Datenaustauschformaten, Hardware-Verbindungen

Tab. 2.2: Anwendungsbereiche der Integration

2.3.3.2 Unterscheidung nach dem Integrationsgegenstand

Unter dem Integrationsgegenstand werden die Objekte verstanden, „[...] auf die sich die Integration bezieht bzw. die bei der Zustandsbeschreibung relevant sind."[173] Unterschieden werden die Integration von Daten, Funktionen, Programmen, Methoden und Prozessen (vgl. Abb. 2.17).[174] Eine besondere Bedeutung für die Schnittstellengestaltung weisen die Daten- und die Funktionsintegration auf.

---

[171] Vgl. Abschnitt 2.3.3.2.
[172] Vgl. Küchler (1990), S. 29 f.
[173] Linß (1995), S. 19.
[174] Vgl. Mertens (1995), S. 1 ff.; Heinrich (SP II) (1994), S. 162 ff; Schumann (1992), S. 6 ff.; Picot, Reichwald (1991), S. 285 ff.; Heilmann (1989), S. 49 ff.

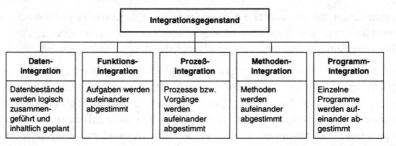

In Anlehnung an Mertens (1995), S. 2.

Abb. 2.17: Ausprägungen des Integrationsgegenstandes

Datenintegration

Unter Datenintegration wird die logische Zusammenführung von Daten verstanden. Sie ermöglicht die gemeinsame und wiederholte Nutzung von einmal erfaßten Daten durch verschiedene betriebliche Bereiche bzw. Funktionen (so z. B. die Nutzung der Lieferantenstammdaten sowohl im Einkauf als auch in der Rechnungsprüfung und Kreditorenbuchhaltung).[175] Durch die Datenintegration soll ein effizienter Nachrichten- und Informationsfluß verwirklicht werden. Als Maß für die Aktualität und für den Umfang der aufeinander abgestimmten Daten lassen sich folgende Integrationsgrade unterscheiden, die durch die Art der Schnittstellenrealisierung weiter erläutert werden:[176]

- Manuelle Datenübergabe zwischen unverbundenen Systemen (Stufe 1 und 2)

Der niedrigste Integrationsgrad wird auch als organisatorische Verbindung EDV-technisch unverbundener Systeme diskutiert.[177] Unterschieden wird die *manuelle Datenübergabe*[178] im Sinne von Ausdruck der Daten auf Papier aus dem liefernden System und Neueingabe der Daten im empfangenden System (lediglich eine organisatorische Verbindung bzw. Erfassungsschnittstelle), und die *computergestützte Übergabe der Daten* (Stufe 2) z. B. über Diskette, wobei die Daten bereits in einer gewissen Struktur vorliegen müssen, damit das empfangende Programm darauf zugreifen kann (Import-/Export-Schnittstelle).[179] Als Beispiel soll die Übergabe von Artikelpreisänderungen von der Zentrale an die dezentralen Einheiten angeführt werden: Bei manueller Datenübergabe werden die Änderungen in Form von Listen an die Filialen gegeben, wo sie in das Filial-WWS oder die Kassensysteme neu

---

[175] Vgl. Mertens (1995), S. 1; Pant, Rattner, Hsu (1994), S. 54; Scheer (1992), Sp. 1043; Schumann (1992), S. 6 f.; Becker (1991), S. 166 f.; Köhl (1990), S. 17 f.; Heilmann (1989), S. 49.

[176] Vgl. Linß (1995), S. 19 f.; Mertens (1995), S. 1; Biethahn, Muksch, Ruf (1994), S. 73 ff.; Scholz-Reiter (1991), S. 29-40; Scheer (CIM) (1990), S. 164 ff.; Obermayr, Lehner (1988), S. 74.
Zur Schnittstellenrealisierung vgl. inbesondere Ruf (1988), S. 31 ff., der die direkte und indirekte Datenverträglichkeit unterscheidet, und Krcmar (1983), 328 ff.

[177] Vgl. Scheer (CIM) (1990), S. 164 f.

[178] OBERMAYR, LEHNER sprechen von Stufe 1 der Integration, vgl. Obermayr, Lehner (1988), S. 74.

[179] Der einfachste Fall der Verbindung stellt die redundante Datenhaltung mit regelmäßiger oder unregelmäßiger Abstimmung der Datenbestände dar. HÜBNER spricht in diesem Fall von Integration durch Verflechtung, vgl. Hübner (1979), S. 106.

eingegeben werden müssen. Dateigestützt könnte das Filial-WWS die Diskette der Zentrale einlesen und die Daten ggf. über einen Konverter (bei unterschiedlichen Softwaresystemen)[180] automatisch aktualisieren.

- Automatische Datenübergabe über Schnittstellen (Stufe 3)

  Der Datenaustausch findet über Kommunikationssysteme (z. B. Rechnernetze) statt. Im oben genannten Beispiel würde die Filiale die Daten in einer Pull-Strategie als Download per Modem oder Standleitung erhalten bzw. die Zentrale in einer Push-Strategie die Daten an die dezentralen Einheiten z. B. über Nacht transferieren. In diesem Fall ist zu unterscheiden zwischen sog. Bridge-Programmen mit und ohne Konvertierung der Datenstruktur. Werden die Daten des abgebenden Systems in der gleichen Datenstruktur gehalten wie die Daten des empfangenden Systems, ist nur ein Update der Daten des empfangenden Systems notwendig. Im anderen Fall müssen die Daten wie bei Stufe 2 über einen Konvertierungsmechanismus aufbereitet bzw. in die Datenstruktur des empfangenden Systems umgewandelt werden.

- Gemeinsame Datenbasis (Stufe 4)

  Als höchste Stufe der Integration gilt, wenn mehrere Anwendungssysteme auf dieselbe Datenbasis zugreifen können. Einmal anfallende und in die Datenbasis eingegebene Daten stehen allen Anwendungen sofort zur Verfügung. Bezogen auf das Beispiel der Preisänderungen ist hier die Verfügbarkeit der Daten nicht nur in den Kassensystemen der Filiale ab dem Einlesezeitpunkt der Daten zu verstehen, sondern auch im dezentralen Berichtssystem, welches Tagesbestandsdaten auf Grundlage der aktuellen Artikelwerte auswertet. Durch die gemeinsame Datenbasis bleibt die Konsistenz der Daten zu jedem Zeitpunkt gewährleistet.

Abb. 2.18 zeigt die Integrationsgrade und beschreibt je eine exemplarische Ausprägung.

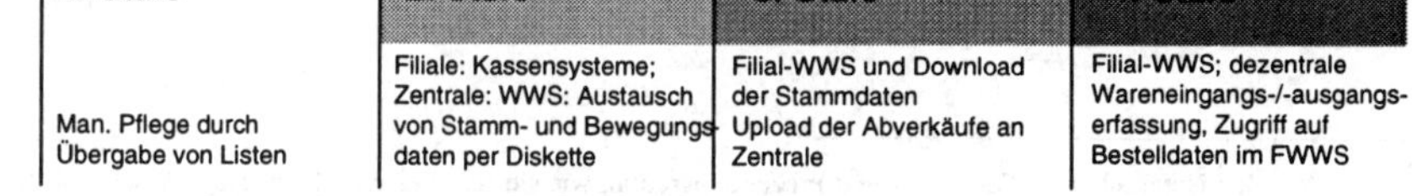

Integrationsgrad der Datenintegration

1. Stufe	2. Stufe	3. Stufe	4. Stufe
lose Kopplung, manuelle Eingabe	manuelle Dateiübergabe per Diskette	Schnittstellenübergabe, Bridgeprogramme	vollständige Datenintegration einheitliche Datenbasis

Anwendungsbeispiel in der Filiale und Zentrale von Handelsunternehmen

1. Stufe	2. Stufe	3. Stufe	4. Stufe
Man. Pflege durch Übergabe von Listen	Filiale: Kassensysteme; Zentrale: WWS: Austausch von Stamm- und Bewegungsdaten per Diskette	Filial-WWS und Download der Stammdaten Upload der Abverkäufe an Zentrale	Filial-WWS; dezentrale Wareneingangs-/-ausgangserfassung, Zugriff auf Bestelldaten im FWWS

Abb. 2.18: Integrationsgrade der Datenintegration

---

[180] Vgl. zur Verknüpfung durch Konverter Scholz-Reiter (1991), S. 37 f.

Funktionsintegration[181]

Die Funktionsintegration bezeichnet die Zusammenfassung von logisch zusammengehörigen, i. d. R. vorher getrennten Aktivitäten an einem Ort bzw. die Auslösung einer Funktion in einem Bereich durch das Ergebnis einer Funktion (Ereignis) in einem anderen Bereich. Diese beiden Ausprägungen werden auch in aufgabenträgerorientierte und aufgabenorientierte Funktionsintegration unterschieden.[182] Die *aufgabenträgerorientierte* Integration bezeichnet die Zusammenlegung von getrennten, meist teilautomatisierten Funktionen durch organisatorische Gestaltungsmaßnahmen, z. B. die Übernahme von verschiedenen Funktionen durch eine organisatorische Stelle. Ziel dieser Art der Funktionsintegration ist die Reduzierung der notwendigen Kommunikation und Koordination verschiedener Stellen, die jeweils eine Funktion getrennt voneinander ausführen. Als Beispiel für die aufgabenträgerorientierte Integration sei die Warenannahme und Wareneingangserfassung genannt. Eine Funktionsintegration liegt vor, wenn der Mitarbeiter des Wareneingangs in einer Filiale sowohl die Warenannahme inklusive der Vollständigkeits- und Qualitätsprüfung als auch die Erfassung des Wareneingangs im Anwendungssystem des WWS übernimmt - im Gegensatz dazu wird häufig in der Praxis der Wareneingangsbeleg zur Erfassung an eine zentrale Organisationseinheit gesandt, wo die bereits auf dem Beleg vermerkten Mengen- und Qualitätsangaben im WWS erfaßt werden.

Die *aufgabenorientierte* Integration repräsentiert den Sachverhalt, daß verschiedene Funktionen miteinander verbunden werden, unabhängig davon, ob die Funktionen von einer Stelle oder von mehreren Aufgabenträgern ausgeführt werden.[183] Werden nicht nur einzelne Funktionen miteinander verbunden, sondern ganze Vorgänge oder Prozesse, so wird von Prozeß- bzw. Vorgangsintegration gesprochen.[184] Ein Beispiel ist die Koppelung der Prozesse Wareneingang und Rechnungsprüfung im Filialbetrieb. In der Filiale wird nach Durchführung der Wareneingangserfassung (dezentrale WE-Erfassung) direkt die Rechnungsprüfung angestoßen.

Die Verknüpfung und Abstimmung von technischen Funktionen, z. B. in Anwendungsprogrammen, wird auch als Programmintegration bezeichnet.[185] Sie spielt im Rahmen dieser Arbeit nur eine untergeordnete Rolle, da sie eine Realisierungsform der Funktionsintegration darstellt.

Zusammenfassend ist die Beziehung zwischen Integrationsgegenstand und Möglichkeiten der Schnittstellenrealisierung in Abb. 2.19 dargestellt.

---

[181] Auf eine Unterteilung in Funktions- und Prozeßintegration, wie sie zum Beispiel Rosemann (1996), S. 158 ff., trotz eigener Bedenken beibehält, wird hier verzichtet, da die Begriffe der Funktions-, Prozeß- und Vorgangsintegration meist synonym verwendet werden können. Vgl. dazu Linß (1995), S. 21; Mertens et al. (1995), S. 44; Zelewski (1986), S. 16 ff.

[182] Vgl. Ferstl, Sinz (1994), S. 200 f.; Heinrich (SP II) (1994), S. 165; Scheer (1992), Sp. 1042 f.; Becker (1991), S. 180 f.

[183] Vgl. Linß (1995), S. 21.

[184] Vgl. Mertens et al. (1995), S. 44.

[185] Vgl. Mertens (1995), S. 2; Schumann (1992), S. 7.

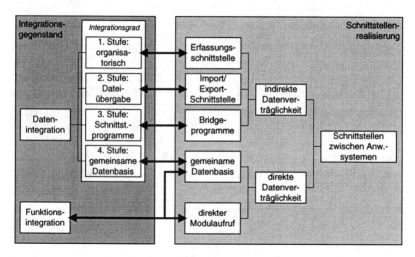

Abb. 2.19: Integrationsgegenstand und Schnittstellenrealisierung

2.3.3.3 Unterscheidung nach der Integrationsrichtung

Mit der Integrationsrichtung[186] wird nach dem Ansatzpunkt der Integration innerhalb der Informationspyramide[187] in horizontale und vertikale Integration unterschieden.[188] Wendet man die Prinzipien der Informationspyramide auf die Architektur für Handelsinformationssysteme von BECKER, SCHÜTTE (siehe Abb. 2.20) an, kann unter horizontaler Integration die Verbindung der operativen Informationssysteme des Warenwirtschaftssystems und der betriebswirtschaftlich-administrativen Systeme verstanden werden (also im wesentlichen die Überbrückung der durch die Aufbauorganisation vorgegebenen Grenzen innerhalb der Wertschöpfungskette) und mit der vertikalen Integration entsprechend die Verbindung der Administrations- und Dispositionssysteme mit den Planungs- und Kontrollsystemen des Controlling und der Strategischen Planung (analog eine Überbrückung unterschiedlicher Aggregationsgrade der Daten).[189]

---

[186] HEINRICH bezeichnet die Unterscheidung horizontal und vertikal als „Dimension". Vgl. Heinrich (SP II) (1994), S. 165.

[187] Vgl. zur Informationspyramide Mertens (1995), S. 5; Scheer (1995), S. 5 f.

[188] Vgl. zur horizontalen und vertikalen Integration auch Schumann (1992), S. 8 f.; Reblin (1986), S. 5; Hübner (1979), S. 154 ff.

[189] Vgl. Scheer (1988), S. 1091 f. Siehe auch Heinrich (SP II) (1994), S. 165; Säärksjärvi, Talvinen (1993), S. 66 f.; Krcmar (1991), S. 7; Brenner, Lieser, Österle (1988), S. 303. Die Verdichtung kann in zeitlicher Hinsicht, nach der Quantität und der Qualität der Daten erfolgen, vgl. Hübner (1979), S. 155.

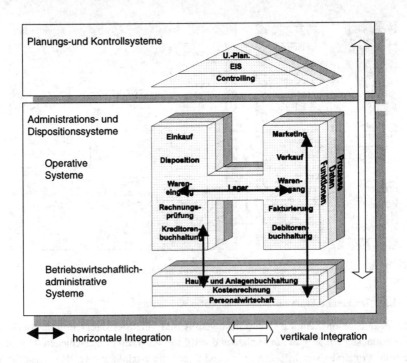

Abb. 2.20: Horizontale und vertikale Integration von Handelsinformationssystemen

Die vertikale Integration dient der bedarfsgerechten Informationsversorgung unterschiedlicher Ebenen der Entscheidungsfindung.[190] Die Unterscheidung nach der Richtung der Integration wird analog für die Differenzierung von Schnittstellen angesetzt.[191] Horizontale Schnittstellen stellen die Umsetzung der Integration von Elementen und Subsystemen einer Hierarchieebene dar, vertikale Schnittstellen die Verbindung unterschiedlicher Systemebenen.

2.3.3.4 Unterscheidung nach der Integrationsreichweite

Die Integrationsreichweite[192] wird unterteilt in die interne und externe Integration, wobei sich die Ausprägungen intern und extern auf das System Unternehmung beziehen.[193] Die

---

[190] Die von HEILMANN und KRCMAR genannte weitere Richtungsausprägung der temporalen Integration wird der vertikalen Integration zugeordnet, da es sich um eine zeitbezogene Verdichtung handelt. Vgl. Heilmann (1989), S. 49; Krcmar (1991), S. 7. Zudem bezeichnet HEINRICH Integrationsmaßnahmen, die sowohl in horizontaler als auch vertikaler Richtung zielen, als diagonale Integration, vgl. Heinrich (SP II) (1994), S. 165.

[191] Vgl. Brenig (1990), S. 31.

[192] Auch als Nutzungsbezug der Integration bezeichnet, vgl. Krcmar (1991), S. 8.

[193] Vgl. Lehmann (1969), Sp. 769; Wildemann (1995), S. 252. Schumann (1992), S. 11 ff., differenziert innerbetriebliche und zwischenbetriebliche Integration.

Differenzierung gibt im engeren Sinne nur unterschiedliche Integrationsgrade an, die jedoch unabhängig voneinander erreicht werden können.[194]

Interne Integration

Die interne Integration - MERTENS unterteilt sie in Bereichs- und innerbetriebliche Integration[195] - umfaßt die Daten- und die Funktionsintegration eines oder mehrerer Bereiche innerhalb eines rechtlich selbständigen Unternehmens oder einer Unternehmensgruppe.[196] Sie ist daher sehr eng mit der horizontalen Integration verbunden. Ein Bereich kann dabei ein nach funktionalen Gesichtspunkten gebildetes Teilsystems des Unternehmens darstellen, wie die Rechnungsprüfung oder die Auftragsbearbeitung, als auch auf der Ebene der einzelnen Aufgaben, des Arbeitsplatzes oder der Organisationseinheit betrachtet werden (vgl. Abb. 2.21).[197] STRIENING unterscheidet in diesem Zusammenhang intraprozessuale Schnittstellen zwischen Einzelaktivitäten eines Prozesse und interprozessuale Schnittstellen, die bei der Abstimmung von verschiedenen Prozessen im Unternehmen zu berücksichtigen sind.[198]

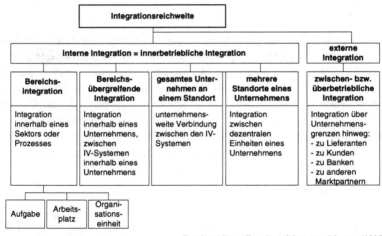

Erweiterte Darstellung in Anlehnung an Mertens (1995), S. 2.

Abb. 2.21: Dimensionen der Integrationsreichweite

Die Unternehmensintegration betrifft zum einen Funktionen, die an einem Standort des Unternehmens angesiedelt sind, aber auch Funktionen an verschiedenen Standorten, wie

---

[194] Vgl. Linß (1995), S. 25.
[195] Vgl. Mertens (1995), S. 3. Ähnlich Niemeier (1988), S. 19.
[196] Ähnlich auch bei Hübner (1979), S. 158, der als *Größe des Integrationsfeldes* Einzelaufgaben, Aufgabenbereich, mehrere Aufgabenbereiche, Teilbereich, mehrere Teilbereiche, Funktionsbereich, mehrere Funktionsbereiche, Gesamtunternehmen unterscheidet.
[197] Vgl. Rosemann (1996), S. 162; Linß (1995), S. 25; Bullinger, Niemeier (1991), S. 30 ff. KRCMAR differenziert die interne Integration zusätzlich nach Aufgabe, Individuum, Team und Unternehmen, vgl. Krcmar (1991), S. 8.
[198] Vgl. Striening (1991), zitiert bei Fischer (Kostenmanagement) (1993), S. 88.

es insbesondere bei mehrstufigen Handelsunternehmen der Fall ist, z. B. bei einer dezentralen Wareneingangserfassung mit zentraler Datenhaltung im Warenwirtschaftssystem der Zentrale. Bei dieser Einteilung der Integration bestehen Überschneidungen zu den oben genannten Dimensionen des Integrationsgegenstandes und der Integrationsrichtung, die in Tab. 2.3 dargestellt werden.

Dimension der Integrationsreichweite = Integrationsgrad	Erläuterung/Beispiel	Pendant der Integrationsrichtung bzw. des Integrationsgegenstandes
Ein Bereich	einzelne Funktionen werden integriert	aufgabenträgerorientierte Funktions- und Datenintegration
Mehrere Bereiche	abteilungsübergreifende Verbindung von IV-Systemen	aufgabenorientierte Funktions- und Datenintegration, horizontale Integration
Gesamtes Unternehmen an einem Standort	das IV-System an einem Standort ist integriert	Funktionsintegration auf hoher Ebene, Datenintegration, vertikale Integration
Mehrere Standorte eines Unternehmens	dezentrale Einheiten tauschen Daten untereinander aus	horizontale Integration

Tab. 2.3: Überschneidung von Integrationsdimensionen

Externe Integration

Die externe bzw. zwischenbetriebliche Integration ist ein logischer Schritt der Erweiterung der internen Integration auf die Verbindung zu rechtlich selbständigen Marktpartnern, wie Lieferanten, Kunden, Banken oder Marktforschungsinstituten.[199] Diese Dimension der Integration kann in Anlehnung an LINß in die Integrationsgrade des Elektronischen Datenaustausches, der Nutzung gemeinsamer Datenbestände, des Zusammenfassens und Verlagerns von Aufgaben, und der weitgehenden Automatisierung von Vorgängen zwischen den Marktpartner unterteilt werden.[200] Die zwischenbetriebliche Integration ist bereits Gegenstand umfangreicher Arbeiten und soll daher hier nicht weiter thematisiert werden.[201]

Schnittstellenumfang

Analog zum Begriff der Integrationsreichweite wird der Schnittstellenumfang mit den Ausprägungen der unternehmensinternen und -externen Schnittstellen diskutiert.[202] Die Ausführungen zu den Abstufungen der internen Integration lassen sich übertragen.

Da Handelskonzerne im Sinne dieser Arbeit als Systeme aufgefaßt werden, lassen sich Beziehungen zwischen den Subsystemen und/oder Elementen innerhalb des Systems als systeminterne Schnittstellen bezeichnen.[203] Für den effizienten Informationsfluß durch die Wertschöpfungskette ist die Verbindung von Warenwirtschaftssystem und nachgelagertem Rechnungswesen innerhalb des Handelsunternehmens von großer Bedeutung. Zum Beispiel stellt die wertmäßige Bestandsführung und die Finanzmittelverwaltung eine

---

[199] Vgl. Becker, Schütte (1996), S. 447; Linß (1995), S. 25 f.; Schumann (1992), S. 12 f.
[200] Vgl. Linß (1995), S. 26.
[201] Vgl. z. B. Neuburger (1994), S. 37-62; Doch (1992), S. 3-17; Hallier (1992), S. 108 ff.
[202] Vgl. Stahlknecht, Hasenkamp (1997), S. 371 f.; Brenig (1990), S. 32; Feierabend (1987), S. 56 ff.
[203] Vgl. Solaro (1991), S. 92 ff.; Feierabend (1980), S. 56 ff.

Schnittmenge beider Informationssysteme dar, da Bestandsdaten und Finanzdaten sowohl im WWS als auch im Rechnungswesen (in vielen Fällen sogar redundant) verwaltet und verarbeitet werden. Der Datenaustausch zwischen dem Lieferanten und dem Handelsunternehmen in Bezug auf Rechnungsdaten betrifft nicht nur das dem Warenwirtschaftssystem zugeordnete Teilsystem der Rechnungsprüfung, sondern auch die Kreditorenbuchhaltung, die als letztes Glied des Beschaffungsprozesses für den Ausgleich der Verbindlichkeit gegenüber dem Lieferanten verantwortlich ist. Von SCHULTE-ZURHAUSEN sind erste Ansätze einer innerbetrieblichen (internen) Verwendung von EDI-Nachrichten in der Industrie formuliert worden, wobei sich die Ausführungen hauptsächlich auf die technischen Eigenschaften der Anwendungssysteme beziehen.[204] Schnittstellen 1. Ordnung bezeichnen Beziehungen zwischen den Elementen bzw. Subsystemen des Warenwirtschaftssystems selbst, also z. B. zwischen Einkauf und Verkauf oder Wareneingang und Rechnungsprüfung. Sie entsprechen daher der Bereichsintegration. Schnittstellen 2. Ordnung bezeichnen die bereichsübergreifenden Beziehungen von Elementen des Warenwirtschaftssystems mit Elementen des externen Rechnungswesens, d. h. der Schnittstelle zwischen Fakturierung und Debitorenbuchhaltung oder Kassensystem und Sachbuchhaltung. Zu den Schnittstellen 2. Ordnung gehören weiterhin diejenigen Beziehungen, die der Unternehmensintegration an einem Standort und an mehreren Standorten zuzuordnen sind. Als Beispiel sind hier die Schnittstellen zwischen Kassenwesen der Filialen und zentraler Bankenbuchhaltung (als Teil der Hauptbuchhaltung) zu nennen.

Schnittstellen 3. Ordnung bestehen zur Unternehmensumwelt und bezeichnen die externe Integration.[205] Abb. 2.22 basiert auf einer Darstellung von BRENIG und wurde hier auf die Bereiche der Handelsinformationssysteme übertragen und gibt die Beziehungen im Überblick wieder.

---

[204] Vgl. Schulte-Zurhausen (1994), S. 57 ff.
[205] Vgl. Brenig (1990), S. 32 ff.; Feierabend (1980), S. 60-78.

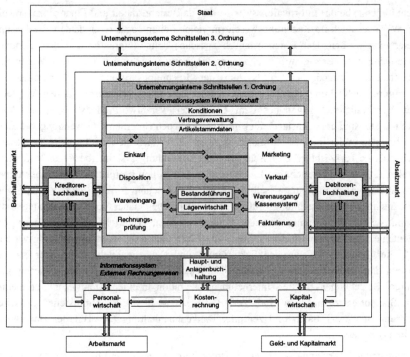

In Anlehnung an Brenig (1990), S. 33.

Abb. 2.22: Schnittstellen im Handelsunternehmen

Zusammenfassend werden in Abb. 2.23 die Dimensionen der Integrationsreichweite und des Schnittstellenumfangs gegenübergestellt.

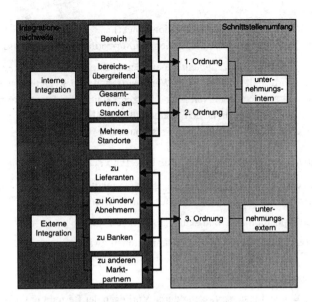

Abb. 2.23: Integrationsreichweite und Schnittstellenumfang

2.3.4 Nutzenpotentiale und Probleme der Integration von Informationssystemen

2.3.4.1 Generelle Nutzenpotentiale der Integration

Generell ergeben sich durch die Einführung integrierter Informationssysteme, unabhängig von Unternehmens- und Branchencharakteristika, folgende quantitative und qualitative Nutzenpotentiale:[206]

- Rationalisierung
  - Vermeidung von Mehrfacherfassungen und Datenredundanzen.
  - Kürzere Bearbeitungszeiten, verringerte Durchlaufzeiten.
  - Verringerung des Aufwands beim Änderungswesen.

- Qualitätsverbesserung
  - höherer Grad der Vollständigkeit und Richtigkeit der Daten.
  - Vermeidung von Übertragungsfehlern.
  - Verbesserte Kontrollmöglichkeiten.
  - Abbau von organisatorischen Schnittstellen, gesteigertes Bewußtsein für abteilungsübergreifende Zusammenhänge.

- Verbesserung der Verfügbarkeit

---

[206] Vgl. zu den Nutzenpotentialen der Integration Linß (1995), S. 45 f.; Keller (1993), S. 25 f.; Kern (1992), S. 341; Schumann (1992), S. 18 ff. und S. 71 ff.; Leismann (1990), S. 13; Petri (1990), S. 41 f.; Schreuder, Upmann (1988), S. 170-256; Czeguhn, Franzen (1987), S 178 ff. Für die speziellen Chancen und Risiken integrierter Standardanwendungssoftware vgl. z. B. Barbitsch (1996), S. 13 ff.

- erhöhte Aktualität der Daten (Informationsaspekt).
- schnellere Verfügbarkeit aller gespeicherten Informationen (Flexibilitätsaspekt).

Werden diese generellen Nutzenpotentiale auf den speziellen Fall der Integration innerhalb der Warenwirtschaft und zwischen Warenwirtschaft und Rechnungswesen übertragen, eröffnen sich auf der operativen Ebene Nutzenpotentiale insbesondere dadurch, daß differenzierte Informationen über den Warenfluß aktuell zur Verfügung stehen und in allen Teilbereichen des Handelsunternehmens genutzt werden können.

2.3.4.2 Nutzenpotentiale der Integration innerhalb der Warenwirtschaft

Innerhalb der einzelnen Funktionsbereiche der Warenwirtschaft ergeben sich durch eine Integration der Informationssysteme folgende Rationalisierungspotentiale:[207]

- Genauere Disposition aufgrund aktueller Abverkaufsdaten,
- bessere Vergleichbarkeit der Einkaufskonditionen zwischen verschiedenen Lieferanten,
- Vereinfachung der Bestellabwicklung,
- schnellere Wareneingangserfassung durch Vorliegen der Bestellung im WWS,
- Wegfall der Einzelpreisauszeichnung durch automatischen Druck von Etiketten,
- genauere Lagerbestandsführung,
- Reduzierung der Bestandsaufnahmen,
- Reduzierung von Kassierfehlern,
- schnellere Auswertungen der Bestands-, Umsatz- und Finanzdaten.

Außerdem können die erfaßten atomaren Daten hinsichtlich verschiedener Kriterien (z. B. Ware, Betrieb, Lieferant, Zeitraum) zu entscheidungsrelevanten Informationen und Kennzahlen (z. B. Deckungsbeiträge, Direkte-Produkt-Rentabilität (DPR)) verdichtet werden.[208] Auf diese Weise werden Informationsgrundlagen z. B. für die Listung bzw. Auslistung von Artikeln und für die Bewertung und Auswahl von Lieferanten geschaffen. Weitere Nutzenpotentiale können durch die überbetriebliche Integration geschaffen werden, auf die an dieser Stelle nicht eingegangen werden soll.[209]

2.3.4.3 Nutzenpotentiale der Integration von Informationssystemen der Warenwirtschaft und des Rechnungswesens

Nicht nur innerhalb der Anwendungssysteme der Warenwirtschaft ergeben sich Nutzeffekte durch die Integration, sondern auch systemübergreifend zum Rechnungswesen

---

[207] Vgl. Trommsdorff, Fielitz, Hormuth (1988), S. 189; Zentes (1988), S. 62 f.
[208] Vgl. Zentes (WWS) (1988), S. 179; Tietz (Distributionslogistik) (1992), S. 739.
[209] Vgl. dazu insbesondere Schulte-Zurhausen (1994), S. 58; Schumann (1992), S. 94 ff.; Petri (1990), S. 12 ff. und S. 260 ff.

können Nutzenpotentiale der Integration von Warenwirtschaftssystem und Rechnungswesen erzielt werden:[210]

- Konsistenz der Stamm- und Bewegungsdaten der Debitoren und Kreditoren,
- Vermeidung bzw. drastische Verringerung des Unterlagenflusses[211],
- schnellere Bearbeitung von Lieferantenrechnungen und -zahlungen,
- Vermeidung von Skontoverlusten,
- Zugriff auf die Warenrechnungen im Warenwirtschaftssystem aus dem Kreditorenkonto heraus,
- verbesserte Abstimmung der Bestandswerte,
- verbesserte Qualität der steuerungsrelevanten Daten für das Controlling,
- verbesserte Kommunikation zwischen Vertrieb und Debitorenbuchhaltung durch ein integriertes Mahnwesen,
- verbesserte Abwicklung des Zahlungsverkehrs mit den Banken (EFTPOS[212], elektronische Kontoauszüge, etc.),
- schnellere Monatsabschlußerstellung.

Den oben dargestellten Nutzenpotentialen stehen Kosten für die Erreichung dieser Vorteile gegenüber, u. a. die Investitionen in die notwendige Informationstechnologie, Kosten für die Entwicklung, Einführung und Wartung der Informationssysteme, Kosten für die Aus- und Weiterbildung der Mitarbeiter und die Harmonisierung der Schnittstellen.[213] Im Gegensatz zur verhältnismäßig einfachen Ermittlung der Kosten eines Integrationsprojektes ist die Quantifizierung des Integrationsnutzens, der in der Regel zeitlich mit den entstehenden Integrationskosten weit auseinanderfällt, sehr schwierig.[214] Beispielsweise lassen sich der Nutzeffekt der eingesparten Formulare, die wegen der automatischen Datenübergabe nicht mehr benutzt werden müssen und die Kosten der manuellen Erfassung noch relativ leicht ermitteln. Viele andere Nutzeffekte ergeben sich jedoch erst aus dem durchgängigeren Informationsfluß.[215] So ist die höhere Aktualität der Daten für die Entscheidungsfindung und die Reaktion auf eine Marktveränderung von sehr großer Bedeutung, jedoch lassen sich die Opportunitätskosten ex post nicht ermitteln.[216] Die

---

[210] Vgl. Becker, Schütte (1996), S. 249 ff. und S. 334 ff.; Schulte, Rosemann, Rotthowe (1995); Hertel (1997), S. 56 ff.; Scheer (1988), S. 1093 ff.

[211] Unter Unterlagenfluß ist die Weitergabe von transportablen Datenträgern (Vordrucke, Belege, Kopien, Blaupausen, Disketten) zu verstehen, vgl. Schreuder, Upmann (1988), S. 194.

[212] Electronic Funds Transfer at the Point of Sale (EFTPOS), auch POS-Banking genannt. Vgl. Zentes, Exner, Braune-Krickau (1989), S. 90 ff.; Beaumont (1989), S. 300 ff.; Kirkman (1987), insbesondere S. 149 ff.

[213] Vgl. dazu z. B. Schumann (1992), S. 56 f. und S. 66 ff.

[214] Vgl. Schreuder, Upmann (1988), S. 180 ff.; Niemeier (1988), S. 17.

[215] Vgl. Schreuder, Upmann (1988), S. 182. Retter, Bastian (1995), S. 118, sprechen in diesem Zusammenhang von direkt wirkenden Nutzenpotentialen und abhängigen Nutzenpotentialen, die durch die direkten Nutzenpotentiale verursacht werden können.

[216] Unter Opportunitätskosten wird in der Investitionsrechnung der entgehende Gewinn der besten nicht mehr realisierten bzw. der Gewinn der gerade noch realisierten Handlungsalternative verstanden, vgl. Grob (1994), S. 362. Hier wird unter Opportunitätskosten der Gewinn durch den entgangenen Umsatz gefaßt, der

direkten und indirekten Nutzeffekte lassen sich durch die Analyse von Wirkungsketten aufzeigen und für die Bewertung quantifizierbar machen.[217]

Zur Bestimmung der Wirtschaftlichkeit eines Integrationsprojektes sind verschiedene Verfahren in der Literatur beschrieben worden, z. B. die Nutzwertanalyse, die Time-Saving Time-Salary-Methode und das hedonistische Verfahren.[218] Bei einer Nutzen-/Kosten-Analyse[219] ist u. a. zu beachten, daß der Nutzen mit zunehmendem Integrationsgrad zunächst überproportional steigt, ab einem bestimmten Niveau jedoch nur noch degressiv zunimmt. Die Kosten der Integration durch die höhere Komplexität der Informationssysteme steigen mit zunehmendem Integrationsgrad überproportional an (vgl. Abb. 2.24).[220]

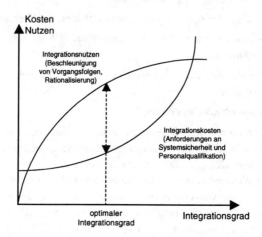

Quelle: Scheer (EDV) (1990), S. 46.

Abb. 2.24: Kosten und Nutzen in Abhängigkeit vom Integrationsgrad

---

[217] im Falle der nicht vorliegenden Informationen gerade nicht erzielt worden wäre. Ebenso sind darunter die Kosten in Ansatz zu bringen, die ggf. durch die fehlenden Informationen entstanden wären, z. B. Kosten durch Fehlbestände, Verderb von Waren.
Vgl. Linß (1995), S. 32 ff.

[218] Vgl. Linß (1995), S. 47-122; Schumann (1992), S. 148 ff.; Retter, Bastian (1995), S. 119 ff.; Niemeier (1988); Schreuder, Upmann (1988), S. 191 ff.; Hausmann, Kettner, Schmidt (1988), S. 44 f.; Hübner (1979), S. 192 ff.

[219] Grundsätzlich sind bei einer Wirtschaftlichkeitsbetrachtung Ertrag und Aufwand oder Leistungen und Kosten einander gegenüberzustellen. In der Literatur zur Beurteilung von Integrationseffekten hat sich jedoch die Betrachtung von Kosten und Nutzen durchgesetzt, weil der Nutzenbegriff neben monetären Ertrags- bzw. Leistungsgrößen auch quantitative nicht-monetäre und qualitative Aspekte einschließt, die nicht in Geldeinheiten bewertbar sind. Vgl. Stahlknecht, Hasenkamp (1997), S. 285 ff.; Linß (1995), S. 32 ff.; Schreuder, Upmann (1988), S. 182; Niemeier (1988), S. 22 und S. 25.

[220] Vgl. Schumann (1992), S. 23 ff.; Wildemann (1991), S. 426; Scheer (EDV) (1990), S. 46; Hübner (1979), S. 219.

2.3.4.4 Probleme der Integration

Durch die Integration der Informationssysteme lassen sich nicht nur Nutzeffekte erzielen, sondern es können auch eine Reihe von Problemen bzw. Nachteilen entstehen. Zu den wichtigsten Herausforderungen sind die Beherrschung der Komplexität des integrierten Informationssystems, die Bewahrung der Flexibilität der Informationssysteme[221], die Qualifikation der Mitarbeiter, der Datenschutz und die Datensicherheit zu zählen.[222]

Die *Komplexitätsbeherrschung* ist ein Hauptgrund für die häufig ablehnende Haltung gegenüber integrierten Informationssystemen.[223] Die Erfassung und Aufbereitung der einzugebenden Daten ist i. d. r. aufwendiger, da die Daten für eine größere Anzahl von betrieblichen Aufgaben zur Verfügung stehen müssen. Bei der Einführung einer gemeinsamen Datenbasis müssen z. B. bisher getrennte Dateien datenfeldweise aufeinander abgestimmt werden, um Redundanzen bereinigen zu können.[224] Eingegebene Daten werden in der Regel in sehr vielen Teilsystemen weiterverarbeitet. Fehlerhafte Eingaben können erhebliche Auswirkungen zur Folge haben, daher ist eine sorgfältige Prüfung der Eingabedaten erforderlich. Der Grundsatz „Erfassung der Daten dort, wo sie anfallen" bedingt auch die entsprechende Qualifikation der Mitarbeiter, die die Daten erfassen sollen, um Kettenreaktionen von Fehleingaben zu verhindern.[225]

Die Integration von Informationssystemen hat i. d. R. auch *Einfluß auf die organisatorischen Strukturen*, da sich durch die Daten- und Funktionsintegration Abläufe verändern und durch die stärkere Prozeßorientierung Aufgaben wieder zusammengeführt (bis hin zur Re-Integration von Aufgaben) werden.[226] Bei Auswirkungen auf die Aufbauorganisation des Unternehmens können Widerstände der betroffenen Funktionsbereiche und Mitarbeiter auftreten, die eine behutsame Kommunikation erfordern.[227] Insbesondere für die Problematik der Komplexitätsbeherrschung ist u. a. darauf zu achten, die Verantwortlichkeiten für die Datenerfassung genau zu regeln, um Fehleingaben und mangelnde Aktualität der Daten zu vermeiden.

Neben der Qualifikation der Fachanwender muß auch eine entsprechende *Qualifikation der Systementwickler* bzw. -betreuer vorhanden sein, um integrierte Systeme wartbar und flexibel gestaltbar zu machen. „Von diesen Mitarbeitern muß ein umfassendes betriebs-

---

[221] Vgl. Österle, Brenner, Hilbers (1991), S. 24: „Die Grenze der Integration bilden einerseits die Komplexität, die wir in der Systementwicklung und im Betrieb beherrschen können, andererseits die Inflexibilität, die wir durch die Verbindung bisher selbständiger Einheiten in Kauf nehmen."
[222] Vgl. Hübner (1979), S. 219.
[223] Vgl. Picot, Reichwald (1991), S. 289: „Bei der Diskussion um vollständig integrierte Informations- und Kommunikationssysteme werden prinzipiell vollständig spezifizierbare Produktions- und Administrationsverhältnisse unterstellt. Solche Bedingungen sind jedoch in der industriellen Praxis vielfach nicht gegeben." Vgl. auch Küchler (1990), S. 28 ff.
[224] HÜBNER fordert eine aufgabenneutrale Daten-Darstellung, d. h. das jedes Datenelement für sich zugänglich sein muß. Auf sprechende, aus mehreren Elementen zusammengesetzte Schlüssel und Datenfelder ist zu verzichten. Vgl. Hübner (1979), S. 216 ff.
[225] Vgl. Mertens (1995), S. 10; Küchler (1990), S. 29 ff.
[226] Vgl. Huckert, Walz (1994), S. 782; Bullinger, Niemeier (1991), S. 34 f.; Puchtler (1990), S. 60 ff.; Niemeier (1988), S. 28 ff.
[227] Vgl. Brown (1994), 157 f.

wirtschaftliches und gutes technisches Wissen ebenso gefordert werden wie die Fähigkeit, mathematische Dispositionsmodelle zu entwickeln."[228]

Daten, die in integrierten Informationssystemen gehalten werden, sind häufig höheren *Sicherheitsrisiken* durch unberechtigten Zugriff und/oder Manipulation ausgesetzt. Aus der Integration resultiert daher eine besondere Sicherheitserfordernis zum Schutz der Daten.[229] Ferner steigt bei integrierten Informationssystemen die Abhängigkeit der Nutzer von den Daten. Aus diesen Gründen ist der *Datensicherung* ebenfalls besondere Aufmerksamkeit zu schenken, um den Verlust von Daten zu vermeiden.

---

[228] Mertens (1995), S. 10.
[229] Vgl. Niemeier (1988), S. 28 ff.; Schreuder, Upmann (1988), S. 178; Hübner (1979), S. 219.

3 Innerbetriebliches Schnittstellen-Management von Informationsflüssen

3.1 Innerbetriebliches Schnittstellen-Management (ISM)

Der Begriff des Schnittstellen-Managements entstammt der Organisationslehre[1], insbesondere den Ansätzen zur Koordination von betrieblichen Funktionsbereichen.[2] Schnittstellen-Management wird allgemein definiert als Management[3] der Beziehungen zwischen Aktivitäten oder Funktionen, die zu unterschiedlichen Subsystemen eines gemeinsamen Gesamtsystems gehören.[4] Aufgabe des Schnittstellen-Managements ist es, die Interdependenzen zwischen den Subsystemen zu erkennen und zu bewerten, Regeln für die ordnungsmäßige Weiterleitung von Informationen zwischen den Subsystemen aufzustellen und diese zu überwachen, „[...] um die Effizienz der schnittstellenübergreifenden Abläufe zu gewährleisten."[5] Regelungen zur Schnittstellenorganisation haben den Zweck, den Informationsaustausch zwischen den Subsystemen zu verbessern, Prozeduren für die wechselseitige Abstimmung festzulegen und Lösungen bei Konflikten zu erleichtern.[6]

Unter *Innerbetrieblichem Schnittstellen-Management* (ISM) wird die Gestaltung der Integration und Koordination von Aktivitäten oder Funktionen innerhalb eines Unternehmens im Hinblick auf ein übergeordnetes Gesamtziel verstanden.[7] Gegenstand des ISM sind somit Strategien und Verfahren zur organisatorischen Gestaltung von Schnittstellen betrieblicher Teilbereiche. Als Abgrenzung zum ISM werden unter zwischen- bzw. überbetrieblichem Schnittstellen-Management alle Maßnahmen der Koordination von Schnittstellen über die gesamte Wertschöpfungskette zwischen Produzenten und Konsumenten verstanden.[8]

Analog zur Organisation im funktionalen Verständnis[9], bei der die Analyse der Schnittstellen zwischen Aufgabenträgern Aufschluß zur Bereichseinteilung geben kann, sind

---

[1] Vgl. Frese (1995), S. 124 ff.; Wermeyer (1994); Brockhoff, Hauschildt (1993); Köhler, Görgen (1991); Görgen, Huxold (1987); Freimuth (1986); Feierabend (1980); für verschiedene Interpretationen dieses Begriffes.

[2] Grundlegende Arbeiten zur Untersuchung der Koordination von Funktionsbereichen haben WERMEYER (1994) (Marketing und Produktion) und BENKENSTEIN (1987) (Marketing und Forschung & Entwicklung) vorgestellt.

[3] Unter Management wird in der Betriebswirtschaftslehre das Leitungshandeln verstanden, das „[...] systematische, methodengestützte Planen, Steuern, Kontrollieren, Koordinieren und Führen [...]". Seibt (1990), S. 212. Vgl. ausführlicher Wöhe (1993), S. 97 ff.

[4] Vgl. Pfohl (1996), S. 298-318; Wermeyer (1994), S. 13; Brockhoff, Hauschildt (1993), S. 397; Fischer (Kostenmanagement) (1993), S. 87 f.; Solaro (1991), S. 92.

[5] Becker, Schütte (1996), S. 447. Vgl. auch Becker (1996), Sp. 1817 u. 1824.

[6] Vgl. Köhler (1992), Sp. 52.

[7] Vgl. Wermeyer (1994), S. 17; Hübner (1979), S. 20-32.

[8] Vgl. Wermeyer (1994), S. 10; Feierabend (1980), S. 73 ff. Die Beziehungen zu externen Marktpartnern werden als Schnittstellen 3. Ordnung bezeichnet. Vgl. Pfohl (1996), S. 298 f., und die Ausführungen in Kap. 2.3.3.4.

[9] Vgl. zur Unterscheidung des institutionalen (Organisation als zielgerichtetes, offenes soziotechnisches System), instrumentalen (Organisationsstruktur als Mittel zur Zielerreichung) und funktionalen Organisationsbegriffs (Organisationsgestaltung als Bildung von Organisationsstrukturen) stellvertretend für andere Bühner

auch in der Informationssystemgestaltung aus den Verbindungen der zu unterstützenden Funktionsbereiche „[...] Rückschlüsse auf die Zusammengehörigkeit von betrieblichen Bereichen und damit auf die Zusammengehörigkeit von EDV-Teilsystemen zu ziehen [...]".[10] Auf Informationssystemebene zielt das ISM insofern auf die Gestaltung von Informationsflüssen zwischen den betrieblichen Funktionsbereichen ab. Wie in Abb. 3.1 dargestellt, besteht zwischen den Funktionsbereichen der Handelsinformationssysteme eine Vielzahl informationeller Verflechtungen, wobei ein Funktionsbereich sowohl Informationssenke als auch Informationsquelle sein kann.

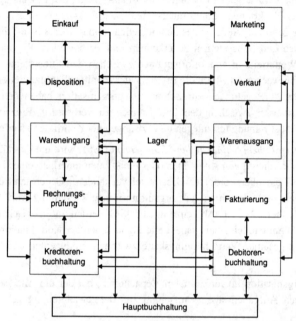

Abb. 3.1: Exemplarische Informationsbeziehungen zwischen Funktionsbereichen

---

(1996), S. 1 ff.; Remer (1996), S. 1 ff; Schulte-Zurhausen (1995), S. 1 ff.; Schneider (1995), S. 22 f.; Hill, Fehlbaum, Ulrich (1994), S. 17 f. Das funktionale Verständnis des Organisationsbegriffs bezeichnet die Gesamtheit der Maßnahmen zur Strukturierung des sozialen Systems der Unternehmung und zur Ordnung der Aktivitäten der zum System gehörenden Menschen, vgl. Schulte-Zurhausen (1995), S. 3.

[10] Becker (1996), Sp. 1824.

3.2 Zwecke der Informationsflußanalyse innerhalb des ISM

3.2.1 Der Begriff des Informationsflusses

Kaum ein Begriff ist in der Betriebswirtschaftslehre, der Wirtschaftsinformatik und in der Informatik so unterschiedlich definiert worden wie der Begriff der *Information*.[11] Als klassisch gilt die Definition von WITTMANN, der Information als zweckorientiertes Wissen definiert. Hervorzuheben ist dabei, daß nicht jedes Wissen zur Erzeugung von Information führt, sondern nur dasjenige Wissen, welches zur Vorbereitung des Handelns eingesetzt wird.[12] Diese Einschränkung des Informationsbegriffes wird in der Literatur kritisiert.[13] Im Verständnis dieser Arbeit wird daher ein weiter gefaßter Informationsbegriff verwendet, der sich an die Definition von BODE anlehnt. „Informationen sind Wissensbestandteile, die in Form menschlicher Sprache repräsentiert sind."[14] Abzugrenzen vom Informationsbegriff ist der Begriff *Daten*. Im Rahmen der maschinellen Informationsverarbeitung werden *Daten* als Darstellung von Informationen „[...] aufgrund bekannter oder unterstellter Abmachungen in einer maschinell verarbeitbaren Form [...]"[15] aufgefaßt.[16] Das Verhältnis von Wissen, Information und Daten wird in Abb. 3.2 veranschaulicht.

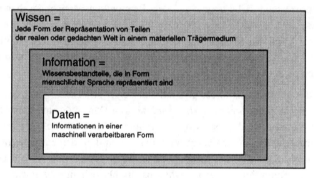

Abb. 3.2: Verhältnis von Wissen - Information - Daten

Betriebliche Funktionsbereiche benötigen Informationen von anderen Funktionsbereichen und geben Informationen an andere Bereiche ab. Diese als Kommunikationsbeziehungen bezeichneten Verflechtungen erzeugen Informationsflüsse an den Schnittstellen der Sub-

---

[11] Für eine aktuelle Diskussion des Informationsbegriffs in den unterschiedlichen Disziplinen vgl. Bode (1997); Luft (1997), S. 195 f.; aber auch Heinrich (1996), S. 7 ff.; Picot, Reichwald, Wigand (1996), S. 65-113; Lehner, Maier (1994); Hesse et al. (1994), S. 42 f.
[12] Vgl. Berthel (1992), S. 872; Wittmann (1980), Sp. 896; Wittmann (1959), S. 14.
Mag (1977), S. 4, spricht in gleichem Sinne von entscheidungsorientiertem Wissen. Wissen wird definiert als „[...] jede Form der Repräsentation von Teilen der realen oder gedachten (d. h. vorgestellten) Welt in einem materiellen Trägermedium." Bode (1997), S. 458.
[13] Vgl. zur Kritik an der *Zweckorientierung* ausführlich Bode (1997), S. 455 ff.
[14] Bode (1997), S. 459.
[15] Hansen (1996), S. 6.
[16] Vgl. auch Schreuder, Upmann (1988), S. 7 ff. und S. 22.

systeme.¹⁷ „Die Austauschbeziehungen von Informationen bzw. Informations- und Datenträgern von der (den) Informationsquelle(n) bis zu allen (End-)Benutzern (Senken) werden in ihrer Gesamtheit als Informationsfluß bezeichnet."¹⁸ Informationsquelle und -senke können Organisationseinheiten, Funktionsbereiche, Mitarbeiter von Funktionsbereichen oder aber auch Anwendungssysteme sein; Informations- und Datenträger sind verschiedene Medien, die Informationen übermitteln, wie z. B. Belege, Listen, maschinell verarbeitbare Datensätze und Dateien.¹⁹ In Analogie zu den Elementen eines Kommunikationsvorgangs sind als Elemente des Informationsflusses das den Informationsaustausch auslösende Ereignis, die übermittelnde Einheit (Sender, Quelle), die empfangende Einheit (Empfänger, Senke), das Übertragungsmedium und der Informationsflußinhalt (die Information) zu nennen.²⁰

Bereits bei der Definition des Warenwirtschaftssystems wurde auf die Unterscheidung des Warenflusses und des von ihm entkoppelten oder mit ihm verbundenen Informationsflusses hingewiesen.²¹ PFOHL unterscheidet mit Bezug zur Logistikkette einen dem Warenfluß vorauseilenden, begleitenden und nacheilenden Informationsfluß.²² Die Unterscheidung zwischen einem überwiegend technisch orientierten und einem vorwiegend betriebswirtschaftlich orientierten Informationsfluß erfolgt vor allem im Rahmen von industriellen Produktionsprozessen.²³ Übertragen auf den Betrachtungsbereich der handelsbetrieblichen Prozesse vollzieht sich der technische Informationsfluß auf der Ebene des Warenprozeßsystems²⁴ und der daraus resultierende betriebswirtschaftliche Informationsfluß innerhalb des Warenwirtschaftssystems und den sich anschließenden Informationssystemen des externen Rechnungswesens.

Der Begriff des Informationsflusses geht auf den Begriff des Datenflusses zurück, der eine maßgebliche Rolle in der *Strukturierten Analyse* nach DEMARCO und dem *Strukturierten Design* nach YOURDON und CONSTANTINE einnimmt.²⁵ Ein Datenfluß bezieht sich auf die zwischen Anwendungssystemen ausgetauschten Daten, d. h. den zur Speicherung vorgesehenen Informationen. Ein Informationsfluß ist daher umfassender als ein Datenfluß, da er - der obigen Definition folgend - *alle* Austauschbeziehungen zwischen Sender und Empfänger umfaßt und nicht nur auf Daten (Informationen in maschinell verarbeitbarer

---

[17] Der Austausch von Informationen von einem Sender zu einem Empfänger wird in der Literatur als Kommunikation bezeichnet, weshalb hier von Kommunikationsbeziehungen gesprochen werden kann. Vgl. dazu Schmidt (1997), S. 338; Frese (1995), S. 105 ff. und S. 255 ff.; Wöhe (1993), S. 99; Hax (1969), Sp. 825 f. Für eine ausführliche Diskussion von Kommunikation in der Kybernetik vgl. Flechtner (1984), S. 12-51. Brenig (1990), S. 29, bezeichnet Informationsflüsse in diesem Kontext als Gegenstück zu Schnittstellen, da Informationsflüsse von einem in einen anderen Funktionsbereich Schnittstellen überwinden müssen. Aus organisatorischer Sicht vgl. die Ausführungen von Solaro (1991), S. 92 ff.
[18] BIFOA (1997), S. 415, im Original teilweise Hervorhebungen.
[19] Vgl. z. B. Becker, Schütte (1996), S. 59; Jost (1993), S. 112; Kern (1992), S. 336.
[20] Vgl. Frese (1995), S. 105.
[21] Vgl. Kap. 2.2.1.1 und z. B. Jünemann (1989), S. 471.
[22] Vgl. Pfohl (1996), S. 75 f.; dazu auch Schanz (1994), S. 38.
[23] Vgl. Scholz-Reiter (1991), S. 23 ff; Brenig (1990), S. 29; Scheer (1984), S. 66 ff.
[24] Vgl. Kap. 2.2.1.
[25] Vgl. DeMarco (1979), S. 41: „The Data Flow Diagram is documentation of a situation from the point of view of the data.", und S. 51 ff.; Yourdon, Constantine (1979).

Form) beschränkt ist.[26] Austauschbeziehungen zwischen zwei Mitarbeitern könnte man daher als reinen Informationsfluß bezeichnen, da auch informelle Informationen und nicht unbedingt Daten übertragen werden. Sobald ein Anwendungssystem an dem Austausch beteiligt ist, handelt es sich jedoch genaugenommen um einen Datenfluß, da maschinell verarbeitbare Informationen vorliegen. Im folgenden soll der Begriff des Informationsflusses verwendet werden, da die Ausführungen zu den Schnittstellen nicht ausschließlich anwendungssystembezogen sind und daher auch die Übertragung von Informationen, die keine Daten sind, zulassen.[27]

3.2.2 Zwecke der Informationsflußanalyse

Die Informationsflüsse „[...] bilden einen grundlegenden Ansatzpunkt zur Erklärung aller Beziehungen zwischen den Systemelementen."[28] Grundlage für die Gestaltung von Schnittstellen ist daher eine konkrete Bestandsaufnahme der Informationsbeziehungen mittels einer Informationsflußanalyse.[29] Nur so können schnittstellenspezifische Zielsetzungen erarbeitet und geeignete Maßnahmen geplant werden. Zwecke der Informationsflußanalyse sind:[30]

1. Dokumentation, Schaffung von Transparenz

- die Offenlegung von informationellen Abhängigkeiten, die für eine Integration der Informationsverarbeitung wesentlich sind.

Historisch sind Anwendungssysteme häufig als Insellösungen entstanden, die nicht in einer durchgängigen Informationssystemlandschaft integriert waren. Im Rahmen von Projekten zur Restrukturierung der Informationsinfrastruktur unterstützt die Informationsflußanalyse die Aufdeckung von Interdependenzen, wodurch der Integrationsgrad von Anwendungssystemen transparent wird.

- die Unterstützung bei der Neuorganisation von Informationsprozessen der Unternehmung im Rahmen von BPR-Maßnahmen.

Maßnahmen zum Business Process Reengineering (BPR) haben die durchgängige Neuordnung der Prozesse eines Unternehmens zum Ziel. Innerhalb einer solchen Neuaufnahme sind insbesondere die Interdependenzen zwischen Geschäftsprozessen und den diese Prozesse ausführenden Organisationseinheiten zu analysieren. Die Dokumentation der Informationsflüsse im Rahmen der Ist-Analyse ermöglicht die Un-

---

[26] Vgl. dazu ein Beispiel aus der Industrie bei Kern (1992), S. 347.
[27] In der Literatur werden die Begriffe Nachrichtenfluß, Datenfluß und Informationsfluß im Gegensatz dazu häufig synonym verwendet. Vgl. Klein (1991), S. 49 ff., insbesondere S. 54.
[28] Lehmann (1969), Sp. 773.
[29] Unter einer Informationsflußanalyse wird die Untersuchung der Informationsbeziehungen anhand verschiedener Kriterien verstanden, vgl. Wermeyer (1994), S. 18 f.; Brockhoff, Hauschildt (1993), S. 399; Hausmann, Kettner, Schmidt (1988), S. 43; Czeguhn, Franzen (1987), S. 180 f. Wildemann (1995), S. 264. Schreuder, Upmann (1988), S. 273 ff., benutzen synonym den Begriff der Informationsanalyse.
Vgl. zur Analyse von Informationsbeziehungen auch die Darstellungen zur Informationsbedarfsanalyse in Berthel (1992), S. 879-886; Koreimann (1976), insbesondere S. 71-141.
[30] Vgl. auch BIFOA (1997), S. 415; Klein (1994), S 151; Schreuder, Upmann (1988), S. 23 f.

tersuchung der Prozesse und Prozeßschnittstellen auf Organisationsbrüche und Schwachstellen.

2. Bewertung

- Bewertung von Interdependenzen zwischen Funktionsbereichen bezüglich des Integrationsbedarfs und des Integrationsnutzens.[31]

    Die Analyse der Interdependenzen zwischen betrieblichen Funktionsbereichen zeigt, „[...] wie eng zwei Bereiche gekoppelt sind und wo daraus resultierend, ein integriertes System [...] oder mehrere Spezialsysteme, die über Schnittstellen gekoppelt sind [...]", einzusetzen sind.[32] Die Informationsflußanalyse dient der Ableitung von Kriterien zur Beurteilung des Ist- und des Soll-Integrationsgrades von Anwendungssystemen.[33]

- Bewertung von Schnittstellen bei der Festlegung der Einführungsstrategie von integrierten Informationssystemen.

    Im Rahmen der Einführungsplanung von Anwendungssystemen sind verschiedene Vorgehensweisen möglich.[34] In vielen Situationen ist eine stufenweise Einführungsstrategie einem „Big Bang", also der Einführung aller neuen Anwendungssysteme zu einem Termin, insbesondere aus finanziellen und anderen Risikogründen vorzuziehen. Informationsflußmodelle eignen sich zur Entscheidungsfindung für die Einführungsreihenfolge bei mehrstufigen Handelsunternehmen, da mit ihnen die Informationsflüsse zwischen den Funktionsbereichen analysiert werden können und somit Aufschluß über Abhängigkeiten und Schnittstellenausprägungen erlangt werden kann. Daraus läßt sich eine relevante Einführungsstrategie ermitteln.[35]

- Auswahl von Kommunikationsmedien zur Informationsflußumsetzung

    Anhand der detaillierten Merkmalsanalyse der Informationsflüsse zwischen Funktionsbereichen lassen sich DV-technische Konsequenzen für eine Verbesserung des Informationsflusses ableiten. Beispielsweise erleichtert die Analyse die Auswahl von Übertragungsmedien zwischen Filial-Warenwirtschaftssystem und Zentrale, wenn eine bestimmte Datenmenge (Volumen) in regelmäßigen Abständen über eine größere Entfernung innerhalb eines vorgegebenen Zeitfensters übertragen werden muß.

Neben diesen eher operativen Zwecken hat die Informationsflußanalyse auch eine strategische Bedeutung: Bei Entscheidungen mit längerfristigen Konsequenzen, z. B. der Einführung einer neuen Geschäftsart oder dem Neubau eines Lagerstandortes, ist die Einbindung dieser neuen Geschäftsformen in die bestehende Informationssystemland-

---

[31] Vgl. dazu insbesondere Wildemann (1991), S. 425 f.; Schreuder, Upmann (1988), S. 23 ff., S. 170 ff.; aber auch Hausmann, Kettner, Schmidt (1988), S. 43.
[32] Becker (1996), Sp. 1827.
[33] Vgl. Wildemann (1995), S. 263 f.
[34] Vgl. Strebi (1996), S. 25 f.; Heesen (1995). Zu Einführungsstrategien integrierter *Handels*informationssysteme vgl. insbesondere Schütte, Schüppler (1995).
[35] Vgl. Schütte (1996), S. 258; Schütte, Schüppler (1995), S. 125 f.

schaft zu berücksichtigen. Die Informationsflußanalyse zeigt die Auswirkungen dieser Entscheidung auf die Informationssystem-Infrastruktur auf und legt damit die Basis für fundiertere Aussagen bezüglich der Auswirkungen eines neuen Projektes. Ein weiteres Beispiel ist die Entscheidungsvorbereitung im Rahmen der Outsourcing-Überlegungen[36] bestimmter Anwendungssysteme. Durch die Analyse der Informationsflüsse an den Schnittstellen der Funktionsbereiche können diejenigen Anwendungssysteme ermittelt werden, die relativ isoliert von nur einem Funktionsbereich genutzt werden (z. B. die Lohn- und Gehaltsabrechnung). Bei diesen Anwendungssystemen ist zu prüfen, ob sie von einem externen Dienstleister ohne zusätzlichem Aufwand für die Pflege der dann entstehenden externen Schnittstellen kostengünstiger bereitgestellt werden können.

3.3 Beschreibungskonzepte zur Informationsflußanalyse

Für die Erreichung der Ziele und Zwecke der Informationsflußanalyse ist eine detaillierte Erfassung und Analyse der Informationsflüsse notwendig, zu deren Beschreibung verschiedene Methoden[37] herangezogen werden können. Eine Einteilung und Abgrenzung der Methoden bzw. Techniken der Informationsflußdarstellung[38] ist sehr schwierig, da die Einsatzbereiche der und Ansprüche an die Methoden stark voneinander abweichen und in der Literatur nicht einheitlich diskutiert werden.[39] Nach einem grundsätzlichen Einteilungskriterium lassen sich Methoden nach ihrer Herkunft aus der Informatik (3.3.1) und aus der betriebswirtschaftlichen Organisationslehre (3.3.2) unterscheiden.[40] Diese Unterteilung ist jedoch nicht trennscharf, da z. B. Datenflußdiagramme sowohl in der Informatik als auch in der Betriebswirtschaftslehre eine große Verbreitung gefunden haben. Ebenfalls wird das HIPO-Verfahren sowohl zur Systementwicklung als auch innerhalb der Informationsbedarfsanalyse eingesetzt.[41] Die Trennung zwischen der Informationssystemgestaltung als klassischem Arbeitsfeld der Informatik und der Organisationsgestaltung als Forschungsgegenstand der Betriebswirtschaftslehre ist heute nicht mehr überschneidungsfrei möglich; die dargestellten Techniken können in beiden Bereichen zum Einsatz kommen.

---

[36] Outsourcing bezeichnet die Ausgliederung von Aufgaben der Informationsverarbeitung aus dem Unternehmen an Dienstleister, vgl. Heinzl (1997), S. 304 f.; Stahlknecht, Hasenkamp (1997), S. 478 ff.; Hansen (1996), S. 831 ff.; Picot, Maier (1992).

[37] Unter einer Methode bzw. Methodik wird im allgemeinen eine in der Art des Vorgehens festgelegte Arbeitsweise verstanden. Vgl. Schmidt (1997), S. 35 f.; Scheer (1990), S. 125; Haberfellner (1980), Sp. 1701. Im Rahmen dieser Arbeit wird unter Methode auch eine Beschreibungssprache bzw. eine Darstellungstechnik verstanden. Nüttgens (1995), S. 5-68, bezeichnet diese enge Begriffsfassung als statisch-konstruktiven Charakter der Methode.

[38] Die Darstellung des Informationsflusses zwischen Organisationseinheiten bzw. betrieblichen Funktionsbereichen kann allgemein als Informationsflußmodell i. w. S. bezeichnet werden. Informationsflußmodelle i. e. S. bezeichnen eine besondere Darstellungstechnik, die von SCHEER für die Beschreibung der Datenbeziehungen zwischen Funktionsbereichen eingeführt wurde, vgl. Scheer (1984), S. 70 ff. Informationsflußmodelle i. e. S. werden im Kap. 3.3.3 ausführlich erläutert.

[39] Vgl. Schmidt (1997), S. 205 ff.; Keller, Teufel (1997), S. 138; Balzert (1996), S. 91-103; Balzert (1992), S. 38 ff.

[40] Vgl. Scheer (ARIS) (1992), S. 16 ff.

[41] Vgl. Schmidt (1997), S. 229.

3.3.1 Informatik-orientierte Methoden

Im Rahmen der Systemplanung und -entwicklung ist die Untersuchung von informationellen Verflechtungen der betrieblichen Funktionsbereiche Gegenstand unterschiedlichster Ansätze.[42] In diesen Ansätzen der Systemspezifikation und -konstruktion werden neben Methoden zur Darstellung der Funktionen und Module von Anwendungssystemen auch Methoden zur Beschreibung von Datenflüssen eingesetzt, die im folgenden skizziert werden.

Informationssystem-Plan im Business Systems Planning (BSP)

Beim Business Systems Planning (BSP)[43] wird auf der Basis von Analysen bestehender informationeller Verknüpfungen zwischen einzelnen Anwendungsgebieten ein Informationssystem-Plan zur Entwicklung unternehmensweiter Informationssysteme entwickelt. In einer strukturierten Vorgehensweise, bestehend aus zwölf Arbeitsschritten, werden die Geschäftsprozesse des Unternehmens und die von diesen benutzten Datenklassen untersucht und in einer Matrix gegenübergestellt.

Eine datenflußorientierte Komponente ist die als Ergebnis der Analyse resultierende Informationssystem-Architektur (IS-Architektur)[44], in der die Verbindungen zwischen den sich ergebenden Systembereichen durch Zwei-Weg-Pfeile dargestellt werden. Der Inhalt und die Art dieses Datenflusses werden nicht weiter detailliert. Die IS-Architektur im BSP ist aufgrund des hohen Abstraktionsgrades der dargestellten Verbindungen für den Zweck der Informationsflußanalyse weniger geeignet.

Aktivitätenmodell in der Structured Analysis and Design Technique (SADT)[45]

Bei SADT[46] handelt es sich um eine funktionsorientierte, grafische Methode zur hierarchischen Beschreibung von Anwendungssystemstrukturen. Es werden Aktivitäten und Daten in getrennten Diagrammen modelliert. In einem Aktivitätenmodell werden zu einer Aktivität die Ein- und Ausgabedaten als funktionsverbindende Schnittstellen und die Steuerungsdaten, die sowohl den Kontrollfluß als auch Umwelteinflüsse repräsentieren können, dargestellt. Daneben werden die Transformationsregel und die benötigten Ressourcen, die zur Umwandlung der Daten in der Aktivität verwendet werden, im sogenannten Mechanismus angegeben (vgl. Abb. 3.3, linker Teil).

---

[42] Vgl. für weitere Diagrammtechniken zur Systemplanung und -entwicklung z. B. Martin, McClure (1988), S. 109-396; Balzert (1996), S. 115-320.
[43] Vgl. dazu Heinrich (1996), S. 341-350; Henneböle (1995), S. 68; Singh (1993).
[44] Die IBM versteht in diesem Zusammenhang unter IS-Architektur eine zur Deckung der Informationsnachfrage erforderliche Daten-, Anwendungs- und Kommunikationsarchitektur. Vgl. Heinrich (1996), S. 341 ff. Für den Begriff Architektur im Verständnis der Wirtschaftsinformatik sei auf Böhm, Fuchs, Pacher (1993), S. 55-62, und Krcmar (1990) verwiesen.
[45] Vgl. Scholz-Reiter (1997), S. 387 f.; Balzert (1982), S. 111-133.
[46] SADT wurde von der Firma SofTech Anfang der siebziger Jahre entwickelt. Vgl. Biethahn, Muksch, Ruf (1997), S. 374.

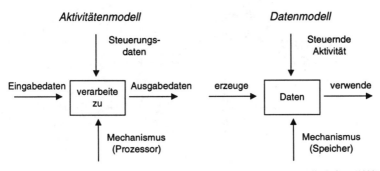

Quelle: Balzert (1982), S. 124.

Abb. 3.3: SADT-Diagrammtypen

Im Datenmodell werden die Daten als Kästen und die Aktivitäten als Pfeile, welche die Daten verbinden, modelliert (vgl. Abb. 3.3, rechter Teil). Die Aktivitäten auf der Eingangsseite erzeugen die Daten, die zur Durchführung der nachfolgenden Aktivität erforderlich sind. Jedes Anwendungssystem wird in beiden Modelltypen dargestellt, die Konsistenz kann durch einen wechselseitigen Vergleich sichergestellt werden. Die Darstellungen lassen sich top-down verfeinern. Die Erstellung und Pflege der Diagramme wird um so aufwendiger, je mehr Verfeinerungsebenen eingerichtet werden. Ohne Werkzeugunterstützung ist die Methode kaum einsetzbar.[47] Die Schnittstellen zwischen den Aktivitäten werden nur über Bezeichnungen beschrieben und nicht nach weiteren Merkmalen detailliert.

Hierarchy of Input-Process-Output (HIPO)-Diagramme[48]

Die HIPO-Methode wurde von der IBM in den siebziger Jahren als grafisches Verfahren zur Formalisierung und Dokumentation von Programmarbeitsschritten (Konstruktion) entwickelt. Die HIPO-Methode besteht aus den Grundelementen einer Strukturübersicht in Form eines Baumdiagramms, mehreren Übersichtsdiagrammen, in denen die einzelnen Funktionen mit ihren Ein- und Ausgabeparametern (E-V-A-Diagramm[49]) dargestellt werden, und weiteren Detaildiagrammen zur detaillierten Beschreibung der jeweiligen Funktion. Die Strukturübersicht (vgl. Abb. 3.4) gibt einen Überblick über die Funktionshierarchie eines Unternehmens bzw. Funktionsbereiches.

---

[47] Vgl. Heinrich (SP I) (1996), S. 115.
[48] Vgl. Stay (1976), S. 143-154. Vgl. auch Schmidt (1997), S. 229 f.; Balzert (1982), S. 347 ff. HIPO wird auch als Akronym für „Hierarchy plus Input-Process-Output", vgl. Biethahn, Mucksch, Ruf (1997), S. 361 ff., oder „Hierarchical Input, Process, Output", vgl. Martin, McClure (1988), S. 191, verwendet.
[49] E-V-A: Eingabe, Verarbeitung, Ausgabe. Vgl. Biethahn, Mucksch, Ruf (1997), S. 363 ff.; Balzert (1982), S. 347 ff.

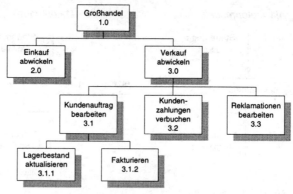

In Anlehnung an Balzert (1997), S. 190.

Abb. 3.4: Beispiel einer HIPO-Strukturübersicht

Der Datenfluß wird in den Übersichts- und in den Detaildiagrammen durch gerichtete Pfeile dargestellt, der Kontrollfluß wird nur im Detaildiagramm expliziert (vgl. Abb. 3.5).[50] Die Daten- und Kontrollflüsse werden durch erweiterte Beschreibungen als Anlage zu den Detaildiagrammen erläutert. Durch die isolierte Darstellung der einzelnen Funktionen wird jedoch der übergreifende Kontrollfluß und damit die Interdependenzen des Ablaufs nicht deutlich. Der Fokus der Darstellung liegt auf den einzelnen Funktionen und nicht auf dem Datenfluß zwischen den Funktionen.

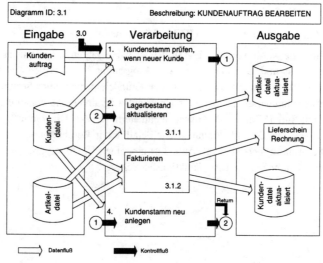

In Anlehnung an Balzert (1997), S. 191.

Abb. 3.5: Beispiel eines HIPO-Detaildiagramms

---

[50] Zur Unterscheidung Daten- und Kontrollfluß vgl. die Ausführungen unter 3.3.3.

Anwendungsfall- und Interaktionsdiagramme der Unified Modeling Language (UML)

Die Unified Modeling Language entstand aus den Bemühungen, die Arbeiten von BOOCH (Booch Method), JACOBSON (Object Oriented Software Engineering, OOSE) und RUMBAUGH (Object Modeling Technique, OMT) in einer Sprache und Notation zur Modellierung von Softwaresystemen zusammenzuführen.[51] Zu den in der UML benutzten Diagrammtypen gehören das Klassendiagramm (class diagram), das Anwendungsfalldiagramm (use case diagram), das Interaktionsdiagramm (interaction diagram) mit seinen Ausprägungen Aktivitäts-, Sequenz- und Kollaborationsdiagramm (activity, sequence and collaboration diagram), das Zustandsdiagramm (state diagram) und das Komponentendiagramm (component diagram). Für die Darstellung von Interdependenzen zwischen Subsystemen sind insbesondere das Anwendungsfalldiagramm und das Interaktionsdiagramm von Bedeutung.

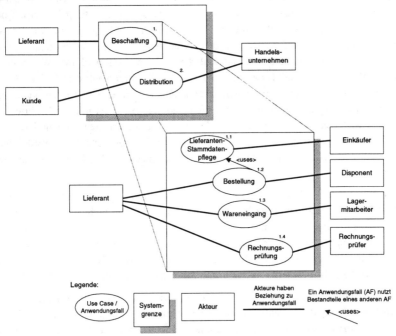

In Anlehnung an Oesterreich (1997), S. 92.

Abb. 3.6: Anwendungsfalldiagramm Beschaffung

„Ein Anwendungsfall ist die Beschreibung einer begrenzten Arbeitssituation im Anwendungsbereich. Es werden die grundlegenden Handlungen und Umstände benannt, die nötig sind, damit ein Anwender zu einem Zeitpunkt mit einem Anwendungssystem einen

---

[51] Vgl. Rumbaugh, Jacobsen, Booch (Notation Guide) (1997); Rumbaugh, Jacobsen, Booch (1997); Oesterreich (1997), S. 143.

Geschäftsvorfall bearbeiten kann."[52] Ein Anwendungsfall ist demnach vergleichbar mit Funktionen im Sinne der traditionellen Systementwicklung, d. h. der Beschreibung, welche einzelnen Aktivitäten ein Anwendungssystem leistet. In einem Anwendungsfalldiagramm werden die Beziehungen zwischen Akteuren und Anwendungsfällen dargestellt („[...] the ways in which a user uses a system [...]"[53]). In Abb. 3.6 wird der Beschaffungsprozeß als Anwendungsfall dargestellt.

Das Interaktionsdiagramm mit seinen unterschiedlichen Ausprägungen zeigt Interaktionen zwischen einer Menge ausgewählter Objekte in einem bestimmten Kontext. Die *räumliche* Ordnung des Nachrichtenaustauschs wird dabei im Kollaborationsdiagramm dargestellt, im Sequenzdiagramm werden die Beziehungen zwischen den Objekten und ihr *zeitlicher* Ablauf betont.[54] Jede Situation muß als separates Szenario modelliert werden, da Entscheidungsoperatoren nicht vorgesehen sind.[55]

Das Beispiel in Abb. 3.7 zeigt den Nachrichtenaustausch zwischen den Objekten bei der Erfassung des Wareneingangs im Lager mit Bestellbezug.[56] Durch Eingabe der auf dem Lieferschein angegebenen Bestellnummer in das Anwendungssystem werden die Bestellpositionen aufgerufen und zu den bestellten Artikeln die bestellte Anzahl angezeigt. Durch die Eingabe der tatsächlichen Liefermenge wird der Warenzugang gebucht. Die erste Nachricht *erfasse (b)* enthält als Argument das Objekt b (die Bestellnummer), über die der Wareneingang im System erfaßt werden kann. Die Bestellpositionen *bpos* werden in einer Schleifenabfrage [i = 1..*] mit der Nachricht 1.1 abgerufen. Aus den Bestellpositionen werden durch die Nachrichten 1.1.1 und 1.1.2 die *Artikel* und die jeweilige *Anzahl* zurückgemeldet. In der Nachricht 1.1.3 werden diese Parameter anschließend zur Buchung des Warenzugangs in der Klasse *ArtikelLager* verwendet.

Die Trennung von Funktionen und Daten in den traditionellen Modellierungsmethoden existiert in der objektorientierten Modellierung in dieser Form nicht mehr, daher ist ein Vergleich der Darstellungstechniken sehr schwierig. Auf der obersten Hierarchieebene sind Anwendungsfalldiagramme noch am ehesten mit dem funktionalen Paradigma vergleichbar, z. B. mit den Datenflußdiagrammen (DFD) bzw. Kontextdiagrammen der Strukturierten Analyse[57], da die Aktivitäten auf der gleichen Ebene modelliert werden.

Anwendungsfälle eignen sich primär als Mittel zur Anforderungsermittlung und „zur groben Abstimmung des zukünftigen äußeren Systemverhaltens."[58] In der weiteren Detaillierung haben Anwendungsfalldiagramme einen anderen Fokus als Datenflußdiagramme.

---

[52] Vgl. Oesterreich (1997), S. 266.
[53] Vgl. Rumbaugh, Jacobsen, Booch (Notation Guide) (1997), S. 63.
[54] Vgl. Oesterreich (1997), S. 144, S. 272 ff.; Scheer, Nüttgens, Zimmermann (1997), S. 12 ff.
[55] Vgl. für weitere Kritikpunkte Scheer, Nüttgens, Zimmermann (1997).
[56] Das Beispiel von OESTERREICH wurde auf einen Ablauf im Handel abgewandelt. Zur verwendeten Notation vgl. Oesterreich (1997), S. 216-226.
[57] Vgl. dazu den folgenden Abschnitt.
[58] Oesterreich (1997), S. 95.

Letztere beschäftigen sich mit der Transformation von Input- in Outputdaten, Anwendungsfälle stellen eine Beschreibung der Anwender-Anwendungs-Beziehung dar.

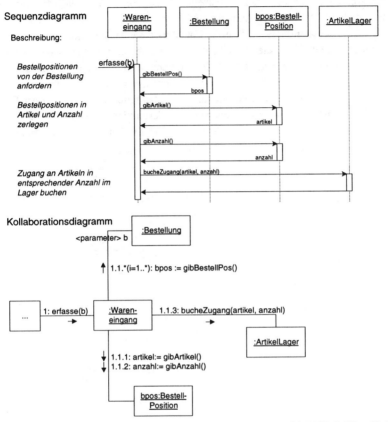

In Anlehnung an Oesterreich (1997), S. 220 und S. 225.

Abb. 3.7: Interaktionsdiagramme

Datenflußdiagramme (DFD) in der Strukturierten Analyse (SA)

Die Strukturierte Analyse (Structured Analysis, SA[59]) wurde Ende der siebziger Jahre von DEMARCO entwickelt und ist eine Methode zur Modellierung eines Informationssystems in der Analysephase der Systementwicklung. Es wird eine datenflußorientierte Betrachtungsweise eingenommen, d. h. nicht der Anwender (wie bei der oben dargestellten UML) oder die Funktionen an sich stehen im Blickfeld, sondern die Datenaustauschbeziehungen zwischen einzelnen Funktionen. Zur verständlichen und komplexitätsbeherrschenden

---

[59] Vgl. im folgenden Biethahn, Muksch, Ruf (1997), S. 348 ff.; Balzert (1996), S. 118-121 und S. 398-418; Nonnenmacher (1993), S. 174 ff.; Balzert (1992), S. 66 ff.; McMenanim, Palmer (1988); Martin, McClure (1988), S. 407-415; DeMarco (1979).

Darstellung wird das zu modellierende System einer funktionalen Dekomposition unterzogen.

In SA werden die betrieblichen Aufgaben in Form von Aktivitäten[60] definiert, welche wiederum durch Datenflüsse verbunden sind. Aktivitäten „[...] transformieren Inputdatenflüsse in Outputdatenflüsse [...]", und „Datenflüsse stellen Interaktionskanäle zwischen Systemkomponenten dar, die als Schnittstellenvereinbarungen interpretiert werden. Ein Datenfluß verbindet eine Aktivität mit einer weiteren Aktivität, einem Datenspeicher oder einer Umweltkontaktstelle."[61] Als Darstellungsmittel werden Datenflußdiagramme (data flow diagrams, DFD), das Data Dictionary zur detaillierten Beschreibung der DFD und Transformationsbeschreibungen (transformation descriptions) verwendet. In Datenflußdiagrammen werden Aktivitäten und die durch sie verarbeiteten Datenflüsse aus der Sicht der Daten grafisch dargestellt (vgl. Abb. 3.8).

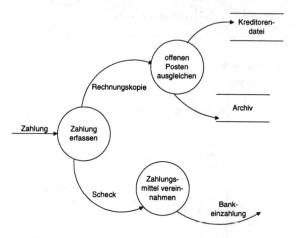

In Anlehnung an DeMarco (1979), S. 47.

Abb. 3.8: Datenflußdiagramm

Datenflußdiagramme bestehen aus vier Grundelementen:[62]

1. **Datenflüsse** (data flows) sind Kanäle, welche die Schnittstellen zwischen den Elementen einer Darstellung repräsentieren. Sie werden als Pfeile dargestellt, deren Spitze die Flußrichtung der Daten angibt (X, Y, Z; vgl. Abb. 3.9). Ihre Kennzeichnung erfolgt durch ein Substantiv, u. U. ergänzt durch ein Adjektiv, das auf den Inhalt des Datenflusses schließen läßt (z. B. bewerteter Wareneingang).

---

[60] Die Bezeichnung Aktivitäten wird von FERSTL, SINZ verwendet, andere Literaturstellen sprechen stattdessen von Prozessen oder Funktionen. Vgl. Biethahn, Muksch, Ruf (1997), S. 348 ff.; Hudson (1993), S. 99 f.; Balzert (1992), S. 67.
[61] Ferstl, Sinz (1994), S. 130.
[62] Vgl. Hudson (1993), S. 99 ff.; Martin, McClure (1988), S. 149-164; DeMarco (1979), S. 51-62.

2. **Aktivitäten** oder **Prozesse** (P_1, P_2) (processes) verarbeiten Datenflüsse. Sie haben immer mindestens einen Eingangsdatenfluß, der in mindestens einen Ausgangsdatenfluß transformiert wird. Daneben enthalten sie die Definition des Algorithmus, der die zugrundeliegende Transformation vornimmt. Ihre Bezeichnung besteht in der Regel aus einem Substantiv und einem Verb, die zusammen auf die zugrundeliegende Aufgabe schließen lassen (z. B. „Rechnung erfassen").

3. **Dateien** (F) (files) enthalten Daten, auf die durch Prozesse zugegriffen wird. Sie sind passive Elemente und dienen zur Modellierung der Datenspeicher zwischen Prozessen.

4. **Nachbarsysteme** (S) (Terminatoren, Datenquellen bzw. Datensenken) sind Personen, Organisationen oder Funktionen außerhalb des betrachteten Systems, die ausschließlich auf der ersten Ebene des Top-down-Vorgehens in Kontextdiagrammen dargestellt werden. Die Daten, die sie an das System senden oder von ihm empfangen, stellen die Schnittstellen zur Umwelt dar. Weder die Kommunikation zwischen den einzelnen Nachbarsystemen noch ihr interner Aufbau werden spezifiziert.

Das in Abb. 3.9 dargestellte DFD läßt sich verbal wie folgt formulieren: Von einer Quelle S kommt der Datenfluß X und wird durch die Aktivität P_1, die auf die Datei F zugreift, in Y transformiert. Y wird anschließend durch P_2 in Z transformiert.

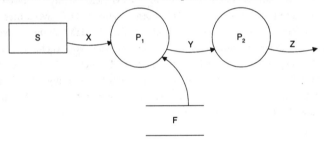

Quelle: DeMarco (1979), S. 51.

Abb. 3.9: Elemente der Datenflußdiagramme

Vorteile von Data Flow Diagrams

- Leicht verständliche, sofort einsetzbare Darstellungstechnik.
- Datenstrukturierung und Hierarchisierung durch die Dekomposition, allerdings ohne Unterstützung durch ein Regelwerk.
- Detaillierte Beschreibungsmöglichkeiten durch die Anbindung des Data Dictionary.[63]
- Häufig bereits in CASE-Tools[64] implementiert und nutzbar.

---

[63] Vgl. Balzert (1996), S. 120.
[64] Ein CASE-Tool (Computer Aided Software Engineering) ist ein computergestütztes Softwareentwicklungswerkzeug. Vgl. Balzert (1992).

Nachteile von Data Flow Diagrams[65]
- Es werden nur Datenflüsse dargestellt, Kontrollflüsse sind nicht enthalten.
- Fehlendes Regelwerk für die Bildung der Aktivitäten.
- Unübersichtliche Darstellung bei einer hoher Anzahl von Aktivitäten und Datenflüssen.
- Kein Bezug zur Organisationssicht, kein wohldefinierter Bezug zur Prozeßsicht.
- Durch die Nutzung von Datenspeichern (files) in der Darstellung erreichen Datenflußdiagramme eine Nähe zur Implementierung eines Informationssystems, die für die Zwecke der Informationsflußanalyse nicht notwendig und sinnvoll erscheint.

Ein weiterer Kritikpunkt an der Strukturierten Analyse ist die fehlende Darstellung von Kontrollflüssen. „*The Data Flow Diagram shows flow of data, not of control. This is the difference between Data Flow Diagrams and flowcharts.*"[66] Daher wurde SA durch die Real Time Analysis (SA/RT) erweitert, in der zusätzlich zu den Datenflußdiagrammen Kontrollflußdiagramme (CFD) eingeführt wurden.[67]

3.3.2 Betriebswirtschaftlich-orientierte Methoden

Bereits in den dreißiger Jahren befaßte sich die Betriebswirtschaftslehre mit Darstellungstechniken zur Gestaltung der Aufbau- und Ablauforganisation.[68] Der Zweck dieser Techniken ist die Verdeutlichung organisationaler Sachverhalte und dadurch die Verbesserung der Verständlichkeit und Kommunikation.[69] Aus der Vielzahl von Techniken wird hier eine Auswahl derjenigen Darstellungsformen erläutert, die sich insbesondere mit dem Informationsfluß befassen. Dazu gehören u. a. die Matrixdarstellung, das Kommunigramm bzw. Kommunikationsdiagramm sowie das Blockdiagramm mit den Varianten des Datenflußplans und des Programmablaufplans.

Matrixdarstellung

Der Begriff der Matrix ist ursprünglich der Mathematik entlehnt, wird jedoch auch innerhalb der Organisationslehre als ein allgemein verwendbares und aussagekräftiges Instrument dargestellt.[70] Mit ihnen werden die Beziehungen zwischen organisatorischen Einheiten, Aufgabenträgern und Stellen und den von ihnen benutzten Informationen, zwischen Aufgabenträgern (Eingabe-/Ausgabe-Matrix), und zwischen benutzter Information und Prozeßobjekten[71] dargestellt. Ein Beispiel für eine Eingabe-/Ausgabe-Matrix

---

[65] Für einen ausführlichen Kommentar zu den Nachteilen und Problemen von DFDs vgl. Martin, McClure (1988), S. 163 f. und S. 414 f.
[66] DeMarco (1979), S. 40, Hervorhebungen im Original. Vgl. auch Ranky (1994), S. 17 f.
[67] Vgl. Balzert (1996), S. 419-444; Balzert (1992), S. 69 ff.
[68] Vgl. Nordsieck (1931), in der 6. Auflage (1962); Kosiol (1962); Nordsieck (1972); Grochla (1982).
[69] Vgl. Lehner et al. (1991), S. 264 ff.; Frank, Konen (1991), S. 8.
[70] Vgl. Schmidt (1997), S. 235 f.; Grochla (1982), S. 313 ff., S. 374 ff.
[71] Unter einem Prozeßobjekt versteht ROSEMANN das einen Prozeß prägende betriebswirtschaftlich relevante Objekt, z. B. Bestellung, Rechnung, Kundenstammsatz. Vgl. Rosemann (1996), S. 9 ff.

bezogen auf die Informations- und Materialaustauschbeziehungen zwischen organisatorischen Einheiten ist in Abb. 3.10 angegeben.

Bei dieser Eingabe-/Ausgabe-Matrix werden nicht nur die innerbetrieblichen Aufgabenbereiche des Unternehmens betrachtet, sondern es können auch die Verbindungen zur betrieblichen Umwelt und zu den Kunden und Lieferanten dargestellt werden. Je detaillierter die Angabe der ausgetauschten Informationen in den Matrixfeldern wird, desto unübersichtlicher wird die Darstellung. Daher eignet sich die Matrixdarstellung vor allem für eine grobe Darstellung der Interdependenzen zwischen Organisationseinheiten. Sie zeichnet sich vor allem durch eine Unterstützung der Systematisierung der Beziehungen durch festgelegte Kriterien und durch die transparente Darstellungsform aus.[72]

von \ an	US 1 Verkauf	US 2 Versand	US 3 Lager	US 4 Fakturierung	Außerbetriebliche Umwelt (Kunde)
US 1 Verkauf			Eilige Anfragen über Lieferanten	Abstimmung über Mahnungen	Neue Produkte, Preislisten, Prospektmaterial, Antworten auf Reklamationen, Besuchstermine Anfragen
US 2 Versand			Abrufen von Verpackungsmaterial	Bestellung, Entnahmeschein, Warengewicht, Versandweg, Kommissionspapiere	Verpackte Ware mit Rechnung und Versandpapieren
US 3 Lager	Auskünfte über Liefermöglichkeiten, Restposten	Verpackungsmaterial, Entnahmeschein für Verpackungsmaterial			
US 4 Fakturierung	Anfragen über Sonderkonditionen, Auskünfte über Mahnungen	Rechnung, Versandpapiere, Bestellkopie			Lieferschein über Kommissionswaren, Klärung Zahlungsdifferenzen
Außerbetriebliche Umwelt (Kunde)	Besuchsterminabstimmungen, Anforderungen von Prospekten und Werbematerial, Bestellungen, Kaufaufträge, Kommissionsaufträge, Reklamationen			Anfragen bei Zahlungsdifferenzen	

Quelle: Ausschnitt aus Schmidt (1997), S. 234.

Abb. 3.10: Ein-/Ausgabe-Matrix

Kommunigramme

Die Analyse der Kommunikationsbeziehungen zwischen organisatorischen Einheiten hat im Zuge des Fortschritts der Bürokommunikation an Bedeutung gewonnen.[73] In der Praxis haben sich verschiedene Darstellungstechniken bewährt, mit deren Hilfe sich Kommunikationsbeziehungen innerhalb der Aufbauorganisation dokumentieren lassen, wie z. B. Kommunikationstabellen, Kommunikationsdiagramme und oben beschriebene Matrizen.[74] „Kommunikationstabellen dienen der punktuellen Untersuchung einzelner

---

[72] Vgl. Schmidt (1997), S. 236.
[73] Vgl. Schmidt (1997), S. 337; Henkel, Schwetz (1992), Sp. 2254; Frank, Konen (1991), S. 1 f.; Nippa (1988), S. 8 ff.; Koreimann (1976), S. 96 ff.
[74] Vgl. Schmidt (1997), S. 315 und S. 337 ff.; Bühner (1996), S. 48 f.; Grochla (1982), S. 313 ff.; Joschke (1980), Sp. 443 ff.

Stellen."[75] Je Stelle werden die vorgenommenen Kommunikationstransaktionen in einer bestimmten Periode nach Häufigkeit und Zeitaufwand pro Kommunikationsart (z. B. Terminbenachrichtigung, Konditionsinformation, Formalitäten) aufgelistet. Kommunikationsdiagramme stellen eine Zusammenfassung der Kommunikationstabellen über alle Stellen bzw. organisatorischen Einheiten dar und werden als Ergänzung zu Organisationsplänen und Stellenbeschreibungen genutzt. Die Darstellung erfolgt beispielsweise in einer Dreiecksform, wie sie in Abb. 3.11 gezeigt wird. In diesem Diagrammtyp können die Kommunikationszeiten oder -häufigkeiten, die Kommunikationsart und die Kommunikationsrichtung (einseitig, beidseitig) festgehalten werden. Die Kommunikationsanalyse eignet sich insbesondere zur Aufdeckung von informellen und nicht DV-gestützten Kommunikationsbeziehungen.[76] Für die Analyse der Informationsflüsse zwischen Funktionsbereichen, wie sie im Mittelpunkt dieser Arbeit stehen, ist sie nur bedingt geeignet.

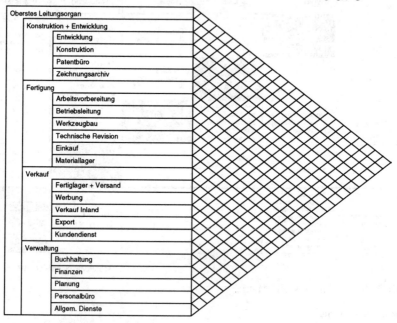

Quelle: Schmidt (1997), S. 341.

Abb. 3.11: Kommunikationsdiagramm in Dreiecksform

Blockdiagramme

Blockdiagramme[77] lassen sich den EDV-orientierten Techniken der Darstellung von Arbeitsabläufen und Programmdokumentationen zuordnen. Obwohl sie sowohl in der Informatik als auch in der Organisationslehre einzuordnen sind, werden sie hier unter den

---

[75] Schmidt (1997), S. 340.
[76] Vgl. Frank, Konen (1991), S. 92 ff.
[77] Vgl. im folgenden Schmidt (1997), S. 374 ff.; Lehner et al. (1991), S. 273 ff.; Scheer (EDV) (1990), S. 128 ff.; Balzert (1982), S. 372 ff.; Grochla (1982), S. 316 ff.; Joschke (1980), Sp. 458 ff.

betriebswirtschaftlich-orientierten Methoden diskutiert, da die Literatur zur Organisationslehre besonders häufig auf diese Darstellungsform als Technik der Ablauforganisation eingeht.[78] Das DEUTSCHE INSTITUT FÜR NORMUNG (DIN) legte die Techniken in der DIN-Norm 66001 fest. Blockdiagramme werden in Form eines Datenflußplans (DFP) oder als Programmablaufplan (PAP) verwendet.

Datenflußpläne (DFP)[79] haben durch ihre einfache Verwendbarkeit eine große Verbreitung erfahren.[80] Wie die Datenflußdiagramme der Strukturierten Analyse zeigen DFP den Fluß der Daten durch ein informationsverarbeitendes System auf.[81] Die Verarbeitung selbst wird nur angedeutet, Hauptaugenmerk wird auf die benutzten Datenspeicher, die Art der Datenverarbeitung und die Reihenfolge der Datenverarbeitung gelegt. Kontrollflüsse werden nicht dargestellt, die Datenflüsse selbst werden in dieser Form der Darstellung nicht näher beschrieben. Die Abbildung ist nur schwer hierarchisierbar und wird bei komplexeren Abläufen zunehmend unübersichtlicher.

Programmablaufpläne (PAP) stellen die Folge von Verarbeitungsschritten in ihrem Zeitablauf in Abhängigkeit der verfügbaren Daten dar.[82] Die „Black-Box" der Funktionen im DFP wird expliziert und die Einzeltransaktionen in frei wählbarem Detaillierungsgrad grafisch beschrieben. Der Fokus liegt auf dem Kontrollfluß. Die Verbindung zwischen den einzelnen Modellen wird durch numerierte Konnektoren ermöglicht, die sich nachteilig auf die Übersichtlichkeit auswirken. PAP werden vornehmlich zur Beschreibung komplexer Programmlogik und zur Programmdokumentation verwendet.[83] Für Zwecke der Informationsflußanalyse ist diese Methode ungeeignet, da sie nur den Kontrollfluß abbildet und zu stark auf die Programmablauflogik ausgerichtet ist.[84]

Beispiele für die in der DIN-Norm 66001 festgelegten Symbole in einem DFP und einem PAP sind in Abb. 3.12 dargestellt.

---

[78] Vgl. Schmidt (1997), S. 374, und die Darstellungen zum Datenverlaufsplan bei Nordsieck (1972), Anlage S. 34.
[79] DFP werden auch als Datenflußdiagramme oder Flow Charts bezeichnet und sind den Datenflußdiagrammen der Strukturierten Analyse sehr ähnlich. Vgl. Schmidt (1997), S. 374; Martin, McClure (1988), S. 220.
[80] Vgl. Martin, McClure (1988), S. 220.
[81] Vgl. Schmidt (1997), S. 374; Joschke (1980), S. 459.
[82] Vgl. Joschke (1980), S. 459.
[83] Vgl. Martin, McClure (1988), S. 220 f.
[84] Vgl. zur Kritik an PAP u. a. Scheer (EDV) (1990), S. 132 f.; Martin, McClure (1988), S. 221.

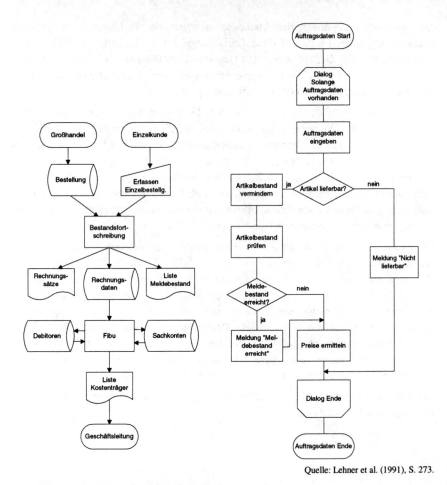

Quelle: Lehner et al. (1991), S. 273.

Abb. 3.12: Beispiele für DFP und PAP

3.3.3 Informationsflußmodelle i. e. S.

3.3.3.1 Einordnung

Eine umfassende Darstellungstechnik für Informationsflüsse stellen Informationsflußmodelle i. e. S.[85] dar, wie sie beispielsweise innerhalb der Architektur für integrierte Informationssysteme (ARIS)[86] verwendet werden. Informationsflußmodelle stellen nicht nur die Beziehung zwischen Funktionsbereichen dar, sondern eignen sich ebenfalls zur Darstellung von Interdependenzen zwischen Organisationseinheiten und Anwendungssystemen bzw. -modulen.[87] Sie sind in der ARIS-Architektur in die Ebene des Fachkonzepts der Steuerungssicht einzuordnen, die eine Verbindung der Daten-, Funktions- und Organisationssicht darstellt. Informationsflußmodelle werden auch als modellübergreifende Verdichtung von Prozeßmodellen bezeichnet und bilden demnach eine derivative Sicht in der ARIS-Architektur.[88] Im SAP R/3-Referenzmodell[89] wird die Informationsflußsicht deshalb als fünfte Sicht klassifiziert, welche additive Informationen zu den vier oben genannten Sichten darstellt. Zur Einordnung des Informationsflußmodells in die ARIS-Architektur vgl. Abb. 3.13.

Die gestrichelten Linien zwischen den Objekten der jeweiligen Sicht stellen die korrespondierenden Elemente der einzelnen Sichten heraus. So findet sich die Funktion „Rechnungskontrolle" des Funktionsmodells Rechnungsprüfung in der Steuerungssicht im Prozeßmodell und im Informationsflußmodell wieder. Die Verbindung zur Datensicht wird repräsentiert durch die Prozeßobjekte „Rechnung" und „Zahlung", die ihre Pendants in den Informationsobjekten (Datencluster Rechnung und Zahlung) im Datenmodell finden.[90]

In einem Prozeßmodell wird der Kontrollfluß (event flow) expliziert, der den zeitlich-sachlogischen Ablauf der Funktionen steuert. In einem Informationsflußmodell dagegen liegt der Fokus in erster Linie auf dem Daten- bzw. Informationsfluß (data flow), der die Schnittstelle zwischen den Funktionen repräsentiert.[91] Der Zeitpunkt des Informationsflusses und die Reihenfolge der Beteiligung der betrieblichen Funktionen bleibt unberücksichtigt. Daher dient das Informationsflußmodell „[...] in erster Linie der Erfassung der informationellen Beziehungen zwischen den betrieblichen Funktionen."[92]

---

[85] Im folgenden wird unter Informationsflußmodell ein Informationsflußmodell i. e. S. verstanden, vgl. Kap. 3.3.
[86] Vgl. Scheer (1992).
[87] Vgl. Becker, Schütte (1996), S. 59; Rosemann, Rotthowe, Schütte (1995), S. 27; Keller, Meinhardt (1994), S. 15.
[88] Vgl. Becker, Schütte (1996), S. 59; Kirsch (1995), S. 4-112 ff.; Rosemann (1996), S. 150.
[89] Vgl. Kap. 3.3.4.1.
[90] Vgl. dazu auch Hoffmann, Kirsch, Scheer (1993), S. 10.
[91] Vgl. Reinwald (1995), S. 27-32 und S. 74; Priemer (1995), S. 230 f.; Reinwald, Wedekind (1992), S. 77; Keller, Nüttgens, Scheer (1992), S. 1; Klein (1992), S. 115-118.
[92] Klein (1991), S. 49. Vgl. auch Jost (1993), S. 45 und S. 112.

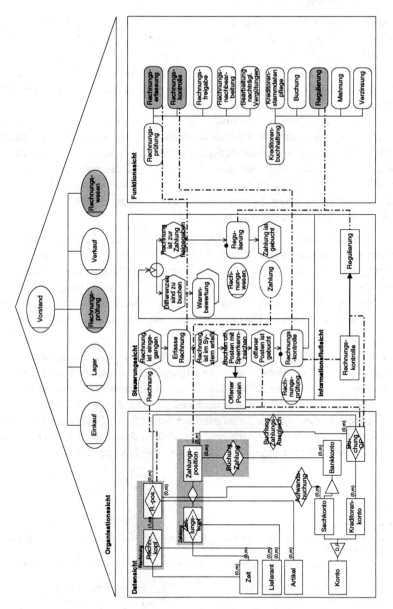

In Anlehnung an Rosemann (1995), S. 149.

Abb. 3.13: Einordnung in die ARIS-Architektur

Die Trennung zwischen Daten- und Kontrollfluß ist jedoch nicht immer eindeutig, da Kontrolldaten Teil der Nutzdaten sein können.[93] In einem Informationsflußmodell wird der Datenfluß dargestellt, der aus einem Kontrollfluß resultiert, wobei die Kontrolldaten wiederum Teil des Datenflusses sein können. In einer detaillierteren Analyse gilt es, im Informationsfluß die jeweilige Bedeutung der übertragenen Daten als Nutz- und Kontrolldaten darzustellen, um die unterschiedlichen Auswirkungen der Elemente des Informationsflusses explizieren zu können.[94]

3.3.3.2 Methoden zur Darstellung des Informationsflusses innerhalb der Steuerungssicht der ARIS-Architektur

Der Informationsfluß innerhalb der ARIS-Architektur läßt sich im Funktionszuordnungsdiagramm, im Prozeßmodell durch Erweiterung der Ereignisgesteuerten Prozeßkette (EPK)[95] und im Informationsflußdiagramm darstellen.[96]

Funktionszuordnungsdiagramm

Funktionszuordnungsdiagramme entsprechen im wesentlichen der Darstellung von Input-/Outputdiagrammen anderer Darstellungstechniken. Zu jeder einzelnen Funktion werden in einem gesonderten Informationsmodell die Input- und Outputdaten dargestellt (vgl. Abb. 3.14).

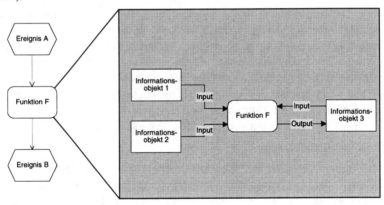

Abb. 3.14: Detaillierung einer EPK durch ein Funktionszuordnungsdiagramm

Informations-/Datenflußdarstellung in der erweiterten EPK

Eine weitere Möglichkeit der Darstellung des Informations- bzw. Datenflusses bietet sich durch Anreicherung des Prozeßmodells mit Elementen des Datenmodells als Input- und

---

[93] So auch Rosemann (1996), S. 13: „[...] Kontrolldaten [sind] die minimale Untermenge der Nutzdaten [...], die entlang eines Prozesses ausgetauscht werden".
[94] Vgl. Reinwald, Wedekind (1992), S. 76 f.
[95] Vgl. Keller, Nüttgens, Scheer (1992).
[96] Vgl. Kirsch (1995), S. 4.128-4.137.

Outputdaten einer Funktion (Nutzung der erweiterten EPK)[97] an. Die Input-/Outputdaten repräsentieren Informationsobjekte der Datensicht und können je nach Detaillierungsgrad des Prozeßmodells auf Ebene der Datencluster, der Entitäts-/Beziehungstypen oder auch der Attribute modelliert werden (vgl. dazu Abb. 3.15).

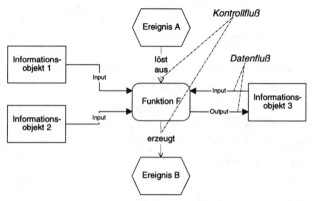

In Anlehnung an Scheer, Nüttgens, Zimmermann (1997), S. 5.

Abb. 3.15: Erweiterung der EPK um Input-/Outputdaten

In dieser Darstellung sind sowohl der Kontrollfluß (gestrichelte Linie) als auch der Nutzdatenfluß (horizontale, durchgezogene Kante) ersichtlich, allerdings auf der Ebene eines Prozesses. Je umfangreicher die Prozeßketten ausgestaltet sind und je mehr Varianten des modellierten Prozesses berücksichtigt werden, desto unübersichtlicher wird die Darstellung. Daher wird hier empfohlen, nur Ereignisse und Funktionen in der EPK zu modellieren und jede Funktion durch ein Funktionszuordnungsdiagramm zu detaillieren. Darin können neben den Input-/Outputbeziehungen weitere Verbindungen, z. B. die ausführende Organisationseinheit und der verwendete Anwendungssystemtyp, hinterlegt werden.

Informationsflußdiagramm

Im Informationsflußdiagramm[98] der ARIS-Architektur werden die Informationsflüsse zwischen je zwei Funktionen abgebildet. Der Informationsfluß kann mit einem ERM verknüpft werden, um die im Informationsfluß repräsentierten Informationsobjekte der Datensicht zu explizieren. In Abb. 3.16 ist ein solches Informationsflußdiagramm mit der Verbindung zum ERM angedeutet.

---

[97] Vgl. Scheer (1995), S. 53 f.; Hoffmann, Kirsch, Scheer (1993), S. 25.
[98] Der Begriff Informationsflußdiagramm wird von Kirsch (1995) als Synonym zum bereits beschriebenen Informationsflußmodell verwendet. Die Begriffe Informationsfluß und Datenfluß werden dort ebenfalls synonym benutzt.

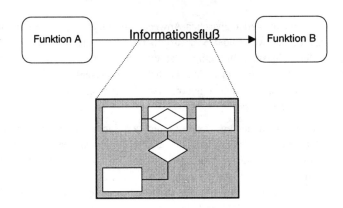

Abb. 3.16: Informationsflußdiagramm mit Verbindung zur Datensicht

Die Ausführungen zum Detaillierungsgrad bei der erweiterten EPK gelten analog.

3.3.4 Existierende Referenzinformationsflußmodelle

Informationsflußmodelle i. w. S. als Modelle zur Darstellung von Informationsbeziehungen zwischen Organisationseinheiten oder Unternehmensfunktionen sind in der Literatur in verschiedener Weise vorgestellt worden.[99] Einige dieser als Referenz bezeichneten Informationsmodelle werden im Anschluß an die Erläuterung des Begriffs *Referenzmodell* vorgestellt.

Die Verwendung des Begriffs *Referenzmodell* reicht von den eher techniknahen Standardisierungsbemühungen, z. B. der ISO[100], bis hin zu fachkonzeptnahen Branchenreferenzmodellen. „Unter einem Referenzmodell wird [...] ein Modell verstanden, das die im Hinblick auf eine spezifizierte Fragestellung wesentlichen Objekte sowie deren Eigenschaften und Zusammenhänge in einer Form beinhaltet, die soweit verallgemeinert ist, daß sie nicht auf die individuellen Besonderheiten eines Unternehmens zugeschnitten ist, sondern für eine Vielzahl ähnlicher Unternehmen Gültigkeit besitzt."[101] Zwei wesentliche Charakteristika von Referenzmodellen sind ihr Bezug zu den einzelnen betrieblichen Systemen und ihr Empfehlungscharakter.[102]

Referenzmodelle werden insbesondere eingesetzt zur Ableitung von unternehmensspezifischen Modellen für Zwecke der Organisations- und Informationssystemgestaltung, zur Sicherstellung der Datenintegrität von unternehmenseigenen Datenmodellen und zur

---

[99] Für eine Übersicht vgl. z. B. Jost (1994), S. 115 ff.
[100] Gemeint ist das ISO-OSI-Schichtenmodell der International Standardization Organization (ISO).
[101] Jost (1993), S. 12. Zu weiteren Definitionen des Begriffes Referenzmodell vgl. Schütte (1997), S. 51 ff.; Keller, Teufel (1997), S. 156; Aichele, Elsner, Thewes (1994), S. 254; Hars (1994), S. 12 ff.; Nonnenmacher (1994), S. 24.; Scheer et al. (1994), S. 289; Scheer, Hoffmann, Wein (1994).
[102] Vgl. ausführlich Schütte (1997), S. 51; Rosemann (1996), S. 34; Hars (1994), S. 15 f.; Scheer, Hoffmann, Wein (1994), S. 92.

Identifikation von Schnittstellen zwischen Anwendungsbereichen.[103] Dabei können Referenzmodelle als Vorlage verwendet oder für ein Benchmarking mit den unternehmensspezifischen Informationsmodellen eingesetzt werden. Referenzmodelle als eine spezifische Form von Informationsmodellen können in unterschiedlichen Ausprägungen klassifiziert werden, von denen hier nur die Art der Informationen und der verfolgte Zweck betrachtet werden sollen.[104]

Nach der Art der Informationen und den mit ihnen verfolgten Zwecken werden Referenzmodelle in Referenz-Organisationsmodelle und Referenz-Anwendungssystemmodelle eingeteilt.[105] Ein Referenz-Organisationsmodell in Form eines unternehmensweiten Datenmodells für die Industrie wurde von SCHEER[106], ein Funktions-Referenzmodell von MERTENS[107] vorgestellt. Referenz-Anwendungssystemmodelle werden vornehmlich von Softwareunternehmen wie der SAP AG als Ergänzung ihrer Anwendungssystembeschreibung und als Unterstützung für Einführungsprojekte propagiert.[108] Referenzmodelle, bei denen der Fokus auf den Datenaustauschbeziehungen zwischen Funktionsbereichen liegt, werden als Referenzinformationsflußmodelle bezeichnet.[109] Sie lassen sich unterscheiden in anwendungssystemspezifische (3.3.4.1) und anwendungssystemunabhängige, aber domänenspezifische Referenzinformationsflußmodelle für Industrieunternehmen (3.3.4.2) und Handelsunternehmen (3.3.4.3).

3.3.4.1 Anwendungssystemspezifische Referenzinformationsflußmodelle

Standardsoftwarehersteller sind in den letzten Jahren dazu übergegangen, neben textuellen Beschreibungen der Funktionalität ihrer Anwendungssysteme semi-formale Dokumentationen in Form von Informationsmodellen zur Verfügung zu stellen. Der Nutzen dieser Informationsmodelle liegt erstens in einer fundierteren Entscheidungsbasis im Rahmen der Eignungsuntersuchung von Standardsoftware für eine betriebliche Problemstellung, zweitens in der Unterstützung des Customizing-Prozesses, d. h. der Anpassung der Software auf die unternehmensindividuellen Anforderungen, und drittens in der Verwendung als Anwendungsdokumentation für die Schulung von Anwendern.[110] Eines der ersten softwarespezifischen Referenzmodelle wurde von der SAP AG für ihr System R/3 veröffentlicht.[111] Andere Hersteller, z. B. die Firmen Baan Deutschland GmbH, Ratioplan und die IDS Prof. Scheer GmbH, bieten ebenfalls Referenzmodelle für ihre

---

[103] Vgl. zu den Zielen und Nutzeffekten von Referenzmodellen Schütte (1997), S. 55 ff., der eine empirische Analyse zum Einsatz von Referenzmodellen durchgeführt hat. Vgl. auch Becker, Schütte (1996), S. 27 f.; Aichele, Elsner, Thewes (1994), S. 254; Hars (1994), S. 32 ff.

[104] Vgl. für eine ausführliche Auseinandersetzung mit der Klassifizierung von Referenz-Informationsmodellen Schütte (1997), S. 51 ff.

[105] Diese Einteilung wird z. B. von Schütte (1997), S. 46 f., vertreten.

[106] Vgl. Scheer (1995); Hars (1994); Scheer (1988).

[107] Vgl. Mertens (1995).

[108] Vgl. Keller, Meinhardt (1994); SAP (1994).

[109] Vgl. Jost (1993), S. 46 ff.

[110] Vgl. dazu Cox (1995); Rosemann, Rotthowe, Schütte (1995), S. 20 ff.; Rosemann, Rotthowe (1995); Loos, Scheer (1995); Scheer, Hoffmann, Wein (1994), S. 93 ff.

[111] Vgl. SAP (1994).

Softwareprodukte an.[112] Von diesen softwarespezifischen Referenzmodellen wird das R/3-Referenzmodell näher erläutert.

Mit dem R/3-Referenzmodell[113] stellt die SAP ein umfassendes informationelles Abbild des R/3-Anwendungssystems zur Verfügung. Neben den vier Sichten der ARIS-Architektur (Prozeß-, Funktions-, Daten-, Organisationssicht) wird als fünfte Sicht die Informationsflußsicht eingeführt. Datenstrukturen werden mit der Methode der SAP-SERM[114], Abläufe (Prozesse) in Ereignisgesteuerten Prozeßketten, Funktionen in Funktionsbäumen und Systemorganisationseinheiten in Systemorganigrammen modelliert. In Informationsflußmodellen wird darüber hinaus der Datenaustausch (Input/Output) zwischen Funktionsbereichen bis auf Entitätstypebene beschrieben. Ein beispielhaftes Informationsflußmodell des R/3-Referenzmodell ist in Abb. 3.17 dargestellt.

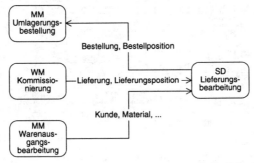

Quelle: Keller, Meinhardt (1994), S. 15.

Abb. 3.17: R/3-Anwendungsbeispiel der Informationsflußsicht

Aus der Systemdokumentation des R/3-Systems lassen sich die Informationsflüsse zwischen den Modulen des R/3-Systems in der Business Engineering Workbench[115] extrahieren. Abb. 3.18 zeigt exemplarisch die Informationsflüsse zum Modul Hauptbuchhaltung mit den betroffenen Business-Objekten, die durch die dahinterliegenden Entitätstypen (unten rechts) weiter detailliert werden können.

---

[112] Ein aktueller Überblick ist z. B. zu finden unter http://www.ids-scheer.de/.
[113] Vgl. SAP (1994); Keller, Meinhardt (1994), weitgehend identisch mit Keller, Meinhardt (BPR) (1994).
[114] SAP-SERM steht für die von SAP entwickelte Datenmodellierungsmethode, einer Erweiterung der von SINZ entworfenen SER-Modell-Methode. Seubert et al. (1995); Sinz (1993); Sinz (1990). Für einen Vergleich der Modellierungskonstrukte von SERM, SAP-SERM und dem klassischen ERM vgl. Becker, Schütte (1996), S. 31-46.
[115] Vgl. SAP R/3-System, Release 3.0c.

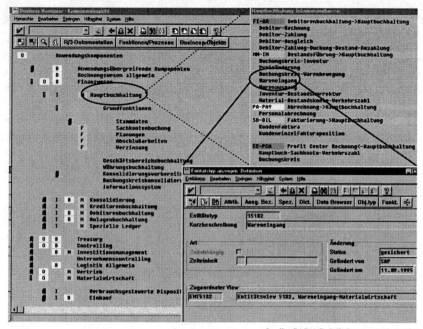

Quelle: SAP AG. R/3-System, Release 3.0c.

Abb. 3.18: Darstellung der Informationsflüsse im Business Navigator des R/3-Systems

Innerhalb des R/3-Vorgehensmodells werden Informationsflußdiagramme genutzt, um im Soll-Modell auf Funktionsbereichsebene die aus den Prozessen resultierenden Kommunikationsbeziehungen über die Organisationseinheiten hinweg transparent zu machen.[116]

Für die vorliegende Untersuchung eignet sich das R/3-Referenzmodell wegen seines methodischen Ansatzes, die inhaltliche Festlegung auf eine spezielle Anwendungssoftware wird hier jedoch nicht verfolgt.

3.3.4.2 Industriespezifische Referenzinformationsflußmodelle

Neben den softwarespezifischen Referenzmodellen wurden anwendungssystemunabhängige Ansätze der Interdependenzdarstellungen in verschiedenen betriebswirtschaftlich orientierten Forschungsprojekten benutzt, so z. B. im Kölner Integrationsmodell (KIM)[117], den CIM-Schnittstellen-Normungsaktivitäten des DEUTSCHEN INSTITUTS FÜR NORMUNG[118] und dem CIM-Integrationsmodell[119]. Innerhalb dieser Arbeiten wurden die Schnittstellen

---

[116] Vgl. Keller, Meinhardt (1994), S. 32.
[117] Vgl. Grochla et al. (1974).
[118] Vgl. DIN (Hrsg.) (1989); DIN (Hrsg.) (1987).
[119] Vgl. Becker (1991).

verbal und grafisch beschrieben. Der Fokus der Analysen lag dabei auf industriebetrieblichen Problemstellungen.

Kölner Integrationsmodell (KIM)

Ein Beispiel für ein reines Datenflußmodell bildet das *Kölner Integrationsmodell* (KIM), das Anfang der 70er Jahre am Betriebswirtschaftlichen Institut für Organisation und Automation an der Universität zu Köln (BIFOA) mit dem Ziel der Schaffung eines integrierten Gesamtmodells der Datenverarbeitungsaufgaben eines Industrieunternehmens entworfen wurde. Im Modell werden unter Verwendung der Darstellungstechnik der Blockschaltbilder[120] Beziehungen zwischen betrieblichen Aufgaben durch Kanäle (Schnittstellen) beschrieben, die sich ausschließlich auf Dateninhalte beziehen.[121] Die Aufgaben werden innerhalb des Modells allerdings nicht nach funktionalen Kriterien identifiziert, sondern den Aufgabentypen *kurzfristige Steuerungsaufgaben, Dokumentationsaufgaben* und *Verdichtungsaufgaben* gruppiert. Durch seinen Umfang und die Detailtreue - das gesamte Modell umfaßt 332 Einzelaufgaben, 1446 Kanäle (Datenflüsse) und 937 Konnektoren, die nicht hierarchisch untergliedert sind - wirkt das KIM sehr unübersichtlich und schwer lesbar. Eine gezielte Analyse der Schnittstellen eines Funktionsbereiches (Gruppe von Aufgaben) ist daher sehr umständlich.[122]

CIM-Schnittstellen

Das DEUTSCHE INSTITUT FÜR NORMUNG (DIN) geht in seinen Fachberichten 15, 20 und 21 zur Normung von *CIM-Schnittstellen* auf die Datenschnittstellen innerhalb und zwischen Unternehmensfunktionen ein. „Zielsetzung der Aktivitäten des DIN ist es, durch eine Spezifikation der einzelnen CIM-Schnittstellen und der Einordnung bereits bestehender Normen den Handlungsbedarf für weitere Entwicklungsaufgaben auf dem Gebiet der CIM-Normung abzuleiten."[123] Ausgehend von einem allgemeinen funktionalen Unternehmensmodell werden die Aufgabengebiete in Teilfunktionen untergliedert und die einzelnen Schnittstellen zwischen den Teilfunktionen in Tabellenform und grafischen Beschreibungen expliziert (vgl. Tab. 3.1). Die erste Zeile der Tabelle ist in folgender Weise zu lesen: Von Extern (Kunden) gehen Kundenaufträge und Rückfragen bei der Unternehmensfunktion Auftragsverwaltung und -überwachung ein. Nach der Bearbeitung werden von der Funktion an die externen Geschäftspartner Auftragsbestätigungen oder Antworten auf Rückfragen übermittelt.

---

[120] Vgl. Burschhardt (1968).
[121] Vgl. Grochla et al. (1974); zur Kritik am KIM vgl. z. B. Ferstl, Sinz (1994), 208 ff.; Marent (Referenzmodelle) (1995), S. 312; Becker (1991), S. 9 ff.; Köhl (1990), S. 27; Koreimann (1976), S. 125 ff.
[122] Vgl. Keller, Teufel (1997), S. 119 f.; Marent (Referenzmodelle) (1995), S. 312; Scholz-Reiter (1990), S. 113 f.
[123] Jost (1993), S. 116.

Von	Daten ▶	Funktion	Daten ▶	Nach
Extern PPS	Kundenauftrag, Rückfragen Kundenauftrags- fortschritt	Auftrags- verwaltung und -überwachung	Auftragsbestätigung Antworten auf Rückfragen Kundenaufträge / Liefertermine, Kurzfristiges Absatzprogramm Kundenauftrags- änderungen Terminänderungen	Extern PPS Extern, Entwickl. u. Konstr., PPS Extern, PPS
PPS Auftragsverwaltung und Überwachung Extern Versand	Fertigmeldungen Angebot Zahlungseingänge, Reklamationen Versandmeldung	Auftragsabschluß	Lieferbestätigung, Rechnung, Zahlungs- aufforderung Kundenrück- meldung	Extern, Auftrags- verwaltung und Überwachung Entwicklung u. Konstruktion, Qualitäts- sicherung
Produktions- ausführung Angebotserstellung	Lagerzugänge Reservierungen	Vertriebslager- verwaltung	Lagerabgänge Vertriebslager- bestände	Extern Angebotserstel- lung
Arbeitsplanung Extern	Versandstücklisten Verpackungsmaterial	Versand	Versandmeldungen	Extern, Auftragsabschluß

Quelle: Ausschnitt aus DIN (Hrsg.) (1987), S. 52.

Tab. 3.1: Tabellendarstellung der CIM-Schnittstellen Vertrieb

Ein Beispiel für die Nutzung dieser Schnittstellendarstellung wird bei HAUSMANN, KETTNER, SCHMIDT im Rahmen eines Planungsansatzes zur integrierten Informationsverarbeitung in der Produktion diskutiert.[124]

CIM-Integrationsmodell

BECKERS *CIM-Integrationsmodell* baut auf den CIM-Schnittstellen des DIN und dem CIM-Y-Modell von SCHEER[125] auf und detailliert die Interdependenzen sowie die Integrationskomponenten einer CIM-Architektur.[126] Gegenüber dem CIM-Y-Modell werden zusätzlich die Bereiche Rechnungswesen und Personalwirtschaft berücksichtigt und somit auch die Interdependenzen zu den betriebswirtschaftlich-administrativen Funktionsbereichen in die Betrachtung einbezogen, die bisher i. d. R. ausgeklammert wurden.

Die Informationsflüsse werden grafisch und textuell mit unterschiedlichen Detaillierungsgraden (Datencluster, Entitätstypgruppe, Entitätstypen, Attribute) beschrieben. Ein Beispiel eines Informationsflußmodells anhand des CIM-Integrationsmodells zeigt Abb. 3.19. Die gerichteten Kanten repräsentieren den Informationsaustausch zwischen den CIM-Funktionen, die gestrichelten Kanten die gemeinsame Nutzung von EDV-Modulen.

---

[124] Vgl. Hausmann, Kettner, Schmidt (1988), insbesondere Abbildung 8 auf S. 47.
[125] Vgl. Scheer (CIM) (1990).
[126] Vgl. Becker (1991), S. 14.

Die Detaillierungsstufe innerhalb der Informationsflußbeziehungen schwankt zwischen Datencluster-, Entitätstyp- und Attributtypebene. Eine Weiterentwicklung des CIM-Integrationsmodells stellte JOST vor, indem er das Referenzinformationsflußmodell in Teilbereichen inhaltlich erweiterte.[127]

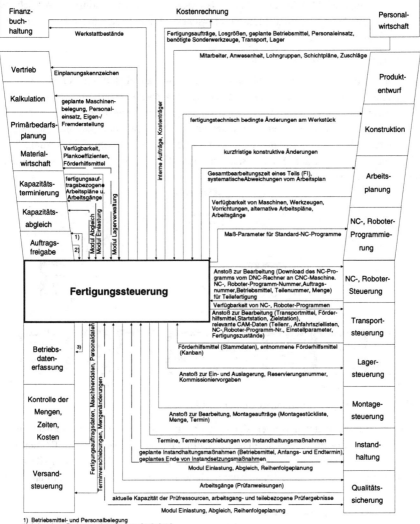

Quelle: Becker (1991), S. 106.

Abb. 3.19: Beispiel der Interdependenzen der Fertigungssteuerung

---

[127] Vgl. Jost (1993), S. 112-123.

3.3.4.3 Handelsspezifische Referenzinformationsflußmodelle

Der Betrachtungsbereich des Handels steht bisher hinter der Industrie in Bezug auf die Verfügbarkeit von Referenzmodellen deutlich zurück. Als Ansätze sind die von IBM entwickelte Retail Application Architecture (RAA)[128], die Standardisierungsbemühungen der Association for Retail Technology Standards (ARTS)[129], das am Institut für Wirtschaftsinformatik an der Universität Münster entwickelte Handelsreferenzmodell[130] und das Referenzdatenmodell von MARENT[131] zu nennen.

Retail Application Architecture (RAA)

Die von der IBM entwickelte Applikationsarchitektur Handel stellt ein Rahmenwerk für Informationssysteme im Handel dar und verfolgt den Zweck, Handelsunternehmen „[...] unabhängig von Größe, Art oder Warenangebot des Unternehmens [...]"[132] bei der Planung von Anwendungssystemen zu unterstützen. Die Anwendungsarchitektur baut auf der System Anwendungsarchitektur (SAA) und der CASE-Entwicklungsumgebung AD/Cycle[133] von IBM auf. Hauptbestandteile sind Funktions- und Datenmodelle eines Handelsunternehmens.

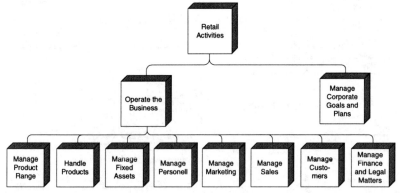

Quelle: Stecher (1993), S. 291.

Abb. 3.20: Die Geschäftsprozesse in der RAA

In den Funktionsmodellen werden die Abläufe innerhalb des Handelsunternehmens in sogenannten Auflösungsdiagrammen und Datenflußdiagrammen spezifiziert. Bei den Auflösungsdiagrammen handelt es sich um Funktionsdekompositionsdiagramme, in denen die identifizierten Prozesse[134] des Handelsunternehmens in einem Hierarchiebaum auf unter-

---

[128] Vgl. IBM (1994); Stecher (1993).
[129] Vgl. ARTS (1996); Ross (1996); dieselbe (ARTS) (1996); Fox (1995); Mader (1994).
[130] Vgl. Becker, Schütte (1996).
[131] Vgl. Hansen, Marent (1997); Marent (1995). Im Referenzmodell von MARENT steht die Datensicht im Vordergrund, daher wird auf eine detailliertere Beschreibung hier verzichtet.
[132] IBM (1994), S. 3.
[133] Vgl. dazu z. B. Winter, Maag (1990).
[134] STECHER verwendet die Begriffe Funktion (function), Handelsaktivitäten (retail activities) und Geschäftsprozesse (business processes) synonym, vgl. Stecher (1993), S. 289 ff.

schiedlichen Detaillierungsebenen dargestellt werden. Auf der obersten Ebene werden neun Geschäftsprozesse unterschieden, die wiederum in weitere drei Ebenen untergliedert werden (vgl. Abb. 3.20).

Die Datenflußdiagramme stellen den Informationsfluß zwischen je zwei der erwähnten Geschäftsprozesse durch Pfeile dar. Die Ebene der Darstellung bleibt jedoch sehr abstrakt.

Integriertes Datenmodell der Association for Retail Technology Standards (ARTS)

Die Association for Retail Technology Standards wurde von verschiedenen Handelsunternehmen, Industrieunternehmen und Softwareherstellern in Philadelphia Ende 1992 gegründet und umfaßt heute über 300 Mitglieder in den USA (60%), Europa (30%) und anderen Staaten.[135] Ziel von ARTS ist es, für Einzelhandelsunternehmen Standards für den Einsatz von Offenen Systemen und von Anwendungssoftware im Einzelhandelsoutlet zu vereinbaren. Ausgangspunkt der Überlegungen ist die Erstellung eines standardisierten Datenmodells, welches mittlerweile in einer umfangreichen, revidierten Form vorliegt. Darüber hinaus ist ein weiterer Themenschwerpunkt die Softwareversionsverwaltung innerhalb des filialisierenden Handelsunternehmens. Es werden Empfehlungen und Vorgehensweisen für das Management der verteilten Softwareapplikationen entwickelt.

Das ARTS Integrated Retail Store Data Model ist eine Darstellung der Funktionen und Daten eines Handelsunternehmens, und zwar in drei hierarchisch angeordneten Teilsichten auf der Ebene des Einzelhandelsgeschäftes:

- Auf der Ebene des *Business View Data Model* werden neben einem Funktionsdiagramm Datenflußdiagramme auf Geschäftsfeldebene eingesetzt, um ausgehend von einem Context Diagram, welches die Schnittstellen zu externen Geschäftspartnern aufzeigt, die Datenflüsse zwischen den einzelnen Funktionen innerhalb der Filiale und zwischen der Filiale und der Umwelt darzustellen. Auszüge aus diesem Modell sind in Abb. 3.21 und Abb. 3.22 dargestellt.

- Das *Detail View Logical Data Model* spezifiziert die Datenanforderungen aller Filial-Geschäftsprozesse auf logischer Ebene.

- Im *Near Physical Data Model* werden detaillierte Datendefinitionen, -beschreibungen, Typen und Größen der Point of Sale-Informationen in Form von Relationen zur Umsetzung in ein relationales Datenbanksystem dargestellt.

---

[135] Vgl. ARTS (1997).

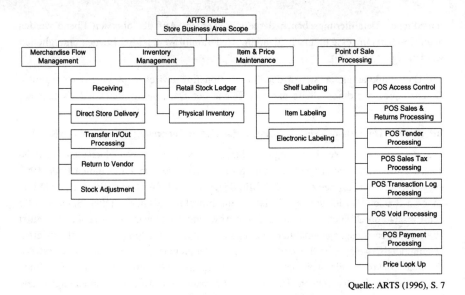

Quelle: ARTS (1996), S. 7

Abb. 3.21: Auszug aus dem Retail Store Business Area Functional Scope

Im integrierten Datenmodell der ARTS wird die Datensicht fokussiert und bisher hauptsächlich die Filialebene betrachtet. Geplant ist die Ausweitung auf die Ebene der Distributionszentren (Zentral-/Regionallager) und der Managementdaten.

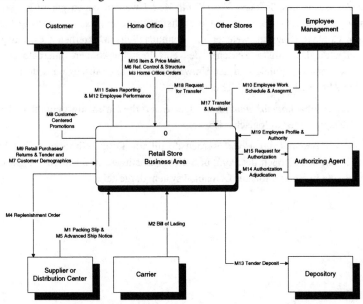

Quelle: ARTS (1996), S. 9

Abb. 3.22: Auszug aus dem Retail Store Business Area Context Data Flow Diagram

Handelsreferenzmodell von BECKER, SCHÜTTE[136]

Ausgehend von der entwickelten domänenspezifischen Architektur für Handelsinformationssysteme, dem Handels-H-Modell, werden die Geschäftsprozesses im Handelsreferenzmodell von mehrstufigen Handelsunternehmen in Funktions-, Daten- und Prozeßmodellen beschrieben. Zunächst gehen die Autoren auf die Strukturen von Handelsinformationssystemen ein, insbesondere die Organisations- und Artikelstrukturen. Anschließend werden der Beschaffungs- und der Distributionsprozeß in einzelne Funktionsbereiche unterteilt und diese umfassend beschrieben.

Die Interdependenzen zwischen den Funktionsbereichen werden durch Informationsflußmodelle grafisch dargestellt und durch textuelle Ergänzungen beschrieben. Jedoch bleibt die Darstellung auf der gleichen Ebene wie das vorgestellte CIM-Integrationsmodell für Industrieunternehmen (vgl. Abb. 3.23).

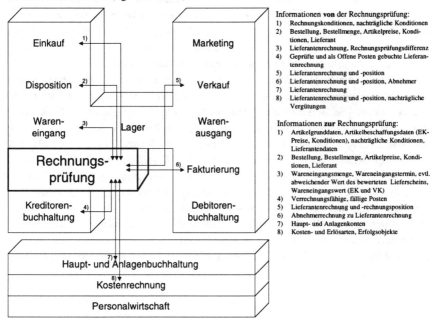

Quelle: Becker, Schütte (1996), S. 248.

Abb. 3.23: Informationsflußmodell Rechnungsprüfung des Handelsreferenzmodells

---

[136] Vgl. Becker, Schütte (1996).

3.4 Auswahl der verwendeten Methode

3.4.1 Gegenüberstellung der vorgestellten Methoden

Die Auswahl einer Methode für die Informationsflußanalyse setzt an den Einsatzschwerpunkten, die in dieser Arbeit verfolgt werden, und der Eignung einer Methode für die beschriebenen Zwecke der Informationsflußanalyse an. Bei der Beschreibung der einzelnen Methoden wurde bereits auf die Stärken und Schwächen der jeweiligen Darstellungstechnik eingegangen. In Tab. 3.2 und Tab. 3.3 werden die beschriebenen Ansätze nebeneinandergestellt. Als Kriterien werden dabei die im Hinblick auf die Informationsflußdarstellung relevanten Merkmale expliziert, im einzelnen:

Die *Beschreibungsebene* wird analog zur ARIS-Architektur mit abnehmender Nähe zur betriebswirtschaftlichen Problemstellung in Fachkonzept, DV-Konzept und Implementierungskonzept unterteilt.[137] Die *Beschreibungssicht* gibt Auskunft darüber, ob der Fokus der Darstellungsform eher auf den Daten, den Funktionen, den Prozessen oder den Datenflüssen liegt. Unter *Beschreibungsform* wird angegeben, welche Darstellungstechnik für die Datenflußdarstellung verwendet wird, unter dem Punkt *Strukturiertes Vorgehen* wird das Vorhandensein einer konkreten Vorgehensweise beurteilt, und das Merkmal *Sukzessive Verfeinerungsmöglichkeiten* gibt an, inwieweit sich die Diagramme hierarchisch gliedern lassen. Die Merkmale *Abbildung des Datenflusses* und *Abbildung des Kontrollflusses* erläutern die Möglichkeit der Darstellung von Nutz- und Kontrolldaten in der Methode. Eine Methode muß für die Zwecke der hier verfolgten Informationsflußanalyse in der Lage sein, beide Arten zu unterstützen. Der *Detaillierungsgrad* beschreibt den Grad der Aggregation bzw. Spezifikation der Daten. Der *Bezug zur DV-Technik* gibt Auskunft darüber, inwieweit in der Darstellung DV-orientierte Komponenten wie Dateien, Speichermedien und technische Kommunikationsmedien berücksichtigt werden bzw. notwendig sind. Die hauptsächlichen Anwender der Darstellungsform werden unter dem Merkmal der *Nutzergruppe* genannt, womit auch eine Aussage über die Einfachheit der Darstellung und der Verständlichkeit durch ungeübte Benutzer subsumiert werden kann.

---

[137] Vgl. Scheer (1992), S.16 ff.

Merkmal	BSP-Matrix	Aktivitätendiagramm aus SADT	HIPO-Diagramme	Use Cases	Datenflußdiagramme in SA
Beschreibungsebene	Fachkonzept	Fachkonzept, DV-Konzept	DV-Konzept	Fachkonzept	Fachkonzept, DV-Konzept
Beschreibungssicht	Daten und Prozesse	Daten und Funktionen	Funktionen	Objekte, Use Cases	Datenflüsse
Beschreibungsform	Matrix Datenklasse/ Geschäftsprozesse mit Datenentstehung und -verwendung	Aktivitätsmodell mit Ein- und Ausgabedaten, Datenmodell	Baumdiagramm als Strukturübersicht; E-V-A-Diagramm und Detaildiagramme	Use Case-Diagramme	DFD, Spezifikationen
Strukturiertes Vorgehen	12 Schritte	konkrete Richtlinien	einfache Regeln, Top-Down-Zerlegung	Top-Down	Top-Down
Sukzessive Verfeinerungsmöglichkeiten	nein	ja, Hierarchiediagramme	ja (aber nicht die Daten) Top-Down	ja	ja
Abbildung des Datenflusses	zwischen Modulen	pro Aktivität	pro Funktion	implizit	zwischen einzelnen Aktivitäten auf unterschiedlichen Ebenen
Abbildung des Kontrollflusses	nein	bedingt: im Aktivitätenmodell durch eingehende Steuerungsdaten	nein	nur in anderen Diagrammtypen (Aktivitätendiagramm)	nein, nur in der Erweiterung durch SA/RT
Detaillierungsgrad	gering; Datenklassen- und Geschäftsprozeßebene	beliebig	beliebig (nicht Daten)	beliebig	beliebig
Bezug zur DV-Technik	mittel	mittel bis hoch	hoch	gering bis mittel	mittel bis hoch
Nutzergruppe	Management, Systemanalytiker	Systemanalytiker	Anwender, Systemanalytiker	Anwender, Systemanalytiker	Anwender, Systemanalytiker

Tab. 3.2: Charakterisierung der informatik-orientierten Methoden

Merkmal	Matrixdiagramm	Kommunigramm	Datenflußplan	Programmablaufplan	Informationsfluß-modell i. e. S.
Beschreibungsebene	Betriebswirtschaftl. Problemstellung, Fachkonzept	Fachkonzept	DV-Konzept	Implementierungskonzept, DV-Konzept	Fachkonzept
Sichtweise	Unternehmensaufgaben, Organisationseinheiten	Organisationseinheiten, Funktionen	Funktionen	Daten	Informationsflüsse
Beschreibungsform	Matrix	Kommunikationsanalyse Diagramme (Dreiecksform, Kreisform)	DIN 66001	Programmablauflogik DIN 66001	hierarchisches Informationsflußdiagramm, Erläuterung durch Merkmale
Strukturiertes Vorgehen	gut strukturierte Vorgehensweise	konkrete Richtlinien, universell einsetzbar	einfache Regeln, leicht erlernbar, Top-Down-Zerlegung	einfache Regeln, leicht erlernbar, Top-Down-Zerlegung	Ableitung aus Daten- und Prozeßmodell möglich. Top-Down-Vorgehen
Sukzessive Verfeinerungsmöglichkeiten	nein	nein	möglich	möglich	ja Funktionsbereichs-/ Funktionsebene
Abbildung des Datenflusses	zwischen Org.-Einheiten	implizit durch Kommunikationsinhalt, informal	zwischen Datenverarbeitungsfunktionen	nein	zwischen Funktionsbereichen, zwischen Funktionen
Abbildung des Kontrollflusses	nein	nein	nein	ja	ja
Detaillierungsgrad	gering	mittel	hoch	hoch	beliebig
Bezug zur DV-Technik	gering	gering	hoch	hoch	mittel
Nutzergruppe	Organisator	Organisator	Anwender, Systemanalytiker	Systemanalytiker, Programmierer	Organisator, Anwender, Systemanalytiker

Tab. 3.3: Charakterisierung der betriebswirtschaftlich-orientierten Methoden

Aus den beschriebenen Methoden wird im Rahmen dieser Arbeit die Darstellungsform der *Informationsflußmodelle* aus folgenden Gründen bevorzugt.

- Darstellung des Daten- und Kontrollflusses.

Für die Informationsflußanalyse ist neben der Darstellung des Datenflusses die Abbildung des Kontrollflusses notwendig, da an den Schnittstellen zwischen den betrieblichen Subsystemen sowohl Nutz- als auch Kontrolldaten übertragen werden. Die Übergabe von Rechnungsdaten aus dem Funktionsbereich Rechnungsprüfung an den Funktionsbereich Kreditorenbuchhaltung hat zum einen die Verarbeitung der Rechnung als Buchung eines offenen Posten auf dem Kreditorenkonto zur Folge (Informationsobjekt Rechnung als Nutzdatum), zum anderen wird die Verarbeitung erst durch die Übergabe der geprüften Rechnung angestoßen (Informationsobjekt Rechnung als Kontroll-datum).[138] Der Datenfluß ist mit dem Kontrollfluß eng verbunden und sollte daher in der Betrachtung der Schnittstellen nicht fehlen. Die Mehrzahl der vorgestellten Methoden bilden entweder nur den Daten- oder nur den Kontrollfluß ab. So stellen Datenflußmodelle nur den Austausch von *Nutz-* bzw. *Produktions*daten zwischen Anwendungssystemen dar.[139] *Kontroll*daten, also die Daten zur Steuerung der auszuführenden Funktionen, werden nicht berücksichtigt.[140] Eine Verbindung der beiden Flußsichten - zum Beispiel durch die Einführung von Kontrollflußmodellen des SA/RT - ist mit der Problematik der Inkonsistenz und fehlenden Abstimmung zwischen den Sichten verbunden.

- Nähe zur betriebswirtschaftlichen Problemstellung.

Die Analyse der Interdependenzen von Funktionsbereichen ist nicht mehr nur Aufgabe eines Systemanalytikers der DV-Abteilung, sondern vielmehr auch im Bereich der Organisationsabteilung angesiedelt. Daher steht die fachkonzeptuelle Beschreibung auch von Sachverhalten, die sich nicht nur mit Anwendungssystemen beschäftigen, im Vordergrund. Die Umsetzung in eine DV-nahe Sprache/Darstellungstechnik ist erst ein nachgelagerter Schritt, der zum Zeitpunkt der Analyse nicht im Vordergrund steht.[141]

- Flexibilität.

Informationsflußmodelle sind flexibel im Umfang der Darstellung. Modelltypen wie Programmablaufpläne, Datenflußpläne, HIPO-Diagramme und DFD zwängen den Anwender in ein zu enges Korsett, was die Anzahl und Verwendung von dargestellten Elementen angeht.

---

[138] Vgl. für andere Beispiele Rosemann (1996), S. 13; Reinwald, Wedekind (1992), S. 76 f.
[139] So sind auch die Ausführungen von SCHOLZ-REITER zum Datenfluß zu interpretieren. Vgl. Scholz-Reiter (1991), S. 23.
[140] Vgl. Biethahn, Muksch, Ruf (1997), S. 363 ff.
[141] Zwischen Fach- und DV-Konzept herrscht heute noch oft ein methodischer Bruch, der nur schwer überwunden werden kann. Ansätze dazu sind durch die Forschungsaktivitäten zum Referenzmodell-basierten Customizing von Anwendungssystemen gegeben, dessen Ziel es ist, nach der Ableitung eines unternehmensspezifisch angepaßten Soll-Modells aus dem Referenzmodell die Einstellungen eines Anwendungssystems zu automatisieren. Vgl. Bold, Hoffmann, Scheer (1997); Scheer, Hoffmann, Wein (1994), S. 92 ff.; Scheer et al. (1994).

So spielt zum Beispiel die Ablage von Daten in Dateien, wie sie bei DFD, DFP und PAP vorgesehen sind, bei Informationsflußdiagrammen eine untergeordnete Rolle, da sie hauptsächlich auf die Interdependenzen zwischen den Funktionsbereichen abzielen, ohne zwingend auf die DV-technischen Restriktionen der Speicherung der auszutauschenden Informationen und Daten in Dateien oder Speichermedien einzugehen. Dem anderen Extrem, der reinen Darstellung von Beziehungen zwischen organisatorischen Einheiten, die bei der Matrixdarstellung und den Kommunigrammen betont werden, nähern sich Informationsflußmodelle ebenfalls an, da ihre Darstellungsform auch für eine eher organisationszentrierte Analyse nutzbar ist.

- Informationsflußmodelle eignen sich letztlich auch deshalb für die angegebenen Zwecke, da sie einfach erweiterbar sind, z. B. um Merkmale zur Beschreibung der Schnittstellen, wie sie in Kapitel 3.6 weiter detailliert werden. Darüber hinaus eignen sich Informationsflußmodelle als Basis für die Einsatzuntersuchung von Workflow-Management-Systemen, da durch sie „[...] Ansatzpunkte für die Unterstützung der Kontrollflüsse zwischen den Funktionsbereichen geschaffen werden."[142]

Für die verfolgten Zwecke der Dokumentation der Interdependenzen zwischen den Funktionsbereichen im Anwendungsfall der mehrstufigen Handelsunternehmen ist die Darstellungsform der Informationsflußmodelle i. e. S. daher hinreichend geeignet.

3.4.2 Darstellungsform und Metamodell der verwendeten Informationsflußmodelle

Das in dieser Arbeit verwendete Darstellungsmittel des Informationsflußmodells (IFM) entspricht im wesentlichen dem Informationsflußdiagramm aus der ARIS-Architektur. Um eine hierarchische Struktur in diesem Diagrammtyp abbilden zu können, wird die Beschränkung der bisherigen Darstellung (vgl. Abb. 3.16) auf den Informationsfluß zwischen je zwei Funktionen aufgehoben. Auf oberster Ebene (bezeichnet als Funktionsbereichsebene) wird der Informationsfluß zwischen zwei Funktionsbereichen beschrieben (vgl. dazu Abb. 3.24). Die Funktionsbereiche entsprechen den einzelnen Bereichen des Handels-H-Modells.[143] Der Informationsfluß zwischen den Funktionsbereichen wird durch eine Kante mit zwei Pfeilen dargestellt.

---

[142] Becker, Schütte (1996), S. 60. Vgl. auch Rosemann (1996), S. 151.
[143] Vgl. die Anordnung der Teilsysteme in der Architektur für Handelsinformationssysteme bei Becker, Schütte (1996), S. 11.

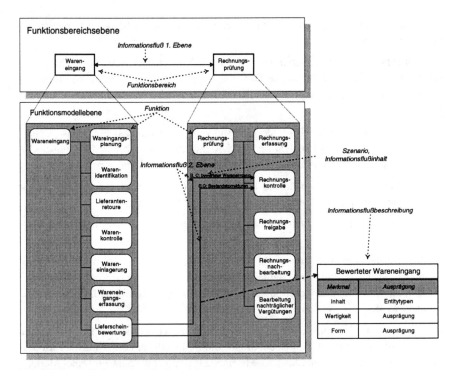

Abb. 3.24: Informationsflußmodell

Auf der 2. Ebene, der Funktionsmodellebene, werden die Funktionsmodelle des Handels-H-Modells herangezogen, die eine hierarchische Untergliederung der Funktionsbereiche darstellen. Die einzelnen Funktionen können wiederum weiter detailliert werden. Der Informationsfluß 2. Ebene kennzeichnet die Austauschbeziehungen zwischen zwei Funktionen, wobei der Fluß vom Sender zum Empfänger jeweils in einer separaten Kante dargestellt wird. Die Verbindung zur Datensicht wird auf dieser Stufe des Informationsaustauschs durch Angabe der Entitätstypen geschaffen. In Einzelfällen kann auch auf einzelne Attribute und Attributausprägungen verwiesen werden, wenn diese für die Weiterverarbeitung in der empfangenden Funktion steuernden Charakter haben. Bei dem Informationsfluß zwischen der Funktion Lieferscheinbewertung des Funktionsbereichs Wareneingang und der Funktion Rechnungskontrolle des Funktionsbereichs Rechnungsprüfung wird z. B. das Datencluster „bewerteter Lieferschein" übertragen (vgl. Abb. 3.24). In der einzelnen Instanz des Informationsobjekts „bewerteter Lieferschein" gibt ein Attribut über die abgeschlossene Bewertung Auskunft. Dieses Flag löst den Prozeß der Rechnungsprüfung aus. Das übergebene Datencluster enthält weitere Attribute, die dafür sorgen, daß diesem Lieferschein die dazugehörige Rechnung zugeordnet wird und die Rechnungskontrolle durchführbar ist.

Neben der grafischen Darstellung wird der Informationsfluß durch textuelle Beschreibungen erläutert. Zur Strukturierung dieser Beschreibung werden Merkmale verwendet, die durch verschiedene Ausprägungen differenziert sind (angedeutet durch die Tabelle rechts in der Abbildung). Die Merkmale selbst werden im nachfolgenden Kapitel 3.6 beschrieben.

Zusammenfassend kann konstatiert werden, daß die Verwendung dieser Darstellungsform des Informationsflußmodells für die Darstellung der Schnittstellen zwischen Funktionsbereichen und Organisationseinheiten folgende Vorteile gegenüber den anderen beschriebenen Methoden hat:

- Das Informationsflußmodell bildet eine sinnvolle Ergänzung zur Funktions-, Daten-, Prozeß- und Organisationssicht der ARIS-Architektur, da additive Informationen dargestellt werden können (Inhalt, Wertigkeit und Form des Informationsflusses).

- Gemeinsam mit den modellierten Prozeßketten können die Informationsflußmodelle den Kontroll- und den Datenfluß zwischen den Funktionen abbilden.

- Die Darstellungsweise ist intuitiv zugänglich, hierarchisch strukturierbar und leicht verständlich.

- Die Darstellungsweise ermöglicht sowohl eine funktions- als auch organisationsorientierte Darstellung der Interdependenzen, d. h. es können sowohl Schnittstellen zwischen Funktionsbereichen als auch zwischen organisatorischen Einheiten dargestellt werden.

Die verwendeten Elemente dieses Diagrammtyps lassen sich formal in einem Metamodell festlegen. Ein Metamodell „[...] ist ein Modell eines Modells, das die Syntax des Modellsystems beschreibt"[144]. Gegenstand des Metamodells ist nicht die Semantik eines Modells, sondern die Beschreibung seiner Elemente und die Beziehungen der Elemente zueinander. Metadatenmodelle beschreiben die Notation[145] der Darstellungsmittel des Modellsystems, Metaprozeßmodelle das Vorgehen bei der Modellierung.[146] Durch die Darstellung der Notationsregeln des Informationsflußmodells in einem Metamodell läßt sich die Syntax einer Modellinstanz überprüfen. Daneben wird durch das Metamodell der Vergleich mit Modellen möglich, die in einer anderen Notation modelliert wurden.[147]

Das Metamodell in ERM-Notation[148] für die Darstellungstechnik der Informationsflußmodelle zeigt Abb. 3.25.

---

[144] Schütte (1997), S. 53. Vgl. für andere Metamodelldefinitionen Ferstl, Sinz (1994), S. 86; Jost (1994), S. 91; Böhm, Fuchs, Pacher (1993), S. 143; Scheer (1992), S. 19. Eine ausführliche Darstellung unterschiedlicher Ansätze findet sich bei Strahringer (1996). Für eine ausführliche Diskussion des Modellbegriffs sei auf Schütte (1997), S. 27-44, verwiesen.

[145] Eine formale Notation ist durch Eindeutigkeit und festgelegte Ordnung gekennzeichnet. Vgl. Priemer (1995), S. 25.

[146] Vgl. Strahringer (1996), S. 10-14; Rosemann (1996), S. 37 f.

[147] Vgl. für verschiedene Metamodelle zu Modellierungsmethoden z. B. zur Mühlen (1996): Metamodelle zu den Methoden verschiedener Workflowmanagementsysteme; Rosemann (1996): Metamodell der EPK; Sinz (1995): Metamodelle zu SA, OMT, ARIS und SOM; Jost (1994), S. 92: Auszug aus dem Metamodell des ARIS-Toolset.

[148] Auf die Notation des Entity-Relationship-Modells (ERM) wird hier nicht gesondert eingegangen. Vgl. dazu Becker, Schütte (1996), S. 31 ff.

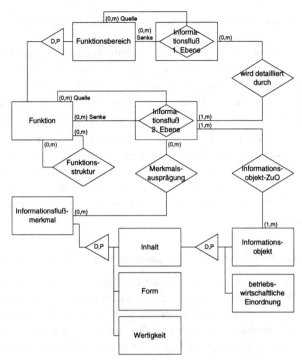

In Anlehnung an Jost (1993), S. 209.

Abb. 3.25: Metamodell des Informationsflußmodells

Informationsflußmodelle als Ergänzung zu Prozeß-, Funktions- und Datenmodellen setzen auf der Ebene der *Funktionsbereiche* der Unternehmung an. Der Entitätstyp *Funktionsbereich* steht mit keinem oder mehreren anderen Funktionsbereichen in Beziehung, expliziert durch die Kardinalität (0,m):(0,m).[149] Diese Beziehung wird im Metamodell durch einen Beziehungstypen dargestellt und repräsentiert den *Informationsfluß*, welcher im Informationsflußmodell als gerichtete Kante abgebildet wird. Die Spitze eines Pfeils zeigt dabei auf die Informationssenke (vgl. Abb. 3.24). Der Informationsfluß ist auf dieser Ebene auf einem hohen Abstraktionsniveau beschrieben, weshalb hier die Bezeichnung *Informationsfluß 1. Ebene* gewählt wird. Die Informationsflußmodelle des Handelsreferenzmodells von BECKER, SCHÜTTE bedienen sich dieser Beschreibungsebene.

Eine *Funktion* ist generell auf jeder Hierarchieebene angesiedelt, sie wird verwaltet in einer *Funktionsstruktur*.[150] Ein Funktionsbereich ist eine mögliche Spezialisierung einer *Funktion*, die hier verwendet wird, um die Bedeutung eines Funktionsbereiches als oberster Knoten einer Baumstruktur hervorzuheben. Eine Funktion eines Funktionsbereichs weist eine Beziehung zu einer Funktion desselben oder eines anderen Funktions-

---

[149] Die (min,max)-Notation der Kardinalitäten geht auf Schlageter, Stucky (1983), S. 50 f., zurück.
[150] Es wird hier die Verwendung einer Struktur gegenüber der Hierarchie vorgezogen, da dieselbe Funktion mehreren übergeordneten Funktionen zugeordnet sein kann. Vgl. dazu Scheer (1990), S. 67.

bereichs auf, im Metamodell ausgedrückt durch den Beziehungstyp *Informationsfluß 2. Ebene.*

Der Informationsfluß auf dieser Ebene wird ebenfalls durch eine gerichtete Kante repräsentiert und besteht - je nach Modellierungsgenauigkeit - aus Datenclustern, Entitätstypen, Beziehungstypen oder Attributen, die in der jeweils anderen Funktion benötigt werden (dargestellt durch die Beziehung *Informationsobjekt-ZuO* zum Entitätstyp *Informationsobjekt).*[151]

Ein Informationsfluß kann durch verschiedene *Merkmale* näher erläutert werden, die in die Merkmale *Inhalt, Form, Wertigkeit* und *Integrationsart* spezialisiert werden. Diese Beziehung wird durch den Beziehungstyp *Merkmalsausprägungen* dargestellt. Die Verbindung des Informationsflusses zur Datensicht wird über den Beziehungstypen *Informationsobjekt-ZuO* gewährleistet. Die Merkmale und ihre Ausprägungen werden im Kapitel 3.6 erläutert.

3.5 Ableitung der Informationsflüsse aus dem Handels-Referenzmodell

Die Interdependenzen zwischen den Funktionsbereichen zur Analyse der Informationsflüsse lassen sich auf verschiedene Art und Weise bestimmen. Bezüglich der vielfältigen Möglichkeiten der Datenerhebung durch mündliche oder schriftliche Befragungen, Beobachtung, Dokumentationsanalyse usw. sei auf die einschlägige Literatur verwiesen.[152] Für die Informationsflußanalyse bietet sich des weiteren die Analyse von Referenzmodellen wie das Handelsreferenzmodell von BECKER, SCHÜTTE an. Als Ausgangspunkt für die Analyse können zum einen die Informationsflußmodelle, zum anderen aber auch die Daten- und Prozeßmodelle dienen, die gezielt auf die Schnittstellen zwischen den Funktionsbereichen untersucht werden.

3.5.1 Ableitung aus den Informationsflußmodellen

Die Informationsflußmodelle des Handelsreferenzmodells stellen die Interdependenzen zwischen den Funktionsbereichen dar. Aus ihnen lassen sich die in Kap. 4.2 diskutierten Informationsflüsse ableiten und für die gewählten Szenarios detaillieren. Dabei gilt es, die Ausführungen in den Informationsflußmodellen des Handelsreferenzmodells in zwei Richtungen zu erweitern. Zum einen werden in den Informationsflußmodellen des Handelsreferenzmodells nur die Interdependenzen zwischen den Funktionsbereichen, nicht aber zwischen den einzelnen Funktionen betrachtet. Daher ist ein Ziel die Detaillierung der Informationsflüsse auf die Informationsaustauschbeziehungen einzelner Funktionen innerhalb eines Funktionsbereiches und zwischen zwei Funktionsbereichen. Zum anderen wird die detaillierte Betrachtungsweise auch auf die Dimension der inner- und

---

[151] Vgl. dazu auch Klein (1990), S. 11.
[152] Vgl. zu verschiedenen Erhebungstechniken z. B. Schmidt (1997), S. 153-201; Bühner (1996), S. 35-40; Lehner et al. (1993), S. 248-264; Frank, Konen (1991), S. 89 ff.

zwischenbetrieblichen Integration, also die Interdependenzen zwischen dezentraler Einheit und Zentrale, ausgeweitet.[153]

3.5.2 Ableitung der Informationsflüsse aus den Datenmodellen

Informationsflüsse lassen sich aus den bestehenden Datenmodellen des Handelsreferenzmodells in Verbindung mit der Prozeßobjektbetrachtung ableiten. Ein Prozeß, definiert als die inhaltlich abgeschlossene, zeitliche und sachlogische Abfolge von Funktionen, besitzt ein ihn prägendes betriebswirtschaftlich relevantes Objekt, das als Prozeßobjekt bezeichnet wird.[154] Das Prozeßobjekt kann materieller (Rohstoff, Artikel) oder informationeller Art (Auftrag, Bestellung, Rechnung) sein. Die strukturellen Aspekte informationeller Prozeßobjekte werden in der Datensicht der ARIS-Architektur als Informationsobjekte, bestehend aus Datenclustern, Entitätstypen und Attributen, die dynamischen Aspekte innerhalb der Prozeßsicht abgebildet.[155] Ein Beispiel für den Bezug zwischen einem Prozeßobjekt des Prozeßmodells und einem Informationsobjekt des Datenmodells zeigt Abb. 3.26.

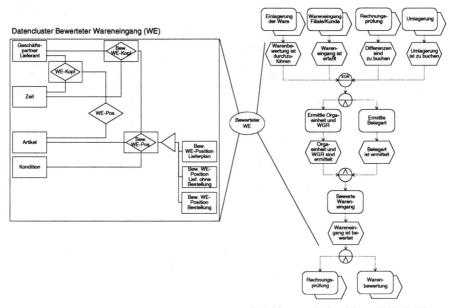

In Anlehnung an Becker, Schütte (1997), S. 442.

Abb. 3.26: Verbindung der Datensicht (Struktur) und der Prozeßsicht (Verhalten) durch das Prozeßobjekt

---

[153] Vgl. dazu ausführlicher Kap. 4.1.
[154] Vgl. Becker, Vossen (1996), S. 19; Rosemann (1996), S. 9.
[155] Vgl. Schütte (1997), S. 174 ff.; Becker, Schütte (1997), S. 441 ff.

Jedem Prozeß des Handels-H-Modells liegt ein prozeßprägendes Objekt zugrunde, das in der Datensicht durch entsprechende Informationsobjekte repräsentiert wird. Ordnet man nun die Informationsobjekte in das Handels-H-Modell ein, lassen sich bereits aus der Lage der Prozeßobjekte und den Beziehungen innerhalb des Datenmodells Schnittstellen zwischen den Prozeßobjekten und damit auch zwischen den für die Bearbeitung der Prozeßobjekte relevanten Prozessen bzw. Funktionsbereichen erkennen.

Zur Verdeutlichung soll die in Abb. 3.27 dargestellte Struktur dienen. In das Handels-H-Modell ist das Datenmodell des Beschaffungsprozesses in der Weise angeordnet, daß die Prozeßobjekte Artikel, Bestellung, Wareneingang, Rechnung und Zahlung im dazugehörigen Funktionsbereich erkennbar sind. Dadurch werden für den Betrachter unmittelbar die notwendigen Interdependenzen zwischen den Funktionsbereichen durch die Datenstrukturen deutlich.[156]

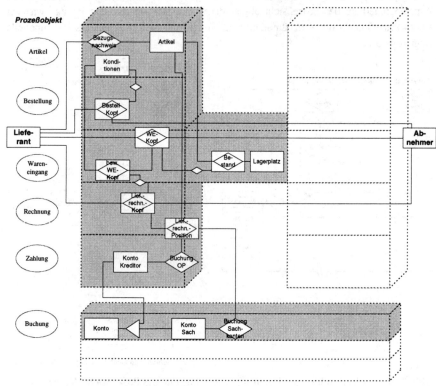

Abb. 3.27: Beziehungen der Informationsobjekte im Handels-H-Modell[157]

---

[156] Vgl. dazu auch die Ausführungen von Ortner (1991), S. 271 f.

[157] Die Entitäts- und Beziehungstypen sind den Datenmodellen in Becker, Schütte (1996) entnommen. Auf die Darstellung des Entitätstyps Zeit wurde aus Vereinfachungsgründen verzichtet. Der Abnehmer geht in die Beziehungstypen mit ein, da die Bestellung, der Wareneingang und die Rechnung für einen Abnehmer (Filiale, Zentrallager, externer Kunde) erstellt werden.

3.5.3 Ableitung aus dem Prozeßmodell

Prozeßmodelle stellen die Verbindung zwischen Daten, Funktionen und Organisationseinheiten dar (*Wer* macht *was* mit *welchen Daten?*)[158]. In ihnen wird die logische Abfolge der Funktionen und der den Ablauf steuernde Kontrollfluß dargestellt. Die Prozeßgrenzen bilden implizite Schnittstellen zu den nachfolgenden Prozessen und sind deshalb prädestiniert für die Ableitung von Informationsflüssen.[159] Im Prozeßmodell erfolgt die Umsetzung der Hierarchisierung und Zerlegung von Prozeßmodellen in der Notation der EPK durch sogenannte Prozeßwegweiser bzw. Prozeßschnittstellen, die den Kontrollfluß zum sich anschließenden Prozeß repräsentieren.[160] Um die Navigation in den Prozeßmodellen zu erleichtern, werden die Prozeßwegweiser und die triggernden Ereignisse im nachfolgenden Prozeß an den Anfang gesetzt (vgl. Abb. 3.28).[161] Prozeß A endet mit Ereignis b und stößt damit den Prozeß B an. Die Funktion 2 des Prozesses B wird allerdings erst ausgeführt, wenn das Ereignis c aus Prozeß C ebenfalls eingetreten ist.

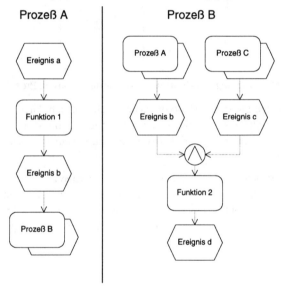

Abb. 3.28: Prozeßwegweiser in der EPK

Den Prozeßwegweisern ist der Informationsfluß zwischen den Prozessen nicht direkt zu entnehmen, da Informationen zwischen den Funktionen fließen und nicht zwischen dem Endereignis, welches auf die letzte Funktion des einen Prozesses folgt, und dem iden-

---

[158] Vgl. Hoffmann, Kirsch, Scheer (1993), S. 2.
[159] Vgl. Klein (1991), S. 54.
[160] Vgl. dazu die Vorschläge zur Verwendung des Symbols *Prozeßschnittstelle* bzw. *Prozeßwegweiser* im Rahmen der Grundsätze ordnungsmäßiger Modellierung (GoM), die für die EPK-Methode expliziert werden, Becker, Schütte (1996), S. 86 ff.; anders jedoch bei Rosemann (1996), S. 213 f. Vgl. allgemein zu den GoM Schütte (1997), S. 84-129; Becker, Rosemann, Schütte (1995); Becker (Strukturanalogien) (1995), S. 146 ff.
[161] Vgl. dazu insbesondere die umfangreichen Prozeßmodelle in Becker, Schütte (1996).

tischen Ausgangsereignis für die erste Funktion des nachfolgenden Prozesses (vgl. Abb. 3.29 a)). Der Informationsfluß müßte konsequenterweise zwischen der letzten Funktion von Prozeß A und der ersten Funktion von Prozeß B modelliert werden (vgl. Abb. 3.29 b)).

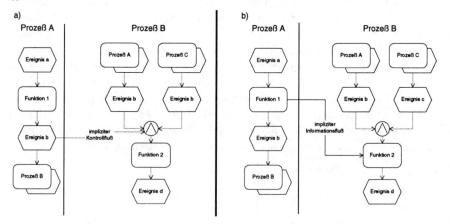

Abb. 3.29: Modellierung des Kontroll-/Informationsflusses an Prozeßübergängen

Der Geschäftsprozeß Lager im Handelsreferenzmodell läßt sich durch Dekomposition in einzelne Prozesse unterteilen, welche orthogonal zu den Funktionsbereichen des Handels-H-Modells stehen. Dadurch ergeben sich zwischen den Funktionsbereichen Schnittstellen auf Prozeßebene.

Um die Informationsflüsse zwischen den Funktionsbereichen zu analysieren, können die Prozeßmodelle an ihren Prozeßwegweisern untersucht werden und die Informationsflüsse zwischen der letzten Funktion des einen Prozesses und der ersten Funktion(en) der oder des folgenden Prozesse(s) abgeleitet werden, wie das in Abb. 3.30 beispielhaft dargestellt ist.[162]

---

[162] Die folgenden Prozeßmodelle sind Becker, Schütte (1996) entnommen. Für die Zwecke der besseren Darstellbarkeit wurden sie auf die wesentlichen Inhalte verkürzt.

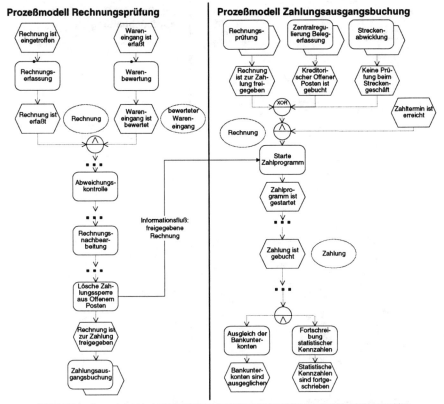

In Anlehnung an Becker, Schütte (1996), S. 240 und 258.

Abb. 3.30: Explikation des Informationsflusses zwischen dem Prozeß Rechnungsprüfung und dem Prozeß Zahlungsausgangsbuchung

Der Prozeß Rechnungsprüfung endet mit der Funktion „Lösche Zahlungssperre aus Offenem Posten", die auf das Prozeßobjekt (PO) „Rechnung" wirkt. Es schließt sich der Prozeß Zahlungsausgangsbuchung des Funktionsbereichs Kreditorenbuchhaltung an. Durch die ausschließliche Betrachtung der Prozeßmodelle läßt sich der Informationsfluß des PO Rechnung nicht erkennen. Erst durch die Modellierung der Input- und Outputdaten würde der Informationsfluß deutlich.

In anderen Modellen wird der Informationsfluß aus den Prozeßmodellen nicht ersichtlich, insbesondere dann, wenn nicht alle Prozeßwegweiser vorliegen (vgl. Abb. 3.31).

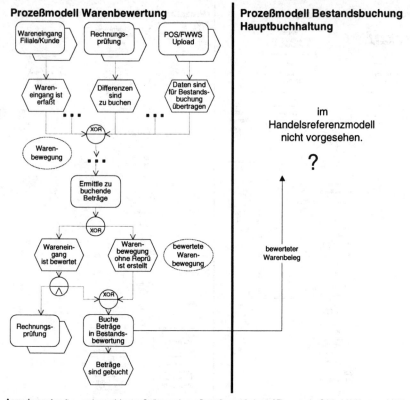

Anmerkung: An mit ... gekennzeichneten Stellen wurde aus Darstellungsgründen auf Elemente der Originalabbildung verzichtet.

In Anlehnung an Becker, Schütte (1996), S. 226.

Abb. 3.31: Explikation des Informationsflusses zwischen dem Prozeß Warenbewertung und dem Prozeß Bestandsbuchung

Nach der Buchung der Warenbewegung mit dem Ereignis „Beträge sind gebucht" schließt sich bei einer direkten Schnittstelle zum Rechnungswesen die Buchung des Warenzugangs in der Hauptbuchhaltung an. Diese Schnittstelle wird in dem dargestellten Prozeßmodell nicht ersichtlich. Der für den skizzierten Anwendungsfall notwendige Informationsfluß ist aus dem Prozeßmodell nicht ableitbar.

Ein weiterer denkbarer Fall ist die Darstellung einer Schnittstelle, die durch den Einsatz eines integrierten Systems überwunden wurde. Ein Beispiel dazu liefert der Prozeß Rechnungserfassung (vgl. Abb. 3.32) des Handelsreferenzmodells.

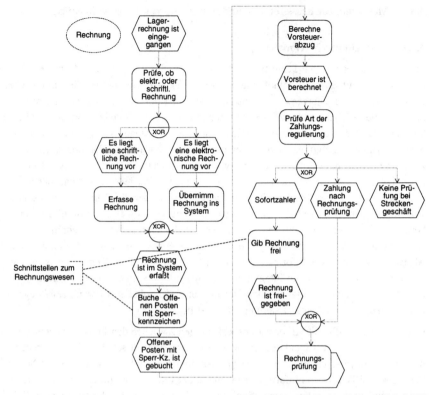

In Anlehnung an Becker, Schütte (1996), S. 238.

Abb. 3.32: Prozeßmodell Rechnungserfassung

Durch die Funktion „Buche Offenen Posten mit Sperrkennzeichen" wird zum einen im Warenwirtschaftssystem auf dem Lieferantenkonto die Eingangsrechnung gebucht, zum anderen aber auch in der Kreditorenbuchhaltung ein offener Posten auf dem Kreditorenkonto erzeugt. Gleiches gilt für die Funktion „Gib Rechnung frei", bei der das Sperrkennzeichen des Rechnungssatzes geändert wird. Bei Einsatz eines integrierten Systems für die Funktionsbereiche Rechnungsprüfung und Kreditorenbuchhaltung ist tatsächlich nur eine Buchung auf einem Konto vorzunehmen. Demgegenüber liegt bei getrennten Anwendungssystemen in der Rechnungsprüfung und der Buchhaltung an dieser Stelle eine Schnittstelle vor, über welche die Rechnung als offener Posten an die Kreditorenbuchhaltung übergeben wird. Dieser Tatbestand ist aus dem Prozeßmodell nur schwer abzuleiten, es ist zusätzlich das Informationsflußmodell heranzuziehen.

3.6 Merkmale zur Klassifikation und Bewertung von Informationsflüssen

3.6.1 Auswahl von Merkmalen

Für eine innerbetriebliche Schnittstellengestaltung ist die Analyse der Informationsflüsse über die rein aufbau- und ablauforganisatorische Sicht hinaus notwendig, da die überblicksartigen Darstellungen, z. B. die Informationsflußmodelle des Handelsreferenzmodells, spezielle Eigenschaften von Informationsflüssen nicht adäquat veranschaulichen können. Beispielsweise sagt der Informationsfluß „Kassenumsätze" vom Funktionsbereich Warenausgang/Fakturierung der dezentralen Einheit zur Hauptbuchhaltung der Zentrale noch nichts über die Aggregationsebene der Daten oder den Zeitpunkt und die Periodizität des Austauschs aus. Diese Ausprägungen sind jedoch für eine nähere Beschreibung der Informationsbeziehung notwendig, da sie für die Schnittstellengestaltung von entscheidender Bedeutung sein können. Als Beispiel sei hier der Einfluß der Häufigkeit des Auftretens eines Informationsflusses auf die Gestaltung der Schnittstelle zwischen zwei Funktionsbereichen genannt. Bei einem nur unregelmäßig und in großen Abständen auftretenden Informationsfluß wird ggf. davon abgesehen, eine organisatorische Schnittstelle durch die Integration der Anwendungssysteme zu überwinden, da die DV-Unterstützung der Tätigkeit unter Umständen einen höheren Aufwand zur Pflege der Daten erzeugt als die Automatisierung Nutzen stiftet.[163]

Um die Eigenschaften der Informationsbeziehungen zwischen den Funktionsbereichen zu analysieren, sind zur Charakterisierung der Informationsflüsse „[...] klar abgrenzbare Kriterien nötig, die es erlauben, den Informationsstrom vollständig zu beschreiben."[164] Für die Klassifikation von Informationen sind in der Literatur aufgrund der Vielschichtigkeit der Eigenschaften von Informationen viele Kriterien und Merkmale bekannt.[165] Die Auswahl und Zusammensetzung der Kriterien aus dieser Menge sollte eine möglichst umfassende und relevante Aussage über Art, Inhalt, Form und Ausprägung des Informationsflusses zulassen und auf die Zwecke der Informationsflußanalyse ausgerichtet sein.[166]

Zudem sollten die Kriterien bzw. Merkmale bewertbar sein, d. h. Kardinalskalen (Intervall- oder Verhältnisskalen) sind für die Bewertung von Ausprägungen zu bevorzugen.[167] In den Fällen, in denen keine Kardinalskala verwendet werden kann, ist zumindest eine Ordinalskala anzusetzen, um anhand der Ausprägung eine ordnende Reihenfolge der Alternativen zu ermöglichen. Aus der Forderung nach einer Bewertbarkeit der Merkmale folgt der zur umfassenden Beschreibung umgekehrte Schluß, daß die Anzahl der

---

[163] Vgl. dazu Mertens (1995), S. 10.
[164] Wildemann (1995), S. 263.
[165] Vgl. zu verschiedenen Merkmalen Wildemann (1995), S. 261 ff.; Böhm, Fuchs, Pacher (1993), S. 221; Jost (1993), S. 168 ff. und S. 218 f.; Klein (1991), S. 54; Becker (1991), S. 23 ff.; Treuling (1990), S. 3 ff.; Sonnenschein (1989), S. 32 ff.; Hausmann, Kettner, Schmidt (1988), S. 41-53; Trommsdorff, Fielitz, Hormuth (1988), S. 182 f.; Schreuder, Upmann (1988), S. 23 ff.; Scheer (1984), S. 65 ff. Siehe auch die Kriterien zur Charakterisierung des Informationsflusses innerhalb der Kommunikations-Struktur-Analyse bei Feiten, Hoyer, Kölzer (1987), S. 143 ff., insbesondere S. 150.
[166] Vgl. Wildemann (1995), S. 263.
[167] Vgl. Zangemeister (1976), S. 156 ff.

Kriterien möglichst gering zu halten ist, um eine Bewertung wirtschaftlich zu gestalten. Bei einer hohen Anzahl an Elementen wächst die Ergebnismatrix stark an, die Erfassung der Elemente wird aufwendiger.[168]

Für den Anwendungsbereich dieser Arbeit, die Analyse der Interdependenzen zwischen den Funktionsbereichen mehrstufiger Handelsunternehmen, insbesondere der Informationsflüsse zwischen Funktionen der Warenwirtschaft und des Rechnungswesens, werden als Merkmalsklassen der *Inhalt*, die *Wertigkeit* und die *Form* eines Informationsflusses unterschieden (vgl. Abb. 3.33). In anderen Untersuchungen können ggf. andere Merkmale zur Analyse heranzuziehen sein.

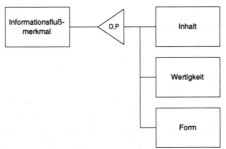

Abb. 3.33: Spezialisierung der Informationsflußmerkmale

Die einzelnen Spezialisierungen und ihre möglichen Merkmalsausprägungen werden im folgenden erläutert und ihre Ausprägungen bezogen auf den Betrachtungsbereich dieser Arbeit jeweils in einer Tabelle zusammengefaßt.

3.6.2 Inhalt des Informationsflusses

Der Inhalt des Informationsflusses beschreibt, welche Daten und Informationen an einer Schnittstelle von welchem Sender an welchen Empfänger aus welchen Gründen (Ursache, Auslöser) übertragen werden. Zur Beschreibung des Inhaltes ist neben einer Kurzbeschreibung die betriebswirtschaftliche Einordnung des Datentransfers zu zählen, die in textueller Form die Rolle des Informationsflusses im Prozeßablauf darstellt.[169]

Anschließend wird darauf eingegangen, aus welchen Datenclustern, Entitätstypen und Attributen sich die übertragenen Elemente zusammensetzen, soweit sie für die Gestaltung der Schnittstelle von Bedeutung sind. Weiterhin ist zu unterscheiden, welche Entitätstypen oder Attribute des Informationsflusses als Kontrolldaten fungieren und insofern ablaufsteuernd sind bzw. als Nutzdaten in die Bearbeitung der empfangenden Funktion eingehen. Diese Unterscheidung kann z. B. dazu genutzt werden, um zu einem späteren Zeitpunkt Aufschluß über die Eignung einer Schnittstelle für die Unterstützung durch ein Workflow-Management-System zu gewinnen.

---

[168] Vgl. Treuling (1990), S. 3.
[169] Vgl. dazu z. B. Böhm, Fuchs, Pacher (1993), S. 221.

Inhalt	Ausprägungen
Kurzbeschreibung	Bezeichnung, Reichweite (WWS-intern, WWS-RW, RW-intern)[170]
Sender, Empfänger	Funktion a des Funktionsbereichs A, Funktion b des Funktionsbereichs B
Auslöser (Grund, Ereignis)	Textuelle Beschreibung
betriebswirtschaftliche Einordnung	Textuelle Beschreibung
Bestandteile	Datencluster, Entitätstypen, Attribute
Eigenschaft der Daten	Kontroll- und Nutzdatenelemente des Informationsflusses

Tab. 3.4: Ausprägungen des Merkmals Informationsflußinhalt

3.6.3 Wertigkeit des Informationsflusses

Die Informationswertigkeit eines Informationsflusses sagt etwas über die Bedeutung des Datenaustauschs für die beteiligten Funktionen aus, wobei die Bedeutung für Sender und Empfänger unterschiedlich sein kann.

Für die Bewertung des Informationsflusses im Hinblick auf das Ziel der Integration läßt sich generell konstatieren: Je höher die Informationswertigkeit, desto wichtiger ist die Integration der beteiligten Funktionsbereiche. Die Wertigkeit wird bestimmt durch die Kriterien Informationsrelevanz und Auswirkung auf andere Funktionsbereiche, Aktualitätsanforderung, Periodizität und Volumen.[171]

Informationsrelevanz und Auswirkung auf andere Funktionsbereiche

Die Informationsrelevanz beschreibt die Wichtigkeit der ausgetauschten Daten und Informationen für den Empfänger. Da ein Informationsfluß i. d. R. nicht vorliegen würde, wenn der Empfänger ihn nicht nachfragt, ist hier die Relevanz für den Empfänger maßgeblich, die darüber hinaus auch die Bedeutung des Informationsflusses für den Gesamtprozeß impliziert. Da sich die Relevanz nicht in einer Intervall- oder Verhältnisskala ausdrücken läßt, wird sie in Form einer Ordinalskala gemessen. Die Bewertung läßt sich nicht immer objektiv vornehmen, da die Beurteilung der Relevanz zum Teil von der (subjektiven) Einschätzung des Bearbeiters abhängt.

Die Informationsrelevanz wird durch die Ausprägungen *hoch, mittel, gering* repräsentiert.[172] Ein Informationsfluß besitzt eine *hohe* Relevanz für den Empfänger, wenn er unmittelbar mit der Aufgabenerfüllung des Empfängers verbunden ist und zeitkritisch ist, d. h. zu einem fest definierten Zeitpunkt vorliegen muß. Beispielsweise ist das der Fall, wenn die Bruttoumsatzerlöse des Vortages aus den Kassen der Filialen für die tägliche Liquiditätsrechnung im Rechnungswesen zu einem festen Zeitpunkt notwendigerweise zur Verfügung stehen müssen, um die Aufnahme oder Anlage von kurzfristigen Geldmit-

---

[170] Die Unterscheidung WWS-intern, WWS-RW, RW-intern lehnt sich an die Integrationsreichweite an und soll darstellen, inwieweit ein Informationsfluß innerhalb der Bereichsgrenzen des WWS (WWS-intern) oder des Rechnungswesen (RW-intern) stattfindet oder bereichsübergreifend das WWS und das Rechnungswesen (WWS-RW) tangiert.

[171] Vgl. Wildemann (1995), S. 264 f.

[172] Vgl. zur Bedeutung eines Informationsflusses die Ausführungen bei Sonnenschein (1989), S. 36.

teln bei den Banken zu ordern. Eine *mittlere* Relevanz liegt vor, wenn Informationen für die Aufgabenerfüllung benötigt werden, aber der Zeitpunkt der Vorlage nicht entscheidend ist. So ist die Funktion Wareneingangsbewertung in der Zentrale nicht ohne die vorliegenden Wareneingangsbelege aus den dezentralen Einheiten und die Bestellung möglich, jedoch ist die Durchführung der Wareneingangsbewertung nicht so zeitkritisch. Ein Informationsfluß mit *geringer* Relevanz ist dadurch gekennzeichnet, daß die Informationen für die eigentliche Aufgabenerfüllung nur mittelbare Bedeutung haben.

Unter dem Merkmal der Auswirkung eines Informationsflusses auf andere Funktionsbereiche wird die Problematik der direkten und indirekten Wirkungen eines Informationsflusses auf nachgelagerte Unternehmensfunktionen verdeutlicht. Eingabefehler bei der Datenerfassung sind um so problematischer, je mehr Funktionsbereiche auf diese Daten im nachhinein zugreifen.

Aktualitätsanforderung

Durch die Aktualitätsanforderung des Informationsflusses wird die Notwendigkeit der zeitlichen Nähe einer Datenänderung betont, z. B. die Verfügbarkeit von Zahlungsmitteldaten aus den Kassen nach Geschäftsschluß zur Beurteilung der Liquidität und die Beeinflussung der Finanzmittelrechnung im Rechnungswesen oder die schnelle Aktualisierung der Artikelkonditionen. Der Wert bzw. Nutzen der Information nimmt mit zunehmender Differenz zwischen Zeitpunkt des Informationsbedarfs und der tatsächlichen Verfügbarkeit rapide ab, „[...] im Extremfall kann eine zu spät übermittelte Information für das empfangende System vollkommen nutzlos sein [...]"[173], und u. U. sogar zu höheren Kosten führen.[174]

Zu berücksichtigen ist bei der Aktualitätsanforderung weiterhin, ob es sich bei den übermittelten Daten um Nutz- oder Kontrolldaten handelt. Kontrolldaten als Steuerungselemente des Prozesses bilden oft einen kritischen Pfad des Ablaufs und stellen daher hohe Anforderungen an die Aktualität.

Die Aktualität der Daten hat unmittelbare Auswirkungen auf die Übertragungshäufigkeit, da eine stündliche oder tägliche Anforderung neuer Informationen zu entsprechend häufigem Informationstransport führt.[175] Die Informationssysteme und das Kommunikationsmedium, über die der Informationsfluß stattfindet, müssen entsprechende Kapazitäten vorhalten, um keine Verzögerungen oder Ungenauigkeiten zu verursachen.

Die Aktualitätsanforderung wird anhand der Ausprägungen *hoch, mittel und gering* bewertet. Auch bei diesem Kriterium ist die objektive Beurteilung der Notwendigkeit der Aktualität sehr schwierig, da die Nutzer der Informationen eine subjektive Vorstellung von der notwendigen Zeitnähe der von ihnen nachgefragten Informationen haben.

---

[173] Brenig (1990), S. 35.
[174] Vgl. Wildemann (1995), S. 264; Schmidt (1980), Sp. 327.
[175] Vgl. Wildemann (1995), S. 264.

Periodizität

Die Periodizität gibt Aufschluß über die Regelmäßigkeit der Datenübertragung (den Grad der Gleichmäßigkeit des Auftretens) und die Häufigkeit des Auftretens des Informationsflusses innerhalb einer Periode.[176] Als Ausprägungen dieses Merkmales werden *real-time* (für die sofortige Aktualisierung), *täglich, wöchentlich, monatlich* und *jährlich* (z. B. Jahresabschluß) verwendet. Finden die Datenübertragungen unregelmäßig statt, ist ein entsprechender Hinweis zu vermerken. Für die Bewertung läßt sich aus einer hohen Periodizität ein hoher Bedarf an Integration der übertragenen Daten einerseits und der beteiligten Funktionen andererseits ableiten.

Volumen

Das Volumen eines Informationsflusses setzt sich aus dem Übertragungsvolumen pro Übertragungseinheit und der Häufigkeit der Übertragung zusammen. Das Merkmal gibt einen Anhaltspunkt über die Anforderungen an die Performance und die technische Ausgestaltung der Schnittstellen. Das Volumen als Größe des Informationsflußumfangs gibt darüber hinaus Auskunft über die Wirkungen des Informationsflusses auf die auszuführenden Arbeitsschritte. Ein hohes Volumen bedingt eine komplexe Bearbeitung innerhalb der Funktion, ein niedriges Volumen hat eine einfachere Abwicklung zur Folge.[177]

Ein hohes Informationsvolumen benötigt entsprechende Kommunikationsmedien und Zeitfenster für die Übertragung der Daten, was besonders vor dem Hintergrund eines Unternehmens mit vielen dezentralen Einheiten zum zeitlichen Engpaß werden kann (für die häufig in der Nacht übertragenen Artikelstammdaten steht nur eine begrenzte Zeit zur Verfügung, z. B. 20.00 Uhr des Änderungstages bis 06.00 Uhr des Folgetages). Die Angabe des Volumens in absoluten Zahlen ist jedoch keine sinnvoll Größe, da sich die technischen Möglichkeiten der Datenübertragung sehr schnell ändern.[178] Daher wird hier eine Ordinalskala benutzt, um die Bedeutung des Kommunikationsmediums bzw. der Kommunikationstechnik zu verdeutlichen. Als Ausprägungen werden ebenfalls *hoch, mittel, gering* verwendet.

---

[176] Vgl. Böhm, Fuchs, Pacher (1993), S. 221; Sonnenschein (1989), S. 44.
[177] Vgl. Sonnenschein (1989), S. 41.
[178] So auch Sonnenschein (1989), S. 40. Im Gegensatz dazu Wildemann (1995), S. 264, der aber nicht weiter auf die Berechnung eingeht. Köhl (1990), S. 90 ff., beschreibt ein Modell zur Berechnung des Datenaustauschvolumens, das anhand der ermittelten Einsparungen durch eine Zusammenfassung von Teilsystemen zu einem bestimmten Zeitpunkt ermittelt werden kann.

In Tab. 3.5 werden die Merkmale der Informationsflußwertigkeit zusammenfassend nebeneinander gestellt.

Wertigkeit	Ausprägungen
Informationsrelevanz	hoch, mittel, gering
Auswirkung auf andere Funktionsbereiche (FB)	Funktionsbereich A, Funktionsbereich n
Aktualitätsanforderung	hoch, mittel, gering
Periodizität	online, täglich, wöchentlich, monatlich, jährlich
Volumen	hoch, mittel, gering

Tab. 3.5: Ausprägungen des Merkmals Informationsflußwertigkeit

3.6.4 Form des Informationsflusses

Die Form eines Informationsflusses wird durch die Struktur und die Beschaffenheit der zugehörigen Information bestimmt.[179] Als Merkmale zur Beschreibung der Form werden die *Informationsart*, die *Übertragungsart* und die *Ebene der Aggregation der Daten* verwendet.

Informationsart

Die Informationsart gibt Auskunft über den Grad der Systematisierung und die Struktur einer Information.[180] Die Informationsflüsse liegen im allgemeinen in strukturierter Form (z. B. formatierte Daten) vor, insbesondere, wenn bereits DV-Systeme zur Übertragung im Einsatz sind. Bei manueller Übertragung ist es dagegen sehr häufig der Fall, daß unstrukturierte und ggf. unvollständige Daten übermittelt werden.

Darüber hinaus wird die Informationsart unterteilt in *Stamm-* und *Bewegungsdaten*.[181] Die Nutzung von Stammdaten durch zwei Funktionsbereiche ist geradezu prädestiniert für die Integration der zugrundeliegenden Daten in einer gemeinsamen Datenbasis.[182] Stammdaten werden von mehreren Funktionen genutzt und bleiben im allgemeinen über einen längeren Zeitraum stabil; eine Redundanz dieser Daten ist daher möglichst zu vermeiden. Bewegungsdaten werden häufig in einem Bereich produziert, um in einem nachfolgenden Bereich weiterverarbeitet zu werden. Der ursprüngliche Funktionsbereich greift u. U. auf die erzeugten Daten nicht mehr zu. Aufgrund der höheren Dynamik eignen sich Bewegungsdaten weniger für eine integrierte Datenbasis als Stammdaten.

Bei den Bewegungsdaten ist insbesondere im Zusammenhang mit der Bestandsführung weiter nach *mengenmäßigen* Bewegungen und *wertmäßigen* Bewegungen zu differenzieren.

---

[179] Vgl. Klein (1991), S. 54; Becker (1991), S. 23 ff.
[180] Vgl. Sonnenschein (1989), S. 38 f.
[181] Eine ebensolche Unterscheidung der Informationsbeziehungen zwischen Funktionen beschreibt Rosemann (1996), S. 151.
[182] Vgl. Becker (1991), S. 166; Schreuder, Upmann (1991), S. 193.

Übertragungsart

Unter der Übertragungsart wird der Grad der DV-Unterstützung verstanden, d. h. die Art der Realisierung der Schnittstelle zwischen den beteiligten Funktionsbereichen.[183] Im Kapitel 2 wurden die Ausprägungen zur Schnittstellenrealisierung bereits vorgestellt.[184] Die Daten können entweder DV-gestützt im Online- oder Batch-Verfahren oder aber manuell von einem in den anderen Funktionsbereich weitergegeben werden. Im letzteren Fall müssen die Daten beim Empfänger erneut in ein Anwendungssystem eingegeben werden. Unter Online-Übertragung ist zum einen die Realisierung durch eine maschinelle Schnittstelle, die mit Hilfe von Bridge-Programmen umgesetzt sein kann, gemeint, zum anderen die Verwendung einer gemeinsamen Datenbasis, bei der die Daten nach Veränderung durch den Sender unmittelbar dem Empfänger zur weiteren Verarbeitung zur Verfügung stehen. Das Batch-Verfahren wird i. d. R. durch Export-/Importschnittstellen und Bridge-Programme realisiert, die zu bestimmten Zeiten automatisch oder durch den Benutzer gestartet werden.[185] Bei der manuellen Übergabe handelt es sich sowohl um die Nutzung einer Erfassungsschnittstelle beim Empfänger als auch um die Weiterbearbeitung der Informationen ohne jegliche DV-Unterstützung.

Als Ausprägungen der Übertragungsart werden *DV-gestützt online*, *DV-gestützt offline (batch)* und *manuell* unterschieden.[186]

Aggregationsebene

Für das Informationsvolumen im Handel von großer Bedeutung ist die Aggregationsebene der Daten.[187] Werden von den Scanningsystemen der dezentralen Einheit Kassenboninformationen und/oder artikelgenaue Verkaufssätze übermittelt, wird eine andere Unterstützung durch Kommunikationsmedien und Anwendungssysteme benötigt als bei der Übermittlung von Verkaufsumsätzen auf Hauptwarengruppen- oder Abteilungsebene.[188] Die Aggregationsebene bestimmt darüber hinaus auch die Möglichkeiten der Analyse der Umsatz- und Bestandsdaten anhand der Bezugsobjekte, die sich am Objekt Ware festmachen lassen.[189] Eine exemplarische Ausgestaltung von Bezugsobjekten im Handel als Aggregationsebenen zeigt Abb. 3.34.

---

[183] Vgl. Jost (1993), S. 168 ff.; Treuling (1990), S. 5; Hausmann, Kettner, Schmidt (1988), S. 42 f.; Schreuder, Upmann (1988), S. 23 f.
[184] Vgl. dazu die Erläuterungen zur Datenintegration in Kap 2.3.3.2.
[185] Vgl. die Ausführungen zur Stapelverarbeitung (batch processing) bei Hansen (1996), S. 867 ff.
[186] Eine ähnliche Unterscheidung nach Stapelverarbeitung und Dialogverarbeitung benutzt Reblin (1986), S. 11.
[187] Vgl. Trommsdorff, Fieletz, Hormuth (1988), S. 182. Zu aggregierten bzw. verdichteten Daten vgl. ausführlich Becker, Schütte (1996), S. 409-416; Becker, Priemer, Wild (1994).
[188] Ganz zu schweigen von den Datenspeicherkapazitäten, die für höhere Volumen benötigt werden. Eine exemplarische Berechnung der Datenvolumina im Lebensmitteleinzelhandel ist bei Gerling (1993), S. 115, zu finden.
[189] Zu den Bezugsobjekten gehört z. B. die Zuordnung von Artikeln zu Warengruppen und die Zusammenfassung von Warengruppen auf weiteren Hierarchiestufen, vgl. Riebel (1994), S. 403 ff.; Tietz (1993), S 1155. Neben der hier erwähnten warengruppenorientierten Betrachtungsweise können weitere Betrachtungsperspektiven interessieren, für die andere Bezugsobjekte (z. B. Kundengruppen, Vertriebsgebiete) benutzt werden. Vgl. dazu Becker, Schütte (1996), S. 381 f.

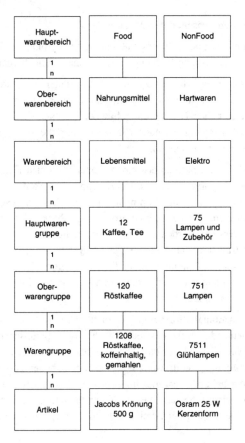

Abb. 3.34: Exemplarische Aggregationsebenen

Als Aggregationsebenen der Informationsflüsse werden im Rahmen der nachfolgenden Analyse *Artikel, Kassenbon, Warengruppe, Hauptwarengruppe, Abteilung* und *Markt* unterschieden.

In Tab. 3.6 werden die Merkmale zur Form des Informationsflusses zusammenfassend nebeneinander gestellt.

Form	Ausprägungen
Informationsart	strukturiert, unstrukturiert
	Stamm-, Bewegungsdaten (Mengen oder Werte)
Übertragungsart	DV-gestützt online, DV-gestützt offline (batch), manuell
Aggregationsebene	Artikel, Kassenbon, WGR, HWGR, Abteilung, Markt

Tab. 3.6: Ausprägungen des Merkmals Informationsflußform

3.6.5 Abhängigkeiten zwischen den Merkmalen

Die einzelnen Merkmale stehen z. T. eng miteinander in Verbindung. Der Zusammenhang läßt sich durch folgende Ursache-Wirkungs-Beziehungen verdeutlichen.

Je höher die Relevanz einer Information, desto höher die Anforderung an die Aktualität. Bedingt durch die höhere Aktualität muß eine Information häufiger übertragen werden, die Periodizität ist also höher. Das Volumen bzw. der Umfang wird im Vergleich zu einer weniger häufigen Übertragung geringer sein, wenn nur die veränderten Daten an den Empfänger übertragen werden müssen.

Umgekehrt läßt sich ceteris paribus aus einem hohen Volumen folgern, daß bei gleichbleibendem Kommunikationsmedium die Übertragungshäufigkeit verringert werden muß, um die Performance der Kommunikation nicht zu beeinträchtigen. Dieser Zusammenhang wird unmittelbar deutlich, wenn z. B. eine größere Anzahl von dezentralen Einheiten mit Artikelstammdaten versorgt werden müssen. Werden nur die Änderungen der Artikeldaten je Filiale übertragen, ist das Volumen der Informationen gering und daher auch die Beanspruchung für die Kommunikation je Filiale geringer. Der Zeitaufwand für eine Übertragung an alle Filialen ist entsprechend geringer als bei einer Komplettübertragung der Stammdaten an jede Filiale.

Die Merkmale Informationsflußform und Informationsflußwertigkeit haben ebenfalls eine enge Beziehung zueinander. Beispielsweise hat die Aggregationsebene der ausgetauschten Daten unmittelbaren Einfluß auf das Volumen des Informationsflusses. Je detaillierter die Daten zur Verfügung gestellt werden sollen, desto höher ist das zu übertragende Volumen. Der Verarbeitungsaufwand bei einer Online-Übertragung eines größeren Volumens ist höher einzuschätzen, da das Kommunikationsmedium im Gegensatz zu einer asynchronen Übertragung per Batch immer zur Verfügung stehen muß.

3.6.6 Bezug zum Integrationsgrad des Informationsflusses

Die beschriebenen Merkmale stehen in Bezug zu den in Kap. 2 beschrieben Ausprägungen des Integrationsgrades.

Unterschieden wurden in Kap. 2 die drei Kategorien Integrationsgegenstand, -reichweite und -richtung mit den weiteren Unterteilungen in die unterschiedlichen Integrationsgrade. Der Integrationsgegenstand ermöglicht dabei für die Bewertung den notwendigen Umfang der Schnittstellenrealisierung (vgl. Kap. 2.2). Diese Kategorie steht in direktem Zusammenhang mit der Übertragungsart und wird daher unter diesem Merkmal behandelt.

Die Integrationsreichweite verdeutlicht den Koordinationsbedarf eines Informationsflusses. Betrifft ein Informationsfluß mehr als einen Bereich eines Unternehmens oder hat sogar Auswirkungen auf externe bzw. zwischenbetriebliche Bereiche, so ist der Koordinationsaufwand grundsätzlich höher einzuschätzen, da der Informationsfluß nicht nur in den eigenen Kontrollsphären liegt. Auf die Integrationsreichweite wird in Kap. 4 bei der

Beschreibung der einzelnen Informationsflüsse in der Kurzbeschreibung eingegangen.[190] Des weiteren werden die Auswirkungen auf andere Funktionsbereiche im Rahmen des Merkmals der Wertigkeit betrachtet.

Die Integrationsrichtung ist in den vorliegenden Fällen i. d. R. horizontal, da die Informationsflüsse auf einer Hierarchieebene zwischen den operativen Informationssystemen der Warenwirtschaft und der betriebswirtschaftlich-administrativen Systeme des Rechnungswesens betrachtet werden. An den Stellen, an denen der Informationsfluß vertikal zur Ebene der Administrations- und Dispositionssysteme reicht, wird darauf gesondert im Rahmen der Beschreibung des Merkmals Wertigkeit eingegangen.

---

[190] Vgl. dazu die Ausführungen zur Wertigkeit in Kap. 3.6.2

4 Informationsflüsse zwischen Warenwirtschaft und Rechnungswesen im mehrstufigen Handel

4.1 Auswahl der Szenarios und Informationsflüsse

Zur Strukturierung des untersuchten Betrachtungsbereichs ist die detaillierte Analyse der Informationsflüsse zwischen den Funktionsbereichen der Warenwirtschaft und des externen Rechnungswesens in einen ordnenden Rahmen einzubinden.

4.1.1 Das Handels-H-Modell als Ordnungsrahmen für die Informationsflußanalyse

Ein sinnvolles Hilfsmittel dieser Art stellt das Handels-H-Modell als Architektur für Handelsinformationssysteme dar, denn es eignet sich für die Einordnung der zu untersuchenden Informationsflüsse aus mehreren Gründen:

- die Komplexität wird durch eine Strukturierung und Zerlegung in Teilbereiche reduziert,
- dies unterstützt die Strukturierung der Interdependenzen zwischen den einzelnen WWS-Funktionen und dem Rechnungswesen,
- der Prozeßgedanke wird unterstützt,
- die Informationsflußanalyse kann unabhängig von konkreten Anwendungssystemen erfolgen.

Ein weiterer Grund für die Verwendung des Handels-H-Modells und des Handelsreferenzmodells von BECKER, SCHÜTTE liegt darin, daß es als einziges verfügbares Branchen-Referenzmodell den Anforderungen mehrstufiger Handelsunternehmen Rechnung trägt. Die Erstellung des Referenzmodells erfolgte sowohl induktiv unter Zuhilfenahme zahlreicher Unternehmens-Informationsmodelle im mehrstufigen Handel als auch deduktiv durch Ableitung aus den Zielen von Handelsunternehmen und den Anforderungen und Möglichkeiten moderner Informations- und Kommunikationstechnologien.[1] Besonderes Augenmerk wurde dabei auf die Sicht der Daten, Prozesse und Funktionen gelegt. Informationsflußmodelle erfüllen im Handelsreferenzmodell die Funktion einer Darstellung der generellen Interdependenzen zwischen Funktionsbereichen.

Die Informationsbeziehungen zwischen den einzelnen Aufgabenbereichen gilt es zu detaillieren und die Konsequenzen für die Informationssystemgestaltung im mehrstufigen Handel zu zeigen. Dabei sind insbesondere die Interdependenzen zwischen dezentraler Einheit und Zentrale zu berücksichtigen, die bisher in den Informationsflußmodellen von BECKER, SCHÜTTE nicht ausführlich betrachtet wurden. Die Granularität der Beschreibung wird in zwei Dimensionen gegenüber dem Handelsreferenzmodell erweitert: Zum einen werden die Informationsflüsse nicht nur zwischen Funktionsbereichen, sondern zwischen einzelnen Funktionen der Funktionsbereiche betrachtet, zum anderen werden diese

---

[1] Vgl. Becker, Schütte (1996), S. 25 ff.

Interdependenzen in einer genaueren Analyse auf ihre Art und ihren Umfang hin untersucht.

Die im Rahmen einer explorativen Studie2 gewonnenen Erkenntnisse haben die folgenden Ausführungen maßgeblich geprägt. Dabei fällt auf, daß die in der wirtschaftswissenschaftlichen Literatur, einschließlich der Wirtschaftsinformatik-Literatur, diskutierten Lösungskonzepte zur Informationssystemgestaltung in der Praxis vielfach noch nicht umgesetzt wurden oder nicht umgesetzt werden konnten. Aus dieser Diskrepanz zwischen theoretischer Diskussion und beobachteter praktischer Realisierung heraus wird hier ein besonderer Schwerpunkt auf die Darstellung des common practice in Handelsunternehmen gelegt.

4.1.2 Organisationsformen von mehrstufigen Handelssystemen

Filialisierenden Handelsunternehmen und kooperierenden Verbundgruppen liegen sowohl zentralisierte als auch dezentralisierte Organisationstypen zugrunde.[3] Die (De-)Zentralisation kann mithin in geographischer Hinsicht (räumliche Verteilung von Filialen, Betrieben) und in Bezug auf die Zuordnung von Aufgaben und Entscheidungskompetenzen (Delegation) auf Stellen und Abteilungen verstanden werden.[4] Die geographische Interpretation im Sinne von räumlichen Entfernungen ist im Rahmen der vorliegenden Fragestellung nicht von Bedeutung; vielmehr wird das Problem der Zuordnung und Verteilung von Aufgaben bzw. Funktionen auf die Stellen des mehrstufigen Handelsunternehmens, expliziert durch das Spannungsfeld Zentrale/Filiale, angesprochen. Eine Aussage über das Ausmaß der Aufgabenverteilung wird durch den Dezentralisationsgrad ermöglicht.[5]

Bereits OLBRICH hat sich in seiner Arbeit „Informationsmanagement in mehrstufigen Handelsunternehmen" mit den unterschiedlichen Rollenverständnissen der Zentralen von Filialunternehmen und kooperierenden Handelsunternehmen auseinandergesetzt und die Auswirkungen auf die Informationswirtschaft in den Handelssystemen beschrieben.[6] Seiner Ansicht nach stellt das Rollenverständnis der Systemzentrale „[...] einen wesentlichen Bestimmungsfaktor für die dauerhafte Funktionsverteilung im Handelssystem [...]"[7] dar. Traditionell sind die Betriebsstätten eines Filialsystems einer gemeinsamen Zentrale, welche die Leitungsfunktion innehat, unterstellt, also eher zentralistisch

---

[2] Vgl. dazu die Übersicht zu den interviewten Unternehmen im Anhang A.
[3] Vgl. Hertel (1997), S. 146 ff. und S. 309 ff.; Tietz (1993), S. 960 ff.; Schminke (1981), S. 60 ff.; von Herder (1980); derselbe (1979), S. 2 ff.
[4] Vgl. Hill, Fehlbaum, Ulrich (1994), S. 174 f.; Schminke (1981), S. 149 ff.; Bleicher (1980), Sp. 2405 ff.
[5] Vgl. zu einer Definition des Dezentralisierungsgrads Burg (1995), S. 57.
[6] Vgl. Olbrich (1992), S. 32-39. Das Rollenverständnis wird hier im Sinne OLBRICHS als Auffassung eines Systemelements über seine Funktionsübernahme im entsprechenden System verstanden, vgl. Olbrich (1992), S. 33.
[7] Olbrich (1992), S. 34. Vgl. zum Spannungsfeld zwischen Zentralisation und Dezentralisation im Einzelhandel auch Pauli, Hoffmann (1994), S. 138 ff.; Schminke (1981), S. 149 ff.

organisiert.⁸ Den Vorteilen einer zentralen Leitung - günstige Beschaffungskonditionen durch Zentraleinkauf, Reduktion der Lagerkosten durch Belieferung aus einem Zentrallager, Reduktion der Marketingkosten durch einen einheitlichen Marktauftritt - stehen jedoch gewichtige Nachteile gegenüber, z. B. eine geringere Anpassungsfähigkeit an sich verändernde regionale Marktverhältnisse.⁹ In mehrstufigen Handelssystemen wird die zentrale Führung nicht zuletzt unter dem Druck der Wettbewerbssituation vor allem auf der Absatzseite durch eine stärkere Kompetenzverlagerung in die dezentralen Einheiten ersetzt.¹⁰

Die unterschiedlichen Organisationsformen der Betriebe wirken sich auch auf die eingesetzten Handelsinformationssysteme aus.¹¹ So ist das Rechnungswesen eines mehrstufigen Handelsunternehmens in der überwiegenden Zahl der Fälle zentralisiert.¹²

Die Verteilung von Warenwirtschaftsfunktionen auf die Zentrale und die dezentrale Betriebsstätte ist nicht einheitlich geregelt - die Bandbreite reicht von weitgehender Selbständigkeit der Filialen bis zur unselbständigen Verkaufsstelle.¹³ Neben der Führungsphilosophie und der DV-Unterstützung hängt der Grad der Selbständigkeit der dezentralen Einheiten auch vom Betriebstyp (z. B. der Filialgröße) und der Art der logistischen Abwicklung ab (vgl. Abb. 4.1).¹⁴

---

⁸ Vgl. dazu z. B. Olbrich (1992), S. 29 ff.; Zentes, Exner, Braune-Krickau (1989), S. 317 f. Siehe auch die Berichte über die empirische Untersuchung der Rationalisierungs-Gemeinschaft des Handels beim RKW e.V. (RGH) in von Herder (1980), (1979b), (1979a), (1979).

⁹ Vgl. Burg (1995), S. 56; Falk, Wolf (1992), S. 235 f.

¹⁰ Vgl. Rosmanith (1997); Gerling, Kolberg (1996), S. 110 f.; Pauli, Hoffmann (1994), S. 135 f.; Falk, Wolf (1992), S. 238; Schminke (1981), S. 153 ff.

¹¹ Vgl. Tietz (1993), S. 1080; Zentes, Exner, Braune-Krickau (1989), S. 317 ff.; Schiffel (1984), S. 85 f. Ebenso wird der Dezentralisationsgrad eines Handelsunternehmens maßgeblich von der zur Verfügung stehenden Informationstechnik beeinflußt, vgl. Bleicher (1980), Sp. 2415.

¹² Ausnahmen sind in Einzelfällen z. B. bei Unternehmen zu finden, die Kundenkarten einsetzen und daher in der Filiale auf die Debitorenkonten zugreifen müssen, um offene Forderungen direkt am POS überwachen zu können. In diesem Fall sind auch Funktionen des Rechnungswesens in den dezentralen Einheiten notwendig.

¹³ Vgl. Muhme (1979), S. 190.

¹⁴ Vgl. Hertel (1997), S. 309 ff.

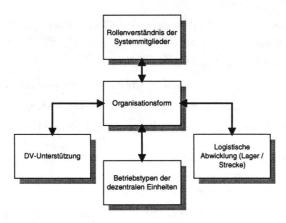

Abb. 4.1: Bestimmungsfaktoren zur (De-)Zentralisation der Organisationsform

In größeren Filialen bzw. Betriebsstätten werden umfangreichere Funktionen für die Wareneingangserfassung und Lagerverwaltung benötigt als in einer Discounter-Filiale mit einem Sortiment von ca. 2.000 Artikeln.[15] Die Unterscheidung nach der Art der logistischen Abwicklung betrifft den Anteil der Eigenbelieferung der dezentralen Einheiten durch Zentral- oder Regionalläger verglichen mit dem Anteil an Streckenbelieferungen. Liegt der Anteil der Eigenbelieferung sehr hoch, sind die Funktionen der Disposition und des Bestellwesens häufiger zentral anzutreffen als bei einem hohem Anteil von Streckenbelieferungen, bei denen die Filialen direkt beim Lieferanten bestellen.[16]

In diesem Zusammenhang ist zu beachten, daß auch ein Zentrallager bzw. ein Regionallager als operative Einheit angesehen werden kann, da wie bei der Filiale die Warenabwicklung von der Disposition bis zur Verkaufsabwicklung auch im Zentral- bzw. Regionallager stattfinden kann.[17] Die Funktionen des Einkaufs, d. h. Lieferantenauswahl, Konditionenverhandlungen usw., sind i. d. R. der Zentrale als Verwaltungseinheit bzw. der Niederlassung (als Bindeglied zwischen Zentrale und Filiale) vorbehalten.[18] Ebenfalls überwiegend der Zentrale zugerechnet werden die Funktionen des Marketing, speziell die Sortimentspolitik und die Preisgestaltung. Auch in diesen Bereichen ist eine zunehmende Einflußnahme der dezentralen Einheiten festzustellen, insbesondere im Bereich der Regionalsortimente sowie bei der Preispolitik bei Sonderaktionen und bei Preisnachlässen für beschädigte Ware.[19]

---

[15] Vgl. Muhme (1979), S. 190.
[16] Vgl. dazu auch Glunz (1991). Vergleiche auch die Ergebnisse einer Studie des Arbeitskreises Datensysteme und Informationsfluß des EHI zur automatischen Disposition in Atzberger (1997), S. 6 ff.
[17] Vgl. Hertel (1997), S. 149.
[18] Vgl. Hertel (1997), S. 146 ff. und S. 177; Ausnahmen sind vor allem bei Filialisten zu finden, bei denen die Macht der Filialleiter durch die Größe der Filiale beeinflußt wird. Vgl. dazu z. B. Hertel (1997), S. 148.
[19] Vgl. Hertel (1997), S. 148 f.

Die vielen Möglichkeiten der Aufteilung der WWS-Funktionen zwischen Zentrale und dezentralen Einheiten lassen sich auf drei Grundtypen zurückführen:[20]

- WWS bei zentral organisierten Handelsunternehmen,
- WWS bei gemischt zentral und dezentral organisierten Handelsunternehmen,
- WWS in überwiegend dezentral organisierten Handelsunternehmen.

Für die Wahl der Organisationsform sind dabei Faktoren wie die Betriebsgröße, das zugrundeliegende Handelssystem als solches (die Kooperationsform, die Betriebsform) und die Art der Marktbearbeitung entscheidend.[21] In der Praxis ist häufig eine Koexistenz dieser Organisationsformen anzutreffen, beispielsweise kann der Zentralisationsgrad je Vertriebsschiene oder Regionalgebiet unterschiedlich ausgestaltet sein.

Als beschreibendes Strukturmerkmal für die vorgestellten Organisationsformen wird hier der Zentralisationsgrad der Entscheidungsstruktur in Anlehnung an OLBRICH und GLUNZ verwendet.[22] Der Zentralisationsgrad läßt sich verkürzt darstellen durch die Ausprägung der Entscheidungsprozesse der Sortiments-, der Beschaffungs- und der Preispolitik.

Im Rahmen der *Sortimentspolitik* wird für die drei dargestellten Organisationsformen ausgeführt, ob die Festlegung der in den dezentralen Einheiten angebotenen Sortimente zentral erfolgt oder ob die Filialen eigene Sortimente ergänzen dürfen (sog. Regionalsortimente), um sich den lokalen Marktanforderungen flexibler stellen zu können. Ferner ist für die *Sortimentspflege* eine Aussage darüber zu treffen, ob die Stammdatenpflege der gelisteten Artikel zentral oder dezentral erfolgt.

Die *Beschaffungspolitik* unterscheidet sich durch den Grad der Zentralisierung der Disposition und des Bestellwesens. Letzteres kann entweder in der Zentrale für alle Filialen durchgeführt werden (Zusammenfassung der Bedarfe und Erstellung einer Bestellung an den Lieferanten) oder dezentral abgewickelt werden (direkte Bestellung beim Lieferanten). Auch Mischformen der dezentralen Disposition bestimmter Sortimentsteile und der zentralen Disposition des Grundsortiments sind denkbar.

Unter der *Preispolitik* wird hier ebenfalls ein Maß für die Entscheidungsfreiheit der Marktleiter verstanden. Es wird zwischen den Extremen der Preisfestlegung durch die Zentrale ohne Einflußnahme der dezentralen Einheiten und der freien Preispflege vor Ort unterschieden. Zwischen diesen beiden Polen sind viele Varianten denkbar, beispielsweise die Vorgabe der Endverbraucherpreise durch die Zentrale, um den Kunden überregional das gleiche Sortiment zu einheitlichen Preisen anbieten zu können, und die

---

[20] Vgl. Horst (WWS) (1994); Leismann (1990), S. 75 ff.; Zentes (1988), S. 177 f.; Trommsdorff, Fielitz, Hormuth (1988), S. 187; Muhme (1979), S. 189 ff. Auf eine weitere Differenzierung der Zentrale in die logistischen Funktionsbereiche und die administrativen Funktionsbereiche wird aus Gründen der Lesbarkeit und Nachvollziehbarkeit verzichtet.

[21] Vgl. Schiffel (1984), S. 82 ff.; Trommsdorff, Fielitz, Hormuth (1988), S. 186 ff.

[22] Vgl. Olbrich (1992), S. 32 ff.; Glunz (1991). Unter Sortimentspolitik werden hier die Entscheidungen über die Zusammensetzung des Sortimentes und der Listung, unter der Beschaffungspolitik die Entscheidungen über die Durchführung des Bestellwesens und unter der Preispolitik die Entscheidungen über die Festlegung der Endverbraucherpreise verstanden. Vgl. allgemein zu den Entscheidungsfeldern Hansen (1990), S. 464 ff.

Freigabe der Preispflege für ein zusätzliches Sortiment, das ggf. regional angeboten wird, so daß der Filialleiter die Preise den Wettbewerbsanforderungen vor Ort anpassen kann. Die Einteilung in die drei grundsätzlichen Typen ist auch in Hinblick auf die Führungsphilosophie nicht immer eindeutig klassifizierbar.[23] Es wird immer Fälle geben, bei denen eine Mischung oder Abstufung der einzelnen Elemente vorkommt. Zur weiteren Diskussion der Informationsflüsse ist jedoch eine Klassifizierung notwendig, um die Unterschiede zwischen den Organisationsformen herauszuarbeiten. Dabei wird bewußt in Kauf genommen, das manche Charakteristika nur tendenziell bei der betreffenden Organisationsform vorzufinden sind.

4.1.2.1 WWS bei zentraler Organisation

Eine zentrale Organisation eines mehrstufigen Handelsunternehmens ist gekennzeichnet durch eine straffe Führung durch die Zentrale, insbesondere einer zentralen Sortiments-, Beschaffungs- und Preispolitik. Der Hauptteil der warenwirtschaftlichen Funktionen wird ebenfalls zentral ausgeführt.[24] Den dezentralen Betriebsstätten kommt aus Informationssicht im wesentlichen die Rolle der Funktion der Warenausgangs- bzw. Verkaufsdatenerfassung zu.[25]

Diese in der Praxis weit verbreitete Organisationsform wird durch folgende Eigenschaften charakterisiert:[26]

- Sortimentspflege: keine eigenständige Stammdatenpflege in der Filiale,
- keine aktuellen Bestandsinformationen in der Filiale, vor allem wegen der Postlaufzeiten und Verzögerungen bis zur Wareneingangsbuchung in der Zentrale,
- Disposition in der Filiale anhand manueller Listen,
- häufig nur aggregierte Verkaufszahlen auf Warengruppen- oder noch höherer Ebene (Hauptwarengruppen, Abteilungen) in der Zentrale.

Die Verteilung der Funktionen im Handels-H-Modell bei zentralem WWS ist in Abb. 4.2 verdeutlicht. Die grau hinterlegten Funktionsbereiche symbolisieren die überwiegend in der jeweiligen Organisationseinheit Zentrale bzw. Filiale anzutreffenden Funktionsbereiche. Der Grad der Grauschattierung gibt den Umfang der Ausübung der Funktionen an.[27] Die Darstellung soll somit die Schwerpunkte der Funktionsverteilung verdeutlichen.

---

[23] Vgl. dazu die Beispiele in Greiner (1997), S. 233 ff.; Schröder, Tenberg (1997), S. 157 ff.
[24] Vgl. Hertel (1997), S. 309; Zentes, Exner, Braune-Krickau (1989), S. 318.
[25] Vgl. z. B. Horst (WWS) (1994), S. 21.
[26] Vgl. Glunz (1991), S. 64; Schiffel (1984), S. 86.
[27] Die warenwirtschaftlichen Funktionen der Zentrale in seiner Funktion als Großhandelslager bzw. Distributionszentrum werden hier *nicht* betrachtet, im Mittelpunkt der Betrachtung steht die Aktivitäten im Rahmen des Beschaffungs- und Distributionsprozesses der dezentralen Einheiten. Daher wird der Warenausgang der Zentrale hier nicht grau hinterlegt. Der Wareneingang der Zentrale repräsentiert bei dieser Einteilung die Erfassung der Wareneingänge für die *dezentralen* Einheiten.

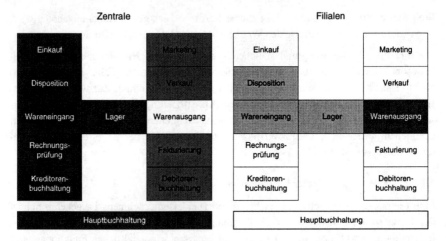

Abb. 4.2: Funktionsverteilung des WWS im zentral organisierten Handelsunternehmen

So ist z. B. in der Zentrale der Einkauf für die Listung zuständig, die Filiale hat keinen Einfluß auf die Festlegung des Sortiments. Die Disposition der Artikel wird anhand der Ordersätze in der dezentralen Einheit durchgeführt, das Bestellwesen (Sammlung der Bestellungen, Übermittlung zum Lieferanten) ist zentral angesiedelt. Es besteht ein hoher Anteil an mündlichen, fernmündlichen und schriftlichen Bestellungen, die zum überwiegenden Teil nicht im WWS erfaßt werden. Der Wareneingang (Warenannahme und Prüfung) erfolgt in der Filiale, die Erfassung der Wareneingänge im WWS wird in der Zentrale vorgenommen.[28] Der Warenausgang wird in der Filiale erfaßt, Kundenkarten oder Lieferungen auf Rechnung sind eher selten anzutreffen.

4.1.2.2 WWS bei zentraler/dezentraler Organisation

Bei einer gemischt zentralen und dezentralen Organisationsform des Handelsunternehmens werden sowohl in der Zentrale als auch in der dezentralen Einheit Funktionen der Warenwirtschaft ausgeführt. Beispielsweise übernimmt die Zentrale sowohl die Stammdatenpflege der Artikel und Lieferanten als auch den überwiegenden Teil der Disposition. In regional verteilten Verbundgruppen bzw. Unternehmen mit Regionallägern werden die von der Zentrale ausgeführten Funktionen häufig auch von den regionalen Niederlassungen oder Lägern wahrgenommen.[29]

Die Filiale ist allerdings berechtigt, bestimmte Artikel bzw. Sortimentsteile selbständig zu disponieren und zu bestellen (gemischt zentrale und dezentrale Beschaffungspolitik). In Abb. 4.3 wird dieser Fall durch die hellgraue Schattierung der Funktionen Disposition und Verkauf (Listung) verdeutlicht.

---

[28] Vgl. dazu auch Wieland (1995), S. 30.
[29] Vgl. Hertel (1997), S. 150; Leismann (1990), S. 77.

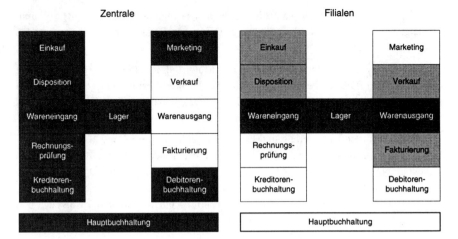

Abb. 4.3: Funktionsverteilung des WWS im zentral/dezentral organisierten Handelsunternehmen

In den Filialen werden die folgenden Aufgaben wahrgenommen:

- Disposition und Bestellwesen für ausgewählte Sortimentsbereiche[30],
- Wareneingangserfassung auf WGR- oder Artikelebene mit Bezug zur Bestellung,
- dezentrale Bestandsführung,
- Abwicklung der Verkaufsdatenerfassung auf detaillierteren Erfassungsobjekten als bei der zentralen Organisationsform und
- Abwicklung und Fakturierung von Kundenaufträgen.

4.1.2.3 WWS bei dezentraler Organisation

Ein Handelsunternehmen mit dezentraler Organisation ist dadurch gekennzeichnet, daß die dezentralen Einheiten selbständig in ihrem Marktgebiet agieren können, während sich die Zentrale hauptsächlich als Dienstleister für die Betriebsstätten versteht.[31] Der Anteil der durch den Betriebsleiter selbständig zu entscheidenden Sortimentsbestandteile ist größer als bei einer gemischten Organisationsform. Auch in der Bestell- und Preispolitik sind die Filialen flexibler.

Diese Organisationsform ist vor allem bei kooperierenden Verbundgruppen zu finden, jedoch gehen auch Filialunternehmen dazu über, den Filialleitern mehr Führungsverantwortung zu übertragen.[32] In Handelsunternehmen mit dezentraler Organisationsform wird

---

[30] Zur Dispositionsunterstützung können von der Zentrale Bestellvorschläge generiert und den Filialen zur Verfügung gestellt werden. Bestellungen können jedoch sowohl durch die Zentrale als auch durch die Geschäftsstätte getätigt werden, vgl. Scheer (EDV) (1990), S. 231 f.

[31] Vgl. dazu auch Schröder, Tenberg (1997).

[32] Vgl. Tietz (Zukunft) (1993), S. 423 f.; Glunz (1991), S. 59 f.; von Herder (1980).

zusätzlich zu den im vorigen Abschnitt beschriebenen Funktionen die komplette Wareneingangserfassung und ggf. die Rechnungsprüfung oder Vorprüfung in der dezentralen Einheit durchgeführt.[33]

Die Artikelstammdatenpflege und die Listung erfolgt i. d. R. zentral in Abstimmung mit den dezentralen Einheiten. Einzelne Artikelstammdaten des regionalen Sortiments können in der Filiale gepflegt werden. Die Ausweitung der Regionalsortimente ist ein Trend, der sich in den letzten Jahren mehr und mehr durchsetzt.[34]

Die Funktionen der Fakturierung und Debitorenbuchhaltung werden u. a. bei Cash-and-Carry-Märkten eingesetzt, wo der Kunde mittels einer Kundenkarte identifiziert wird, am Checkout eine Rechnung erhält und seine offenen Rechnungen direkt oder auf Ziel bezahlt. Der grundsätzliche Trend zu einer stärkeren Kundenbindung erfordert die Verwaltung von Kundendaten inklusive der darauf aufbauenden Analyse von Umsätzen und Warenkörben. Dadurch werden die Funktionen der Fakturierung und der Debitorenbuchhaltung in den Märkten stärker zum Einsatz gebracht.

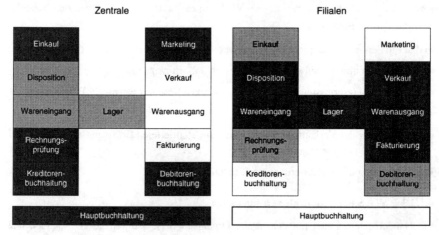

Abb. 4.4: Funktionsverteilung des WWS im dezentral organisierten Handelsunternehmen

4.1.3 DV-technische Alternativen in der dezentralen Einheit

Grundsätzlich läßt sich feststellen, daß ein mehrstufiger Handelsbetrieb i. d. R. auf einer übergeordneten Ebene (Zentrale und/oder Regionalbereich) über DV-Systeme verfügt, welche die jeweiligen Systeme der dezentralen Einheiten mit Daten versorgen.[35] Das

---

[33] Vgl. Becker, Schütte (1996), S. 284 f.
[34] Vgl. Hertel (1997), S. 148 f.; Tietz (Zukunft) (1993), S. 205 f.; Glunz (1991). Weitere Maßnahmen von Handelsunternehmen im Rahmen von Differenzierungsstrategien werden von Barrenstein (1998), S. 7 ff., genannt.
[35] So z. B. Glunz (1991), S. 60.

WWS der Zentrale hat zusätzlich Funktionen für die Großhandelsstufe wahrzunehmen, für die grundsätzlich die volle Funktionalität eines WWS gefordert ist. Die Ausgestaltung des WWS der Zentrale ist sehr stark von der DV-Unterstützung der einzelnen Filialen geprägt, z. B. ist in der Zentrale kein Modul zur Wareneingangserfassung notwendig, wenn die Erfassung dezentral durchgeführt werden kann.

Im Vordergrund der Betrachtung steht daher die DV-Unterstützung der dezentralen Einheit, die die Basis für die Umsetzung der organisatorischen Funktionsverteilung darstellt. Für die DV-technische Realisierung der Aufgabenverteilung zwischen Zentrale und dezentraler Betriebsstätte durch den Einsatz der entsprechenden Anwendungssysteme sind verschiedene Alternativen bekannt, die im folgenden kurz dargestellt werden (vgl. im Überblick Abb. 4.5).[36]

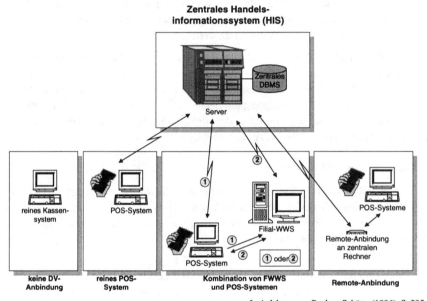

In Anlehnung an Becker, Schütte (1996), S. 285.

Abb. 4.5: Verhältnis von zentralem HIS und dezentralem System

---

[36] Vgl. zu den folgenden Ausführungen Becker, Schütte (1996), S. 287 ff.; Stahlknecht, Hasenkamp (1997), S. 401 ff. Es stehen hierbei nicht spezifische Hardware- oder Anwendungssysteme im Vordergrund, sondern nur die eingesetzten Systemtypen. Für eine Untersuchung des Hardwareeinsatzes unterschiedlicher Hersteller in Filialunternehmen vgl. Zentes, Exner, Braune-Krickau (1989), S. 346 ff.

4.1.3.1 Keine DV-Anbindung

In der Praxis sind noch viele Kassensysteme[37] ohne Anbindung an das WWS der Zentrale im Einsatz. In der dezentralen Einheit werden folgende Funktionen der Warenwirtschaft unterstützt.

- Disposition: Verfügt die Filiale oder Betriebsstätte nur über eine geringe DV-Unterstützung, kann eine Versorgung mit Dispositionsdaten von der Zentrale nur über schriftliche oder elektronische Kataloge (Ordersätze, Dispositionslisten) erfolgen. Die Bestellbedarfe werden im allgemeinen in der Zentrale gesammelt, zu Bestellungen zusammengefaßt und an die Lieferanten übermittelt.[38]

- Wareneingang: Eine Wareneingangsprüfung erfolgt im Markt anhand der physischen Lieferscheine und Dispolisten, die in den Filialen manuell geführt werden. Die geprüften Lieferscheine werden anschließend an die Zentrale weitergeleitet, wo die Wareneingänge im Zentral-WWS erfaßt werden.

- Warenausgang: In den dezentralen Kassen werden sog. Kassenwarengruppen gepflegt, auf denen die Abverkaufserlöse (Bruttoumsätze) auf aggregierter Ebene (Abteilungs- oder HWGR-Ebene) wertmäßig erfaßt werden. Die Abverkaufsdaten werden im Rahmen der Kassenabrechnung auf dem Postweg an die Zentrale weitergeleitet. In der Filiale ist die Kassenabrechnung der einzelnen Kassen mit den Abteilungsumsatzwerten häufig das einzige Auswertungskonstrukt.

4.1.3.2 Reines POS-System

In Filialen mit reinen POS-Systemen[39], also herkömmlichen Kassensystemen, werden die zentral verwalteten Artikelstammdaten (u. U. auf Basis der EAN)[40] und Dispositionsunterlagen an die Filiale per Datenfernübertragung übertragen. Für den Einsatz von Scannerkassen müssen die Preisänderungen der Artikel ebenfalls tagaktuell zur Verfügung gestellt werden.

- Disposition: Das Bestellwesen wird i. d. R. in der Zentrale durchgeführt. Die Bedarfsmengen werden dabei im Gegensatz zum zuvor dargestellten Fall mit Hilfe von MDE-Geräten in den Märkten erfaßt und elektronisch an die Zentrale oder direkt an den Lieferanten übermittelt.[41]

- Wareneingang: Bei reinen POS-Kassen wird die Wareneingangserfassung in den Märkten für gewöhnlich nicht DV-technisch unterstützt. Die Wareneingangskontrolle

---

[37] Das Kassensystem der Betriebsstätte kann z. B. aus Einzelkassen, PC-Kassen, einem Verbundsystem aus Haupt- und Nebenkassen oder einem kleinem Netzwerk (LAN) mit Servern und Kassen inkl. Scannern bestehen. Diese einstufigen Kassensysteme werden hier als POS-Systeme bezeichnet. Im Gegensatz werden zu den mehrstufigen Kassensysteme Filial- und Zentralrechner mit angeschlossenen Kassen gezählt. Vgl. dazu Stahlknecht, Hasenkamp (1997), S. 402 ff.; Hansen (1996), S. 662 ff. und S. 701 ff.
[38] Vgl. zu den verschiedenen Verfahren der Übermittlung von Bestelldaten Hertel (1997), S. 250.
[39] Vgl. Fußnote 37.
[40] Vgl. zur Europäische Artikelnummer (EAN) und deren Aufbau Hagen (1988), S. 47 f.
[41] Vgl. dazu z. B. Hampe (1997), S. 53 f.; Ebert (1986), S. 172 ff.; Schminke (1981), S. 110 f.

findet wie beim oben beschriebenen Fall anhand von Lieferscheinen und Bestellungen statt. Die Erfassung der Wareneingänge im WWS erfolgt in der Zentrale nach Weiterleitung der Belege.

- Warenausgang: Die Abverkaufsdaten können beim Einsatz von Scannerkassen bereits artikelgenau erfaßt werden. Die Preisinformation wird über das Price-Look-up-Verfahren (PLU-Verfahren)[42] zur Verfügung gestellt. Kassendaten werden weiterhin manuell an die Zentrale weitergeleitet. Die Ausführungen zum Wareneingang gelten entsprechend.

4.1.3.3 Kombination von Filial-Warenwirtschaftssystem[43] und POS-System

- Disposition: Die Disposition kann bereits systemgestützt in der Filiale erfolgen, wenn der Ordersatz oder die Bestandsdaten im FWWS vorliegen. Bei entsprechenden Vereinbarungen und technischer Unterstützung ist eine direkte elektronische Übermittlung der Bestellung an den Lieferanten möglich. Daneben ist eine Bestellsammlung in der Zentrale oder in einem Regionallager denkbar.

- Wareneingang: Für die dezentrale Erfassung der Wareneingänge werden im FWWS neben den Bestellungen (Warenerwartung) auch die Lieferantenstammdaten benötigt. Durch den Einsatz von Handscannern bzw. MDE-Geräten wird die positionsgenaue Erfassung von Wareneingängen mit Bezug auf die Bestellung möglich - die Basis für eine artikelgenaue Bestandsführung. Die wertmäßige Bestandsführung wird dann i. d. R. durch Multiplikation der Menge mit dem von der Zentrale vorgegebenen Bewertungspreis fortgeschrieben. Der Bewertungspreis kann dabei nach dem Standardpreis-Verfahren oder aber nach dem Gleitenden-Durchschnittspreis-Verfahren (GLD-Verfahren) berechnet sein.[44]

- Warenausgang: Da die Vorhaltung artikelbezogener Daten i. d. R. keine Probleme mehr bereitet, ist die Einführung von FWWS zumeist mit dem Einsatz von Scannerkassen verbunden. Dadurch wird eine artikelgenaue Abverkaufserfassung als Grundlage für eine artikelgenaue Bestandsführung umgesetzt. Des weiteren verfügen FWWS i. d. R. über Funktionen zur Verwaltung von Kundenstammdaten und Debitorenkonten.

Je umfassender das FWWS ausgestaltet ist, desto mehr Daten sind von der Zentrale an die Filiale zu übergeben, z. B. Personalstammdaten für die Einsatzplanung und Zeiterfassung vor Ort. Im allgemeinen erfolgt der Datenaustausch zwischen Zentrale und Filiale bei Nacht. Dabei versorgt die Zentrale die dezentrale Einheit mit Artikelstammdaten-

---

[42] Beim Price-Look-up-Verfahren wird der Preis (und ggf. der Verkaufstext) des erfaßten Artikels aus den Artikelstammdaten der POS-Kasse oder des mit der Kasse verbundenen Filial-Warenwirtschaftssystems (FWWS) gelesen und zur Verarbeitung des Abverkaufs herangezogen. Vgl. dazu Hallier (1992), S. 111 f.; o. V. (1991), S. 58; Kirchner, Zentes (Führen mit WWS) (1984), S. 26; Muhme (1979), S. 189.

[43] Ein Filial-Warenwirtschaftssystem (FWWS) nimmt die Aufgaben eines WWS für die dezentrale Einheit wahr, vgl. Becker, Schütte (1996), S. 461.

[44] Vgl. dazu ausführlich Becker, Schütte (1996), S. 207-213.

änderungen (insbesondere Preisänderungen), Kundenstammdaten, Lieferantenstammdaten, Mitarbeiterstammdaten, Bestellungen bzw. zu erwartenden Wareneingängen und Konditionen. In entgegengesetzter Richtung werden Daten zu Bestandsveränderungen (Wareneingänge), Abverkäufen und Zahlungsmitteln aus den Kassen in die Zentrale übertragen.

Diese Umsetzungsalternative wird bei regional verteilten kooperierenden Verbundgruppen mit mehreren Regionallägern üblicherweise um eine weitere Datenhaltungsebene ergänzt. Dabei wird zusätzlich zwischen Zentral-Server und Filial-WWS ein Regionalrechner geschaltet, auf dem unter anderem die Kassendaten der einzelnen Filialen nach Regionen gesammelt und aufbereitet an die Zentrale weitergegeben werden. Der Vorteil dieser Lösung liegt in der Verteilung der Datenlast auf unterschiedliche Regionalrechner, wodurch das Zentral-WWS bei der Bestandsführung und bei der Sicherung der artikelgenauen Daten aus den dezentralen Einheiten entlastet wird.

Die Regionalrechner nehmen eine Aggregation für die Zentrale vor und übermitteln die aggregierten Auswertungen an das Controlling der Zentrale. Daneben ermöglichen sie zeitnahe Auswertungen für die Regionalbereiche. Die Stammdaten werden i. d. R. ebenfalls in der Zentrale verwaltet und über die Regionalrechner an die Filialen verteilt.[45] Abb. 4.6 zeigt exemplarisch die Realisierung des dezentralen WWS bei der WMF AG.[46]

In Anlehnung an Altmann (1997), S. 408.

Abb. 4.6: Überblick über die Informationsabläufe zwischen Zentrale und Filiale bei einer Kombination von POS-System und FWWS

---

[45] Beispiele für diese Möglichkeit der DV-technischen Anbindung stellen die Märkte der Markant-Gruppe und der REWE-Gruppe dar. Vgl. Horst (WWS) (1994), S. 24.
[46] Vgl. dazu die Ausführungen bei Altmann (1997), S 408-410.

4.1.3.4 Remote-Anbindung

Diese Art der Anbindung ist vor allem in kooperierenden Handelssystemen zu finden. Ein Abnehmer ist mit seinem Terminal per Remote-Anschluß an das zentrale HIS der Verbundgruppenzentrale angeschlossen. Alle Daten werden zentral vorgehalten und im Dialog abgefragt. Nach der (manuellen) Disposition erfolgt die Erfassung der Bestellung über das Terminal direkt im WWS der Zentrale. Neben Produktinformationen können Bestandsinformationen des Zentrallagers bzw. des Regionallagers abgefragt und der Status der Bestellungen verfolgt werden. Auf diese Weise läßt sich die zentral verfügbare Funktionalität dezentral nutzen.

Durch die Entwicklungen in der Internet-Technologie und des Electronic Retailing wird in letzter Zeit auch auf Intranet-Lösungen zur Umsetzung der Anbindung von Mitgliedern und Kunden von Großhändlern gesetzt.[47] Die Anwendung dieser Lösung in der Praxis ist noch gering[48], die Entwicklungschancen werden jedoch sehr positiv eingeschätzt.[49]

Die Umsetzung per Remote-Anbindung ist im klassischen Lebensmitteleinzelhandel von geringerer Bedeutung und soll daher aus Gründen der Vollständigkeit im folgenden nur kurz aufgezeigt werden.

4.1.4 Typisierung der Organisationsformen und deren DV-Unterstützung

Wichtigstes Differenzierungskriterium bei der Betrachtung der Informationsflüsse zwischen den Funktionsbereichen ist die Organisationsform des mehrstufigen Handelsunternehmens. Obwohl inhaltlich vergleichbar (z. B. der Informationsfluß hinsichtlich der Kassendaten vom Warenausgang zur Hauptbuchhaltung), unterscheiden sich die Ausprägungen der Informationsflüsse je nach Ausprägung der Funktionsverteilung zwischen Filiale und Zentrale.

Die Implementierung der Funktionsverteilung im operativen Geschäft ist des weiteren von der DV-technischen Unterstützung abhängig. Eine höhere Dezentralisierung läßt sich im allgemeinen nur durch einen entsprechenden Einsatz von Informationstechnologie umsetzen. Die Implikationen der Organisationsform und der technischen Unterstützung werden im folgenden am Beispiel der Kassendaten ausführlicher erläutert.

Exkurs

Die Ausprägung des Informationsflusses der Kassendaten unterscheidet sich in einem zentral organisierten Handelsunternehmen von einer dezentral organisierten Betriebsform in mehreren Dimensionen:

---

[47] Vgl. das Beispiel esos von Garant-Schuh, zitiert in Hertel (1997), S. 71. Ferner ermöglichen zum Beispiel die Fachgroßhändler für Haustechnik, Pfeiffer & May Großhandel AG, Karlsruhe, und Karl Mosecker GmbH, Münster, ihren Kunden den Zugriff auf die Daten des Warenwirtschaftssystem via Intranet, vgl. A&R (1997); o. V. (PM) (1996).

[48] Diese Meinung vertrat Herr Funke, Kurt Pietsch GmbH & Co.KG, Ahaus, in einem Gespräch am 22.04.1997 für den Sanitärgroßhandel. Vgl. auch Staudte (1996).

[49] Siehe dazu die Ausführungen von Hertel (1997), S. 68, zur Studie der BBE-Unternehmensberatung GmbH.

- Art der Übertragung/DV-Unterstützung
  Bei einer zentralen Organisationsform ist häufig keine Vernetzung[50] der Filiale mit der Zentrale vorgesehen, sondern es werden die Abverkaufsdaten auf dem Kassenabrechnungsbogen schriftlich an die Zentrale übermittelt. In einem dezentral organisierten Handelsunternehmen ist ein automatischer Upload der Kassendaten aus dem FWWS implementiert.

- Detaillierungsgrad der Daten
  Im ersten Fall der zentralen Organisation werden die Daten in der Filiale auf einer Kassenwarengruppe, also einer dem Artikel übergeordneten Hierarchieebene, im zweiten Fall ggf. artikel- oder bongenau erfaßt. Die Ausgestaltung des Informationsflusses zur Hauptbuchhaltung hängt von der erfaßten Hierarchieebene und von den Anforderungen der Zentrale an den Detaillierungsgrad der Abverkaufsvorgänge. Die Verdichtung der Daten auf die notwendige Aggregationsstufe erfolgt im zweiten Fall ggf. bereits in der Filiale, so daß die Buchhaltung direkt die Daten der Filiale verarbeiten kann (z. B. Buchung auf Konten, die das Hierarchieobjekt Abteilung repräsentieren). Grundsätzlich gilt, daß nur die Daten in der Buchhaltung verarbeitet und analysiert werden können, die auch an der Datenquelle erfaßt wurden.

- Volumen des Informationsflusses
  In Abhängigkeit des erfaßten Detaillierungsgrades ist das Volumen der übermittelten Daten im Rahmen einer dezentralen Organisation tendenziell höher als bei einer zentralen Organisation.

Ende Exkurs

---

[50] Unter Vernetzung wird die Verbindung von unabhängigen Computern in einem Rechnernetz verstanden, vgl. Stahlknecht, Hasenkamp (1997), S. 114 f.; Hansen (1996), S. 1029 ff.

Zur Durchführung der Analyse der Informationsflüsse für die in Kap. 3 vorgestellten Zwecke werden in der vorliegenden Arbeit drei unterschiedliche Szenarios in Anlehnung an die vorgestellten Organisationsformen herangezogen. Die Szenarios sind in Tab. 4.1 zusammenfassend dargestellt.

Struktur-merkmal	Szenario A Zentrale Organisation	Szenario B Zentrale/Dezentrale Organisation	Szenario C Dezentrale Organisation
Sortiments-politik	zentral	zentral, geringer Anteil an regionalen Sortimenten, insbesondere Frische-Artikel	überwiegend zentral, jedoch steigender Anteil an regionalen Sortimenten
Sortiments-pflege	zentral	zentral mit Modifikationen in den Filialen	zentral und dezentral
Beschaffungs-politik	zentral	zentral und dezentral	zentral und dezentral
Preispolitik	zentral	zentral	zentral und dezentral
Preispflege	zentral	i. d. R. zentral, fallweise Modifikationen in der dezentralen Einheit	zentral und dezentral
Warenbezug	In Abhängigkeit vom Sortimentsbereich vom eigenen Zentral- und Regionallager oder per Streckengeschäft direkt vom Lieferanten[51]		
	überwiegend Eigen-belieferung	gemischte Eigen-/ Streckenbelieferung	überwiegend Streckenbelieferung
DV- Unter-stützung	POS, Kassensystem	FWWS, POS	POS, FWWS, Remote
Mögliche Betriebstypen[52]	Discounter, Supermarkt	Verbrauchermarkt, (SB-)Warenhaus	Warenhaus, Fachgeschäft, Verbundgruppe mit SEH
Exemplarische Unternehmen[53]	Combi/Friz, Penny-Markt, Aldi, Lidl	Interspar, Extra, Famila, WMF AG, Edeka, Interspar-Filialen, HL, minimal, inkoop, SEH der REWE-Gruppe[54]	EK Großeinkauf eG, Soenneken eG, Ihre Kette[55], toom, Karstadt, Markant Großflächen[56], SEH der REWE-Gruppe[57]

Tab. 4.1: Strukturmerkmale der Szenarios

---

[51] Eine Unterscheidung nach der Art der Warenversorgung, wie z. B. Glunz (1991) sie vornimmt, ist für die Wahl der Szenarios hier nicht geeignet, da die Belieferung vom Zentrallager oder über Strecke sehr stark von der Ware geprägt wird. In der Tendenz kann festgestellt werden, daß die direkte Belieferung durch den Lieferanten zu präferieren ist, je größer eine dezentrale Einheit ist. Zu den Artikeln, die regelmäßig über Strecke geliefert werden, gehören z. B. Backwaren, Getränke und Printmedien.

[52] Die Einteilung nach dem Betriebstyp ist in der Literatur und Praxis häufig anzutreffen, erhebt jedoch nicht den Anspruch auf Vollständigkeit und Allgemeingültigkeit. Vgl. Hertel (1997); Barth (1996), S. 88-102; Glunz (1991); Ausschuß für Begriffsdefinitionen (1982).

[53] Vgl. Altmann (1997); Dönselmann (1996), S. B-2 ff.; Horst (WWS) (1994); o. V. (1991).

[54] Die von der REWE-Gruppe versorgten selbständigen Einzelhändler (SEH) sind nicht eindeutig der Kategorie Szenario C zuzuordnen - je nach Vorstellung des Filialleiters kommt ein eigenständiges FWWS zum Einsatz, das von der Zentrale mit Daten versorgt wird. Daneben sind aber auch noch SEH anzutreffen, welche reine Kassensysteme im Einsatz haben und die Dienstleistungen der Zentrale nur rudimentär in Anspruch nehmen (Gespräch mit Herrn König, REWE-Informations-Systeme GmbH, am 28.10.1997).

[55] Vgl. Horst (WWS) (1994).

[56] Vgl. Horst (WWS) (1994).

[57] Vgl. Fußnote 54.

4.1.5 Auswahl der Informationsflüsse

Informationsflüsse finden innerhalb der Wertschöpfungskette vom Lieferanten über das Handelsunternehmen mit Zentrale und Filiale bis hin zum Kunden und anderen Geschäftspartnern (Finanz- und Informationsdienstleister, Spediteure etc.) statt (vgl. Abb. 4.7).

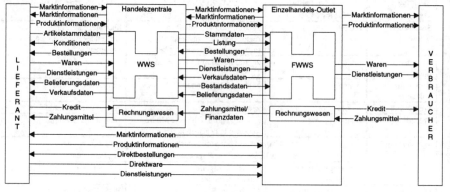

In Anlehnung an Ahlert (1997), S. 10.

Abb. 4.7: Informationsaustausch zwischen den Marktpartnern

Aus der Vielzahl der in Abb. 4.7 skizzierten Informationsströme wird die Auswahl der hier zu untersuchenden Informationsflüsse durch die ausgewählten Szenarios einerseits und durch die Eingrenzung des Themas auf die Interdependenzen zwischen WWS und externem Rechnungswesen andererseits beschränkt. Es werden daher zum einen Informationsflüsse betrachtet, die in der Beziehung Zentrale zu dezentraler Einheit auftreten, da gerade diese in der Literatur bisher nicht hinreichend betrachtet wurden. Zum anderen sind diejenigen Informationsflüsse für die Untersuchung auszuwählen, die entweder direkt oder auch indirekt an den Schnittstellen zwischen Warenwirtschaftssystem und Rechnungswesen auftreten. *Direkte* Informationsflüsse sind anzutreffen, wenn Informationen unmittelbar zwischen Funktionen beider Informationssysteme ausgetauscht werden; *indirekte* Informationsflüsse haben einen mittelbaren Einfluß auf das andere Informationssystem, sind aber nicht unmittelbar miteinander gekoppelt.

Ein Beispiel für einen indirekten Informationsfluß ist der Bestandszugang in der Filiale. Der Wareneingangsbeleg wird vom Funktionsbereich Wareneingang der Filiale an den Wareneingang der Zentrale übermittelt, um ihn dort der Erfassung im WWS zuzuführen. Als indirekter Informationsfluß tritt anschließend die Weitergabe der Bestandsdaten an die Hauptbuchhaltung auf, die nicht direkt vom Wareneingang der Filiale zur Hauptbuchhaltung, sondern über den Wareneingang der Zentrale erfolgt.

Aufgrund der dargelegten Fokussierung werden folgende, in Tab. 4.2 aufgeführte, für die Durchführung des Beschaffungs- und Distributionsprozesses notwendigen Informationsflüsse zwischen den Funktionsbereichen untersucht. Die das Rechnungswesen tangierenden Informationsflüsse des Lagerprozesses, hier die Bestandsführung, Inventurdurchführung, Umlagerung und Umbuchung, werden unter die Funktionsbereiche Wareneingang und Warenausgang subsumiert. Die Weiterbearbeitung der übermittelten Informationsflüsse wird näher erläutert, wenn es für das Verständnis des Informationsflusses von Bedeutung ist.[58]

Obwohl die Informationsflüsse sowohl des Beschaffungs- als auch des Distributionsprozesses auf Einzelhandels- und Großhandelsebene (Zentrallager) grundsätzlich ähnlich sind, wird in den folgenden Ausführungen vor allem auf die Informationsflüsse in der Zentrale-Filiale-Beziehung eingegangen.[59] Die Informationsflüsse des Distributionsprozesses der Großhandelsstufe werden aufgrund der abweichenden Abläufe in Kap. 4.3.8 zusammenfassend dargestellt.

Beschaffungsprozeß		Distributionsprozeß	
Informationsfluß	Kap.	Informationsfluß	Kap.
innerhalb der Stammdatenverwaltung			4.2.1
zwischen Disposition und Wareneingang sowie innerhalb des Wareneingangs	4.2.2	zwischen Verkauf und Debitorenbuchhaltung	4.3.1
zwischen Wareneingang und - Rechnungsprüfung - Hauptbuchhaltung	4.2.3 4.2.4	zwischen Warenausgang und - Fakturierung - Hauptbuchhaltung	4.3.2 4.3.3
zwischen Rechnungsprüfung und - Kreditorenbuchhaltung - Hauptbuchhaltung	4.2.5 4.2.6	zwischen Fakturierung und - Debitorenbuchhaltung - Hauptbuchhaltung	4.3.4 4.3.5
Zwischen Kreditorenbuchhaltung und Hauptbuchhaltung	4.2.7	zwischen Debitorenbuchhaltung und Hauptbuchhaltung	4.3.6
bei der Abwicklung nachträglicher Vergütungen	4.2.8	bei der Leergutabwicklung auf der Großhandelsstufe	4.3.7 4.3.8
bei der Spannenberechnung			4.3.9

Tab. 4.2: Übersicht über die analysierten Informationsflüsse

In den einzelnen Unterkapitel wird der betriebswirtschaftliche Hintergrund der Informationsflüsse zuerst allgemein beschrieben und in einem Informationsflußmodell dargestellt, in dem die einzelnen Informationsflüsse nach Szenarios getrennt angegeben werden.[60] Anschließend wird auf die Szenarios gesondert eingegangen und die Ausprägungen der Informationsflüsse in Tabellenform zusammengefaßt. Weist der Informationsfluß außerdem in Abhängigkeit von der DV-Unterstützung der Szenarios Unterschiede auf, so wird auf die sich dadurch ergebenden Besonderheiten eingegangen. Im Anhang werden die Informationsflüsse zusammenfassend in einer Gesamtdarstellung aufgenommen.[61]

---

[58] Für die Beschreibung einzelner *Funktionen* sei auf die Literatur, insbesondere auf Becker, Schütte (1996), Kap. 5, verwiesen.

[59] Vgl. dazu die Ausführungen von Hertel (1997), S. 146-166, zur operativen Einheit. Dort wird die Generalisierung derjenigen betrieblichen Einheiten, die Warenbewegungen vornehmen, vorgestellt.

[60] Aus Gründen der Übersichtlichkeit werden innerhalb der Informationsflußmodelle nicht stets alle Funktionen des Funktionsbereichs angegeben. Des weiteren werden Funktionen, die für den jeweils dargestellten Informationsfluß eine untergeordnete Bedeutung haben, mit grauer Farbschattierung hinterlegt.

[61] Vgl. Anhang B.

Die Informationsflüsse im Rahmen der Leergutabwicklung und der Spannenberechnung stellen besondere Problemfelder dar, da sie mehrere Funktionsbereiche tangieren. Sie werden in Kapitel 4.3.7 und 4.3.9 gesondert behandelt.

4.2 Informationsflüsse des Beschaffungsprozesses

Die Informationsflußanalyse verfolgt in dieser Arbeit vor allem die Zwecke der Dokumentation der Informationsbeziehungen zwischen den Funktionsbereichen. Die vollständige Beschreibung der Informationsflüsse ist die Grundlage für die Ableitung von Empfehlungen zur Schnittstellengestaltung zwischen den Informationssystemen.[62]

Der Schwerpunkt der Analyse liegt insbesondere auf der deskriptiven Darstellung der common practice in mehrstufigen Handelsunternehmen, auf dessen Grundlage Aussagen über die best practice abgeleitet werden. Die in der Praxis beobachteten Informationssysteme stellen in vielen Fällen bereits die best practice dar und können dann als normative Gestaltungsempfehlungen gelten.[63] Im Rahmen der nachfolgenden Analyse wird jeweils auf die Ist-Situation in Handelsunternehmen eingegangen und ggf. auf die best practice verwiesen. Einschränkend ist jedoch zu bemerken, daß die „[...] best practice im Sinne der [...] besten beobachtbaren Lösung nicht zugleich die beste Lösung im Hinblick auf die jeweiligen Unternehmensziele sein muß."[64] Die best practice für ein bestimmtes Unternehmen ist nur vor dem Hintergrund der individuellen Organisationsform, der zur Verfügung stehenden DV-Unterstützung und der Bedeutung der betrachteten Funktionen für das Unternehmen bestimmbar. Insofern können die hier gemachten Empfehlungen nur Ansatzpunkte sein, wie eine effizientere Informationsflußgestaltung für die geschilderten Szenarios aussehen könnte.

Im Kapitel 2.2 wurden bereits die einzelnen Funktionsbereiche des Beschaffungsprozesses vorgestellt. Im folgenden werden die Funktionen Listung, Ordersatzerstellung und Disposition, bei denen Informationsflüsse von der Zentrale (Funktionsbereich Einkauf) an die Filiale (Funktionsbereich Disposition) stattfinden, nur am Rande betrachtet, da keine originären Schnittstellen zum Rechnungswesen betroffen sind.[65]

---

[62] Vgl. dazu die Ausführungen in Kap. 3.2.
[63] Vgl. dazu Buhl (1997), S. 640; Arthur Andersen (1997); European Software Institute (1997).
[64] Reitwiesner, Will (1997), S. 640.
[65] Becker, Schütte (1996), S. 199 f., nennen als Informationsfluß zwischen Disposition und Kreditorenbuchhaltung die *Lieferantenrollen für die Kosten-Rechnungen* und als Informationsfluß zwischen Disposition und Hauptbuchhaltung die *Berücksichtigung von bei der Disposition entstehenden Beschaffungs- und Beschaffungsnebenkosten* bei der Bewertung der Aktiva. Letzterer wird hier nach der tatsächlichen Entstehung des Informationsflusses der Beziehung zwischen Rechnungsprüfung und Hauptbuchhaltung zugeordnet, da nach der Prüfung der Eingangsrechnungen die Bestandszugänge auf den Sachkonten gebucht werden.

4.2.1 Informationsfluß im Rahmen der Stammdatenverwaltung

4.2.1.1 Informationsfluß innerhalb der Zentrale

Die Informationsflüsse im Rahmen der Stammdatenverwaltung zwischen den Funktionsbereichen der Zentrale sind vielfältig. Sie betreffen die Funktionsbereiche Einkauf, Marketing und Verkauf der Warenwirtschaft und die Funktionsbereiche Debitoren-, Kreditoren- und Hauptbuchhaltung des externen Rechnungswesens.

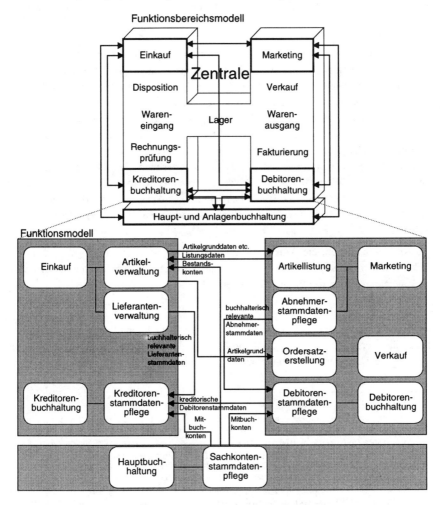

Abb. 4.8:   Informationsflußmodell Stammdaten innerhalb der Zentrale

Zwischen dem Funktionsbereich Einkauf und dem Funktionsbereich Marketing findet ein Informationsfluß im Rahmen der Listung der Artikel statt. Das Marketing benötigt für die Abnehmer die Artikelstammdaten, die der Einkauf vom Lieferanten erhält. Andererseits ist der Einkauf für die Lieferantenverhandlungen im Rahmen des Beschaffungsmarketing auf detaillierte Listungsinformationen aus dem Marketing angewiesen.[66] Da es sich bei diesen Informationsflüssen um reine WWS-interne Interdependenzen handelt, die keinerlei Auswirkungen auf Funktionen des Rechnungswesens haben, wird auf eine weitere Detaillierung der Beschreibung hier ebenfalls verzichtet.[67]

Informationsflüsse bezüglich der Stammdaten für Lieferanten und für Abnehmer sind vom Einkauf und vom Marketing bzw. Verkauf zum Rechnungswesen (Kreditoren- und Debitorenbuchhaltung) in beiden Richtungen möglich.

1. Artikelstammdaten

Die Anlage und Änderung neuer Artikel wird unabhängig vom Szenario üblicherweise zentral durch die Organisationseinheit Einkauf vorgenommen.[68] Hier bietet sich in erster Linie der Stammdatenpool SINFOS der CCG an.[69] Nicht selten werden Artikelstammdaten auch von den Produzenten bilateral in elektronischer Form zur Verfügung gestellt.[70] Die Artikelstammdaten bilden den Kern der Anwendungssysteme der Warenwirtschaft. Zu den einzelnen Bereichen der Artikelstammdatenverwaltung gehören die Grunddaten (interne Artikelnummer, Artikelauszeichnung, z. B. durch EAN[71]- oder UPC[72]- Strichcode; Artikelbezeichnung), Beschaffungsdaten (Liefertermine, Bestelleinheit etc.), Lagerdaten (logistische Informationen wie Größe, Volumen, Gewicht, Packeinheit, Haltbarkeit etc.) und Distributionsdaten (z. B. Verkaufseinheit).[73] Weiterhin sind Bezugsnachweise und die dazugehörigen Konditionen (Bezugskonditionen und Verkaufspreise) von Bedeutung.

Die Artikelgrunddaten, die Artikelbeschaffungsdaten und die Bezugswege werden vom Einkauf an den Funktionsbereich Marketing und Verkauf für die Erstellung der Listungsunterlagen und Ordersätze für die Abnehmer übergeben.

2. Lieferantenstammdaten

Bei der Lieferantenstammdatenpflege empfiehlt sich generell eine Integration der Stammdaten, die es ermöglicht, daß die Funktionsbereiche des WWS und des Rechnungswesens auf dieselbe Datenbasis, ggf. unterteilt in unterschiedliche Sichten, zugreifen können.

---

[66] Vgl. zum Beschaffungsmarketing u. a. Hansen (1990), S. 479 ff.
[67] Vgl. dazu ausführlicher Becker, Schütte (1996), S. 170.
[68] Vgl. z. B. für den Lebensmitteleinzelhandel Horst (WWS) (1994), S. 21.
[69] Vgl. CCG (1997); Olbrich (1997), S. 139 f.; Stahlknecht, Hasenkamp (1997), S. 404 f.; Zentes, Exner, Braune-Krickau (1989), S. 155 ff.; Zentes (1988), S. 61. Praxisberichte über den Einsatz von SINFOS sind zu finden bei Emons (1993): Markant GmbH; o. V. (SINFOS) (1993): Nestlé AG, Edeka Zentrale AG, REWE-Zentral AG; o. V. (1991): Nürnberger Bund eG, EK Großeinkauf eG.
[70] Diese Verfahrensweise ist im Rahmen der ECR-Konzepte sehr aktuell. Vgl. allgemein zu ECR Wiezorek (1998); Biehl (1997); Coopers & Lybrand (1997); Töpfer (1996); Hagen (1995); Friedrich, Hinterhuber, Rodens (1995); o. V. (EANCOM) (1995); Töpfer (1995).
[71] Vgl. Trommsdorff, Fielitz, Hormuth (1988), S. 184; Schinnerl (1986), S. 125; Rautenberg (1983); o. V. (1979), S. 10 f.
[72] Vgl. zum Einsatz des Univeral Product Codes (UPC) o. V. (1993); Achabal, McIntyre (1987), S. 321.
[73] Vgl. zu den einzelnen Attributen ausführlich Becker, Schütte (1996), S. 142 ff.; Sova, Piper (1985), S. 90 ff.

Angesichts der historischen Entwicklung von Insellösungen für WWS und Rechnungswesen ist häufig eine in den Anwendungssystemen voneinander abweichende Lieferantennumerierung zu konstatieren.[74] Hier ist das Ziel einer einheitlichen Numerierung, möglichst einer nicht-sprechenden Nummer, zu verfolgen.[75] Diese Stammsatznummer sollte vom Anwendungssystem bei der Stammsatzanlage automatisch vergeben werden (interne Nummernvergabe).[76]

Von organisatorischer Seite ist zu klären, an welcher Stelle bzw. in welchem Anwendungssystem welche Stammdaten zu den Lieferanten und Kreditoren gepflegt werden.[77] Es ist zu unterscheiden zwischen den konfliktären Zielen der Eliminierung von Schnittstellen und der Erhaltung funktionaler Kompetenz.

Eliminierung von Schnittstellen

Generell ist dem Grundsatz zu folgen, Daten an der Stelle zu erfassen, wo sie im Unternehmen zum ersten Mal anfallen.[78] Zu fordern ist daher eine Daten- *und* Funktionsintegration der Stammdatenpflege, um Mehrfacherfassungen zu vermeiden. Weiterhin werden Übertragungsfehler, die bei manuellen Mitteilungen und bei der Weitergabe von handschriftlichen Daten entstehen können, vermieden.[79] Das Befolgen dieser Maxime hat zur Konsequenz, daß der Einkauf alle Grunddaten des Lieferantenstammsatzes pflegt, da er i. d. R. im Rahmen der Listungsverhandlungen den ersten Kontakt mit dem Lieferanten hat.

Erhaltung der funktionalen Kompetenz

In der Praxis erfolgt in einigen Fällen die Vergabe der Kreditorennummer im Rechnungswesen. Dadurch soll verhindert werden, daß Ware bei einem Lieferanten bestellt wird, der in der Buchhaltung noch nicht angelegt ist und dessen Rechnung aus diesem Grunde nicht bezahlt werden kann. Es kann außerdem beispielsweise aus Sicherheitsüberlegungen erforderlich sein, die Daten zur Bankverbindung des Lieferanten nur von einem Mitarbeiter der Buchhaltung pflegen zu lassen, um Manipulationen vorzubeugen.

Diese Vorgehensweise bedeutet eine funktionsbereichsbezogene Pflege der Daten. In einem Lieferantenstammsatz können neben den allgemeinen Daten (Lieferantennummer,

---

[74] Die Abwicklung wird zusätzlich verkompliziert, wenn neue Vertriebsschienen bzw. neue Firmen in das mehrstufige Handelsunternehmen eingegliedert werden und dadurch zusätzliche Lieferantennummernsysteme integriert werden müssen. Siehe dazu weiter Hertel (1997), S. 87.

[75] Unter einer nicht-sprechenden Nummer ist eine eindeutig identifizierende Nummer zu verstehen, die nur aus einem Identifikations- und ggf. aus einem Prüfteil besteht, aber nicht zur Klassifikation des Objekts benutzt wird. Für die Klassifizierung von Lieferanten sind andere Stammsatzfelder zu verwenden. Vgl. zu Lösungsansätzen für Nummernsysteme z. B. Wiendahl (1989), S. 123 ff.; Grupp (1987), S. 86 ff.

[76] Eine interne Nummernvergabe hat den Vorteil, daß der Bearbeiter die Fortschreibung der offenen Nummern nicht nachhalten muß (in der Praxis werden dafür häufig Paginierungsstempel verwendet, die einen weiteren Arbeitsschritt bei der Bearbeitung des Beleges erfordern), vgl. Schulte, Rosemann, Rotthowe (1994), S. 216.

[77] Zur Begriffsunterscheidung von Lieferant und Kreditor vgl. Kap. 2.2.2.

[78] Vgl. Petri (1990), S. 8 ff.

[79] REBLIN diskutiert die Schwächen der manuellen Weitergabe unter dem Begriff der partiellen Organisation von Datenverarbeitungsfunktionen, vgl. Reblin (1986), S. 6.

ILN/bbn[80], Name, Anschrift) z. B. Sichten des Einkaufs, des Lagers, der Disposition und der Buchhaltung unterschieden werden.[81] Als Beispiel sei das SAP R/3-System angeführt, in dem Daten auf unterschiedlichen Ebenen für die verschiedenen Funktionsbereiche gepflegt werden können.[82] Dadurch lassen sich auch Berechtigungsfragen lösen. Nicht alle diese Daten können aus den Angaben des Einkaufs ermittelt werden; die Kompetenz für die Pflege der funktionsbezogenen Daten liegt in den Fachabteilungen. Ferner können sich die einzelnen Sichten auf unterschiedlichen organisatorischen Ebenen befinden bzw. die Daten für verschiedene Vertriebsschienen oder Firmen abweichend sein. Beispielsweise sind die Einkaufsdaten im Fall einer zentralen Organisationseinheit Einkauf für das gesamte mehrstufige Handelsunternehmen gültig, die Buchhaltungsdaten können jedoch je angeschlossener Vertriebsschiene divergieren.[83] Daher kann es sinnvoll sein, die Anlage und Pflege der Stammdaten durch die beteiligten Funktionsbereiche nacheinander durchführen zu lassen und filialspezifische Daten u. U. von den Betriebsstätten selbst pflegen zu lassen (insbesondere bei Szenario B und C).

Inhalt des Informationsflusses	Ausprägungen
Kurzbeschreibung	Lieferantenstammdaten: Neuanlage und Pflege; WWS-RW
Sender / Empfänger	Einkauf / Kreditorenbuchhaltung
Bestandteile	Lieferantenstammsatz
Eigenschaft der Daten	Nutzdaten: Stammdaten für Kreditorenkontenpflege; Kontrolldaten: Anstoß der Pflege des buchhalterischen Teils des Stammsatzes
Wertigkeit	
Informationsrelevanz für die beteiligten Funktionen	mittel
Auswirkung auf weitere FB	kreditorische Zahlungsabwicklung, Hauptbuchhaltung (Buchung auf Mitbuchkonten)
Aktualitätsanforderung	mittel
Periodizität	real-time bzw. täglich
Informationsvolumen	niedrig bis mittel, je nach Anzahl der anzulegenden, geänderten oder zu löschenden Lieferantenstammsätze
Form des Informationsflusses	
Informationsart	strukturiert; Stammdaten
Art der Übertragung	DV-gestützt offline (batch), DV-gestützt online
Aggregationsebene	-

Tab. 4.3: Details des Informationsflusses Lieferantenstammdaten innerhalb der Zentrale[84]

---

[80] bbn = bundeseinheitliche Betriebsnummer zur Identifikation eines Herstellers. Die bbn ist Bestandteil jeder EAN. Vgl. Hallier (1992), S. 112. Sie wurde ersetzt durch den internationalen Standard der Internationalen Lokationsnummer (ILN), vgl. Hertel (1997), S. 112 ff.; o. V. (ILN) (1995), S. 6.
[81] Vgl. Becker, Schütte (1996), S. 151 und S. 158 f.
[82] Vgl. SAP (1997), S. 3-10 ff.
[83] So die Aussage von Herrn Vielhaber, J. F. Bremke & Hoerster GmbH & Co.KG, Arnsberg, in einem Gespräch am 17.11.1997.
[84] Vgl. zu den einzelnen Merkmalen die Ausführungen im Kap. 3.6.

Für dieses strukturierte Vorgehen bietet sich auch eine Workflow-Unterstützung an, bei der der Arbeitsschritt „Pflege der Stammdaten" an die zuständigen Fachbereiche weitergeleitet wird.[85]

3. Abnehmerstammdaten

Die Aussagen über das Nummernsystem von Kreditorenkonten gelten entsprechend für die Abnehmerseite. Dabei sind die Stammdaten für Kunden der dezentralen Einheiten von den Stammdaten der Einzelhändler, die als Kunde der Zentrale bzw. des Großhandels auftreten, zu unterscheiden.[86]

Inhalt	Ausprägungen
Kurzbeschreibung	Abnehmerstammdaten: Neuanlage und Pflege; WWS-RW
Sender / Empfänger	Marketing, Verkauf / Debitorenbuchhaltung
Bestandteile	Abnehmerstammsatz
Eigenschaft der Daten	Nutzdaten: Stammdaten für Debitorenkontenpflege; Kontrolldaten: Anstoß der Pflege des buchhalterischen Teils des Stammsatzes
Wertigkeit	
Informationsrelevanz für die beteiligten Funktionen	mittel
Auswirkung auf weitere FB	debitorische Zahlungsabwicklung, Hauptbuchhaltung (Buchung auf Mitbuchkonten)
Aktualitätsanforderung	mittel
Periodizität	real-time bzw. täglich
Informationsvolumen	niedrig bis mittel, je nach Anzahl der anzulegenden, geänderten und zu löschenden Abnehmerstammsätze
Form	
Informationsart	strukturiert; Stammdaten
Art der Übertragung	DV-gestützt offline (batch), DV-gestützt online
Aggregationsebene	-

Tab. 4.4: Details des Informationsflusses Abnehmerstammdaten innerhalb der Zentrale

Die Pflege der Abnehmerstammdaten ist typischerweise im Vertrieb angesiedelt. Findet beispielsweise das Neukundengeschäft bzw. die Akquisition ebenfalls in der dezentralen Einheit statt, ist es erforderlich, der Filiale die Anlage und Pflege von Abnehmerstammsätzen zu gestatten, um eine schnelle Abwicklung in der dezentralen Einheit zu ermöglichen. Bei Kundenkarten mit Kreditfunktion wird i. d. R. vor der Bewilligung und Ausgabe der Karte der Vertrieb in der Zentrale eingeschaltet, um Auskünfte über den Antragsteller einzuholen und Kreditrisikobewertungen vorzunehmen. Daher bietet sich die zentrale Pflege der Abnehmerstammdaten an. Die für das Rechnungswesen relevanten Stammdaten des Abnehmerstammsatzes umfassen vor allem Daten zu Bankverbindungen, Zahlungsweise, Bonität und zum Mahnwesen. Der Zugriff auf diese Daten sollte durch entsprechende Berechtigungskonzepte auf bestimmte Mitarbeiter der Buchhaltung

---

[85] Vgl. zur Unterstützung der Stammdatenpflege durch Workflow-Management-Systeme (WMS) und andere Anwendungsbeispiele von WMS Jablonski, Böhm, Schulze (1997), S. 429-483; Österle, Vogler (1996); Thiel (1995).
[86] Zusammenfassend werden beide als Abnehmer bezeichnet, vgl. Becker, Schütte (1996), S. 265.

beschränkt werden, um dem Key-Account-Gedanken Rechnung zu tragen[87] und die Gefahr von Unregelmäßigkeiten zu reduzieren.

4. Sachkontenstammdaten

Neben den Stammdaten für Artikel, Lieferanten und Abnehmern benötigen die Funktionsbereiche Einkauf, Verkauf, Debitoren- und Kreditorenbuchhaltung aus der Hauptbuchhaltung Sachkonteninformationen. Diese betreffen die Pflege von Zuordnungstabellen bezüglich der späteren Übermittlung von Bewegungsdaten an das Rechnungswesen.

Abb. 4.9: Exemplarische Ableitung von Kontierungsinformationen im R/3-System

In den Artikelstammdaten wird eine Zuordnung zu einem Kontierungsobjekt eingetragen, damit bei der Zugangsbuchung das richtige Bestandskonto in den Buchungssatz für die Hauptbuchhaltung übermittelt wird. Um den Pflegeaufwand zu vermindern, wird in manchen Handelsunternehmen die Zuordnung zu einem Kontierungsobjekt nicht am Artikel, sondern an der Warengruppe festgemacht. Es erscheint grundsätzlich nicht empfehlenswert, direkt im Artikelstammsatz eine Kontonummer des Rechnungswesens zu hinterlegen, denn bei Änderungen der Kontonummern im Rechnungswesen oder Reorganisationsmaßnahmen müßten in diesem Fall zu viele Artikelstämme geändert werden. Sinnvoller erscheint die Verwendung von Referenzschlüsseln, wie das z. B. im SAP R/3-System der Fall ist (vgl. Abb. 4.9).[88] Jeder Artikel wird einer sogenannten Bewertungs-

---

[87] Unter dem Key-Account-Gedanken ist hier die Betreuung eines Abnehmers durch *einen* Sachbearbeiter zu verstehen. Vgl. allgemein zum Key-Account-Management Meffert (1998), S. 991 ff.

[88] Vgl. dazu die Dokumentation der Kontenfindung des R/3-Systems in SAP (1996), Abschnitt Einführungsleitfaden - MM - Bewertung und Kontierung.

klasse zugeordnet, über die in Kombination mit dem für die Organisationseinheit vorgesehenen Kontenplan und den Vorgangsschlüsseln aus der Art der Warenbewegung die Konten des Rechnungswesens zugewiesen werden. Änderungen aus dem Rechnungswesen sind somit nur in der Kontenfindungstabelle durchzuführen. Ferner können die Artikeldaten für Firmen mit anderen Kontenplänen ebenfalls genutzt werden, ohne daß der Artikelstammsatz geändert werden muß.

Weitere Sachkonteninformationen werden in der Kreditoren- und Debitorenbuchhaltung für die Zuordnung von Konten zu Mitbuchkonten des Hauptbuches und für die Nutzung von Aufwands- und Ertragskonten für die DV-gestützte Bearbeitung nachträglicher Vergütungen, Verzinsungsberechnungen etc. benötigt. Die Sachkonten werden von der Hauptbuchhaltung bereitgestellt. Zwischen Kreditoren- und Debitorenbuchhaltung sind Stammdaten auszutauschen, wenn für bestimmte Geschäftsvorfälle, beispielsweise die Buchung nachträglicher Vergütungen als Forderungen gegenüber den Lieferanten, Debitorenkonten benötigt werden.

4.2.1.2 Informationsfluß zwischen Filiale und Zentrale

In Abb. 4.10 wird der Informationsfluß zwischen Filiale und Zentrale für die Stammdatenverwaltung im Überblick dargestellt.

1.Informationsfluß von der Zentrale zur Filiale

Szenario A

Im allgemeinen werden bei einer zentralen Organisation in der Filiale keine Artikelstammdaten im oben beschriebenen Umfang benötigt. Die Disposition erfolgt am Regal und die Bestellung erfolgt per MDE-Gerät anhand des Ordersatzes, der die Artikelnummer, den Barcode und den Lieferanten enthält.[89] In den Kassensystemen werden Informationen über die Kassenwarengruppen für die Belegung der Erfassungstasten des Warenausgangs benötigt. Für die Kassierer/innen muß, z. B. aus einer Kennzeichnung des Warenetiketts, ersichtlich sein, welcher Kassenwarengruppe[90] der Artikel angehört.[91] Diese Informationen werden i. d. R. manuell nach Anweisung aus der Zentrale in den Kassen geändert. Weiterhin müssen den Filialen Änderungen der Artikelverkaufspreise mitgeteilt werden, damit die Preisauszeichnung der Ware entsprechend angepaßt werden kann. Häufig erhält die Filiale dazu Änderungslisten oder bereits vorgedruckte Regaletiketten für die geänderten Artikel.

---

[89] Vgl. Dönselmann (1996), B-1 ff. Zur Nutzung des Ordersatzes in kooperativen Gruppen vgl. z. B. Schminke (1981), S. 66 ff.
[90] Die Kassenwarengruppe repräsentiert das Bezugsobjekt, das in Kap. 3.6.4 eingeführt wurde.
[91] Bei Filialsystemen mit kleineren Sortimenten (bis 2.000 Artikel) ist es sogar üblich, daß das Kassierpersonal die drei- oder vierstelligen Artikelnummern auswendig beherrscht (z. B. bei ALDI).

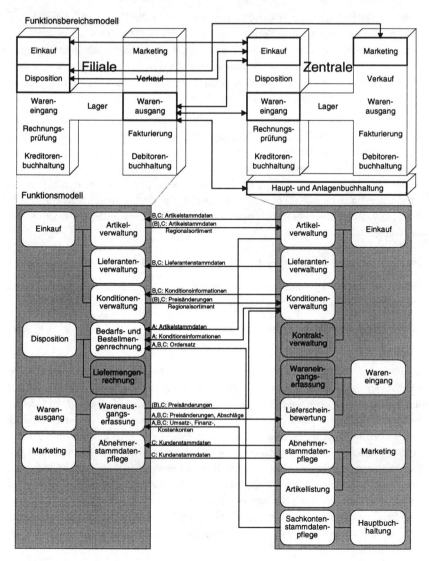

Abb. 4.10: Informationsflußmodell Stammdaten zwischen Filiale und Zentrale

Szenario B

Listungsinformationen und Artikelstammdaten (inkl. Konditionen) werden per Download an das Kassensystem bzw. FWWS der Filiale übergeben. Dabei werden nur diejenigen Stammdaten zum Transfer herangezogen, die für die Filiale gelistet sind. Um den Datentransfer so effizient wie möglich zu gestalten, sollten nur neue und gegenüber dem vorherigen Stand geänderte Sätze übertragen werden.

Beispiel: In den Filialen der WMF AG ist das gesamte Sortiment mit einem verkürzten Artikelstamm gespeichert. Es werden täglich Stammdatenneuanlagen und -änderungen in die Filialen übertragen und im Gegenzug die Verkaufs- und Buchhaltungsdaten aus der Kasse abgerufen. Die technische Abwicklung erfolgt durch automatische Anwahl der Filialen aus dem zentralen DFÜ-Rechner. Auf diese Weise stehen der Zentrale am nächsten Morgen tagesaktuelle, artikel- und filialgenaue Daten zur Verfügung.[92]

Szenario C

Debitorenstammdaten werden im klassischen Einzelhandel nur selten benötigt bzw. erhoben, da der Kunde am Checkout anonym bleibt und die Zahlung sofort erfolgt. Am Checkout fallen somit die Funktionen Warenausgang, Fakturierung und z. T. auch der Debitorenbuchhaltung zusammen (vgl. Abb. 4.11). Die Prozeßobjekte Auftrag, Lieferschein, Rechnung und Zahlung werden durch die Quittung bzw. den Kassenbon repräsentiert.

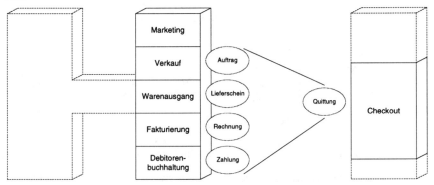

Abb. 4.11: Funktionsbereiche beim Checkout im klassischen Einzelhandel

Die Notwendigkeit zur Differenzierung von den Wettbewerbern macht es erforderlich, daß das Handelsunternehmen über seine Kunden Informationen gewinnt und das Sortiment den Bedürfnissen der Kundschaft anpaßt.[93] Zu den Maßnahmen in diesem Bereich zählt die Einführung von Kundenkarten, die seit Mitte der 80er Jahre stärkere Verbreitung gefunden haben.[94] Je nach Ausprägung der Kundenanbindung ist die Vorhaltung von Kundeninformationen, d. h. Kundenstammdaten und Kontenbewegungen, in der Filiale notwendig.

Daneben werden Debitorenkonten für Kunden mit umfangreicheren und evtl. dauerhaften Geschäftsbeziehungen zum Handelsunternehmen benötigt, z. B. Objektkunden im

---

[92] Vgl. Altmann (1997), S. 406 f.
[93] Vgl. Barrenstein (1998), S. 7, und für verschiedene Stufen der Informationsgewinnung über Kunden Trommsdorff, Fielitz, Hormuth (1988), S. 187 f.
[94] Vgl. dazu stellvertretend für andere Simmet (1993); Tietz (1993), S. 459 ff.; Tietz (Zukunft) (1993), S. 305 ff.; Zur Darstellung praktischer Fälle vgl. Biehl (Boni) (1997); Mohme (1997), S. 313-329. Im Lebensmittelhandel plant beispielsweise die Markant-Gruppe für 1997 die Einführung einer Chip-Kundenkarte, vgl. o. V. (M+M) (1996), S. V.29.

Baumarktbereich, Großkunden, öffentliche Verwaltungen. In manchen Fällen kommt es auch zu vom Endverbraucherpreis abweichenden Konditionen. Diese müssen in der Betriebsstätte bekannt sein und in der Rechnung angegeben werden. Von den Funktionen des Handels-H-Modells nehmen die Fakturierung und die Debitorenbuchhaltung daher wieder an Bedeutung zu (vgl. Abb. 4.12). Das Prozeßobjekt Auftrag spielt eine größere Rolle, wenn z. B. in der Vertriebsschiene Baumärkte Objektkunden bestimmte Baustoffe bestellen müssen; das Prozeßobjekt Rechnung wird benötigt, da die endgültige Bezahlung einer Rechnung erst nach Abbuchung der Forderung vom Konto des Kunden (z. B. im Fall einer Kreditkartenabrechnung) oder nach der Überweisung durch den Kunden erfolgt. Des weiteren ergibt sich ein Bezug zum Marketing für die Analyse des Kundenverhaltens (Data Mining).

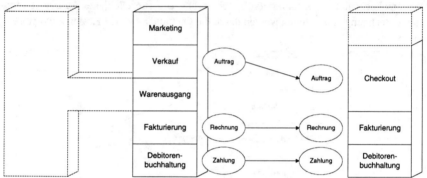

Abb. 4.12: Funktionsbereiche beim Checkout im Einzelhandel mit Kundenkarten

Gewöhnlich sind die Informationen eines Kurz-Stammsatzes (Anschriftsdaten, Zahlungsdaten, ggf. Kreditwürdigkeitsdaten) in der Filiale ausreichend. Wird in der Filiale eine dezentrale Rechnungsprüfung vorgenommen (bei Einsatz eines geschlossenen FWWS), sind außerdem auch Teile des Lieferantenstammsatzes der Zentrale notwendig, insbesondere Anschriftsdaten, Zahlungsmodalitäten (z. B. Zahlungsweise, Zahlungsbedingungen) und Rechnungsprüfungsmodalitäten (z. B. Toleranzen für Rechnungsdifferenzen).[95]

---

[95] Vgl. zur Rechnungsprüfung in dezentralen Einheiten u. a. Hertel (1997), S. 290 f.

Inhalt	A: zentrale Organisation	B: zentral/dezentral	C: dezentrale Organisation
Kurzbeschreibung	Ordersatz, Warengruppenhierarchie; WWS-intern	Artikelstammdaten, -änderungen, Ordersatz; WWS-intern	
Sender / Empfänger	Artikelverwaltung, Konditionenverwaltung des Einkaufs, Artikellistung des Marketing / Disposition Filiale	Artikelverwaltung, Konditionenverwaltung des Einkauf Zentrale / Einkauf, Disposition, Warenausgang Filiale	
Bestandteile	Kassenwarengruppen; Artikelzuordnung zu Erfassungsobjekten; Artikelnummer, Artikelbezeichnung, neuer VK, Gültigkeitszeitraum	Artikelnummer, Artikelbezeichnung, EK, VK etc.[96]	
Eigenschaft der Daten	Nutzdaten: Kassenwarengruppen, Änderungen der Verkaufspreise; Kontrolldaten: Änderungen der Verkaufspreise stoßen eine neue Preisauszeichnung an	Nutzdaten: als Input für Bestellungen, Kassenbon; Kontrolldaten: Änderungen der Verkaufspreise stoßen Druck der Regaletiketten in den Filialen an	
Wertigkeit			
Informationsrelevanz	mittel: Auswirkung auf die Abverkaufserfassung	hoch: Scannersysteme benötigen die aktuellen Konditionen für die Abverkaufserfassung und Preisauszeichnung	
Auswirkung auf weitere FB	Disposition, Wareneingang (Preisauszeichnung), Warenausgang	wie A	wie A, zusätzlich Bestandsführung im FWWS
Aktualitätsanforderung	niedrig: Eine Änderung der Erfassungsobjekte wird i. d. R. nicht innerhalb einer Abrechnungsperiode durchgeführt. hoch: geänderte Preise sollten möglichst taggenau bekannt sein	mittel	wie B
Periodizität	monatlich, bzw. bei Bedarf	täglich	wie B
Informationsvolumen	mittel	mittel	wie B
Form			
Informationsart	strukturiert; Stammdaten	strukturiert; Stammdaten	wie B
Art der Übertragung	manuell	DV-gestützt offline (batch)	wie B
Aggregationsebene	WGR, HWGR, Abteilung	Artikel	wie B

Tab. 4.5: Details des Informationsflusses Artikelstammdaten zur Filiale

Der oben beschriebene Informationsfluß bezüglich der Abnehmerstammdaten an die Filiale ist in Tab. 4.6 detailliert.

---

[96] Vgl. für weitere Attribute des Artikelstammsatzes Becker, Schütte (1996), S. 142 ff.

Inhalt	C: dezentrale Organisation
Kurzbeschreibung	Kundenstammdaten, -änderungen; WWS-intern, WWS-RW
Sender / Empfänger	Abnehmerstammdatenverwaltung Vertrieb, Buchhaltung / Fakturierung Filiale
Bestandteile	Kundennummer, Kundenname, geändertes Datenfeld[97]
Eigenschaft der Daten	Nutzdaten: für Warenausgangserfassung, Rechnungserstellung
Wertigkeit	
Informationsrelevanz	mittel
Auswirkung auf weitere FB	Warenausgang, Debitorenbuchhaltung
Aktualitätsanforderung	mittel
Periodizität	täglich
Informationsvolumen	mittel: je nach Anzahl der geänderten Stammsätze
Form	
Informationsart	strukturiert; Stammdaten
Art der Übertragung	DV-gestützt offline (batch)
Aggregationsebene	-

Tab. 4.6: Details des Informationsflusses Abnehmerstammdaten zur Filiale

Unabhängig vom Szenario findet ein weiterer Informationsfluß von der Hauptbuchhaltung an die Filiale statt, um dem Funktionsbereich Warenausgangserfassung Informationen über zu nutzende Umsatz-, Finanz- und Aufwandskonten zur Verfügung zu stellen.[98] Der Unterschied zwischen den Szenarios wird erst durch die Betrachtung der Abwicklung der Kassenabrechnung deutlich.[99] In Szenario A wird ein manueller Kassenbericht ggf. auf einem von der Hauptbuchhaltung vorgegebenen Formular erstellt, das bereits die notwendigen Konteneinträge besitzt und anschließend in der Buchhaltung als Buchungsbeleg verwendet werden kann. In den Szenarios B und C sind in den Kassensystemen bzw. im FWWS Tabelleneinträge bezüglich der Verknüpfung der Kassendaten und den daraus abzuleitenden Sachkonten der Buchhaltung einzustellen.

2. Informationsfluß von der Filiale zur Zentrale

Szenario A

Ein wesentlicher Informationsfluß von der Filiale zur Zentrale ist die Übermittlung von Preisänderungen, die von der Filiale vorgenommen werden. Dieser Fall tritt z. B. ein, wenn in der Filiale Artikel abweichend von der zentralseitig festgelegten Kondition verkauft werden sollen (Durchführung einer Aktion) bzw. müssen (wenn beispielsweise der Artikel beschädigt ist oder das Mindesthaltbarkeitsdatum abgelaufen ist). Die Information über diese Preisänderung muß in der zentralen Bestandsführung nachvollzogen

---

[97] Im stationären Einzelhandel können zu den Abnehmerstammdaten folgende Attribute gehören: Abnehmernummer, Name/Firma, Rechnungsanschrift, Lieferanschrift, Bankverbindung, Zahlungsweise, Kreditmanagementdaten, zuständiger Sachbearbeiter etc. Im Cash-and-Carry-Großhandel sind ggf. weitere Daten interessant, die für Vertriebs- und Logistikzwecke benötigt werden, vgl. Becker, Schütte (1996), S. 270 f.

[98] Dieser Informationsfluß findet nur bei Bedarf statt (z. B. bei Einführung einer neuen Warengruppe, Änderung der Aggregationsstufe der Buchungen in der Hauptbuchhaltung, Reorganisation des Kontenplans). Daher wird keine eigene Tabelle mit den Ausprägungen der Informationsflußmerkmale aufgestellt.

[99] Vgl. dazu Kap. 4.3.3 und 4.3.5.

werden, damit die Auswertungen zur Wareneingangsspanne stimmig sind.[100] Da die Abverkäufe nur wertmäßig auf der Ebene der Warengruppe oder höher erfaßt werden, ist der gewährte Preisabschlag der Filiale bereits im verminderten Umsatz enthalten. Für die Berechnung der WE-Spanne in der Zentrale muß der Warenbestand der betreffenden Warengruppe bzw. Abteilung zu VK um die Preisveränderung reduziert werden.[101] Dazu wird in der Filiale die Anzahl der ermäßigt abgegebenen Artikel mit dem Abschlagsbetrag multipliziert. Der Informationsfluß erfolgt häufig über manuell zu beschriftende Erfassungsformulare, die in der Zentrale in das WWS eingegeben werden.[102]

Szenario B

Die Vorgehensweise in Szenario A beschreibt die common practice für Filialen mit geringer DV-Unterstützung. Abweichend von dieser Verfahrensweise sind in Filialen mit artikelgenauer Bestandsführung, wie sie hier für das Szenario B unterstellt wird, Preisänderungen weniger aufwendig. Bei artikelgenauer Bestandsführung werden dauerhafte Preisänderungen direkt in den Artikelstammdaten geändert und die Bestandsminderung aus dem mengenmäßigen Bestand, multipliziert mit der Preisveränderung, automatisch angestoßen (Informationsfluß zur Hauptbuchhaltung). Manuelle Preisabschläge für beschädigte Ware oder Ladenhüter, deren rascher Abverkauf erwünscht ist, sind weiterhin über besondere Formulare der zentralen Bestandsführung zu melden, damit der EK- und VK-Bestand entsprechend gemindert werden kann.

Nicht selten wird jedoch auch bei Szenario B statt einer mengen- und wertmäßig artikelgenauen Bestandsführung für die Filialen nur eine Bestandsführung auf WGR oder höherer Hierarchieebene wie bei Szenario A durchgeführt, obwohl durch die Scannerkassen artikelgenaue Abverkaufsdaten vorliegen.[103] In diesem Fall entspricht die Vorgehensweise derjenigen in Szenario A.

Als best practice ist jedoch die artikelgenaue Bestandsführung auch für die Zwecke der genaueren Erfassung von Preisänderungen und -abschriften zu fordern, um die Differenzen, die häufig bei der Jahresinventur auftreten, zu vermindern.

---

[100] Werden Preisabschläge nicht berücksichtigt, wird eine höhere Wareneingangsspanne (WE-Spanne) ausgewiesen als tatsächlich erzielt worden ist. Die WE-Spanne ist die Spanne, die sich aus der Fortschreibung der Warenbestände zu EK und VK durch die Buchung der Wareneingänge zu EK und zu VK bildet. Als weitere Handelsspanne kann die Verkaufsspanne aus den tatsächlich erzielten VK-Werten im Verhältnis zu den zum EK bewerteten Wareneingängen bestimmt werden. Vgl. auch Becker, Schütte (1996), S. 209 ff.

[101] Vgl. Hertel (1997), S. 281 f.

[102] Vgl. zu diesem Sonderfall auch Hertel (1997), S. 170. Diese Bestandskorrekturen werden häufig auch als sonstige Warenbewegungen oder sonstige Bestandsveränderungen bezeichnet.

[103] Als Grundsatz gilt i. d. R., daß die Bestandsführungsebene der Zentrale auf derjenigen Hierarchieebene geführt wird, auf die in allen Filialen erfaßt bzw. verdichtet werden kann. Das bedeutet, daß trotz der technischen Möglichkeit, eine artikelgenaue Bestandsführung vorzunehmen, u. U. in der Zentrale Bestände nur auf Abteilungsebene fortgeschrieben werden (Gespräch mit Herrn König, REWE-Informations-Systeme GmbH, am 28.10.1997).

Szenario C

Die Pflege von Regionalsortimenten bedingt auch die Pflege dieser Artikelstammdaten im Filial-Warenwirtschaftssystem.[104] Für jeden neuen Artikel müssen eine EAN generiert und Etiketten bzw. Preisauszeichnungen zur Verfügung gestellt werden.[105] Die anfallenden Artikelstammdaten werden im Rahmen des täglichen Datenaustauschs an die Zentrale übergeben, damit die Konsistenz der zentralen Artikelstammdaten erhalten bleibt und eine Bestandsführung auf Artikelebene in der Zentrale möglich wird.

Inhalt	A: zentrale Organisation	B: zentral/dezentral	C: dezentrale Organisation
Kurzbeschreibung	Verkaufspreisänderungen, Abschläge; WWS-intern	Verkaufspreisänderungen, Abschläge; WWS-intern	wie B, zusätzlich Artikelstammdaten, -änderungen
Sender / Empfänger	Warenausgang Filiale / Konditionenverwaltung Einkauf, Bestandsführung Zentrale	Warenausgang Filiale / Konditionenverwaltung Einkauf, Bestandsführung Zentrale	wie B, zusätzlich Artikelverwaltung, Konditionenverwaltung Einkauf Filiale / Artikelverwaltung, Konditionenverwaltung Einkauf Zentrale
Bestandteile	Artikelnummer, neuer VK-Preis, ggf. Änderungsgrund, Menge der betroffenen Artikel, Bestandsänderungswert zu VK	Artikelnummer, neuer VK-Preis, ggf. Änderungsgrund, Menge der betroffenen Artikel	wie B, zusätzlich Artikelstamm, Bezugsnachweis[106]
Eigenschaft der Daten	Nutzdaten: als Input für die Bestandsbewertung auf WGR-Basis und für Stammdaten Kontrolldaten: Änderungsmeldung stößt Erfassungsvorgang Bestandsfortschreibung und Stammdatenpflege der Zentrale an.		Nutzdaten: als Input für Bestellungen, PLU, Artikelstammdaten Kontrolldaten: wie A
Wertigkeit			
Informationsrelevanz	Mittel: Auswirkung auf Spannenauswertungen	wie A	hoch: Preisauszeichnung für Filiale, Erfassung am Checkout mittel: Vollständigkeit der Artikelstammdaten in der Zentrale
Auswirkung auf weitere FB	Bestandsführung, Hauptbuchhaltung	Disposition, Warenausgang, Bestandsführung	Disposition, Warenausgang, Bestandsführung
Aktualitätsanforderung	Mittel	mittel	mittel
Periodizität	Wöchentlich	täglich	täglich
Informationsvolumen	Niedrig bis mittel, je nach Anzahl der geänderten Artikel	mittel, je nach Anzahl der geänderten Artikel	mittel, je nach Anzahl der neuen bzw. geänderten Artikel

---

[104] Vgl. Zentes, Exner, Braune-Krickau (1989), S. 251 f.
[105] Vgl. zur Instore-Auszeichnung u. a. Lerchenmüller (1995), S. 458.
[106] Wird in der Filiale ein Artikel eines regionalen Lieferanten in das Sortiment aufgenommen, so sind der Zentrale neben dem Artikelstammsatz auch die Informationen zum Bezugsweg mitzuteilen, also üblicherweise der Artikel-Lieferanten-Zuordnung (Bezugsnachweis). Vgl. dazu Becker, Schütte (1996), S. 160.

Form			
Informationsart	strukturiert; Bewegungsdaten wertmäßiger Bestand	strukturiert; Bewegungsdaten und Stammdaten	strukturiert; Stammdaten
Art der Übertragung	manuell	DV-gestützt offline (batch), manuell (bei Preisabschlägen)	DV-gestützt offline (batch)
Aggregationsebene	WGR, HWGR	Artikel	Artikel

Tab. 4.7: Details des Informationsflusses Preisänderungen/Artikelstammdaten zur Zentrale

4.2.2 Informationsfluß zwischen Disposition und Wareneingang sowie innerhalb des Wareneingangs

Die Funktionsbereiche Disposition und Wareneingang sind im Handel von großer Bedeutung, da an diesen Stellen des Beschaffungsprozesses grundlegende Daten für die weiteren Funktionen der Bestandsfortschreibung, der Rechnungsprüfung und auch der Kreditorenbuchhaltung bereitgestellt werden.[107] Die Beziehungen zwischen Disposition und Wareneingang sind sehr eng, da der Wareneingang seine Daten hauptsächlich aus dem Objekt Bestellung des Funktionsbereichs Disposition bezieht.[108] Das Spannungsfeld der Funktionsverteilung der Disposition zwischen Zentrale und Filiale weist zwei Richtungen auf. Auf der einen Seite werden Entwicklungen zu einer stärkeren Verlagerung der Disposition und des Bestellwesens in die Filiale beobachtet[109], auf der anderen Seite wird im Rahmen von ECR-Konzepten die automatische Disposition auf Basis der an die Zentrale übermittelten Abverkaufsdaten diskutiert, also eine Funktionsverlagerung der Disposition in die Zentrale vorgenommen.[110] Von den Informationsflüssen, die durch diese unterschiedlichen Konstellationen zwischen Disposition und Wareneingang entstehen, sind im Rahmen dieser Untersuchung nur diejenigen von Bedeutung, die einen Bezug zum Rechnungswesen aufzeigen.

Dazu gehört in erster Linie der Informationsfluß bei der Erfassung der Wareneingänge. Je nachdem, ob die Wareneingangserfassung in der Filiale mit Bezug auf die Bestellung erfolgen kann oder ob die WE-Belege an die Zentrale zur Erfassung gesandt werden müssen, lassen sich grundsätzlich zwei Ausgangssituationen unterscheiden, die Einfluß auf den Informationsfluß des Wareneingangs haben:[111]

1. Die Bestellungen liegen nicht DV-gestützt vor.

---

[107] Die Prozesse Bestellung und Wareneingang gehören zu den arbeitsintensivsten Abläufen in den dezentralen Einheiten, vgl. z. B. Wieland (1995), S. 28.
[108] Vgl. Becker, Schütte (1996), S. 198.
[109] Vgl. die Ausführungen in Kap. 4.1.2.
[110] Vgl. Atzberger (1997); Betts (1994).
[111] Vgl. Hertel (1997), S. 259; Sova, Piper (1985), S. 109 ff.

Dieser Fall ist häufig bei Handelsunternehmen des Szenarios A zu konstatieren, wenn Bestellungen anhand des Ordersatzes oder per MDE-Gerät an die Zentrale zur Bestellung übermittelt werden und nicht in der Filiale gespeichert werden. Die Zentrale stellt der Filiale Daten über die zu erwartenden Wareneingänge zur Verfügung, falls keine schriftlichen Unterlagen in der Filiale verbleiben (Informationsfluß von der Zentrale zur Filiale).

2. Die Bestellungen liegen in der Filiale DV-gestützt vor.

Diese Ausgangssituation erfordert eine entsprechende Ausstattung der Filiale mit einem POS-System mit angeschlossenem PC, auf dem die Bestellungen verwaltet bzw. gespeichert werden können (Szenario B)[112], oder aber die selbständige Verwaltung von Bestellungen im FWWS, wie sie häufig in Szenario C der Fall ist. Entweder werden die Bestellungen von der Filiale getätigt und liegen im FWWS zur Wareneingangserfassung vor, oder die Zentrale stellt auf elektronischem Wege die Bestelldaten als Warenerwartung zur Verfügung.

Vom Wareneingang der dezentralen Einheit werden Daten über die Wareneingänge an den Wareneingang der Zentrale[113] übertragen. Je nach Art des Szenarios schließt sich eine weitere Bearbeitung in der Zentrale an.[114] Die Informationsflüsse zum Einkauf bezüglich der Lieferantenbewertung werden hier nicht betrachtet, da sie keine Relevanz für das Rechnungswesen aufweisen.[115]

Die verschiedenen Informationsflüsse sind im Überblick in Abb. 4.13 wiedergegeben.

---

[112] Vgl. das Beispiel der Firma dm-drogerie markt GmbH & Co. KG in Gerling, Kolbert (1996); Kolodziej (1985), S. 68.

[113] In diesem Fall ist mit Wareneingang der Zentrale nicht die Annahmestelle im Zentrallager gemeint, sondern die Organisationseinheit, die innerhalb der Zentrale für die Verarbeitung der Wareneingangsdaten verantwortlich ist, z. B. zur Erfassung der übermittelten Lieferscheine.

[114] Die dezentrale Wareneingangserfassung wird je nach Art der Belieferung auf unterschiedlichem Detaillierungsgrad vorgenommen. Die Studie von DÖNSELMANN hat ergeben, daß die Lagerrechnungen der Zentrale bereits artikelgenau, Streckenrechnungen jedoch häufig noch auf Warengruppenebene erfaßt werden. Vgl. Schüppler, Dönselmann (1997), S. 66; Dönselmann (1996), S. 42. So auch die Ergebnisse der Studie von Zentes, Exner, Braune-Krickau (1989), S. 268 ff. Im Streckengeschäft ist des weiteren eine nachträgliche artikelgenaue Lieferscheinerfassung in der Zentrale denkbar, vgl. Hertel (1997), S. 266.

[115] Vom Wareneingang werden dem Einkauf Informationen über die Qualität der angelieferten Waren, Liefertreue etc. zur Verfügung gestellt. Vgl. dazu ausführlich Becker, Schütte (1996), S. 151; Kirchner, Zentes (Führen mit WWS) (1984), S. 46 f.

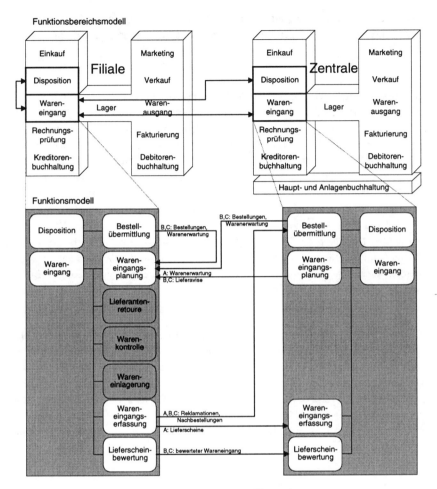

Abb. 4.13: Informationsflußmodell Disposition - Wareneingang

4.2.2.1 Informationsfluß von der Zentrale zur Filiale

Szenario A

In einzelnen Fällen werden den Filialen Listen über die geplanten Liefertermine für die Kapazitätsplanung zur Verfügung gestellt. Bestehen Vereinbarungen dergestalt, daß die Lieferanten die Warenrechnungen per SEDAS an die Zentrale übermitteln, werden die Filialen auch von der Zentrale mit einem Wareneingangssummenblatt und der aus den Rechnungsdaten gewonnenen Streckenbelieferungsliste versorgt.[116] Gegen diese Liste

---

[116] Vgl. Dönselmann (1996), S. A-5 und B-3; Lerchenmüller (1995), S. 461 ff; Zentes, Exner, Braune-Krickau (1989), S. 269 f. Die Anzahl der gelieferten Artikel wird aus dem SEDAS-Positionssatz extrahiert und mit der

bzw. gegen den Ordersatz prüfen die Filialen die Wareneingänge und regeln Reklamationen entweder direkt mit den Lieferanten oder über den Ansprechpartner im Einkauf der Zentrale.

Szenario B

Die Zentrale stellt den Filialen im POS-System oder FWWS die Bestellungen systemseitig zur Verfügung, so daß die Filialleiter über die zu erwartenden Wareneingänge informiert sind und daraufhin ihre Personaleinsatzplanung abstimmen können, und darüber hinaus die Bestelldaten als Basis für die Wareneingangsprüfung verwenden können. Im Lagergeschäft, also der Belieferung der Filiale durch das Zentrallager, ist es bereits allgemein anerkannte best practice, nach der Kommissionierung im Zentrallager die Lieferscheininformationen über ein Standardaustauschformat (z. B. SEDAS) den dezentralen Einheiten als Lieferavise zur Verfügung zu stellen.[117] Die Daten werden in das FWWS eingelesen und anschließend zur Bestätigung bei der Warenannahme verwendet. Die durch die Filiale vorgenommenen Direktbestellungen müssen entweder ebenfalls im System erfaßt werden, damit beim Wareneingang darauf Bezug genommen werden kann, oder sie müssen beleghaft für die Wareneingangsprüfung vorgehalten werden.

Szenario C

Der Anteil der direkt von der Filiale durchgeführten Bestellungen ist in Szenario C höher als in den voran beschriebenen Szenarios. Diese Bestellungen sollten idealerweise ebenfalls im System vorliegen. Der Informationsfluß von der Zentrale zu den Filialen weicht im Szenario C gegenüber B nur im Volumen ab, da weniger Bestellungen über die Zentrale erfolgen. Im Falle des elektronischen Datenaustauschs mit den Lieferanten ist auch eine Übersendung der Lieferavise durch den Lieferanten an die Filiale denkbar. Dies erfolgt entweder vorab via DFÜ oder als Diskette bei der Anlieferung der Waren in der Filiale.[118]

---

[117] in der Bestellung festgelegten oder zum Bestellzeitpunkt gültigen Kondition multipliziert. Dadurch wird ein bewerteter Lieferschein erzeugt, der in die Wareneingangssummenliste eingeht und für die automatische Rechnungsprüfung genutzt werden kann.
Vgl. Hertel (1997), S. 264; Zentes, Exner, Braune-Krickau (1989), S. 269. Hierbei handelt es sich um einen zusätzlichen Informationsfluß vom Warenausgang des Zentrallagers zum Wareneingang der Filiale.

[118] Vgl. z. B. Schiffel (1984), S. 131 f.

Inhalt	A: zentrale Organisation	B: zentral/dezentral	C: dezentrale Organisation
Kurzbeschreibung	entweder kein Informationsfluß oder aber Listen über erwartete Wareneingänge; WWS-intern	Bestellungen, Lieferavise; WWS-intern	wie B, erhöhter Streckenanteil
Sender / Empfänger	Disposition, Wareneingang Zentrale / Wareneingang Filiale	Disposition, Wareneingang, Warenausg. Lager Zentrale / Wareneingang Filiale	Disposition, Wareneingang, Warenausgang Lager Zentrale; Lieferant / Wareneingang Filiale
Bestandteile	Warenerwartung: Lieferant, Anlieferungstag, erwartete Artikel; Filialbelastung, Streckenbelieferung: Beleg-Nr. Lieferant, LS-Datum, Art.-Nr., Menge, Log. Einheit, LVP	komplette Bestelldaten bzw. Warenerwartung, Lieferavise (Lieferant, Lieferschein-Nr., Bestell-Nr., Artikelnr., Log. Einheit, Menge, Volumen, Gewicht)	komplette Bestelldaten bzw. Warenerwartung, Lieferavise wie B
Eigenschaft der Daten	Nutzdaten: erwarteter Wareneingang als Input für Personaleinsatzplanung, Kapazitätsplanung Lager	Nutzdaten: zum Abgleich mit der Bestellung, als Grundlage für die WE-Erfassung	wie B
Wertigkeit			
Informationsrelevanz	mittel: Personaleinsatzplanung im Wareneingangsbereich	hoch: in vielen Unternehmen wird der Grundsatz „kein Wareneingang ohne Bestellung" konsequent verfolgt	wie B
Auswirkung auf weitere FB	quantitative Wareneingangskontrolle	Wareneingangskontrolle, Bestandsführung im FWWS	wie B
Aktualitätsanforderung	mittel	mittel	wie B
Periodizität	täglich, wöchentlich	täglich	wie B
Informationsvolumen	gering	mittel	wie B
Form			
Informationsart	strukturiert; mengenmäßige Bewegungsdaten	strukturiert; mengenmäßige Bewegungsdaten	wie B
Art der Übertragung	manuell (Liste, Belege)	DV-gestützt offline (batch)	wie B
Aggregationsebene	pro Lieferant	Artikel (Bestell- bzw. Lieferscheinposition)	wie B

Tab. 4.8: Details des Informationsflusses im Wareneingang von der Zentrale zur Filiale

4.2.2.2 Informationsfluß von der Filiale zur Zentrale

Szenario A

Im allgemeinen werden die Wareneingänge in der Filiale anhand der Lieferscheine des Spediteurs oder Lieferanten mit der Dispoliste (Ordersatz) abgeglichen und Fehlmengen oder qualitative Mängel auf dem Lieferschein vermerkt. Der überprüfte Lieferschein wird als Wareneingangsbeleg an die Zentrale geschickt, wo er im WWS mit Bezug auf die im WWS der Zentrale vorliegende Bestellung erfaßt wird. Nach erfolgter Wareneingangserfassung in der Zentrale kann eine Lieferscheinbewertung für die Warenfortschreibung anhand der in der Bestellung angegebenen oder zum Bestellzeitpunkt gültigen Konditionen erfolgen.[119] Es ist aber auch gängige Praxis, die Bewertung der Wareneingänge erst mit dem Eingang der Rechnung durchzuführen.[120]

Im Falle der Belastung der Filiale mit den Wareneingängen durch die Zentrale, erfolgt eine Prüfung der Ware anhand der übermittelten Streckenbelastungsliste. Ein Informationsfluß zur Zentrale findet u. U. statt, wenn eine Reklamation vorgenommen wird. Diese geschieht üblicherweise durch die Filiale in direkter Kommunikation mit dem Lieferanten oder mit Hilfe entsprechender Erfassungsformulare, die zunächst an die Zentrale weitergeleitet werden.

Szenario B

Nach Durchführung der quantitativen und qualitativen Wareneingangsprüfung anhand der im Filial-PC bzw. FWWS vorliegenden Bestellung erfolgt idealtypisch entweder die Bestätigung oder die Änderung der bestellten Wareneingangsmenge pro Artikel. Im FWWS wird durch die Rückmeldung der mengenmäßige Warenzugang gebucht und die wertmäßige Bestandsführung angestoßen (vgl. Kap. 4.2.4). Zur Übermittlung an die Zentrale stehen im einfachsten Fall die wertmäßigen Warenzugänge an, damit die Bestandserhöhung im zentralen WWS vorgenommen werden kann. Werden in der Zentrale auch die mengenmäßigen Bestände pro Artikel geführt, sind des weiteren die Zugangsmengen zu übermitteln.

Fehlt zu einem Wareneingang die Bestellung im Informationssystem, ist je nach Verfahrensanweisung des Handelsunternehmens der Wareneingang (und ggf. eine Bestellung) auf Grundlage des Lieferscheins und der quantitative Kontrolle der gelieferten Ware im FWWS zu erfassen und täglich an die Zentrale zu übermitteln.

Szenario C

Der Informationsfluß in Szenario C unterscheidet sich von Szenario B dadurch, daß die komplette mengenmäßige und artikelgenaue wertmäßige Bestandsfortschreibung im FWWS vorgenommen wird. Im Normalfall werden die wertmäßigen Bestandszugänge lediglich zu Auswertungszwecken auf der Aggregationsebene WGR oder Abteilung an die Zentrale übermittelt.

---

[119] Vgl. dazu ausführlich Becker, Schütte (1996), S. 208 ff.
[120] Aussage von Herrn Schmidt, Götzen & Co., Duisburg, in einem Gespräch am 14.07.1997 bei den Götzen Baumärkten. Vgl. dazu auch die Zusammenstellung der Charakteristika der interviewten Unternehmen in Anhang A.

Inhalt	A: zentrale Organisation	B: zentral/dezentral	C: dezentrale Organisation
Kurzbeschreibung	WE-Daten aus Lieferschein; WWS-intern	WE-Daten mengen- und wertmäßig auf Artikelebene; WWS-intern	wie B, aber nur wertmäßige WE-Daten auf WGR- oder Abteilungsebene; WWS-intern
Sender / Empfänger	Wareneingang Filiale / Wareneingangserfassung Zentrale	Wareneingang Filiale / Warenfortschreibung Zentrale	Wareneingang Filiale / Warenfortschreibung Zentrale
Bestandteile	physischer Lieferschein oder Reklamationsmeldung	WE-Daten: Lieferant, LS-Nr., Bestell-Nr., Artikel, Menge etc.	wertmäßige WE-Daten: Lieferant, LS-Nr., Bestell-Nr., WGR, Wert
Eigenschaft der Daten	Nutzdaten: WE-Erfassung; Kontrolldaten: Trigger zur Erfassung der Wareneingänge, anschließende Bewertung für Zwecke der Rechnungsprüfung	Nutzdaten: WE-Mengen zur Bewertung des WE; Kontrolldaten: WE-Daten stehen zur Bewertung zur Verfügung, Trigger für Zugangsbuchung	Nutzdaten: Warenfortschreibung der Zentrale für die Filiale; Kontrolldaten: Trigger für Zugangsbuchung
Wertigkeit			
Informationsrelevanz	mittel: Die Übermittlung der WE-Daten ist Voraussetzung für die Rechnungprüfung	wie A	wie A
Auswirkung auf weitere FB	Rechnungsprüfung, Bestandsführung/ Hauptbuchhaltung	wie A	wie A
Aktualitätsanforderung	mittel	wie A	wie A
Periodizität	täglich	täglich	täglich
Informationsvolumen	mittel; manuelle Belege	hoch: Datensätze pro Artikel erzeugen großes Datenvolumen	wie A
Form			
Informationsart	unstrukturiert, da beleghaft; mengen- und wertmäßige Bewegungsdaten	strukturiert; mengen- und wertmäßige Bewegungsdaten	strukturiert; wertmäßige Bewegungsdaten
Art der Übertragung	manuell	DV-gestützt offline (batch)	DV-gestützt offline (batch)
Aggregationsebene	Lieferschein	Artikel	WGR, HWGR oder Abteilung

Tab. 4.9: Details des Informationsflusses vom Wareneingang Filiale zur Zentrale

4.2.3 Informationsfluß zwischen Wareneingang und Rechnungsprüfung

Der Funktionsbereich Wareneingang stellt durch die Lieferscheinerfassung die notwendige Voraussetzung für die mengenmäßige Prüfung der Lieferantenrechnung dar. Der Funktionsbereich Rechnungsprüfung erhält aus dem Wareneingang die mit den Konditionen aus der Bestellung bewerteten Wareneingänge.[121] Daraufhin werden der bewertete Wareneingang und die Rechnung miteinander verglichen.[122] Die Informationsflüsse unterscheiden sich in den Szenarios danach, ob die Wareneingangserfassung in der dezentralen Einheit (Szenario B und C) oder in der Zentrale (Szenario A) erfolgt und nach der Aggregationsebene der Bewertung (vgl. Abb. 4.14).

Nach erfolgter Rechnungsprüfung sind ggf. Korrekturen an den Bestandsmengen und -werten im WWS der Zentrale und der Filiale vorzunehmen. Der Artikelbestand in Mengen und der Bewertungspreis des Wareneingangs müssen entsprechend geändert werden. Dazu ist eine Korrektur der Bestandswerte notwendig. Die Funktion der Rechnungsprüfung triggert anschließend den Informationsfluß zur Kreditoren- und Hauptbuchhaltung.

Zwar existieren in der Industrie bereits Beispiele für einen Verzicht auf die Rechnungsprüfung oder die Verwendung von statistischen Verfahren zur Auswahl der zu prüfenden Rechnungen[123], die im Rahmen dieser Arbeit befragten Handelsunternehmen haben sich jedoch bisher erst in Ansätzen mit diesem Thema befaßt.[124]

Die Gründe für eine eher ablehnende Haltung gegenüber dem Verzicht auf die Rechnungsprüfung sind vielfältig. Erstens ist aus steuerrechtlichen Gründen ein Verzicht auf den Rechnungsbeleg nicht ohne weiteres möglich, und zweitens ist im operativen Ablauf das Vertrauen in die Anwendungssysteme bzw. die sie pflegenden Organisationseinheiten nicht groß genug, da die Abweichungsquote zwischen bewertetem Wareneingang und der Lieferantenrechnung in vielen Fällen noch zu hoch sind.[125] Als Ursachen werden vor allem Fehler bei der Pflege der Konditionsdaten, bei der Erfassung der Wareneingänge und bei der Rechnungserfassung genannt.[126]

---

[121] Die Bezeichnung bewerteter Wareneingang und bewerteter Lieferschein wird synonym verwendet.
[122] Vgl. Becker, Schütte (1996), S. 229.
[123] Statt der Prüfung der Rechnung wird der Lieferschein mit den korrigierten Mengen als Basis für die Zahlungsregulierung genommen. Vgl. Mertens (1995), S 268 ff.; Hammer, Champy (1993), S. 39 ff. Ein Beispiel zur Rechnungsprüfung auf Basis von Stichproben ist zu finden in Bär (1989), S. 210 ff.
[124] So werden beispielsweise bei Interspar relativ hohe Toleranzen bei der automatischen Rechnungsprüfung verwendet und die innerhalb der Toleranzen akzeptierten Rechnungen stichprobenartig überprüft, um einen zu hohen Saldo zugunsten des Lieferanten zu vermeiden (Aussage von Herrn Stein, Interspar Warenhandelsges. mbH, Kamen, in einem Gespräch am 26.03.1997).
[125] Beispielsweise sind bei Extra ca. 27 % der Rechnungen nicht im automatischen Abgleich zuordenbar, bei Interspar sogar 50 %. Auch bei Götzen erhofft man sich, mit der Einführung eines neuen WWS eine Abgleichquote von 75-85 % zu erreichen.
[126] In einer im März 1997 von einem mehrstufigen Handelsunternehmen durchgeführten Untersuchung wurde ermittelt, daß von den fehlerhaften Wareneingängen 26,3 % aus Preisdifferenzen resultierten, 28,4 % auf Fehlern des Vertriebs (fehlende Listung von Artikeln, unvollständige Artikelstammdaten) und 31,5 % auf einer falschen WE-Rechnungs-Zuordnung (falsche Lieferantennummer, falsche Lieferscheinnummern) beruhen. Vgl. für weitere Beispiele Hampe (1997), S. 54 f.

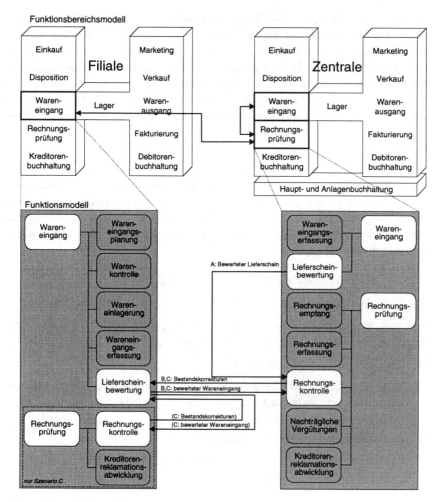

Abb. 4.14: Informationsflußmodell Wareneingang - Rechnungsprüfung

4.2.3.1 Informationsfluß innerhalb der Zentrale

Szenario A

Wurde die Erfassung des Wareneingangs anhand des aus der Filiale übermittelten Lieferscheins in der Zentrale vorgenommen (Szenario A), wird die Bewertung des Lieferscheins ebenfalls in der Zentrale durchgeführt.[127] Der bewertete Lieferschein stellt den Informationsfluß zur Rechnungsprüfung dar. Er setzt sich zusammen aus dem Wareneingangskopf

---

[127] Vgl. zur Lieferscheinbewertung, auch bezeichnet als Pro-forma-Rechnung, Becker, Schütte (1996), S. 208 ff.; Lerchenmüller (1995), S. 456; Zentes, Anderer (WWS) (1993), S. 352; Sprenger (1980), S. 469.

mit Lieferschein-Nr., Bestell-Nr., Lieferantennummer und -name, Bestell- und Lieferdatum, Kopfkonditionen und den einzelnen Wareneingangspositionen bewertet zu den Bestellkonditionen: Positionsnummer, Artikel-Nr. des Handelsunternehmens, Menge, Preis, Positionsnettowert, Positionskonditionen. Diese werden in der Rechnungsprüfung (i. d. R. in einem automatischen Batchlauf) gegen die erfaßte Rechnung verglichen.[128] Eine Kontrolle erfolgt in vielen Fällen nur auf Basis des Rechnungsendbetrages, während auf die einzelnen Positionen erst bei einer notwendigen Abweichungskontrolle zurückgegriffen wird.[129]

Bei Abweichungen in der Rechnungsprüfung müssen Korrekturen der Bestandsmengen und -werte vorgenommen und eine Aktualisierung der Bestandswerte in der Warenfortschreibung der Zentrale durchgeführt werden. Diese Daten bilden den Informationsfluß von der Rechnungsprüfung zum Wareneingang innerhalb der Zentrale, wobei die Bestandsveränderungen über den Funktionsbereich Wareneingang an die Warenfortschreibung und anschließend an den Funktionsbereich Hauptbuchhaltung weitergeleitet werden (vgl. Kap. 4.2.4).

4.2.3.2 Informationsfluß von der Filiale zur Zentrale

Szenario B

Erfolgt die Wareneingangserfassung in der Filiale, ist für den täglichen Informationsfluß zur Zentrale eine weitere Fallunterscheidung vorzunehmen.

a) Übermittlung der erfaßten Lieferscheine.

Die Bewertung der Lieferscheine unter Berücksichtigung der Konditionen aus der Bestellung findet erst in der Zentrale[130] statt; der Informationsfluß zur Rechnungskontrolle erfolgt entsprechend Szenario A.

b) Übermittlung der bewerteten Lieferscheine.

Die Bewertung wird bereits im FWWS vorgenommen, so daß die bewerteten Wareneingänge direkt an den Funktionsbereich Rechnungsprüfung übergeben werden können.[131]

---

[128] Der Abgleich vollzieht sich durch den Vergleich der jeweiligen Schlüssel der Datensätze. Einbezogen werden üblicherweise die Lieferantennummer und die Lieferscheinnummern des Wareneingangs und der Brutto-Endbetrag der selektierten Lieferscheinnummern. Im allgemeinen werden dabei Toleranzen in Prozent vom Rechnungswert und/oder Höchstbeträge zum Ansatz gebracht. Wurden die Rechnungen per elektronischem Datenaustausch vom Lieferanten übergeben, ist ein Abgleich auf Rechnungspositionsebene möglich; die Erfassung der Rechnungspositionen bei manuell übermittelten Rechnungen ist in der Praxis eher unüblich. Vgl. zur automatischen Rechnungskontrolle Hertel (1997), S. 286 ff.; Becker, Schütte (1996), S. 234. In manchen Fällen wird der im System vorliegende erfaßte WE mit der Papier-Rechnung abgeglichen und die Rechnung anschließend auf Recugungskopfebene erfaßt.

[129] Vgl. Lerchenmüller (1995), S. 456; o. V. (1989), S. 14.

[130] In Filialen mit Kassensystemen wird die Kapazität für die Speicherung der notwendigen Daten i. d. R. nicht ausreichen, um die Lieferscheinbewertung dezentral vorzunehmen.

[131] DV-technisch sind die Rechnungsdaten häufig von der Bestandsführung im WWS getrennt. Die erfaßten Rechnungen werden bis zur Rechnungsprüfung in einer separaten Datei gespeichert. Die bewerteten Wareneingänge werden ebenfalls in einer Datei gesammelt, sortiert und mit den Rechnungen in der automatischen

Inhalt	A: zentrale Organisation	B: zentral/dezentral	C: dezentrale Organisation
Kurzbeschreibung	Bewerteter Lieferschein; WWS-intern	wie A	wie A
Sender / Empfänger	Wareneingang/Lieferscheinbewertung Zentrale / Rechnungskontrolle Zentrale	Wareneingang/Lieferscheinbewertung Zentrale, Filiale / Rechnungskontrolle Zentrale	Wareneingang/Lieferscheinbewertung Zentrale, Filiale / Rechnungskontrolle Zentrale, Filiale
Bestandteile	bewerteter Lieferschein: Wareneingangskopf mit Lieferschein-Nr., Bestell-Nr., Lieferant, Nettorechnungswert, Vorsteuer, Bruttorechnungswert; bei positionsweiser Bewertung zusätzlich: Positions-Nr., Artikel-Nr., Menge, Preis, Positionsnettowert, Steuerkennzeichen, Steuerbetrag, Positionsbruttowert		
Eigenschaft der Daten	Nutzdaten: Grundlage für die Kontrolle der Mengen und Werte in der Rechnung; Kontrolldaten: Bewerteter Lieferschein ermöglicht die Einbeziehung einer erfaßten Rechnung in die (automatische) Kontrolle		
Wertigkeit			
Informationsrelevanz	hoch: Voraussetzung für die automatische Rechnungsprüfung		
Auswirkung auf weitere FB	Kreditorenbuchhaltung	wie A	wie A
Aktualitätsanforderung	mittel	mittel	mittel
Periodizität	real-time oder täglich; nach Erfassung der Wareneingänge in der Zentrale	täglich	täglich
Informationsvolumen	mittel	mittel	mittel
Form			
Informationsart	strukturiert; wertmäßige Bewegungsdaten	wie A	wie A
Art der Übertragung	DV-gestützt online, DV-gestützt offline (batch)	DV-gestützt offline (batch)	wie B
Aggregationsebene	WE-Kopf, ggf. WE-Position	wie A	wie A

Tab. 4.10: Details des Informationsflusses Wareneingang zur Rechnungsprüfung

Szenario C

Ein Unterschied zur Verfahrensweise in Szenario B ergibt sich, wenn die Filiale selbst die Rechnungsprüfung bzw. Vorprüfung durchführt. Der bereits geschilderte Ablauf des automatischen Rechnungsabgleichs findet in diesem Fall entweder in der Zentrale oder in der Filiale statt. Voraussetzung für letztere Vorgehensweise ist die Verfügbarkeit der Wareneingangsdaten in der Filiale. Außerdem ist der Ort der Nachbearbeitung[132] der Rechnungen zu berücksichtigen. Die Rechnungsnachbearbeitung und eventuelle Reklamation beim Lieferanten wird häufig in den regionalen Niederlassungen oder sogar in größeren Filialen vor Ort vorgenommen.[133]

Rechnungsprüfung zusammengespielt. Vgl. für ein Anwendungsbeispiel Braun (1982), S. 228 ff. Siehe auch Hertel (1997), S. 286 ff.

[132] Eine Nachbearbeitung der Rechnung wird notwendig, wenn der automatische Abgleich fehlgeschlagen ist.
[133] Bei einem zentral durchgeführten automatischen Rechnungsabgleich kommen bereits neue Technologien wie Workflow-Management-Systeme zum Einsatz, mit denen die unstimmigen Rechnungen und Wareneingangsbelege zu den zuständigen Sachbearbeitern in den Niederlassungen bzw. Filialen gesandt werden (Gespräche

4.2.3.3 Informationsfluß von der Zentrale zur Filiale

Szenario B und C

Abweichungen und Korrekturen aus der Rechnungsprüfung sind an das bestandsführende Warenwirtschaftssystem zu übermitteln. Üblicherweise werden die Bestände artikelgenau mengenmäßig, ggf. sogar wertmäßig, im FWWS geführt, so daß ein Informationsfluß zur Filiale stattfindet, der die Änderung der Artikelbestandswerte zur Folge hat. Zusätzlich werden die Bestandskorrekturen an die Warenfortschreibung der Zentrale und der Hauptbuchhaltung weitergeleitet.

Inhalt	A: zentrale Organisation[134]	B: zentral/dezentral	C: dezentrale Organisation
Kurzbeschreibung	Bestandskorrekturen aus Rechnungsprüfungsdifferenzen, WWS-intern		
Sender / Empfänger	Rechnungsprüfung Zentrale / Wareneingang Zentrale	Rechnungsprüfung Zentrale / Wareneingang Zentrale, Filiale	Rechnungsprüfung Zentrale, Filiale / Wareneingang Zentrale, Filiale
Bestandteile	Artikel-Nr., Wertänderung Netto zu EK und VK	Artikel-Nr., Wertänderung Netto zu EK und VK	Artikel-Nr., Wertänderung Netto zu EK und VK; alternativ: WGR, Wertänderung Netto zu EK und VK
Eigenschaft der Daten	Nutzdaten: Bestandsveränderung; Kontrolldaten: Änderungen der Wareneingangswerte stoßen eine Bestandsberichtigung an		
Wertigkeit			
Informationsrelevanz	mittel	mittel	mittel
Auswirkung auf weitere FB	Bestandsführung für die Filiale in der Zentrale Hauptbuchhaltung	Bestandsführung der Filiale, Hauptbuchhaltung	wie B
Aktualitätsanforderung	niedrig	mittel	mittel
Periodizität	täglich, nach Rechnungsprüfung	wie A	täglich, nach Rechnungsprüfung, ggf. real-time
Informationsvolumen	mittel - niedrig, je nach Anzahl der fehlerhaften Rechnungen		
Form			
Informationsart	strukturiert; mengen- und wertmäßige Bewegungsdaten	wie A	wie A
Art der Übertragung	DV-gestützt offline (batch)	wie A	DV-gestützt offline (batch), DV-gestützt online
Aggregationsebene	Artikel, WGR	Filiale: Artikel, WGR	Filiale: Artikel Zentrale: WGR, HWGR, Abteilung

Tab. 4.11: Details des Informationsflusses Rechnungsprüfung zur Filiale

---

[134] mit Herrn König, REWE-Informations-Systeme GmbH, am 28.10.1997, und mit Herrn Moog, extra Verbrauchermärkte GmbH, am 20.11.1997).
Vgl. die Ausführungen zum Informationsfluß innerhalb der Zentrale auf S. 160.

4.2.4 Informationsfluß zwischen Wareneingang und Hauptbuchhaltung

Die Buchung der Warenzugänge im Warenwirtschaftssystem erfordert die synchrone Buchung auf den Bestandskonten der Hauptbuchhaltung. Zu diesem Zweck sind der Hauptbuchhaltung die Werte des Wareneingangs zu übergeben.[135] Ferner sind der Hauptbuchhaltung die im Wareneingang erfaßten Preisänderungen für die Bestandsbewertung zur Verfügung zu stellen. Nicht selten werden in der Praxis Warenbewertungsvorgänge nur im WWS oder nur im Rechnungswesen gebucht, ohne auf die Konformität der Buchungen in beiden Systemen zu achten.

Zu fordern ist eine Synchronisation der Bestandswerte des WWS und der betriebswirtschaftlich-administrativen Systeme des Rechnungswesens. Dieses Ziel läßt sich sehr effektiv durch eine restriktive „Buchungspolitik" über eine unidirektionale Schnittstelle erreichen. In den Anwendungssystemen des Rechnungswesens ist eine Buchung in den Nebenbüchern der Debitoren und Kreditoren *ohne* die dazugehörige Buchung auf den Mitbuchkonten der Hauptbuchhaltung systemseitig ausgeschlossen. Das gleiche Verfahren sollte auf die Buchungen im Nebenbuch der Warenbestandsführung eingesetzt werden. Buchungen auf den Warenbestandskonten der Hauptbuchhaltung werden dabei nur über die Schnittstelle aus dem WWS erlaubt, nicht aber im Rechnungswesen direkt auf den Bestandskonten (vgl. Abb. 4.15).

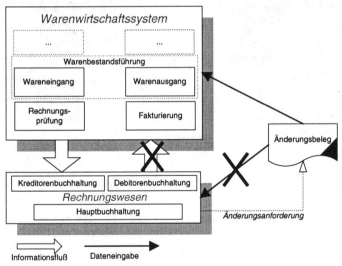

Abb. 4.15: Unidirektionale Schnittstelle WWS - Rechnungswesen

---

[135] Becker, Schütte (1996), S. 229. Vgl. dazu die Abbildung 3.31 in Kapitel 3. Dort wurde die Prozeßschnittstelle zwischen Warenzugang und Hauptbuchhaltung bereits angedeutet.

Auf diese Weise kann in einem durch automatische Schnittstellen verbundenen System eine Synchronisation von WWS und Rechnungswesen erreicht werden.

Da nur durch eine Gegenüberstellung von Einkaufs- und Verkaufswerten pro Artikel eine Spannenberechnung wirklich aussagekräftig ist und detailliertere Auswertungen möglich sind, ist eine artikelgenaue Bestandsführung im WWS zu fordern.[136] Im Rechnungswesen ist dagegen eine Bestandsführung auf höherer Ebene ausreichend.

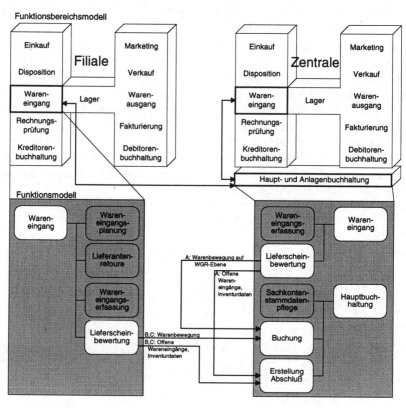

Abb. 4.16: Informationsflußmodell Wareneingang - Hauptbuchhaltung

---

[136] Vgl. Fischer (1997), S. 286 ff.; Hertel (1997), S. 40 f.; Schröder (1997), S. 332 ff. In einer Studie hatten in 1989 28 % der befragten Handelsunternehmen bereits eine artikelgenaue Bestandsführung eingeführt, 39 % planten dies konkret, weitere 27 % begannen, sich mit diesem Thema zu beschäftigen. Vgl. o. V. (1989), S. 16; Zentes, Exner, Braune-Krickau (1989), S. 299-302. Aufgrund der verbesserten Informationstechnik und der massiv gefallenen Preise im Bereich der Datenbanken und Speichermedien wird diese Zahl heute deutlich höher liegen, vgl. Hertel (1997), S. 59.

1. Übermittlung der Warenbewegungen vom Funktionsbereich Wareneingang zur Hauptbuchhaltung

Für die Übermittlung der Warenbewegungen (Zugänge, Änderungen) im Anschluß an die Wareneingangserfassung gibt es drei Varianten:

a) Die Buchung der Warenzugänge in der Hauptbuchhaltung erfolgt verdichtet am Ende der Periode.

b) Die Buchung erfolgt erst nach Eingang und Prüfung der Rechnung.[137] In diesem Fall wird die Schnittstelle Wareneingang - Hauptbuchhaltung nicht berührt.

c) Die Buchung erfolgt zeitnah zum Wareneingang, unabhängig vom Eingang der Lieferantenrechnung. Aus der Wareneingangserfassung wird eine Bestandsführung im WWS angestoßen, die ihren Niederschlag auch in den Sachkonten des Hauptbuches finden muß. Im allgemeinen werden Bestände im WWS für den Großhandel auf Artikel- oder Warengruppenebene geführt, und zwar Mengen und im Normalfall auch EK- und VK-Werte. Für die Filiale erfolgt in einigen Fällen eine Bestandsführung im WWS der Zentrale auf Warengruppenebene oder höher. In der Hauptbuchhaltung müssen für die Bilanz die Bestände in Werten angegeben sein; allerdings genügt i. d. R. bereits die Angabe des zum Umlaufvermögen gehörenden Bestands an Handelswaren verdichtet in einer Bilanzposition.[138] Häufig werden zum Zwecke von Auswertungen in der Finanzbuchhaltung differenzierte Bestandskonten verwaltet, z. B. auf Abteilungs-, Hauptwarengruppen- oder sogar Warengruppenebene.[139] Die Wareneingänge des Belegs bzw. eines Abrechnungstages sollten pro Hierarchieobjekt kumuliert gebucht werden, um die Anzahl der Buchungen entsprechend zu vermindern. Nicht selten wird in Handelsunternehmen der Warenzugang nach Mehrwertsteuer getrennt gebucht, um später eine Verteilung der mehrwertsteuergenauen Bestände ermitteln zu können. Der Buchungssatz für die Buchung des Warenzugangs zum Zeitpunkt des Wareneingangs lautet:[140]

Warenbestandskonto [Hierarchieobjekt] an
Wareneingang-/Rechnungseingang-Verrechnungskonto (WE/RE-Konto)[141]

---

[137] Vgl. z. B. Kirchner, Zentes (Führen mit WWS) (1984), S. 21 f. So auch bei Götzen und Interspar (Herr Schmidt, Götzen & Co., Duisburg, in einem Gespräch am 14.07.1997; Herr Stein, Interspar Warenhandelsges. mbH, Kamen, in einem Gespräch am 26.03.1997).

[138] Vgl. die Gliederungskriterien in § 266 HGB.

[139] In der Praxis ist dies häufig der Fall, wenn eine Synchronisation zwischen WWS-Beständen und Rechnungswesen-Beständen innerhalb einer Abrechnungsperiode nicht gewährleistet werden kann. Götzen führt beispielsweise die Bestände im Rechnungswesen auf 98 Warengruppen-Sachkonten.

[140] Optionale Konten auf Aggregationsebenen, die auch in der Kontonummer verschlüsselt sein können, werden durch „[ ]" angedeutet. Vgl. allgemein zum Aufbau von Buchungssätzen Reblin (1971), S. 56 ff. Aus Darstellungsgründen wird hier der Buchungssatz vereinfacht angegeben.

[141] Das WE/RE-Konto stellt ein Verrechnungskonto für die Zuordnung von Wareneingangsbuchung und Rechnungseingangsbuchung dar. Auf ihm werden die gebuchten Wareneingänge den Rechnungseingängen gegenübergestellt. Mögliche Differenzen werden über Preisdifferenzenkonten nach der Rechnungsprüfung ausgeglichen. Vgl. dazu z. B. SAP (1996), Abschnitt FI-Abschlußarbeiten.

Als Gegenkonto zur Buchung auf dem Bestandskonto wird ein Verrechnungskonto benutzt, das sog. Wareneingang-/Rechnungseingang-Verrechnungskonto (WE/RE-Konto). Die erzeugte Position auf dem Verrechnungskonto wird bei der Buchung der Rechnung wieder aufgelöst.

Als Wert ist der Nettobestandswert der Wareneingangspositionen ohne Steuer zu buchen, d. h. die Wareneingangsmenge multipliziert mit dem aus der Lieferanten-Artikel-Zuordnung übernommenen Bestellkondition vermindert um Rabatte, Skonto und kalkulierte nachträgliche Vergütungen. Ein Beispiel zur Ermittlung der Buchungszeile zeigt Abb. 4.17.

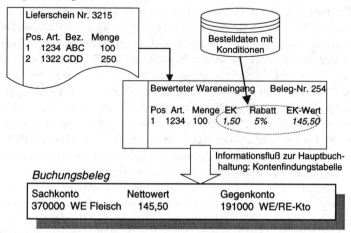

Abb. 4.17: Ermittlung der Buchungszeilen zur Warenbestandsbuchung

Die Information über die zu bebuchenden Konten ist über einen Zeiger im Artikelstamm hinterlegt, der über eine entsprechend eingestellte Tabelle auf ein Sachkonto der Buchhaltung zeigt.[142] Der Informationsfluß des Warenzugangs an der Schnittstelle zwischen Wareneingang und Hauptbuchhaltung beinhaltet die folgenden Daten: Beleg-Nr., Belegdatum, Referenz-Nr., Vorgangsschlüssel WWS und Buchungsschlüssel Buchhaltung, Sachkonto Soll, Sachkonto Haben, Nettobetrag. Die Ausprägungen der Informationsflüsse unterscheiden sich in den Szenarios nur in geringfügigen Einzelheiten:

Szenario A

Der Informationsfluß vom Wareneingang zur Hauptbuchhaltung findet bei diesem Szenario nur innerhalb der Zentrale statt. Auslöser ist der Informationsfluß Wareneingang Filiale - Zentrale, wenn die Lieferscheine an die Zentrale gesandt werden und dort die Wareneingänge im WWS erfaßt werden (siehe Kap. 4.2.2). Da die Erfassung der Wareneingänge bereits in der Zentrale erfolgt, könnte eine Online-Schnittstelle zum Rech-

---

[142] Der entsprechende Informationsfluß zu den Sachkontenstammdaten wurde in Kap. 4.2.1 beschrieben.

nungswesen eingerichtet werden (im oben beschriebenen Fall c), durch die die Bestandszugänge real-time auf die Bestandskonten der Buchhaltung gebucht werden.

Szenario B und C

Der bilaterale Datenaustausch zwischen der Bestandsführung der dezentralen Einheit und der Buchhaltung in der Zentrale erfolgt i. d. R. im täglichen Batchlauf. Bei Verwendung eines Verrechnungskontos ist eine tägliche Aktualisierung dagegen nicht unbedingt notwendig, da die Buchung der Rechnung getrennt von der Wareneingangsbuchung erfolgt und somit die Gefahr des Skontoverlusts oder des verspäteten Vorsteuerabzugs nicht gegeben ist.[143]

Inhalt	A: zentrale Organisation	B: zentral/dezentral	C: dezentrale Organisation
Kurzbeschreibung	Bestandszugang beim Wareneingang; WWS-RW	Bestandszugang beim Wareneingang; WWS-RW	Bestandszugang beim Wareneingang; WWS-RW
Sender / Empfänger	Wareneingang Zentrale / Hauptbuchhaltung Zentrale	Wareneingang Filiale, Zentrale / Hauptbuchhaltung Zentrale	wie B
Bestandteile	aggregierte Bestandswerte als Buchhaltungsbeleg: Beleg-Nr.; Belegdatum, Referenz-Nr., Vorgangsschlüssel WWS und/oder Buchungsschlüssel Buchhaltung; Sachkonto Soll, Sachkonto Haben, Nettobetrag		
Eigenschaft der Daten	Nutzdaten: Bestandswerte des Umlaufvermögen Kontrolldaten: Veränderung des GLD		
Wertigkeit			
Informationsrelevanz	mittel: Auswirkung auf die Bestandsauswertungen, Monatsabschluß und Spannenberechnungen der Buchhaltung		
Auswirkung auf weitere FB	Kostenrechnung, Controlling	wie A	wie A
Aktualitätsanforderung	mittel	mittel	mittel
Periodizität	real-time, täglich	wie A	täglich
Informationsvolumen	mittel	mittel	mittel
Form			
Informationsart	strukturiert; wertmäßige Bewegungsdaten	wie A	wie A
Art der Übertragung	DV-gestützt offline (batch), DV-gestützt online	DV-gestützt offline (batch)	wie B
Aggregationsebene	WGR, HWGR, Abteilung	wie A	wie A

Tab. 4.12: Details des Informationsflusses Bestandszugang zwischen Wareneingang und Hauptbuchhaltung

---

[143] Zu beachten ist allerdings, daß bei einem integrierten System wie dem SAP R/3-System der Ausgleich der Positionen auf dem WE/RE-Konto Voraussetzung für den Abschluß der Rechnungsprüfung ist.

2. Übermittlung von Inventurdaten und offenen Wareneingängen[144]

Werden die Zu- und Abgänge der Warenbestände im WWS nicht mengenmäßig fortgeschrieben, ist die Inventur die einzige Möglichkeit der mengenmäßigen Bestandsermittlung.[145] Zudem ist die Inventur als körperliche Bestandsaufnahme der Vermögensgegenstände aufgrund gesetzlicher Maßgaben[146] mindestens einmal jährlich erforderlich und wird i. d. R. im Rahmen der Jahresabschlußarbeiten durchgeführt.[147] Die Durchführung der Inventur im Großhandels- bzw. Zentrallager stellt sich aufgrund der artikelgenauen Bestandsführung als unproblematisch dar.[148] In den Filialen ist die Inventurdurchführung erheblich schwieriger, da die Bestände häufig nur auf Warengruppenebene geführt werden.[149] Der mengenmäßigen Aufnahme der Artikel-Ist-Bestände folgt die Bewertung nach den gängigen Verfahren[150] und die anschließende Ermittlung der Differenzen zwischen Soll- und Ist-Bestand.

Die Differenzen zwischen rechnerischem (Soll-) und tatsächlichem (Ist-)Warenbestand ergeben sich z. B. aus fehlerhafter Preisauszeichnung, pauschalen Preisabschriften, Schwund, Bruch und Verderb.[151] Die Übermittlung der Inventurdaten führt zu Korrekturbuchungen in der Warenbestandsführung im WWS und in der Hauptbuchhaltung.

Die Abgrenzungsbuchungen der Warenkonten lassen sich aus den Einzelposten des WE/RE-Kontos ermitteln und betreffen vornehmlich die folgenden Geschäftsvorfälle:

- Wareneingänge ohne Rechnungseingang (offene Lieferscheine): Die Ware wurde geliefert, aber noch nicht berechnet.

- Rechnungseingänge ohne dazugehörigen Wareneingang (offene Rechnungen): Die Ware wurde berechnet, aber noch nicht geliefert.

Um die o. g. Geschäftsvorfälle korrekt ausweisen zu können, ist das WE/RE-Konto zum Monats- bzw. Jahresabschluß zu analysieren. Dazu werden die offenen Lieferscheine und Rechnungen über Korrekturposten auf die Bilanzkonten des Umlaufvermögens und der Verbindlichkeiten gebucht und das WE/RE-Konto zum Abschlußstichtag ausgeglichen.

---

[144] Die Funktion der Inventurdurchführung wird von BECKER, SCHÜTTE dem Funktionsbereich Lager zugeordnet. Hier werden aus Darstellungsgründen die Vorgänge des Lagers unter den Wareneingang subsumiert. Vgl. im einzelnen zu den Inventurmaßnahmen Hertel (1997), S. 292 ff.; Becker, Schütte (1996), S. 348 ff.; Baetge (1996), S. 103 ff. Vgl. zu den Abgrenzungsbuchungen im Rahmen des Abschlusses Becker, Schütte (1996), S. 366 f. und S. 373 f.

[145] Vgl. Hertel (1997), S. 292.

[146] §§ 240, 241 HGB.

[147] Vgl. für eine Übersicht über Verfahren der Inventurdurchführung Hertel (1997), S. 292 ff.; Tietz (1993), S. 1204 ff.; Sova, Piper (1985), S. 142 ff.

[148] Vgl. Hertel (1997), S. 294; Sova, Piper (1985), S. 143 ff.

[149] Vgl. zu den Problemen bei der Inventur in Filialen mit rein wertmäßiger Bestandsführung Hertel (1997), S. 294 f.

[150] Vgl. zu den Bewertungsverfahren Falk, Wolf (1992), S. 397 ff.

[151] Vgl. zur Entwicklung der Inventurdifferenzen in 1995 und 1996 Horst (1997), S. 36 ff. Demnach liegen die Inventurdiffenzen 1996 im Durchschnitt in Supermärkten bei 0,86 %, in Drogerien bei 1,56 % des Bruttoumsatzes. In Märkten mit Scannerkassen sind die Inventurdifferenzen im Durchschnitt um 10 % niedriger als in Märkten ohne Scanningeinsatz.

Zu dem Zweck der Bestimmung der offenen Lieferscheine sind vom Funktionsbereich die Wareneingänge zu übermitteln, denen noch kein Rechnungseingang gegenübersteht. Dabei ist die Aggregationsebene der Warenbuchungen zu beachten (z. B. WGR, HWGR). Dieser Informationsfluß ist für alle Szenarios fast identisch. Wiederum ist eine Unterscheidung nach der Aggregationsebene der zu übermittelnden Daten und der Art der Übertragung vorzunehmen.

Inhalt	A: zentrale Organisation	B und C
Kurzbeschreibung	Inventurdaten, Offene Lieferscheine, Abgrenzungsbuchungen; WWS-RW	Inventurdaten, Offene Lieferscheine, Abgrenzungsbuchungen; WWS-RW
Sender / Empfänger	Wareneingang Zentrale / Hauptbuchhaltung Zentrale	Wareneingang Filiale, Zentrale / Hauptbuchhaltung Zentrale
Bestandteile	Inventurdaten: Artikel-Nr., VK, Menge; Offene Lieferscheine: LS-Nr./WE-Nr., Lieferant, Rechnungswert	
Eigenschaft der Daten	Nutzdaten: Ermittlung der Bestandswerte und Abgrenzungen	
Wertigkeit		
Informationsrelevanz	mittel: Auswirkung auf die Bestandsauswertungen, Monatsabschluß und Spannenberechnungen der Buchhaltung	
Auswirkung auf weitere FB	Kostenrechnung, Controlling	wie A
Aktualitätsanforderung	mittel: möglichst frühzeitig nach Beendigung der Periode	mittel
Periodizität	monatlich, jährlich[152]	wie A
Informationsvolumen	mittel	hoch: höherer Detaillierungsgrad der Daten
Form		
Informationsart	strukturiert; wertmäßige Bewegungsdaten	wie A
Art der Übertragung	DV-gestützt offline (batch), DV-gestützt online	DV-gestützt offline (batch)
Aggregationsebene	HWGR, Abteilung	WGR, HWGR

Tab. 4.13: Details der Informationsflüsse Inventurdaten und Abgrenzungen zur Zentrale

4.2.5 Informationsfluß zwischen Rechnungsprüfung und Kreditorenbuchhaltung

An der Schnittstelle zwischen dem Prozeß der Rechnungsprüfung und dem Prozeß der Buchung der Rechnung im Rechnungswesen werden Bestandsdaten für die Buchhaltung aufbereitet, die eine Aktiv-/Passiv-Mehrung der Bilanz darstellen. Auf der einen Seite erhöht sich das Umlaufvermögen auf der Aktivseite der Bilanz in der Bilanzposition Handelswaren, auf der anderen Seite entsteht durch die Rechnung des Lieferanten ein Offener Posten gegenüber dem Kreditor, welcher zu einer Erhöhung der Bilanzposition der Verbindlichkeiten aus Warenlieferung und Leistung führt.[153] Letztgenannte Schnittstelle bezeichnet den unidirektionalen Informationsfluß zwischen dem Funktionsbereich

---

[152] Inventuren im Warenbereich Obst + Gemüse werden z. T. wöchentlich bzw. monatlich vorgenommen (Gespräch mit Herrn König, REWE-Informations-Systeme GmbH, am 28.10.1997).
[153] Vgl. zur Gliederung der Bilanzpositionen § 266 HGB; Eisele (1990), S. 38 ff.

Rechnungsprüfung und dem Funktionsbereich Kreditorenbuchhaltung[154], der hauptsächlich aus der Übergabe der Lieferantenrechnung als Offener Posten an das Kreditorenkonto des Rechnungswesens besteht. Dieser Geschäftsvorfall weist in der Praxis zwei Nuancen auf.

- Die Buchung des Offenen Posten im Rechnungswesen erfolgt bereits *unmittelbar* nach der Erfassung der Rechnung im WWS.[155]
Diese Verfahrensweise wird durch den Informationsfluß von der Funktion Rechnungserfassung zur Funktion Buchung dargestellt (vgl. Abb. 4.18). Damit der erzeugte Offene Posten nicht vor dem Abschluß der Rechnungsprüfung gezahlt wird, wird ein Kennzeichen „gesperrt aus Rechnungsprüfung" mit übergeben. Ein maßgeblicher Grund für diese Verfahrensweise liegt in der dann möglichen früheren Buchung der Vorsteuer aus der Lieferantenrechnung. Die Vorsteuer wird im Rahmen der Umsatzsteuervoranmeldung, die dem Finanzamt i. d. R. bis zum 10. des auf den Abrechnungsmonat folgenden Monats vorgelegt werden muß, von der Umsatzsteuerzahllast abgesetzt.[156]

- Die Übergabe an das Rechnungswesen erfolgt *nach* Durchführung der Rechnungskontrolle.
Die Rechnung wird erst in einem Modul des WWS erfaßt[157] und der automatischen Rechnungsprüfung zugeführt. Nach der Freigabe (automatisch oder nach der Korrektur durch einen Sachbearbeiter) erfolgt die Buchung in der Kreditorenbuchhaltung (Informationsfluß Rechnungskontrolle - Buchung).

Der Informationsfluß von der Rechnungsprüfung zur Kreditorenbuchhaltung ist eng mit dem Informationsfluß zur Hauptbuchhaltung[158] verbunden, da die Übergabe der Daten an der Schnittstelle WWS-RW einen Buchungssatz erzeugt, der sowohl den Funktionsbereich Kreditorenbuchhaltung als auch den Funktionsbereich Hauptbuchhaltung tangiert. Dennoch wird hier eine Trennung der Informationsflüsse vorgenommen, da die Kontenpflege der Sachkonten und der Kreditorenkonten u. U. von unterschiedlichen Sachbearbeitern betreut wird.

Sind die Informationssysteme der Rechnungsprüfung und der Kreditorenbuchhaltung Bestandteil eines integrierten Anwendungssystems, ist der Urbeleg des WWS-Moduls gleichzeitig auch Beleg des Offenen Postens in der Buchhaltung.

---

[154] Vgl. die Ausführungen zur Synchronisation in Kap. 4.2.4. Eine Ausnahme stellt die Übermittlung der Kreditorenstammdaten (insbesondere Toleranzen, Zahlungsart) an die Rechnungsprüfung dar, die bereits in Kap. 4.2.1 beschrieben wurde, vgl. dazu auch Becker, Schütte (1996), S. 246.

[155] Vgl. dazu Abb. 3.32, in der eben dieser Fall dargestellt ist. In der Praxis wird bei diesem Vorgang häufig von Bruttorechnungserfassung gesprochen (Aussage von Herrn Vielhaber, J. F. Bremke & Hoerster GmbH & Co.KG, Arnsberg, in einem Gespräch am 17.11.1997). Die Rechnungserfassung selbst kann dabei DV-gestützt, etwa durch Datenträgeraustausch im EDIFACT- oder SEDAS-Format, oder aber manuell vonstatten gehen.

[156] Vgl. Rose (1997), S. 176 ff.

[157] Bei der Abrechnung über die Zentrale kommt häufig auch ein eigenes Regulierungsmodul zum Einsatz, insbesondere bei Zentralregulierern.

[158] Vgl. Kap. 4.2.6.

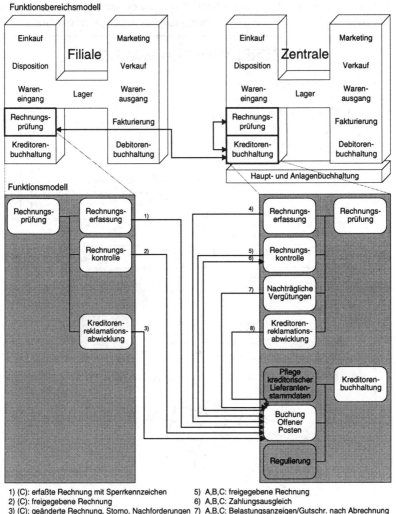

Abb. 4.18: Informationsflußmodell Rechnungsprüfung - Kreditorenbuchhaltung

Ziel der Informationssystemgestaltung sollte es sein, die Beziehung zwischen diesen beiden Belegen ein-eindeutig zu definieren, d. h. eine 1:1-Beziehung zwischen Urbeleg und Rechnungswesenbeleg durch die Verwendung identischer Belegnummern oder durch einen Verweis auf die Urbelegnummer im Beleg des Rechnungswesens herzustellen. Ist die Realisierung der Schnittstelle durch ein automatisches Schnittstellenprogramm geregelt (z. B. durch eine Batch-Verarbeitung), so könnte der Verweis über eine externe Nummer im Rechnungswesenbeleg hergestellt werden. Dazu wird die im WWS vergebene Urbelegnummer in die Belegnummer des Rechnungswesenbelegs übernommen.[159]

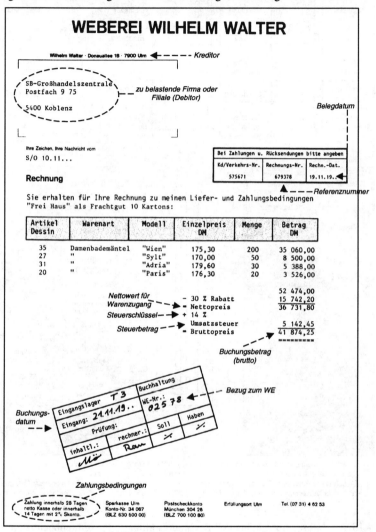

Abb. 4.19: Informationen aus einer Lieferantenrechnung[160]

Die aus einem Lieferantenrechnungsbeleg für die Buchhaltung aufbereiteten Informationen sind beispielhaft in Abb. 4.19 dargestellt.

---

[159] Zur Belegstruktur im Rechnungswesen vgl. auch Becker, Schütte (1996), S. 251 ff.; Scheer (1995), S. 631 ff.
[160] Rechnungsbeispiel nach Hesse, Schmidt, Zschenderlein (1983), S. 126.

Informationen aus der Rechnung werden in den Funktionsbereichen in unterschiedlicher Weise benötigt (vgl. Tab. 4.14). Zum Beispiel wird die Rechnungsnummer des Urbelegs als Referenznummer sowohl im Rechnungsbeleg der Rechnungsprüfung als auch im Offenen-Posten-Beleg der Kreditorenbuchhaltung verwendet. Innerhalb der Zahlungsregulierung wird die Referenznummer auf dem Scheck oder der Überweisung wiederum dem Lieferanten zur Information mitgeteilt.

Verwendet in Information	Rechnungsprüfung		Kreditorenbuchhaltung		Hauptbuchhaltung	
Kreditor	x	Ableitung der Lieferantennummer	x	Kreditorennummer	-	
Empfängerfirma/-Filiale	x	Belastung der Rechnung	x	zu belastende Firma/Filiale	x	Warenzugang für Firma/Filiale
Rechnungsnummer	x	Referenznummer	x	Referenznummer	x	Referenznummer
Rechnungsdatum	x	Belegdatum	x	Belegdatum	x	Belegdatum
Eingangsdatum	x	Erfassungsdatum	x	Buchungsdatum	x	Buchungsdatum
WE-Nr.	x	Bezug zum Wareneingangsbeleg	-		x	Ausgleich des WE/RE-Kontos
Steuersatz	-		x	Steuerschlüssel[161]	x	Steuerschlüssel
Steuerbetrag	x	Steuerbetrag	x	Steuerbetrag	-	
Bruttopreis	x	Rechnungsendbetrag (brutto)[162]	x	a) Rechnungsendbetrag vermindert um Skonto = Zahlbetrag (netto) b) Zahlbetrag (brutto)[163]	-	
Nettopreis	(x)	Gegenkontrolle zu Bruttobetrag und Steuerbetrag	(x)	Gegenkontrolle zu Bruttobetrag und Steuerbetrag	x	a) Bestandszugang (netto)[164] b) Bestandszugang (brutto)
Zahlungsbedingungen	x	Kontrolle der Skontokondition	x	Übernahme aus der Rechnungsprüfung oder aus dem Kreditorenstammsatz	-	

Tab. 4.14: Die Verwendung der Informationen aus der Rechnung in den Funktionsbereichen

Bezüglich der Umsatzsteuer ist das Handelsunternehmen berechtigt, bei vorgenommenen Rechnungskürzungen die in Rechnung gestellte Umsatzsteuer ebenfalls zu kürzen. Umgekehrt sind Rechnungserhöhungen und damit eine Erhöhung des Vorsteuerabzugs nicht zulässig.[165] Als Buchungsbetrag wird der Rechnungsendbetrag inkl. Mehrwertsteuer über-

---

[161] Enthält eine Rechnung Artikel, für die unterschiedliche Steuersätze gelten, wird nur der Steuerbetrag in der Offenen-Posten-Position eingegeben. Die einzelnen Steuersätze werden in den Buchungszeilen zu den Bestandsbuchungen eingegeben.
[162] Brutto bedeutet in diesem Fall Rechnungswert vor Abzug der Skontokondition. In der Regel wird in der Rechnungsprüfung die Skontokondition angesetzt, so daß an die Kreditorenbuchhaltung der Nettorechnungswert (zu zahlenden Betrag) übergeben wird.
[163] Vgl. Fußnote 162.
[164] Je nachdem, ob Skonto in der Rechnungsprüfung abgesetzt wurde oder nicht, wird der Netto- bzw. Bruttowert als Bestandszugang gebucht.
[165] Es gilt der Grundsatz, daß Veränderungen der in Rechnung gestellten Vorsteuer nur vorgenommen werden dürfen, wenn das Finanzamt durch die Veränderung keine Mindereinnahme zu erwarten hat. Entsprechendes gilt für Fehler in der Berechnung der Umsatzsteuer selbst in der Lieferantenrechnung. Üblicherweise werden

geben. Die kumulierten Steuerbeträge der einzelnen Rechnungspositionen des Urbelegs ergeben die einzelnen Buchungszeilen für die Steuerkonten.

Die Skontokondition kann als Prozentsatz vom Rechnungsendbetrag oder als Absolutbetrag bei der Rechnungserfassung eingegeben werden. Im Handel ist es im allgemeinen üblich, den Skontoabzug bereits in der Warenwirtschaft anzusetzen. Der Skonto wird mithin nicht als Zahlungskondition aufgefaßt, sondern als eine Kondition an der Ware.[166] Für die Bestandsführung zu EK ist es daher notwendig, die Skontokondition bereits im WWS auszuweisen, damit Spannenauswertungen ein Abbild der tatsächlichen Einstandspreise vermitteln.[167] Bei der Übergabe an die Kreditorenbuchhaltung ist ein Kennzeichen mitzugeben, ob Skonto bereits berechnet wurde (d. h. der Nettozahlbetrag übergeben wird) oder ob die Zahlungskondition im Rahmen der Offenen-Posten-Buchung noch berechnet werden muß. Die drei folgenden Buchungssätze beziehen sich auf das in Abb. 4.19 abgebildete Beispiel.[168] Die Inanspruchnahme von Skonto erfolgt zuerst direkt in der Rechnungsprüfung (dementsprechend muß die Warenzugangsbuchung bei Wareneingang ebenfalls um Skonto gemindert werden), zweitens als *Nettobuchung* im Rechnungswesen (Nutzung des Skontoerwartungskontos) und drittens als *Bruttobuchung* bei der Zahlung.

1. Buchung Skonto in der Rechnungsprüfung			
a) Rechnungsbuchung:			
WE/RE-Konto	35.997,16		
und Vorsteuer	5.039,60	an	
		Kreditorenkonto	41.036,76
b) Zahlung:			
Kreditorenkonto	41.036,76	an	
		Scheckausg. Bank A	41.036,76

Wird der Skonto bereits in der Rechnungsprüfung angesetzt, so erscheint die Kondition nicht mehr in den Buchungssätzen.

---

[166] Rechnungen mit Fehlern letzterer Art an den Lieferanten zurückgegeben. (Aussage von Herrn Vielhaber, J. F. Bremke & Hoerster GmbH & Co.KG, Arnsberg, in einem Gespräch am 17.11.1997).
[167] Vgl. z. B. Hertel (1997), S. 198; so auch die überwiegende Meinung der Interviewpartner.
[168] Vgl. dazu Becker, Schütte (1996), S. 155 ff.
Der Umsatzsteuersatz von 14 % wird aus Gründen der Durchgängigkeit des Beispiels beibehalten.

Beim *Nettoverfahren* wird der Skontobetrag bei der Buchung des Offenen Postens auf das sog. Skontoerwartungskonto gebucht:

---

2. Nettobuchung Skonto im Rechnungswesen

a) Rechnungsbuchung:

WE/RE-Konto		35.997,16		
und	Vorsteuer	5.142,45		
und	Skontoerwartungskonto	734,64	an	
			Kreditorenkonto	41.874,25

b) Zahlung:

Kreditorenkonto	41.874,25	an	
		Scheckausg. Bank A	41.036,76
		und Vorsteuer (Korrektur)	102,85
		und Skontoerwartungskonto	734,64

Da die Buchung auf den Warenbestandskonten (WE/RE-Konto) auf der Bestandsführungsebene WGR, HWGR oder Abteilung erfolgt, wird der Skontobetrag entsprechend dem anteiligen Wert der Waren am Rechnungsnetto auf die unterschiedlichen Bestandskonten aufgeteilt. Diese Verfahrensweise empfiehlt sich vor allem, wenn Skonto als Warenkondition in den Bestandswerten direkt gemindert werden soll.

Ein Problem bei der Handhabung von Skonti als Warenkondition ergibt sich dann, wenn Skonto bei der Zahlung z. B. aufgrund einer überschrittenen Zahlungsfrist nicht mehr in Anspruch genommen werden kann. Die nachträgliche EK-Preiserhöhung ist nicht mehr dem einzelnen Artikel zurechenbar, da der Skontobetrag auf den Zahlungs- oder ggf. Einzelrechnungsbetrag (je nach Zahlungsvereinbarung und Valutaregelung) berechnet wird. Die Buchung des Skontos wurde bereits bei Rechnungsverbuchung auf einem Skontoerwartungskonto gebucht und ist daher nicht mehr artikelbezogen nachvollziehbar. Insofern kann der Warenbestand um den nicht in Anspruch genommenen Skonto zu niedrig bewertet sein.

Bei einer *Bruttobuchung* wird der Warenbestand ohne Abzug von Skonto auf der entsprechenden Hierarchieebene gebucht; der Gesamt-Skontobetrag wird erst bei Zahlung berechnet und auf das Konto Skontoerträge gebucht. Eine Analyse des Skontobeitrags zu den in der Rechnung vertretenen WGR ist bei dieser Verfahrensweise nicht mehr möglich. Der Rechnungsbetrag wird brutto (Rechnungsendbetrag vermindert um die Rabatte der Rechnung) übergeben und der Skontobetrag erst bei Inanspruchnahme des Skontos bei der Zahlungsregulierung abgesetzt.

---

3. Bruttobuchung Skonto im Rechnungswesen

a) Rechnungsbuchung:

WE/RE-Konto		36.731,80		
und	Vorsteuer	5.142,45	an	
			Kreditorenkonto	41.874,25

b) Zahlung:

Kreditorenkonto	41.874,25	an	
		Scheckausg. Bank A	41.036,76
		und Vorsteuer (Korrektur)	102,85
		und Skontoertrag	734,64

Die Zahlungskondition im zweiten und dritten Fall kann üblicherweise aus dem Kreditorenstammsatz vorgeschlagen oder bei der Übergabe aus der Rechnungsprüfung explizit übergeben werden, wenn die Skontokondition in einer Rechnung von der im Lieferantenstammsatz hinterlegten Zahlungsvereinbarung abweicht. Es ist nicht unüblich, der Kondition aus der Rechnungsprüfung Vorrang zu geben und daher die Voreinstellung des Stammsatzes nicht zu pflegen. Durch eine explizite Skontoerfassung lassen sich somit Fehler bei geänderten Konditionen vermeiden.

Der Inhalt des Informationsflusses von der Rechnungsprüfung zur Kreditorenbuchhaltung unterteilt sich in den Belegkopf und die Belegpositionen. Der Belegkopf beinhaltet Buchungsdatum, Belegdatum, Unternehmensschlüssel[169], Lieferanten-Nr., Referenz-Nr. (Lieferantenrechnungsnummer oder Belegnummer des Rechnungsprüfungsmoduls) und einen Belegkopftext.[170] Die Belegpositionen des zu erzeugenden Offenen Postens enthalten eine Positionsnummer, den Buchungsschlüssel, der das Vorzeichen der Buchung und ggf. die Bildaufbauregeln steuert, das Sachkonto, welches bebucht werden soll, den Nettobetrag und das Steuerkennzeichen oder den Steuerbetrag, wenn es sich um einen steuerpflichtigen Posten handelt. Des weiteren können in der Position die Zahlungsbedingung, ein Positionstext, ein Sperrkennzeichen zur Steuerung der Zahlungsregulierung und weitere klassifizierende Attribute mitgegeben und von nachfolgenden Funktionsbereichen genutzt werden.

Die Informationsflüsse unterscheiden sich bezüglich der Szenarios nur hinsichtlich der Herkunft der Belege. In Szenario C ist der Fall der dezentralen Rechnungsprüfung denkbar, ansonsten findet der Informationsfluß innerhalb der Zentrale statt.

---

[169] Für jedes rechtlich selbständige Unternehmen des Handelssystems wird die Buchhaltung im allgemeinen getrennt durchgeführt. Zur Identifikation wird ein Unternehmensschlüssel verwendet.
[170] Auf die Problematik der Verarbeitung unterschiedlicher Währungen wird hier aus Vereinfachungsgründen nicht eingegangen.

Inhalt	A: zentrale Organisation	B: zentral/dezentral	C: dezentrale Organisation
Kurzbeschreibung	Rechnungsbeleg; WWS-RW	wie A	wie A
Sender / Empfänger	Rechnungsprüfung[171] Zentrale / Kreditorenbuchhaltung Zentrale	Rechnungsprüfung Zentrale / Kreditorenbuchhaltung Zentrale	Rechnungsprüfung Zentrale, Filiale / Kreditorenbuchhaltung Zentrale
Bestandteile	Belegkopf, Belegpositionen, Bruttobetrag, Steuerbetrag, Sperrkennzeichen		
Eigenschaft der Daten	Nutzdaten: Offener Posten auf dem Kreditorenkonto; Kontrolldaten: Anstoß der Buchung in der Kreditorenbuchhaltung		
Wertigkeit			
Informationsrelevanz	hoch: frühe Buchung für Ausnutzung der Skontofrist gewünscht		
Auswirkung auf weitere FB	Zahlungsregulierung	wie A	wie A
Aktualitätsanforderung	mittel: mindestens am Tag vor Zahllauf	wie A	wie A
Periodizität	i. d. R. täglich, ggf. real-time	täglich, ggf. real-time	täglich, ggf. real-time
Informationsvolumen	mittel	Mittel	mittel
Form			
Informationsart	strukturiert; wertmäßige Bewegungsdaten	wie A	wie A
Art der Übertragung	DV-gestützt offline (batch), DV-gestützt online	wie A	wie A
Aggregationsebene	Rechnungskopf, verdichtete Positionen	wie A	wie A

Tab. 4.15: Details des Informationsflusses Rechnungsübergabe von der Rechnungsprüfung zur Kreditorenbuchhaltung

Im Anschluß an die Übergabe der geprüften bzw. freigegebenen Rechnungsbelege erfolgt die periodisch ausgeführte Zahlungsregulierung, die die zur Zahlung fälligen Posten selektiert. In Abb. 3.30 wurde der Gesamtablauf von der Rechnungsprüfung zur Zahlungsregulierung mit dem Informationsfluß bereits dargestellt.

Neben der Buchung der Offenen Posten aus den erfaßten oder kontrollierten Rechnungen besteht ein Informationsfluß zwischen Rechnungsprüfung und Kreditorenbuchhaltung durch die Buchung von Gutschriften aus Fehlberechnungen und aus nachträglichen Vergütungen auf den Kreditorenkonten. Die Zuständigkeit für die Berechnung und Aufteilung der nachträglichen Vergütungen nach Abschluß eines Konditionszeitraums liegt im allgemeinen beim Funktionsbereich Einkauf, die operative Durchführung (Gutschriftserstellung) wird dagegen durch den Funktionsbereich Rechnungsprüfung oder Fakturierung vorgenommen. Die Informationsflüsse im Rahmen der Abwicklung der nachträglichen Vergütungen bilden den Gegenstand eines eigenen Kapitels.[172]

---

[171] Je nach Anwendungsfall a) Buchung nach Erfassung oder b) Buchung nach erfolgter Rechnungskontrolle ist Sender des Informationsflusses entweder die Funktion Rechnungserfassung oder die Funktion Rechnungskontrolle.

[172] Vgl. Kap. 4.2.8.

4.2.6 Informationsfluß zwischen Rechnungsprüfung und Hauptbuchhaltung

Nachdem im vorherigen Kapitel dargestellt wurde, daß der erste Teil des Informationsflusses von der Rechnungsprüfung zur Kreditorenbuchhaltung einen Offenen Posten auf dem Kreditorenkonto erzeugt, führt der nun zu behandelnde zweite Teil des Informationsflusses in der Hauptbuchhaltung zu Bestandsbewegungen im Umlaufvermögen. Neben der Buchung der Verbindlichkeit auf den Kreditorenkonten der Nebenbuchhaltung werden aus den Urbelegen Daten für die Buchung auf den Bestandskonten der Klasse 3 (auch Wareneinkaufskonten genannt) und auf den Aufwandskonten der Klasse 4 des Kontenrahmens für den Groß- und Außenhandel erzeugt.

Die Informationsflüsse zwischen Rechnungsprüfung und Hauptbuchhaltung finden hauptsächlich in der Zentrale statt, nur bei einer dezentralen Rechnungsprüfung, wie sie im Szenario C der Fall sein kann[173], existiert ein Informationsfluß von der operativen Geschäftsstätte zur Zentrale (vgl. Abb. 4.20).

Die Bestandsbuchung ist entsprechend den Ausführungen zum Informationsfluß zwischen Wareneingang und Hauptbuchhaltung in zwei Alternativen zu unterteilen:[174]

a) Eine Bestandsbuchung erfolgt erst nach Eingang und Prüfung der Rechnung, auf die Verwendung eines WE/RE-Kontos wird verzichtet. In diesem Fall wird durch die Buchung der Rechnung die Bestandsbuchung ausgelöst und direkt auf die Bestandskonten der Klasse 3 des Kontenplans gebucht. Der Informationsfluß enthält alle für die Bestandsbewertung notwendigen Daten, die bereits in Kap. 4.2.4, Fall 1 b), angesprochen wurden. Der Buchungssatz lautet:

Warenbestandskonto [Hierarchieobjekt] und Vorsteuer [und Preisdifferenzenkonto, Nebenkosten]	an	Kreditorenkonto [und Preisdifferenzenkonto].

b) Die Bestandsbuchung erfolgt unabhängig vom Eingang der Lieferantenrechnung bereits zum Wareneingang. In diesem Fall haben die Informationsflüsse von der Rechnungsprüfung zur Hauptbuchhaltung in erster Linie Korrekturcharakter, wenn Abweichungen mengen- oder wertmäßiger Art zwischen Bestellung, Lieferschein und Rechnung bestehen. Diese Differenzen werden über den Informationsfluß zur Buchung innerhalb der Hauptbuchhaltung übernommen. Gleichzeitig wird das WE/RE-Konto ausgeglichen. Die Buchungen in der Hauptbuchhaltung lauten in diesem Fall:[175]

WE/RE-Konto und Vorsteuer [und Preisdifferenzenkonto, Nebenkosten]	an	Kreditorenkonto [und Preisdifferenzenkonto].

---

[173] Vgl. die Ausführungen im Kap. 4.1.2 und 4.2.5.
[174] Vgl. die entsprechenden Ausführungen ein Kap. 4.2.4.
[175] Vgl. zu den Buchungssätzen auch Eisele (1990), S. 64 ff.

Wird Skonto netto gebucht, ist eine zusätzliche Buchung auf dem Skontoerwartungskonto notwendig.[176]

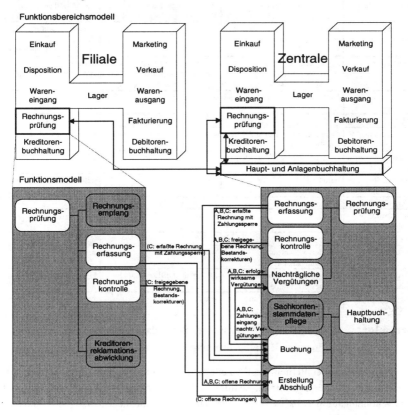

Abb. 4.20: Informationsflußmodell Rechnungsprüfung - Hauptbuchhaltung

---

[176] Vgl. dazu die Ausführungen zur Skontoproblematik im vorherigen Kapitel.

Inhalt	A: zentrale Organisation	B: zentral/dezentral	C: dezentrale Organisation
Kurzbeschreibung	Bestandszugang nach Rechnungsprüfung; WWS-RW	Bestandszugang nach Rechnungsprüfung; WWS-RW	Bestandszugang nach Rechnungsprüfung; WWS-RW
Sender / Empfänger	Rechnungsprüfung Zentrale / Hauptbuchhaltung Zentrale	wie A	Rechnungsprüfung Filiale, Zentrale / Hauptbuchhaltung Zentrale
Bestandteile	aggregierte Bestandswerte aus dem Urbeleg Rechnung als Buchhaltungsbeleg: Beleg-Nr., Belegdatum, Referenz-Nr., Vorgangsschlüssel WWS und/oder Buchungsschlüssel Buchhaltung, Sachkonto Soll, Sachkonto Haben, Nettobetrag		
Eigenschaft der Daten	Nutzdaten: Bestandswerte des Umlaufvermögens		
Wertigkeit			
Informationsrelevanz	mittel: Auswirkung auf die Bestandsauswertungen, Monatsabschluß und Spannenberechnungen der Buchhaltung		
Auswirkung auf weitere FB	Kostenrechnung, Controlling	wie A	wie A
Aktualitätsanforderung	mittel	mittel	mittel
Periodizität	real-time	täglich, real-time	täglich
Informationsvolumen	mittel	wie A	wie A
Form			
Informationsart	strukturiert; wertmäßige Bewegungsdaten	wie A	wie A
Art der Übertragung	DV-gestützt offline (batch), DV-gestützt online	DV-gestützt offline (batch)	DV-gestützt offline (batch)
Aggregationsebene	WGR, HWGR, Abteilung	wie A	wie A

Tab. 4.16: Details des Informationsflusses Bestandszugang zwischen Rechnungsprüfung und Hauptbuchhaltung

Ist in einem Handelsunternehmen die Anlagenbuchhaltung in die Hauptbuchhaltung integriert, ist ein weiterer Informationsfluß zwischen Rechnungsprüfung und Haupt- und Anlagenbuchhaltung denkbar. Dabei handelt es sich um die Buchung der Aktivierung einer Anlage zu den Anschaffungskosten laut Rechnung, die über den Funktionsbereich Rechnungsprüfung eingeht. Im Normalfall werden Anlagenrechnungen bei Neueröffnungen von Filialen oder Ersatzbeschaffungen allerdings nicht durch die Rechnungsprüfung für Warenrechnungen bearbeitet, sondern in dem für die Neuausstattung zuständigen Funktionsbereich (Marktleitung, Objektmanagement) geprüft und zur Zahlung freigegeben. Die Buchung der Rechnung erfolgt anschließend in der Hauptbuchhaltung als Kosten-Rechnung. In der Praxis werden bereits prototypisch Projekte durchgeführt, in denen der vom Ablauf strukturgleichen Vorgang der Rechnungsprüfung von Warenrechnungen und Anlage- bzw. Kosten-Rechnungen z. B. über ein Workflow-Management-System DV-technisch unterstützt wird (Funktionsintegration).[177] Über die Rollenauflösung im WMS wird bei einer Anlagen- bzw. Kostenrechnung der Urbeleg nicht der

---

[177] Vgl. dazu Rosemann, Schulte (1996), S. 201 ff.

zuständigen Warenabteilung, sondern dem Kostenstellenverantwortlichen bzw. dem Objektmanager zugeleitet.[178]

Inhalt	A und B	C: dezentral
Kurzbeschreibung	Anlagenzugang; WWS-RW	wie A und B
Sender / Empfänger	Rechnungsprüfung Zentrale / Anlagenbuchhaltung Zentrale	Rechnungsprüfung Filiale, Zentrale / Anlagenbuchhaltung Zentrale
Bestandteile	Anlagenzugangsbeleg; Anlagen-Nr., Belegdatum, Rechnungs-Nr., Rechnungswert, Umsatzsteuer	
Eigenschaft der Daten	Nutzdaten: Anlagenzugangsbuchung; Kontrolldaten: Trigger für die Aktualisierung des Anlagenstammsatzes und die Berechnung der Abschreibungen[179]	
Wertigkeit		
Informationsrelevanz	mittel: für Monatsabschluß werden die Zugangsdaten zur Abschreibungsberechnung benötigt	
Auswirkung auf weitere FB	Anlagenbuchhaltung (Abschreibungen); Rechnungsprüfung (Reklamationen)	wie A
Aktualitätsanforderung	niedrig: Anlagenzugänge können im Rahmen von periodischen Arbeiten bearbeitet werden[180]	wie A
Periodizität	wöchentlich, monatlich, bzw. bei Bedarf	wie A
Informationsvolumen	niedrig[181]	wie A
Form		
Informationsart	strukturiert; wertmäßige Bewegungsdaten	wie A
Art der Übertragung	DV-gestützt offline (batch)	wie A
Aggregationsebene	Anlagenstammsatz, Rechnungsposition	wie A

Tab. 4.17: Details des Informationsflusses Anlagenzugang von der Rechnungsprüfung zur Hauptbuchhaltung

Handelt es sich um ein Gut des Anlagevermögens und geht dies aus der Rechnung hervor, z. B. weil der Lieferant die Anlagen- oder Bestellnummer als Bezugskennzeichen verwendet, kann der Rechnungsprüfer bei der Kontrolle der Rechnung auf die Anlage Bezug nehmen und den Zugang buchen, ohne daß ein Mitarbeiter der Buchhaltung tätig werden muß.[182] Der Informationsfluß zur Haupt- und Anlagenbuchhaltung enthält alle wesentlichen Informationen ähnlich der einer Warenrechnung: Urbelegnummer, Rechnungsdatum, Bestellnummer bzw. Anlagennummer des Handelsunternehmens, Rechnungsbetrag, Bruttobetrag, Vorsteuer, Nebenkostenart, Kostenstelle. Aus der Anlagen- bzw. Bestellnummer leitet sich die im Stammsatz hinterlegte notwendige Sachkontonummer für das Anlagennebenbuch ab.

---

[178] Aussage von Herrn König, REWE-Informations-Systeme GmbH, in einem Gespräch am 28.10.1997.
[179] Vgl. zur Buchung von Abschreibungen Eisele (1990), S. 212 ff.
[180] Zeitkritisch ist im allgemeinen eher die Kreditorenseite, da die Rechnung über die Anlagenlieferung unter Ausnutzung von Zahlungskonditionen und Vorsteuerabzug zu zahlen ist.
[181] Werden für neue Filialen Einrichtungsgegenstände angeschafft, kann der Umfang der Buchungen kurzzeitig größer sein.
[182] Vgl. dazu das Beispiel der EK Großeinkauf eG bei Rosemann, Schulte (1996), S. 203.

Die entsprechende Buchung lautet:

Konto des Anlagennebenbuchs und [Anschaffungsnebenkosten] und Vorsteuer	an	Kreditorenkonto

Anstelle einer direkten Buchung auf dem Anlagenkonto wird bei einer von der Hauptbuchhaltung entkoppelten Anlagenbuchhaltung ein Verrechnungskonto zwischengeschaltet[183], das der Anlagenbuchhalter anschließend durch die Aktivierungsbuchung ausgleicht. Nicht aktivierbare Nebenkosten werden ggf. zu Lasten eines Aufwandskontos gebucht.[184]

4.2.7 Informationsfluß zwischen Kreditorenbuchhaltung und Hauptbuchhaltung

Beim Beschaffungsprozeß sind sehr enge Interdependenzen zwischen Kreditorenbuchhaltung und Hauptbuchhaltung zu konstatieren, die sich aus der gemeinsamen Grundlage - dem Kontenrahmen - und aus den Buchungen der Kreditorenbuchhaltung ableiten, die ihr Pendant in den Hauptbüchern finden. Im allgemeinen werden die Anwendungssysteme der Kreditoren- und Hauptbuchhaltung selten getrennt. Trotzdem sind die Informationsflüsse einzeln darstellbar und beispielsweise bei der Analyse von Informationssystemen in getrennten Betriebsstätten zu beachten, wenn die Konsistenz der Daten gewahrt und unnötige Redundanzen vermieden werden sollen.

Das Rechnungswesen im Handelsunternehmen ist i. d. R. in der Zentrale angesiedelt, daher werden hier die Informationsflüsse zwischen den Funktionsbereichen innerhalb der Zentrale betrachtet (vgl. Abb. 4.21).

---

[183] Diese Verfahrensweise wird gewählt, um in der Buchhaltung eine Kontrollmöglichkeit über die Buchungen auf Anlagenkonten zu erhalten. Vgl. für ein Beispiel bei einer Verbundgruppe Rosemann, Schulte (1996), S. 203.

[184] Vgl. zu den Buchungen im Rahmen von Anlagenzugängen ausführlicher Baetge (1996), S. 210 ff.; Eisele (1990), S. 484 ff.

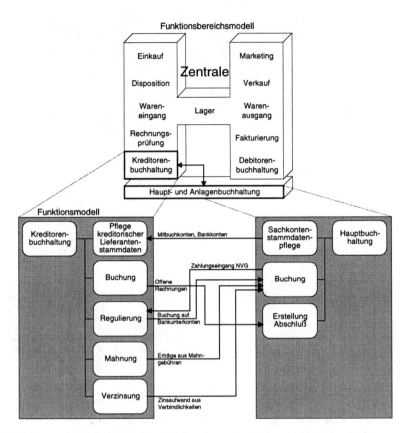

Abb. 4.21: Informationsflußmodell Kreditorenbuchhaltung - Hauptbuchhaltung

4.2.7.1 Informationsfluß von der Hauptbuchhaltung zur Kreditorenbuchhaltung

Die Hauptbuchhaltung stellt der Kreditorenbuchhaltung - wie bereits in Kap. 4.2.1.1 erwähnt - die Sachkonten zur Verfügung, wobei diese als Verbindung zwischen Haupt- und Nebenbuch fungieren. Der Kontenrahmen bildet die Strukturvorgabe für die unternehmensspezifischen Kontenpläne, die ihrerseits wiederum die Numerierung der Sachkonten und ihre Stammdaten vorgeben.[185] Jedes Kreditorenkonto ist eindeutig einem Mitbuchkonto des Hauptbuches[186] zugeordnet (vgl. Abb. 4.22).

---

[185] Vgl. zu den Stammdaten von Sachkonten z. B. Becker, Schütte (1996), S. 364 f.; Reblin (1971), S. 38 und S. 48 ff.

[186] Das Haupt- oder Sachbuch dient der sachlichen Ordnung der Buchungen des Grundbuches. Das Grundbuch oder Journal stellt die Buchungen in ihrer zeitlichen Reihenfolge dar. Vgl. z. B. Koch (1988), S. 47; Reblin (1971), S. 60 ff.

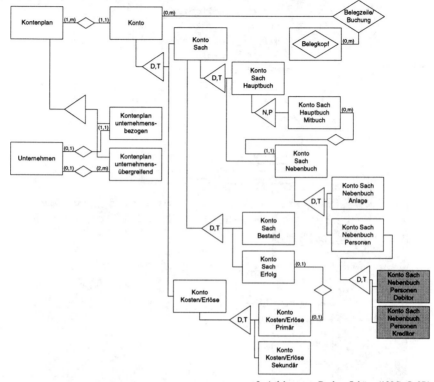

In Anlehnung an Becker, Schütte (1996), S. 371.

Abb. 4.22: Datenmodell zur Kontenstruktur der Hauptbuchhaltung

Die Unterteilung der Mitbuchkonten wird häufig anhand von Klassifikationen des Kontenrahmens vorgenommen, beispielsweise nach den Forderungen gegenüber verbundenen Unternehmen[187], Forderungen gegenüber Unternehmen, mit denen ein Beteiligungsverhältnis besteht[188] oder Forderungen aus Warenlieferungen und Leistungen. Eine weitere Unterteilung kann ggf. nach Ländern, Regionen oder Geschäftsarten vorgenommen werden. Weiterhin benötigt die Kreditorenbuchhaltung für die Durchführung der Zahlungsregulierung Angaben über die Bankunterkonten für Schecks und Überweisungen. Bei der Regulierung der Offenen Posten wird das Kreditorenkonto gegen diese Konten ausgeglichen.

Ein Informationsfluß zur Übermittlung von Bewegungsdaten zwischen Haupt- und Kreditorenbuchhaltung fällt bei der Buchung von Zahlungseingängen in der Hauptbuchhaltung an. Zahlungseingänge aus dem Bereich der Lieferanten sind z. B. Zahlungen

---

[187] Dazu gehören in einem mehrstufigen Handelsunternehmen z. B. die für eine Niederlassung als Lieferanten agierenden Regionalläger, wenn diese als selbständige Firmen tätig sind.
[188] Vgl. dazu § 271 HGB und die Erläuterungen bei Wöhe (1993), S. 1140 ff.

nachträglicher Vergütungen (NVG) oder von Werbekostenzuschüssen (WKZ)[189], die häufig getrennt von den Warenrechnungen gezahlt werden. Die NVG und WKZ wurden bereits vorher erfolgswirksam als Forderungen an den Kreditor gebucht.[190] Erfolgen die Zahlungseingänge zum Ausgleich der Gutschriften per Überweisung, wird die Information über den Zahlungseingang über den schriftlich oder elektronisch übermittelten Kontoauszug bekannt. Zahlungen per Scheck liegen zuerst beim Handelsunternehmen vor und werden dann bei der Bank zur Einlösung bzw. Gutschrift eingereicht. Anhand des Kontoauszugs als Beleg für die Bankenbuchhaltung erfolgt die Buchung auf das Bankkonto und der Ausgleich der mit der Zahlung regulierten Posten auf dem Kreditorenkonto.

Die Buchungssätze zur Scheckeinreichung des Handelsunternehmens (a) und zur Scheckgutschrift durch die Bank (b) lauten wie folgt:

a)	Scheckeingang Bank A	an	
			Kreditor
b)	Bank A		
	[und Nebenkosten des Geldverkehrs][191]	an	
			Scheckeingang Bank A

Inhalt	**Ausprägungen**
Kurzbeschreibung	Zahlungseingang Kreditor (nachträgl. Vergütungen); RW-intern
Sender / Empfänger	Hauptbuchhaltung / Kreditorenbuchhaltung
Bestandteile	Teil des Buchungssatzes Bankunterkonto an Kreditor: Sachkonto, Buchungsschlüssel, Betrag, Kontierungsobjekte, Buchungstext
Eigenschaft der Daten	Nutzdaten: Buchungsdaten; Kontrolldaten: Ausgleich der Offenen Posten auf dem Kreditor
Wertigkeit	
Informationsrelevanz für die beteiligten Funktionen	mittel
Auswirkung auf weitere FB	Bankenabwicklung, Finanzplanung, Offene-Posten-Verwaltung (Mahnung)
Aktualitätsanforderung	mittel - hoch: je nach Aktualität der Finanzplanung
Periodizität	NVG, WKZ: periodisch nach Abschluß einer Abrechnungsperiode
Informationsvolumen	niedrig, je nach Anzahl der Zahlungseingänge
Form	
Informationsart	strukturiert; wertmäßige Bewegungsdaten
Art der Übertragung	DV-gestützt online
Aggregationsebene	Zahlungsbelegposition

Tab. 4.18: Details des Informationsflusses Zahlungseingang von der Haupt- zur Kreditorenbuchhaltung

---

[189] Die Industrie gewährt dem Handel Werbekostenzuschüsse für Werbeaufwendungen, z. B. bei einer Aktion im Rahmen der Neueröffnung einer Filiale, vgl. Barth (1996), S. 199; Becker, Schütte (1996), S. 472; Steffenhagen (1995), S. 63 ff.
[190] Vgl. Kap. 4.2.8.
[191] Nebenkosten fallen z. B. bei Auslandsschecks an, bei denen die Banken u. U. Bearbeitungs- und Umrechnungsgebühren berechnen.

4.2.7.2 Informationsfluß von der Kreditorenbuchhaltung zur Hauptbuchhaltung

Im Funktionsbereich Kreditorenbuchhaltung werden Daten für die Hauptbuchhaltung in den Funktionen der Zahlungsregulierung und der Verzinsung erzeugt.

Der Informationsfluß bei der Buchung des Zahlungsausgangs erfolgt i. d. R. ohne manuellen Eingriff. Zu den Zahlungsausgängen gehört die Buchung der Überweisungen und Schecks, die im Anschluß an das Zahlprogramm der Kreditorenbuchhaltung ausgestellt und an die Banken bzw. Lieferanten übermittelt werden. Der Ausgleich der regulierten Posten erfolgt als letzter Schritt des Zahlprogramms mit den Ereignissen „Posten ist ausgeglichen", „Posten ist teilausgeglichen" bzw. „Es wurde Akonto gebucht" (vgl. Abb. 4.23).

Der Informationsfluß zur Hauptbuchhaltung leitet sich aus dem Übergang vom Prozeßobjekt Rechnung zum Prozeßobjekt Zahlung ab, detailliert in den grau hinterlegten Ereignissen „Zahlung ist gebucht" etc.

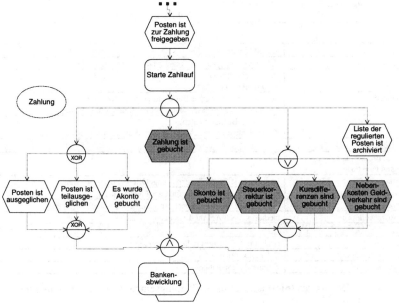

Anmerkung: An mit ... gekennzeichneten Stellen wurde aus Darstellungsgründen auf Elemente der Originalabbildung verzichtet.

In Anlehnung an Becker, Schütte (1996), S. 258.

Abb. 4.23: Prozeßmodell Zahlungsausgang

Grundsätzlich entsprechen zwei Verfahrensweisen zur Buchung des Zahlungsausgangs auf den Konten der Hauptbuchhaltung der gängigen Praxis. Die Gegenbuchung zum Ausgleich der Offenen Posten des Kreditorenkontos wird entweder auf den Bankunterkonten gebucht und erst bei Eingang der Belastungsanzeige der Bank (i. d. R. in Form des Kontoauszugs) über das dem Bankkonto entsprechende Sachkonto ausgeglichen (Abb.

4.24, Fall A). Im anderen Fall wird direkt das Bankkonto angesprochen (Fall B). Der Vorteil der in Fall A geschilderten Vorgehensweise ist, daß auf dem Bankunterkonto immer der aktuelle Stand der noch offenstehenden, nicht eingelösten Zahlungsmittel (hier Schecks) ablesbar ist. Des weiteren wird mit diesem Verfahren die Finanzplanung bei der Liquiditätsermittlung unterstützt.

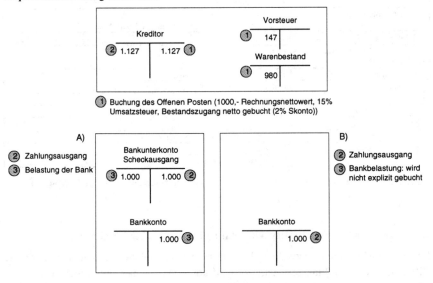

Abb. 4.24: Buchungssätze beim Zahlungsausgleich

Nach Eingang der Überweisungen (z. B. durch Übermittlung im Datenträgeraustauschverfahren) und Schecks (von den Lieferanten bzw. Zahlungsempfängern bei ihren Banken eingereicht) bei den Hausbanken des Handelsunternehmens erfolgt die Belastung der entsprechenden Unterkonten (Fall A). Weit verbreitet in der Praxis ist daneben das unter dem Begriff Electronic Banking diskutierte automatisierte, DV-gestützte Verfahren zum Datenaustausch zwischen Handelsunternehmen und Banken.[192]

Die Verzinsung von Kreditorenkonten ist in der Handelspraxis eher die Ausnahme. Das liegt u. a. daran, daß Kreditorenkonten i. d. R. Verbindlichkeiten des Handelsunternehmens darstellen, auf die keine Zinsen zu zahlen sind. Eine Habenverzinsung ist beispielsweise notwendig, wenn Verbindlichkeiten gegenüber Darlehensgebern über Kreditorenkonten verwaltet werden. Auf der anderen Seite entstehen Ansprüche auf Verzinsung von Forderungen gegenüber Kreditoren, wenn diese die vereinbarten nachträglichen Vergütungen nicht fristgerecht zahlen. In diesen Fällen wird zum Abschluß einer Verzinsungsperiode ein Abrechnungslauf gestartet, der einen entsprechenden Rechnungsposten für das Kreditorenkonto erzeugt und erfolgswirksam auf Sachkonten der Hauptbuchhaltung zu buchen ist.

---

[192] Vgl. zum Electronic Banking z. B. Buhl, Löfflad (1997), S. 135 f.; Reiter (1990), S. 138 f.

Inhalt	Ausprägungen
Kurzbeschreibung	Zahlungsausgang Kreditor; RW-intern
Sender / Empfänger	Kreditorenbuchhaltung / Hauptbuchhaltung
Bestandteile	Teil des Buchungssatzes Kreditor an Bankunterkonto: Sachkonto, Buchungsschlüssel, Betrag, Kontierungsobjekte, Buchungstext, ggf. Finanzplanschlüssel[193]
Eigenschaft der Daten	Nutzdaten: Buchungsdaten; Kontrolldaten: Anstoß der Buchung auf den Sachkonten
Wertigkeit	
Informationsrelevanz für die beteiligten Funktionen	mittel
Auswirkung auf weitere FB	Bankenabwicklung, Finanzplanung
Aktualitätsanforderung	mittel - hoch: je nach Anforderung der Finanzplanung
Periodizität	real-time
Informationsvolumen	mittel
Form	
Informationsart	strukturiert; wertmäßige Bewegungsdaten
Art der Übertragung	DV-gestützt online
Aggregationsebene	Zahlungsbelegposition

Tab. 4.19: Details des Informationsflusses Zahlungsausgang von der Kreditoren- zur Hauptbuchhaltung

4.2.8 Informationsfluß bei der Abwicklung nachträglicher Vergütungen

Der Einkaufskonditionenverwaltung kommt im Handel eine große Bedeutung zu, da die Differenz zwischen Einkaufs- und Verkaufskonditionen einen wesentlichen Teil der Wertschöpfung des Handels bildet.[194] Obwohl selbst prominente Handelsvertreter wie ERWIN CONRADI das Ende des „ritualisierten Konditionsgerangels" zwischen Industrie und Handel erreicht sehen,[195] sieht die Praxis noch vielerorts anders aus.[196] Die Kreativität der Einkäufer der Handelsunternehmen und der Verkäufer der Industrie äußert sich in immer neuen Konditionstypen, Rabatten und Bonusarten,[197] welche die Anwendungssysteme zur Verwaltung, Prüfung und Abrechnung dieser Konditionen vor erhebliche Probleme stellen.

Nachträgliche Vergütungen (NVG) als besondere Konditionen am Ende einer Periode haben sich im Handel zum größten Baustein der Ertragsrechnung entwickelt. Ohne die

---

[193] Der Finanzplanschlüssel ist ein Konstrukt, das zur Fortschreibung der Daten der Finanzplanung verwendet werden kann, wie das z. B. im Modul Treasury (TR) der Standardsoftware SAP R/3 der Fall ist. Vgl. SAP (1996), Abschnitt TR-Cash Management.

[194] Vgl. Hertel (1997), S. 192 f.

[195] Vgl. Blüthmann, Frese (1996), S. 39.

[196] Vgl. o. V. (Konditionendruck) (1997); Chwallek (1996); o. V. (Ferrero) (1996). Zum sich wandelnden Verständnis der Lieferanten-Händler-Beziehung siehe auch Barrenstein (1998), Wiezorek (1998), Zentes (1998).

[197] Rabatte werden nicht zuletzt deshalb als Preisnachlässe definiert, „[...] die für die Abgeltung einer Leistung und/oder aus Gründen des wettbewerblichen Anreizes gegeben werden." Hansen (1990), S. 510. Vgl. für eine Auflistung von verschiedenen Konditionsarten Steffenhagen (1995), S. 48 ff.; Tietz (Zukunft) (1993), S. 300 ff.; Schaefer, Gernot: Rabattarten, in Falk, Wolf (Hrsg.): Das große Lexikon für Handel und Absatz, 2. Aufl., Landsberg/Lech 1982, S. 649, zitiert bei Tietz (1993), S. 384 f.; Hansen (1990), S. 510 ff. Siehe für ein aktuelles Beispiel o. V. (Spar-Kontor) (1997).

nachträglichen Konditionen, die mittlerweile ein Vielfaches des Jahresgewinns eines Handelsunternehmens ausmachen, könnten viele Händler im Wettbewerb nicht mehr bestehen.

Obwohl die Abrechnung der nachträglichen Konditionen originär dem Funktionsbereich Rechnungsprüfung zugeordnet wird,[198] wirkt sie sich unmittelbar auf weitere Funktionsbereiche aus (vgl. Abb. 4.25).[199]

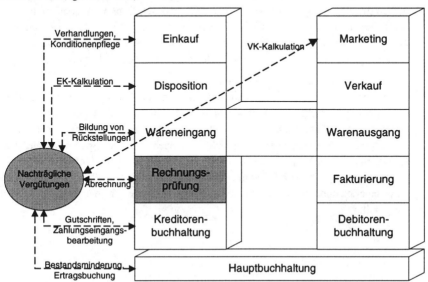

Abb. 4.25: Interdependenzen der Abwicklung nachträglicher Vergütungen mit anderen betrieblichen Funktionsbereichen

Grundsätzlich läßt sich der Ablauf der nachträglichen Vergütungen in folgende Schritte unterteilen:[200]

1. Pflege der Absprache bzw. Kondition zwischen Lieferant und Handelsunternehmen auf den entsprechenden Hierarchieebenen (Gesamtsortiment, Teilsortiment, Warengruppe des Lieferanten, Artikel).

Die Stammdatenpflege der nachträglichen Konditionen findet in der Mehrzahl der Fälle im Funktionsbereich Einkauf statt.[201] Die Pflege der Absprachen und Konditionen wurde bereits bei der Pflege der Artikelstammdaten behandelt.[202]

---

[198] Vgl. Becker, Schütte (1996), S. 154 ff. und S. 235 ff.
[199] Vgl. Goslich (1997), S. 20 f.; Schüppler (1997), S. 3 ff.
[200] Vgl. zum Ablauf der Abrechnung nachträglicher Vergütungen Schüppler (1997), S. 3 f.; Becker, Schütte (1996), S. 244 ff.
[201] Vgl. Hertel (1997), S. 199 f.; Becker, Schütte (1996), S. 154 ff.
[202] Vgl. Kap. 4.2.1.

2. Berechnung des Anspruchs auf nachträgliche Vergütungen im Anschluß an den Wareneingang oder die Rechnungsprüfung (Sollstellung).[203]

Dieser Verarbeitungsschritt wird nur bei wenigen Handelsunternehmen vorgenommen, da seine Durchführung besondere Anforderungen an die Leistungsfähigkeit des Anwendungssystems stellt. Die Berechnung der Ansprüche aus nachträglichen Vergütungen läßt sich auch im Rahmen des dritten Schrittes durchführen (vgl. S. 192), jedoch finden in diesem Fall die NVG keine Berücksichtigung im Warenbestand. Der Warenbestand bildet nur den EK-Nettowert der Waren ab, es sei denn, es wird über eine periodische Abgrenzungsbuchung der Anspruch der kalkulierten nachträglichen Vergütungen in der Warenfortschreibung fortgeschrieben und gebucht.

Nachträgliche Konditionen wie Boni, Treuerabatte etc. werden in der Handelsleistungsrechnung als Abzugsposten von den ursprünglich in Rechnung gestellten Warenpreisen betrachtet.[204] Für eine aktuelle Darstellung der Einstandskosten sind bei der Buchung der Bestandsbewegung nach dem Wareneingang oder bei der Buchung der geprüften Lieferantenrechnung Rückstellungen für die Ansprüche aus den *kalkulierten* nachträglichen Vergütungen[205] gegenüber dem Lieferanten fortzuschreiben und ggf. im WWS *und* in der Hauptbuchhaltung zu buchen.[206] In Abb. 4.26 wird eine exemplarische Lieferantenrechnung mit ihren Konditionsbestandteilen dargestellt.

---

[203] Nicht selten wird von den Einkäufern im Handel die Forderung erhoben, daß die Fortschreibung der Ansprüche aus nachträglichen Vergütungen bereits zum Wareneingang vorgenommen werden soll, da die Rechnungsprüfung zum Teil verspätet erfolgt, ggf. sogar erst nach Abschluß des Abrechnungszeitraums. In der Handelslösung IS-Retail des SAP R/3-Systems wird beim Wareneingang eine Rückstellung für die erwarteten NVG-Eingänge erstellt, die den Warenbestand sofort vermindert.

[204] Vgl. Becker, Schütte (1996), S. 178; Buddeberg (1959), S. 124. Bilanzrechtlich sind Boni, „[...] die der Lieferant seinem Abnehmer nicht im Zusammenhang mit einer bestimmten Lieferung oder Leistung gewährt, sondern in der Regel mit einer Jahresabnahmemenge oder einem Jahresumsatz [...]" (Baetge (1996), S. 213), nicht als Anschaffungspreisminderungen aufzufassen, sondern als sonstiger betrieblicher Ertrag zu buchen.

[205] Als *kalkuliert* bzw. *verkalkuliert* wird eine nachträgliche Vergütung bezeichnet, wenn sie an einem Rechnungsobjekt (Artikel, Artikelgruppe, WGR, Teilsortiment) festgemacht werden kann und der Betrag in Prozent oder Wert angegeben ist, vgl. Becker, Schütte (1996), S. 155.

[206] Vgl. die Ausführungen in Kap. 4.2.8. Für die Berücksichtigung von Zinseffekten der nachträglichen Vergütungen wird Becker, Schütte (1996), S. 178 ff., verwiesen.

Artikel 4711							
Zeitraum	01.06.1996 - 31.12.1996						
Kalk.-Stufe	Konditions-nummer	Bezugs-basis (Kalk.-Stufe)	Konditionsbezeichnung	Konditions-satz	Konditions-wirkung	Konditions-betrag	DM-Betrag nach Konditionssatz
1	LI01		Listenpreis				150,000
2	LR02	1	Listungsrabatt	30,00-	DM/Stück	30,00	120,000
3	SK01	2	Skonto	3,00-	%	3,60	116,400
4	=EK-netto						116,400
5	BO01	4	Quartalsbonus	10,00-	%	11,64	104,760
6	BO02	4	Jahresbonus	8,00-	%	9,312	95,448
7	=EK-netto-netto						95,448
8		1	WKZ	2,00-	%	3,00	92,448
9	=EK$_{IST}$						92,448
10	VS01	4	Vorsteuer	7 %		8,15	124,550
10	=Zahlbetrag						124,550
12	VK02	4 ./. 7	Vorsteuerkorrektur auf Bonus	7 %		1,47	1,47
13	VK03	7 ./. 9	Vorsteuerkorrektur auf WKZ	7 %		0,21	0,21

In Anlehnung an Becker, Schütte (1996), S. 156.

Abb. 4.26: Buchungsinformationen zu den nachträglichen Vergütungen

Im angegebenen Beispiel sind die mit BO01 und BO02 bezeichneten Konditionstypen als kalkulationsrelevant gekennzeichnet, d. h. sie fließen in die Berechnung des EK-Netto-Netto mit ein und werden somit bei der Wareneingangsbuchung als Rückstellung gebucht. Die Kondition WKO01 bezeichnet eine nicht-kalkulierte nachträgliche Kondition, die erst bei der Abrechnung ermittelt und erfolgswirksam gebucht werden kann. Entsprechend ist die Vorsteuerkorrektur zu den Rechnungsabzügen zu beachten (VK02 und VK03).

Mit der Buchung a) wird der Warenbestand zu EK-Netto gebucht, mit der Buchung b) die Sollstellung für die Absprache aufgebaut und der Warenbestand vermindert. Damit wird der Warenbestand zu EK-Netto-Netto ausgewiesen. Die Buchung c) stellt die Buchung der Rechnung nach Rechnungsprüfung zur Vervollständigung des Beispiels dar.

a) Warenbestandskonto [WGR]	116,40	an (WE/RE-Konto)[207]	116,40
b) NVG-Rückstellungskonto[208] und NVG-Rückstellungskonto	11,64 9,31	an Warenbestandskonto [WGR] und Warenbestandskonto [WGR]	11,64 9,31
c) (WE/RE-Konto) und Vorsteuer erm. Steuer	116,40 8,15	an Kreditor	124,55

Die Steuerrelevanz der einzelnen Positionen ist bei der Buchung der Rückstellung ebenfalls zu berücksichtigen, d. h. es ist an der einzelnen Position ein Kennzeichen zu übergeben, das Auskunft über den Umsatzsteuersatz der Hauptleistung (der Wareneingangsposition) gibt.[209]

Der Informationsfluß findet zwischen Wareneingang/Rechnungsprüfung und Warenfortschreibung/Hauptbuchhaltung statt und beinhaltet die Daten der zugrunde liegenden Konditionsabsprache, die betroffenen Artikel des Lieferanten und die fortzuschreibenden Umsatzwerte. Die Belegpositionen des Wareneingangs sollten im WWS positionsgenau gebucht werden, um bei der Abrechnung der NVG auf die Sollstellung der einzelnen Bonusbezugsobjekte (Artikel, Artikelgruppe, Teilsortiment etc.) zurückgreifen und Abweichungsanalysen durchführen zu können. Für die Übergabe an die Buchhaltung ist eine Aggregation auf die Bestandsführungsebene der Hauptbuchhaltung sinnvoll, um die Vielzahl der Belege zu vermeiden.

Werden im Rahmen der Rechnungsprüfung Änderungen am Wareneingangsbeleg notwendig, sind die Rückstellungen für die nachträgliche Kondition (inklusive der Steuerpositionen) und der Warenbestand ebenfalls zu korrigieren.

3. Abrechnung der nachträglichen Vergütungen nach Abschluß des Konditionszeitraums.

Am Ende des Gültigkeitszeitraums werden die Absprachen im WWS oder einem separaten Bonusprogramm abgerechnet.[210] Als Basis für die Berechnung können auf der einen Seite die mit Schritt 2 gebuchten NVG-Erwartungen dienen. Auf der anderen Seite werden dem Handelsunternehmen jedoch häufig die Umsatzwerte von der Industrie als Berechnungsgrundlage vorgegeben.[211] Darüber hinaus können weitere Ansprüche aus Konditionsabsprachen entstehen, die nicht einem einzelnen

---

[207] Unterstellt wird hier die Verwendung des WE/RE-Kontos und die Buchung der Wareneingänge im Einzelhandel auf der Hierarchieebene Warengruppe.

[208] Das NVG-Rückstellungskonto ist ein Forderungskonto der Kontenklasse 1 des Kontenrahmens für den Groß- und Außenhandel und wird später durch die Abrechnung ausgeglichen.

[209] Es gilt der Grundsatz: „Die Nebenleistung (die Nachträgliche Kondition) trägt die Last der Hauptleistung (des Rechnungswertes)", Aussage von Herrn Vielhaber, J. F. Bremke & Hoerster GmbH & Co. KG, Arnsberg, in einem Gespräch am 17.11.1997.

[210] Ein separates Bonusverwaltungs- und -abrechnungsprogramm wurde z. B. von der Firma IBB Informationsverarbeitung GmbH, München, entwickelt.

[211] Vgl. Becker, Schütte (1996), S. 244. Daß es zwischen den Zahlen des Handelsunternehmens und der Industrieunternehmen Abweichungen aus unterschiedlichsten Gründen gibt, bestätigte u. a. Herr Vielhaber, J. F. Bremke & Hoerster GmbH & Co.KG, Arnsberg, in einem Gespräch am 17.11.1997.

Bezugsobjekt zugeordnet werden konnten oder erst mit der Feststellung des Periodenumsatzes berechnet werden können.[212]

Nicht selten werden die Gutschriften aus der Berechnung von nachträglichen Vergütungen über die Anwendungssysteme der Fakturierung und über Debitorenkonten abgewickelt, da die Forderungsverwaltung inkl. der Mahnungsfunktionalität in manchen Anwendungssystemen effektiver über die Debitorenbuchhaltung möglich ist.[213] Die Buchung der Gutschrift aus kalkulierten (d. h. in der Bestandsbewertung berücksichtigten) und nicht-kalkulierten[214] nachträglichen Vergütungen lautet wie folgt:

Kreditor / Debitor	25,63	an		
			NVG-Rückstellungskonto	11,64
		und	NVG-Rückstellungskonto	9,31
		und	Erträge aus WKZ [WGR]	3,00
		und	Vorsteuer erm. Steuersatz[215]	1,68

Der Informationsfluß der nachträglichen Vergütungen verläuft in ähnlicher Weise wie die Übergabe der Lieferantenrechnung vom Funktionsbereich Rechnungsprüfung zur Kreditorenbuchhaltung: die Buchung der Gutschrift erzeugt eine Forderung gegenüber dem Kreditoren. In der Mehrzahl der Fälle werden die Gutschriften aus nachträglichen Vergütungen nicht mit den bestehenden Verbindlichkeiten aus Warenlieferungen aufgerechnet, sondern separat vom Lieferanten reguliert.

Eine Unterscheidung nach den vorliegenden Szenarios ist in diesem Fall nicht notwendig, da der Informationsfluß hauptsächlich in der Zentrale stattfindet.

Nicht betrachtet wird hier die ergebnisrechnungsrelevante Verteilung der nachträglichen Vergütungen an die Abnehmer (Filialen), die sich an die Abrechnung anschließt.[216]

---

[212] Diese Art der nachträglichen Konditionen sind als nicht-verkalkulierte NVG bekannt, da sie nicht in der Bestandsbewertung berücksichtigt wurden.
[213] Vgl. Becker, Schütte (1996), S. 251. Dementsprechend läuft der Informationsfluß bei debitorischer Abrechnung zur Debitorenbuchhaltung statt zur Kreditorenbuchhaltung.
[214] Nicht-kalkulierte NVG werden nicht gegen das Forderungskonto, sondern erfolgswirksam in der GuV gebucht, wobei als Hierarchieobjekt ggf. der Markt oder das Unternehmen als oberste Stufe der Erlöshierarchie verwendet wird.
[215] Bei diesem Geschäftsvorfall handelt es sich um eine Minderung der Vorsteuerlast des Handelsunternehmens, die eine Habenbuchung auf den Vorsteuerkonten erfordert. Vgl. dazu auch Rose (1997), S. 172 ff.
[216] Vgl. dazu die Ausführungen zum Informationsfluß Fakturierung - Debitorenbuchhaltung in Kap. 4.3.8.4 auf S. 244 und Becker, Schütte (1996), S. 244.

Inhalt	Sollstellung der Ansprüche	Abrechnung der nachträglichen Vergütungen
Kurzbeschreibung	Buchung der Rückstellung; WWS-RW	Gutschrift, Belastungsanzeige aus nachträgl. Vergütungen nach der Abrechnung; WWS-RW
Sender / Empfänger	Wareneingang, Rechnungsprüfung / Hauptbuchhaltung Zentrale	Rechnungsprüfung, Fakturierung Zentrale (Bearbeitung nachträgl. Vergütungen) / Kreditorenbuchhaltung, Hauptbuchhaltung Zentrale
Bestandteile	Belegkopf: Belegnummer, Belegdatum; Belegpositionen: Rückstellungskonto, Absprachenummer, Nettobetrag, Steuerkennzeichen; Warenbestandskonto, Hierarchieobjekt, Nettobetrag	Belegkopf: Belegnummer, Belegdatum; Belegpositionen: Kreditorenkonto, Bruttobetrag, Steuerbetrag, Sperrkennzeichen, Positionstext; Rückstellungskonto, Absprachenummer, Nettobetrag, Steuerkennzeichen; Ertragskonto, Absprachenummer, Nettobetrag, Steuerkennzeichen
Eigenschaft der Daten	Nutzdaten: Rückstellungsbuchung, Minderung des Warenbestandskontos Kontrolldaten: Veränderung des GLD	Nutzdaten: Offener Posten auf dem Kreditorenkonto, Ertragsbuchung Kontrolldaten: Anstoß der Buchung in der Kreditorenbuchhaltung; Ausgleich des Rückstellungskontos
Wertigkeit		
Informationsrelevanz	hoch: zur GLD-Ermittlung und damit zur Wareneinsatzermittlung notwendig	mittel: zur Kontrolle der Zahlungen des Lieferanten
Auswirkung auf weitere FB	Hauptbuchhaltung, Warenausgang (Buchung des Wareneinsatzes)	Hauptbuchhaltung: Zahlungsausgleich des Lieferanten
Aktualitätsanforderung	hoch: bei Wareneingangsbuchung	niedrig: nach Durchführung der Abrechnung
Periodizität	real-time, täglich	monatlich, quartalsweise, jährlich
Informationsvolumen	hoch: je WE-Position	niedrig
Form		
Informationsart	strukturiert; wertmäßige Bewegungsdaten	strukturiert; wertmäßige Bewegungsdaten
Art der Übertragung	DV-gestützt offline (batch), DV-gestützt online	DV-gestützt offline (batch), DV-gestützt online
Aggregationsebene	WE-Position	Rechnungskopf

Tab. 4.20: Details des Informationsflusses im Rahmen der Abwicklung nachträglicher Vergütungen

4.3 Informationsflüsse des Distributionsprozesses

Die bisherigen Ausführungen zum Beschaffungsprozeß bezogen sich hauptsächlich auf die Besonderheiten der Abläufe zwischen dezentraler Betriebsstätte und Zentrale. Im Distributionsprozeß unterscheiden sich die Abläufe in den operativen Einheiten der Filialen und dem Zentral- bzw. Großhandelslager, insbesondere in den Funktionen der Auftragsverwaltung, der Bestandsführung, der logistischen Abwicklung und der Zahlungsregulierung.[217]

---

[217] Siehe dazu Lerchenmüller (1995), S. 455 ff. Eine Ausnahme stellt der Versandhandel als Sonderform des Einzelhandels dar, der in dieser Untersuchung jedoch nicht betrachtet wird.

Die Untersuchung der Funktionsverteilung zwischen Filiale und Zentrale bildet einen inhaltlichen Schwerpunkt dieser Untersuchung. Daher stehen in den Kap. 4.3.1 bis 4.3.6 die Informationsflüsse der Einzelhandelsstufe im Vordergrund. Die Besonderheiten der Abläufe im Großhandel werden in Kap. 4.3.8 beschrieben.

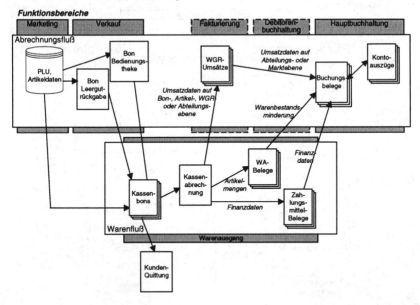

Abb. 4.27: Belegfluß im Einzelhandel

Der Endverbraucher als Abnehmer des *Einzelhandels* übernimmt selbst die Distributionslogistik, d. h. er entnimmt die Waren direkt aus den Regalen im Laden. Die Abverkaufserfassung am Kassenterminal ist das letzte Glied in der Kette eines geschlossenen Warenwirtschaftssystems.[218] Die für den Großhandel typischen Arbeitsvorgänge von der Auftragserfassung über die Kommissionierung bis hin zur Fakturierung werden im Einzelhandel durch den Erfassungsvorgang am Point of Sale ersetzt. Der Kassenbeleg stellt die zentrale Datenquelle für die Funktionsbereiche Fakturierung, Debitoren- und Hauptbuchhaltung dar (vgl. Abb. 4.27).[219]

---

[218] Vgl. Lerchenmüller (1995), S. 457 f.; Barth (1996), S. 388 ff.
[219] Vgl. dazu auch die Ausführungen zu den Prozeßobjekten im Einzelhandel / Checkout in Kap. 4.2.1.2.

4.3.1 Informationsfluß zwischen Verkauf und Debitorenbuchhaltung

Die Informationsflüsse zwischen Verkauf und Debitorenbuchhaltung werden in Abb. 4.28 dargestellt.

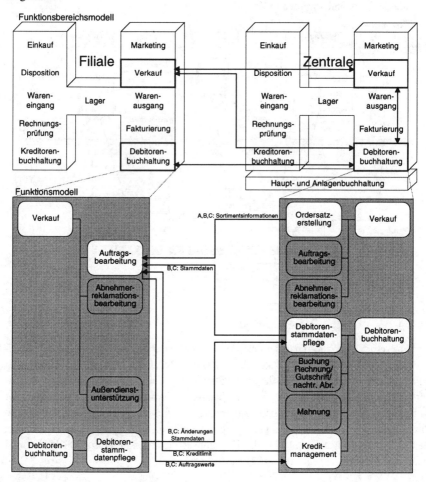

Abb. 4.28: Informationsflußmodell Verkauf - Debitorenbuchhaltung

4.3.1.1 Informationsfluß von der Zentrale zur Filiale

Für den Einzelhandel ist ein Mittel, um sich von den Wettbewerbern zu differenzieren, beispielsweise das Angebot der Einzelhändler an die Kunden, Aufträge zur Belieferung anzunehmen und diese dem Kunden bis an die Haustür zu liefern.[220] Die gleiche Verfahrensweise gilt für die vermehrt auftretenden Online-Shopping-Angebote von Lebensmitteleinzelhändlern.[221] Vom Verkauf der Zentrale werden der Filiale Informationen zur Sortimentsstruktur zur Verfügung gestellt, die u. U. den Kunden der Filiale als Angebotsinformationen weitergegeben werden.

Der Informationsfluß zur Filiale unterscheidet sich in den Szenarios nach der Art der Informationsübermittlung. In Szenario A werden die Sortimentsinformationen schriftlich ausgetauscht, in den Szenarios B und C kann ein Download in das POS-System oder das FWWS erfolgen.

Inhalt	**A: zentrale Organisation**	**Szenario B und C**	
Kurzbeschreibung	Sortimentsinformationen WWS-intern	Sortimentsinformationen; WWS-intern	Bonitätsprüfungsdaten; WWS-RW
Sender / Empfänger	Verkauf Zentrale / Verkauf Filiale	wie A	Debitorenbuchh. Zentrale / Verkauf Filiale
Bestandteile	Artikelnummer, Artikelbezeichnung, Log. Einheit, Mindestabnahmemenge, Preis, Lieferbedingungen	wie A	Kreditlimit, Sperrkennzeichen, Anzahl Offener Posten, Volumen Offener Posten, Skontoabzüge etc.
Eigenschaft der Daten	Nutzdaten: Weitergabe an Kunden zur Auftragserteilung; Kontrolldaten: --	wie A	Nutzdaten: Prüfung der Bonität bei Auftragsannahme, Kreditinanspruchnahme; Kontrolldaten: Hinweis auf Überschreitung des Kreditlimits
Wertigkeit			
Informationsrelevanz	mittel	wie A	hoch: Reduzierung des Zahlungsausfallrisikos
Auswirkung auf weitere FB	Auftragsverwaltung	wie A	Abverkaufserfassung
Aktualitätsanforderung	mittel	wie A	hoch
Periodizität	periodisch, bei Änderungen	möglichst zeitnah, täglich mit dem Update der Stammdaten	möglichst zeitnah, täglich mit dem Update der Stammdaten
Informationsvolumen	mittel	wie A	niedrig
Form			
Informationsart	strukturiert; Stammdaten	wie A	strukturiert; Stamm- und Bewegungsdaten
Art der Übertragung	manuell	DV-gestützt offline (batch)	DV-gestützt offline (batch)
Aggregationsebene	Artikel	wie A	Abnehmer

Tab. 4.21: Details des Informationsflusses von der Debitorenbuchhaltung zum Verkauf Filiale

---

[220] Als Auftragsformulare werden den Kunden beispielsweise Faxformulare oder Bestellzettel zur Verfügung gestellt.
[221] Beispiele für Online-Grocery-Shopping sind im Internet zu finden unter http://www.peapod.com/ (U.S.A.) und http://www.onkelemma.de/ (Deutschland).

Ein weiterer Informationsfluß von der Debitorenbuchhaltung zum Verkauf der Filiale betrifft lediglich die Szenarios B und C. Für die Auftragsverwaltung werden Bonitätsdaten der Kunden übermittelt, die bei der dezentralen Auftragserfassung überprüft werden.

4.3.1.2 Informationsfluß von der Filiale zur Zentrale

Während im Großhandel die Auftragsverwaltung einen wesentlichen Bestandteil des Distributionsprozesses ausmacht, wird im filialisierenden Einzelhandel selten eine Auftragsverwaltung als eigenständige Funktion benötigt.[222] Trotzdem muß bei einer Kundenbestellung in den Informationssystemen der dezentralen Einheit wie auch im Großhandelsbetrieb ein Auftrag mit den entsprechenden Angaben vorhanden sein. Diese Informationen sind ggf. nur in der Filiale abzulegen, um beim Wareneingang der bestellten Waren eine gesonderte Reservierung vornehmen zu können.

Szenario A

In Filialen mit geringer DV-Unterstützung ist die Übermittlung von Kreditmanagementdaten an die Zentrale im allgemeinen nicht relevant. Für einzelne Kunden, die gegen Rechnung Ware in Empfang nehmen, werden Zahlungsinformationen vor Ort vorgehalten. Der Einsatz von Kundenkarten des eigenen Unternehmens ist i. d. R. nicht vorgesehen.

Szenario B und C

Aus dem Verkauf fließen Informationen über die Auftragswerte zur Fortschreibung des Kreditlimits und Änderungen der Kundenstammdaten in die Debitorenbuchhaltung. Letztere sind auch dem zunehmenden Einsatz von Kundenkarten zuzuschreiben: Der Funktionsbereich Verkauf ist erster Ansprechpartner für den Abnehmer, z. B. bei Kundenkartenanträgen und Stammdatenänderungen. Der Einsatz von Kundenkarten erfordert ebenfalls ein effektives Kreditmanagement, daher wird den Daten über offene Aufträge und das Zahlungsverhalten bei der Bonitätsprüfung eine besondere Bedeutung beigemessen.

---

[222] Vgl. Lerchenmüller (1995), S. 455; Köpper (1993), S. 57.

Inhalt	Szenario B und C	
Kurzbeschreibung	Auftragswerte, Umsätze mit Kundenkarten; WWS-RW	Kundenstammdaten, -änderungen, Kundenkartenanträge; WWS-RW
Sender / Empfänger	Verkauf Filiale / Debitorenbuchhaltung Zentrale	Verkauf Filiale / Debitorenbuchhaltung Zentrale
Bestandteile	Auftrags-Nr., Umsatzwert, Zahlungsfälligkeit	Kunden-Nr., Änderungen; schriftliche Anträge
Eigenschaft der Daten	Nutz- und Kontrolldaten: Aktualisierung der Kreditmanagementdaten	Nutzdaten: Aktualisierung der Stammdaten; Kontrolldaten: Anstoß der Stammdatenpflege in der Zentrale, Antragsbearbeitung Kundenkarten
Wertigkeit		
Informationsrelevanz	mittel, hoch: Reduzierung des Zahlungsausfallrisikos	mittel: Abrechnung an Kunden erfolgt i. d. R. zeitversetzt
Auswirkung auf weitere FB	Verkauf Zentrale	Fakturierung, Zahlungsregulierung
Aktualitätsanforderung	mittel	mittel
Periodizität	täglich, wöchentlich	täglich, wöchentlich
Informationsvolumen	mittel	niedrig
Form		
Informationsart	strukturiert, wertmäßige Bewegungsdaten	strukturiert; Stammdaten
Art der Übertragung	DV-gestützt offline (batch)	DV-gestützt offline (batch), manuell
Aggregationsebene	Auftragskopf, -positionen	-

Tab. 4.22: Details des Informationsflusses vom Verkauf Filiale zur Debitorenbuchhaltung

4.3.2 Informationsfluß zwischen Warenausgang und Fakturierung

Der Warenausgang stellt die Grundlage für die Berechnung der Lieferungen an die Abnehmer des Großhandels und an die Endverbraucher im Einzelhandel dar. Die Informationsflüsse werden in Abb. 4.29 dargestellt.

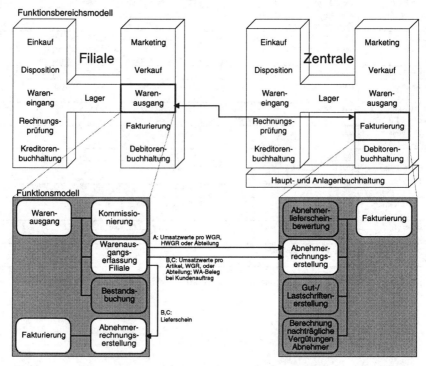

Abb. 4.29: Informationsflußmodell Warenausgang - Fakturierung

Zur Erfassung der Warenausgänge werden entweder einfache Kassensysteme (Szenario A) oder auch maschinelle Lesegeräte, z. B. Scannergeräte (Stand- oder Handgeräte), eingesetzt (Szenario B und C).[223] Für letztere ist die genaue Auszeichnung der Ware mit maschinenlesbaren Etiketten (EAN oder OCR-Normschrift[224]) besonders wichtig, um die Vorteile des Einsatzes der Scannertechnologie beim Erfassungsvorgang realisieren zu können.[225] Die Verbreitung von Scannerkassen hat insbesondere seit 1984 sprunghaft zugenommen (vgl. Abb. 4.30).

---

[223] Vgl. Hertel (1997), S. 275. Vgl. zu den Vorteilen maschineller Lesegeräte Schiffel (1984), S. 153 f. Beispiele verschiedener Medien sind etwa bei Stahlknecht, Hasenkamp (1997), S. 44 ff.; Sova, Piper (1985), S. 70 ff., zu finden.

[224] OCR = Optical Character Recognition, vgl. Czap (1997), S. 298; Stahlknecht, Hasenkamp (1997), S. 47. Vgl. zur Auszeichnung der Waren u. a. Hansen (1996), S. 663 ff.; Rautenberg (1983), S. 68 ff.

[225] Vgl. allgemein zu den rein operativen Vorteilen des Scanning von Warenausgängen Hertel (1997), S. 56 ff.; Gerling (1996), S. 104 ff.; Hallier (1995), S. 55 f.

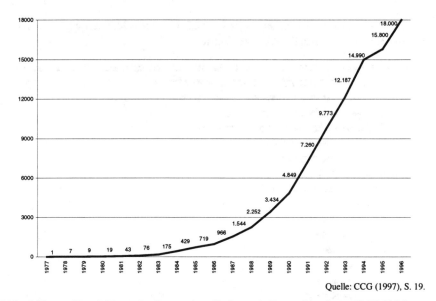

Quelle: CCG (1997), S. 19.

Abb. 4.30: Entwicklung der Scannerinstallationen in Deutschland von 1977-1996

Als Vorreiter auf diesem Gebiet ist die REWE-Gruppe zu nennen, die zum 30. Juni 1996 bereits 15.875 Scannerkassen eingesetzt hatte (vgl. Abb. 4.31).[226] Integrierte Waagensysteme zur Erfassung von Frischwaren wie Obst und Gemüse stellen eine weitere Anwendung innerhalb der Systeme zur Abverkaufserfassung dar.[227]

Die Informationen, die im Warenausgang der dezentralen Einheit anfallen, lassen sich nach ihrer Art in warenorientierte, kassenorientierte, kunden- und verkäuferorientierte Informationen differenzieren.[228] Zu den *warenorientierten* Informationen werden die Mengen und Werte der verkauften Artikel gezählt, die für die Bestandsführung und Auswertungszwecke genutzt werden.[229] *Kassenorientierte* Informationen beinhalten z. B. Angaben über die Kassenumsätze, die verschiedenen Zahlungsmittel, die Kassendifferenzen und personelle Angaben zum Einsatz und zur Produktivität des Kassenpersonals.[230] Gerade die *kundenorientierten* Informationen erfahren in den letzten Jahren eine zunehmende Bedeutung.[231] Beispielsweise lassen sich aus den Bondaten Informationen

---

[226] Vgl. CCG (1997), S. 19.
[227] Vgl. Dörr (1992), S. 18 ff.
[228] Vgl. hier und im folgenden Hertel (1997), S. 310 ff.; Leismann (1990), S. 140 f.; Kirchner, Zentes (Führen mit WWS) (1984), S. 34 ff.
[229] Beispielsweise lassen sich auf der Grundlage der warenorientierten Informationen u. a. Umsatzspitzenreiter und Langsamdreher, Artikel mit der höchsten und niedrigsten Deckungsspanne und Artikel mit offensichtlichen Inventurdifferenzen (negative Bestände) ermitteln. Vgl. Kirchner, Zentes (Führen mit WWS) (1984), S. 37.
[230] Vgl. dazu auch Schiffel (1984), S. 162 f.
[231] Vgl. die Erläuterungen und Verweise in Kap. 4.2.1.2.

zur Kundenfrequenz (zu welcher Tageszeit kaufen wieviele Kunden) oder zur Käuferstruktur (Freizeitkauf, Familienkauf etc.) ableiten.[232]

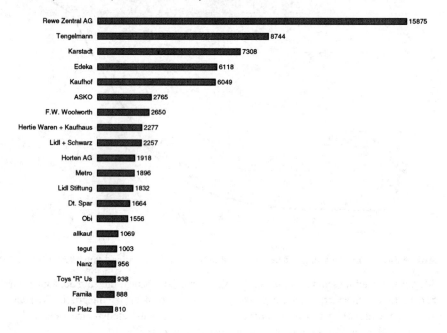

Quelle: CCG (1997), S. 19.

Abb. 4.31: Die größten Anwender von Scannerkassen im Handel in Deutschland

Zu den *verkäuferorientierten* Informationen ist z. B. die vor allem im Fachhandel genutzte Erfassung von Verkäuferdaten über zusätzliche Etiketten oder Kassierernummern zu zählen. Dadurch können beispielsweise Umsätze, Rabatte, Retouren und Anzahl der Kunden je Verkäufer ausgewertet werden.[233]

Beim Informationsfluß Warenausgang - Fakturierung im Einzelhandel sind hauptsächlich warenorientierte Informationen betroffen. Die kassenorientierten Informationen werden hier der Schnittstelle Warenausgang - Hauptbuchhaltung zugeordnet, denn dort liegt der Schwerpunkt auf der Buchung der Zahlungsmittel und der Umsatzwerte für Zwecke der Rechnungslegung.

Szenario A

In Märkten mit geringer DV-Unterstützung stehen zur Warenausgangserfassung Kassensysteme zur Verfügung, die gewöhnlich nur eine Erfassung des Warenumsatzes auf

---

[232] Vgl. dazu den ausführlichen Bericht der Arbeitsgruppe Bondatenanalyse des EHI in Rehborn, Steckner (1997), S. 24 ff.
[233] Vgl. Leismann (1990), S. 140.

Kassenwarengruppen oder höherer Ebene (HWGR, Abteilung) ermöglichen.[234] Am Ende des Tages wird ein nach Kassenwarengruppen differenzierter Kassenbericht mit den Bruttoumsätzen erstellt.[235] Die Umsatzwerte je Kassenwarengruppe werden täglich, in einigen Fällen sogar nur wöchentlich oder monatlich, an den Funktionsbereich Fakturierung der Zentrale übermittelt (i. d. R. beleghaft), wo sie für Auswertungszwecke im WWS erfaßt werden.[236] Diese zum Teil sehr detailliert übermittelten Umsatzwerte werden aber häufig nicht zur Buchung in der Hauptbuchhaltung genutzt. Eine Weitergabe dieser Daten auf aggregierter Ebene an das Rechnungswesen ist erforderlich, um die zuvor bereits als notwendig erkannte Synchronisation zwischen Warenwirtschaft und Rechnungswesen zu erhalten.

Ein Schwachpunkt der Erfassung auf Kassenwarengruppen ist die häufig nicht vorhandene Trennung der Warenausgänge nach Umsatzsteuersätzen. Die Vermengung der steuerrelevanten Umsätze hat erhebliche Nacharbeiten im Rahmen der gegenüber dem Finanzamt zu erstellenden Umsatzsteuererklärung zur Konsequenz.[237]

Szenario B

Der wesentliche Unterschied zu Szenario A liegt in der Hierarchieebene der Erfassung der Warenausgänge. Bei Märkten mit POS- und Filial-Warenwirtschaftssystemen werden die Abverkäufe grundsätzlich gescannt und damit artikelgenau erfaßt. Auswertungen der Umsatzdaten pro Artikel[238] sind ggf. bereits im FWWS möglich, da die Fortschreibung der Umsatzzahlen vor Ort vorgenommen werden kann. Die Zentrale führt daher häufig keine artikelgenauen Bestände für die Filialen, sondern beschränkt sich auf eine WGR-Bestandsführung. Die Übermittlung der Umsätze an die Zentrale erfolgt also nicht in jedem Fall auf Artikel- oder Kassenbon-Ebene, sondern evtl. auf einer aggregierten Ebene. Zur Übermittlung der Daten wird ein POS- oder FWWS-Upload als Schnittstelle zur Übertragung der Finanz- und Umsatzdaten an das zentrale WWS genutzt. Dort werden die Daten für die Verarbeitung im WWS und in der Hauptbuchhaltung getrennt aufbereitet und den Systemen zur Verfügung gestellt.

---

[234] Die Kassenwarengruppe gibt die Erfassungsebene des verwendeten Kassensystems an und kann einer WGR, HWGR oder Abteilung des WWS oder auch einer Kombination von WGR entsprechen. Zu fordern ist eine genaue Zuordnung von Kassenwarengruppe zu WWS-Hierarchieobjekt, um zum einen die Daten nicht auf unterschiedlichen Ebene zu erfassen und zu analysieren, und um zum anderen im Handelsunternehmen zu einer einheitlichen Verwendung der Termini zu kommen.

[235] Die Nettoumsätze sind in der Filiale aufgrund der Erfassung auf Kassenwarengruppen grundsätzlich nicht ermittelbar.

[236] Die Übermittlung zu Auswertungszwecken ist nicht zu verwechseln mit der Fortschreibung der Warenbestände im WWS und im Rechnungswesen. Nicht selten erfolgt eine mehrfache Übermittlung der Umsatzwerte für die unterschiedlichen Zwecke der Auswertung, Umsatzbuchung und Bestandsfortschreibung.

[237] Vgl. zu diesem Thema Kap. 4.3.5.2.

[238] Je nach Ausprägung des FWWS werden der Wert je Kassenwarengruppe (wie in Szenario A), Wert je Artikel pro Tag, Wert und Menge je Artikel pro Tag oder Menge und Wert je Artikel je Kassenbon übermittelt, vgl. Becker, Schütte (1996), S. 309.

In anderen Fällen werden neben der Analyse der Artikelumsätze auch Verfahren zur Bondatenanalyse eingesetzt. Für diese Analysen sind artikelgenaue Daten je Kassenboninformation an die Zentrale zu übermitteln.[239]

Inhalt	A: zentrale Organisation	B: zentral/dezentral	C: dezentrale Organisation
Kurzbeschreibung	Kassenumsatzwerte Brutto; WWS-intern	Kassenumsatzwerte Brutto und Netto; WWS-intern	wie B; zusätzlich Lieferscheine
Sender / Empfänger	Warenausgang Filiale / Fakturierung Zentrale	wie A	Warenausgang Filiale / Fakturierung Filiale, Zentrale
Bestandteile	Datum, Kassenwarengruppe, Bruttoumsatz, Anzahl Posten	wie A; zusätzlich Bondaten: Datum, Uhrzeit, Kassen-Nr., Artikel-Nr., Menge je Position, Wert je Position, Gesamtwert Bon	Artikeldaten: Artikel-Nr., Bruttoumsatz, Nettoumsatz; Bondaten: Datum, Uhrzeit, Kassen-Nr., Artikel-Nr., Menge je Position, Wert je Position, Gesamtwert Bon
Eigenschaft der Daten	Nutzdaten: Umsatzfortschreibung; Kontrolldaten: Trigger für periodische Warengruppenauswertungen, Trigger für Informationsfluß zur Hauptbuchhaltung	wie A, zusätzlich Nutzdaten: Artikelauswertungen	wie A; zusätzlich Nutzdaten: LS als Basis für die Rechnungserstellung, Kundenkartenabrechnungen; Kontrolldaten: Trigger des Abrechnungsvorgangs bei Kundenlieferungen
Wertigkeit			
Informationsrelevanz	hoch: Die Umsatzzahlen sind die wichtigste Quelle für Steuerungsmaßnahmen im Markt	hoch: wie A mittel: die Bestandsführung auf Artikelebene findet in der Filiale statt; die Zentrale führt die Bestände auf höherer Ebene	wie B
Auswirkung auf weitere FB	Marketing (Sortimentssteuerung), Hauptbuchhaltung	wie A, zusätzlich: Bestandsführung im FWWS	wie B
Aktualitätsanforderung	mittel	mittel	mittel
Periodizität	täglich, wöchentlich; monatlich	täglich, wöchentlich	wie B
Informationsvolumen	mittel	hoch: Artikel- und/oder Bondaten	wie B
Form			
Informationsart	strukturierte Kassenberichte; wertmäßige Bewegungsdaten	strukturiert; wertmäßige Bewegungsdaten	wie B
Art der Übertragung	manuell, DV-gestützt offline (batch)	DV-gestützt offline (batch)	wie B
Aggregationsebene	WGR, HWGR, Abteilung	Artikel, Bon, WGR	wie B

Tab. 4.23: Details des Informationsflusses vom Warenausgang Filiale zur Fakturierung

Szenario C

Zusätzlich zu den in Szenario B beschriebenen Informationsflüssen werden in dezentralen Einheiten durch den Einsatz von Kundenkarten auch kundenorientierte Informationen verarbeitet, die an die Fakturierung zur Auswertung und zur Abrechnung übergeben

---

[239] Zur Analyse von Scannerdaten vgl. auch Fischer (1997); Milde (1997); Rehborn, Steckner (1997).

werden. Die Abrechnung der über eine Kundenkarte bezahlten Waren entspricht grundsätzlich dem Fakturierungsvorgang beim Großhandel.[240] Als Informationsfluß im Einzelhandel ist daher ebenfalls die Übermittlung von Lieferscheindaten an die Fakturierung der Zentrale zu betrachten. In größeren Filialen ist u. U. die Abrechnung der Kundenforderungen dezentral organisiert, so daß die Fakturierung in der Filiale stattfindet. Dies ist insbesondere auch bei Cash-and-Carry-Märkten der Fall.

Werden zur Zahlung unternehmensfremde Kreditkarten akzeptiert (im Lebensmitteleinzelhandel noch eher unüblich), wird der externe Informationsfluß zu den Abrechnungshäusern der Kreditkartenunternehmen über Offline- und Online-Lesegeräte im EFTPOS-Verfahren[241] gewährleistet.[242]

Von der Fakturierung der Zentrale zum Warenausgang der Filiale finden gemeinhin keine regelmäßigen Informationsflüsse statt. Erwähnenswert sind die evtl. möglichen Nachfragen und Korrekturen, die sich aus Fehleingaben oder -übermittlungen ergeben können.

4.3.3 Informationsfluß zwischen Warenausgang und Hauptbuchhaltung

Zwischen Warenausgang und Hauptbuchhaltung im Einzelhandel finden gewöhnlich die in Abb. 4.32 dargestellten abrechnungsorientierten, wertmäßigen Belegflüsse statt (in der Abbildung grau hinterlegt). Im Funktionsbereich Warenausgang wird die periodische Bestandsreduzierung durchgeführt und die anschließende Buchung auf den Bestandskonten der Hauptbuchhaltung angestoßen.[243]

---

[240] Vgl. Kap. 4.3.8.1.
[241] Vgl. Kap. 2.3.4.3.
[242] Vgl. dazu Hertel (1997), S. 67 f.; Schinnerl (1986), S. 127; Schiffel (1984), S. 156 ff.
[243] Vgl. Becker, Schütte (1996), S. 323.

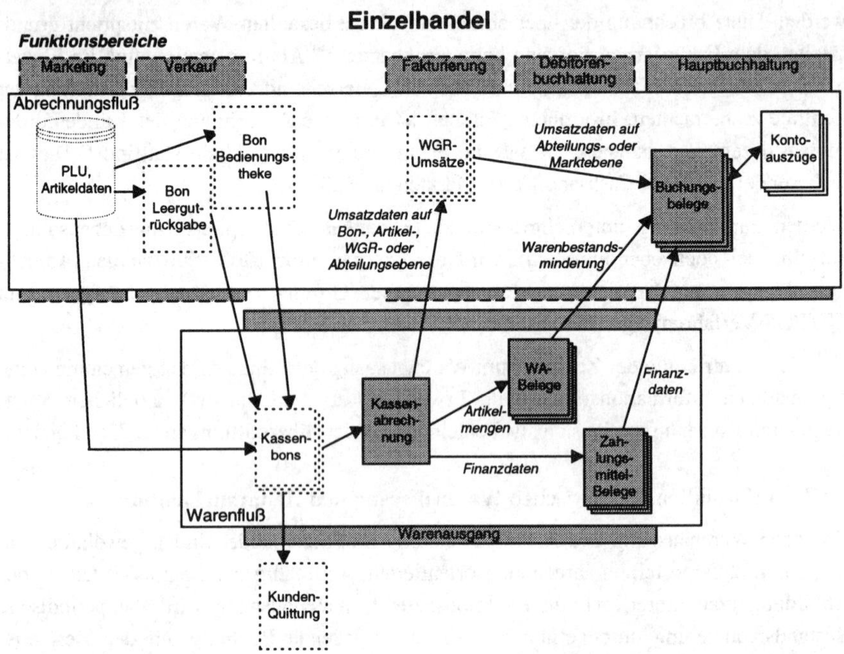

Abb. 4.32: Belegflüsse vom Warenausgang zur Hauptbuchhaltung

Ein weiterer Bestandteil des Informationsflusses zur Hauptbuchhaltung ist die Übertragung der Zahlungsdaten aus den Kassensystemen der Filialen. In der Hauptbuchhaltung werden die für die Bankenabwicklung und die Finanzplanung notwendigen Buchungen vorgenommen (vgl. Abb. 4.33).

Neben den Umsatzdaten für die Fakturierung (vgl. Kap. 4.3.2) werden die Daten des Checkout für die Bestandsbuchungen auf den Warenkonten und für die Finanzkonten in der Hauptbuchhaltung benötigt.

Szenario A

Die Trennung der Umsatz- und Finanzdaten ist in vielen Handelsunternehmen durch die Aktualitätsanforderung an die Daten bedingt. Während die Zahlungsmitteldaten für die Finanzplanung der Zentrale möglichst zeitnah vorliegen müssen, werden die Umsatzdaten in der Hauptbuchhaltung nur monatlich benötigt, da für die Umsatzauswertungen zur Sortimentssteuerung auf die Daten des WWS zugegriffen werden kann.[244] Aus diesem Grund wird häufig zwischen dem Tageskassenbericht, der die Finanzdaten und die

---

[244] Auskunft von Herrn Vielhaber, J. F. Bremke & Hoerster GmbH & Co. KG, Arnsberg, in einem Gespräch am 17.11.1997. Siehe auch die Ausführungen in Kap. 4.3.2.

Umsatzsumme pro Markt enthält, und dem monatlichen Kassenbericht, mit der Aufteilung des Monatsbruttoumsatzes nach Kassenwarengruppen, unterschieden.[245]

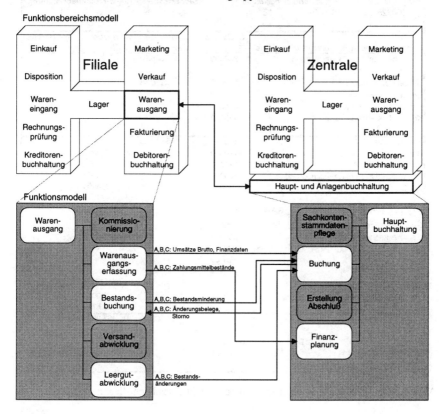

Abb. 4.33: Informationsflußmodell Warenausgang - Hauptbuchhaltung

Die Daten für die Finanzbuchungen werden dem Tageskassenbericht der Filiale entnommen; üblicherweise wird dabei differenziert nach den Bargeldeinzahlungen bei den Kreditinstituten der Filiale, den Scheckeinreicherbelegen, den Kreditkartenbelegen und den Lastschriften aus der EC-Kartenbelastung. Ein exemplarischer Kassenbericht mit den für die Buchhaltung relevanten Daten ist in Abb. 4.34 dargestellt.

---

[245] Die Buchungen des monatlichen Kassenberichts können entfallen, wenn, wie in Kap. 4.3.2 vorgestellt, die Umsatzdaten über die Fakturierung an die Hauptbuchhaltung übergeben werden.

Firma:	01 PREISWERT		Betrieb:		501	
Belegnummer	Belegdatum	Buchungsmonat	Buchungsbeleg	Tages-Kassenabrechnung		
100325432	10.12.97	12	Seite	1	von	1

Kontobezeichnung/Buchungstext/Zusatzinfo		Sachkonto	Einnahmen DEM	Ausgaben DEM	Hinweis
Verrechnungskonto Warenausgang		800000	344.628,90		
Umsatz Untermieter A	Photo	100052	1.250,68		
Umsatz Untermieter B		100053			
Kassendifferenzen Kasse 1		488001 +	-	22,56	
Kassendifferenzen Kasse 2		488002 +	-		
Kassenbestand Vortag		1001xx	115.519,85		
Bankeinzahlung Schecks		120010		9.430,18	
Bankeinzahlung Bar		120020		19.400,00	
Bankeinzahlung Tresorabschöpfung		120030		250.000,00	
EC-Cash		120040		22.429,23	
Geschenkschecks #	3254	6000xx		30,00	
Geschenkschecks #	3266	6000xx		100,00	
Geschenkschecks #		6000xx			
OP # 06/1276	Gem. Ahausen	CPDxx		116,25	
OP		CPDxx			
OP		CPDxx			
Entnahmen Kostenkasse		1004xx		1.000,00	
Kassenbestand nach Abrechnung		1001xx		158.871,21	
Abstimmsumme			461.399,43	461.399,43	
Erstellt	Datum	Betriebsleiter		gebucht	
Müller	11.12.97	Schulze			

Abb. 4.34: Exemplarischer Tages-Kassenbericht eines Nicht-Scannermarktes

Die Kassenberichte werden nach der Kontrolle mit folgendem Buchungssatz überwiegend manuell gebucht:

Kassenkonto (Vortagsbestand)	
und Bankunterkonto Scheckeinreicher	
und Bankunterkonto Lastschrifteinreicher	
und Bankunterkonto Einzahlungen[246]	
und Umlaufende Geschenkschecks[247]	
[und Aufwandskonto Kassendifferenzen]	
[und Conto pro Diverse (CPD) | Debitoren][248] an	
und	Kassenkto: (Bestand nach Abrechnung)[249]
	Umsatzverrechnungskonto Brutto
[und	Einnahmenkonto Untermieter][250]
[und	Sonstige Erträge][251]

Der Ausgleich der Bankunterkonten erfolgt nach Eingang der Kontoauszüge (elektronisch oder manuell) durch die Buchung:

Bankkonto A	an
	Bankunterkonto Scheckeingang
und	Bankunterkonto Lastschrifteinreicher
und	Bankunterkonto Einzahlungen

Neben der Hauptkasse des Marktes wird häufig eine zweite Kasse für die Abwicklung von Kleinstrechnungen, Frachtgebühren, Postwertzeichen und ggf. Lohnzahlungen (vor allem im Rahmen der Beschäftigung von 610,- DM-Kräften) geführt. Diese wird periodisch abgerechnet, i. d. R. monatlich. Anschließend werden die Aufwandsbuchungen in der Hauptbuchhaltung vorgenommen.

Werden die Umsatzwerte auf der Hierarchieebene der Kassenwarengruppen nicht mit den Finanzdaten täglich an die Hauptbuchhaltung gemeldet, wird ein monatlicher Kassenbericht erstellt, in dem die Umsätze nach Hierarchieobjekten getrennt ausgewiesen werden. Der Monatsbericht enthält neben der Marktnummer und der Belegnummer den Buchungsmonat, die Bruttoumsatzsumme pro Kassenwarengruppe und ggf. eine Kontierung für die Kosten- und Erlösrechnung, über die die Auswertungen der Hierarchieobjekte möglich wird.

---

[246] Zu den Einzahlungen sind auch die Abschöpfungsbeträge zu zählen, die am Tage an die Banken oder den Servicedienstleister (Geldtransportunternehmen) abgegeben wurden.

[247] Der Verkauf der Geschenkschecks wird bilanzwirksam gebucht (Buchungssatz Kasse an Umlaufende Geschenkschecks), da durch die Geschenkschecks eine Verbindlichkeit entsteht. Bei Einlösung der Geschenkschecks wird die Verbindlichkeit wie im Beispiel dargestellt aufgelöst.

[248] Ein CPD-Konto wird für Einmal-Kunden verwendet, die oder Waren gegen Rechnung ausgeliefert werden. Weitere Debitorenkonten werden z. B. bei Lieferungen an öffentliche Institutionen benötigt. Die Offene-Posten-Verwaltung wird jedoch i. d. R. in der Zentrale vorgenommen.

[249] Die Buchung Kassenkonto (Vortagsbestand) an Kassenkonto (Bestand nach Abrechnung) ergibt per Saldo den Netto-Zahlungsmittelzufluß auf dem Kassenkonto und wird u. a. dazu benötigt, den Tresorbestand zu dokumentieren (z. B. aus Versicherungsgründen).

[250] Werden Umsätze von Untermietern (z. B. die an einen Konzessionär vergebene Fleisch- und Käsetheke) über die Kassen der Filiale vereinnahmt, erfolgt mit der Kassenabrechnung die Buchung der nicht zum Umsatz zu zählenden Einnahmen auf ein Kreditorenkonto. Im allgemeinen wird dieses Verrechnungskonto periodisch abgerechnet.

[251] Einnahmen können ggf. aus Zahlungen von Untermietern (Bäckereien, Fotogeschäfte etc.) in den Märkten entstehen, die Miete oder Pacht (häufig in Abhängigkeit vom Umsatz) bezahlen.

Eine Buchung der mengenmäßigen Abgänge kann in Szenario A nicht erfolgen; die wertmäßige Bestandsminderung (zu EK) läßt sich nur durch die periodische Wareneinsatzermittlung bestimmen.[252]

Inhalt	A: zentrale Organisation	Szenario B und C	
Kurzbeschreibung	Zahlungsmitteldaten des Kassenberichts; WWS-RW	Zahlungsmitteldaten des Kassenberichts; WWS-RW	Artikelbestandsminderung mengenmäßig im FWWS; WWS-intern
Sender / Empfänger	Warenausgang Filiale / Hauptbuchhaltung Zentrale	wie A	Warenausgang Filiale Kasse / Warenausgang Filiale FWWS
Bestandteile	Tageskassenbericht: Belegdatum, Markt-Nr., Kassen-Nr., Kontrollzahlen, Zahlungsmittelbeträge, Sachkonten, CPD-Posten, Kassenbestände	wie A	Artikelnummer, Abgangsmenge, Preisangaben; Verderb etc.
Eigenschaft der Daten	Nutzdaten: Buchung der Zahlungsmittel, Ermittlung Tagesfinanzstatus; Kontrolldaten: Trigger der Ermittlung Tagesfinanzstatus, Auslöser für die Buchung des Kassenberichtes	wie A	Nutzdaten: Warenausgangsbuchung Artikelmengen im FWWS; Kontrolldaten: Trigger für automatisches Bestellwesen, Sortimentssteuerungsmaßnahmen, Regalauffüllung
Wertigkeit			
Informationsrelevanz	hoch: Auswirkung auf die Liquiditätsrechnung, Tagesfinanzstatus	wie A	hoch: wichtig für die Steuerung vor Ort
Auswirkung auf weitere FB	Bankenbuchhaltung, Debitorenbuchhaltung (Buchung CPD, öffentliche Verwaltungen); Finanzplanung - Cash Management	wie A	Sortimentssteuerung, Regalauffüllung
Aktualitätsanforderung	hoch	wie A	hoch
Periodizität	täglich	wie A	real-time, täglich
Informationsvolumen	mittel[253]	wie A	mittel - hoch
Form			
Informationsart	teilweise strukturiert, da Kassenberichtsformular; wertmäßige Bewegungsdaten	strukturiert, da DV-unterstützt; wertmäßige Bewegungsdaten	strukturiert, mengenmäßige Bewegungsdaten
Art der Übertragung	manuell	DV-gestützt offline (batch)	DV-gestützt offline (batch) oder online
Aggregationsebene	--	--	Artikelmengen

Tab. 4.24: Details des Informationsflusses zwischen Warenausgang Filiale und Hauptbuchhaltung

---

[252] Vgl. dazu den Informationsfluß Wareneingang - Hauptbuchhaltung in Kap. 4.2.4, insbesondere die Übergabe der Wareneinsätze, und die Informationsflüsse zur Spannenberechnung in Kap. 4.3.9.

[253] Bei Famila sind nach Angaben von Herrn Vielhaber, J. F. Bremke & Hoerster GmbH & Co. KG, Arnsberg, in einem Gespräch am 17.11.1997, pro Tag pro Markt ca. 10 Buchungspositionen manuell zu buchen.

Szenario B und C

Der Einsatz von Scannerkassen und FWWS hat zu einer wesentlichen Vereinfachung der Kassenabrechnung geführt. Die Umsatzwerte und Finanzdaten werden direkt in der Kasse gespeichert und müssen nicht mehr manuell auf ein Formular für den Kassenbericht übertragen werden (Vermeidung von Übertragungsfehlern). Täglich lassen sich aus den Kassensystemen bzw. aus dem FWWS, das mit den Scannerkassen vernetzt ist, die Finanzdaten und die Umsatzwerte auf beliebiger Hierarchieebene extrahieren und per POS-Upload an die Zentrale übertragen. Dazu gehören auch die für die Weiterleitung an die Banken notwendigen elektronisch vorliegenden Informationen zu Kundenschecks, die im Szenario A noch manuell auf Scheckeinreicherformularen aufgeführt werden müssen.[254]

Die Bestandsveränderung erfolgt in den dezentralen FWWS sofort oder im täglichen Update durch die Übertragung aus den einzelnen Kassen- und Waagensystemen. Aus Kapazitätsgründen erfolgt die Weitergabe der Warenausgänge an das WWS der Zentrale zur dortigen Filialbestandsführung gewöhnlich nicht artikelbezogen. Die Bestandsführung für die Filialen wird - wie schon zuvor ausgeführt wurde - auf Warengruppen- oder einer höheren Ebene durchgeführt. Die Buchung in der Hauptbuchhaltung erfolgt entsprechend der Verfahrensweise in Szenario A, d. h. es wird meistens eine periodische Buchung der Bestandsminderung mit der Wareneinsatzermittlung vorgenommen.

4.3.4 Informationsfluß zwischen Fakturierung und Debitorenbuchhaltung

Die Informationsflüsse zwischen den Funktionsbereichen Fakturierung und Debitorenbuchhaltung sind in erster Linie für den Großhandel relevant. Die Abnehmerfakturabelege und Gutschriften werden - ggf. auch zu einer Sammelrechnung zusammengefaßt - als Offene Posten an die Debitorenbuchhaltung übergeben.[255] Dort wird die Zahlungsregulierung per Lastschriftverfahren vorgenommen, werden die Zahlungseingänge der Selbstzahler überwacht und die Funktionen der Mahnung und Verzinsung der Debitorenkonten durchgeführt.

Diese Funktionen sind prinzipiell auch für den Einzelhandel gültig, jedoch ist die Anwendung bisher eher selten.[256] Durch die bereits erwähnte zunehmende Nutzung von Kundenkarten steigt die Bedeutung einer Separation der Funktionen Fakturierung und Debitorenbuchhaltung auch für die Einzelhandelsstufe beträchtlich an. Daher wird an dieser Stelle kurz auf den Informationsfluß zwischen der Fakturierung der Filiale und der Debitorenbuchhaltung der Zentrale eingegangen (Abb. 4.35).[257]

---

[254] Dabei werden die Schecks in der Praxis häufig noch nach Ausstellerbanken getrennt bei der Hausbank des Handelsunternehmens eingereicht, um die unterschiedlichen Gutschriftsvaluten zu nutzen.
[255] Vgl. Becker, Schütte (1996), S. 331; Schiffel (1984), S 154 ff.
[256] Vgl. Hertel (1997), S. 285.
[257] Vgl. für eine ausführliche Darstellung des Informationsflusses Fakturierung - Debitorenbuchhaltung auf der Großhandelsstufe Kap. 4.3.8.4.

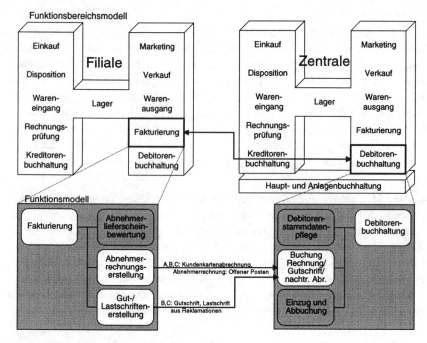

Abb. 4.35: Informationsflußmodell Fakturierung - Debitorenbuchhaltung

Szenario A

Entsprechend den Ausführungen zum Informationsfluß Verkauf - Debitorenbuchhaltung ist für eine erfolgte Lieferung an den Kunden eine Rechnung zu erstellen. Gewöhnlich wird die Faktura vom Kunden in bar bezahlt, jedoch ist auch im Szenario A eine Zahlung auf Ziel denkbar, die von der Debitorenbuchhaltung der Zentrale überwacht werden muß. Dazu sind die Kopien der manuell erstellten Fakturabelege mit der Kassenabrechnung an die Zentrale zu übermitteln, um sie dort als Offene Posten auf den Debitorenkonten erfassen zu können. Die gleiche Vorgehensweise gilt bei der Gewährung von Gutschriften nach Kundenreklamationen, wenn diese nicht bar ausgezahlt werden.

Szenario B und C

Im Unterschied zu Szenario A ist es bei diesen Szenarios möglich, aus dem FWWS heraus die Faktura artikelgenau zu erstellen. Auf die zusätzliche Erfassung der Rechnung in der Zentrale kann verzichtet werden, wenn die Fakturabelege im täglichen Datenaustausch mit der Zentrale an die Debitorenbuchhaltung automatisch übergeben werden.

In Tab. 4.25 werden die Informationsflüsse zur Übergabe der Faktura und Gutschriften/Lastschriften angegeben.

Inhalt	A: zentrale Organisation	Szenario B und C
Kurzbeschreibung	Übergabe der Faktura als Offener Posten; WWS-RW	Übergabe der Faktura und der Kundenkartenabrechnung als Offener Posten; WWS-RW
Sender / Empfänger	Fakturierung Filiale / Debitorenbuchhaltung Zentrale	Fakturierung Filiale / Debitorenbuchhaltung Filiale, Zentrale
Bestandteile	beleghafte Faktura	Abnehmer-Nr., abw. Zahlungspflichtiger (Debitorenkonto), Faktura-Nr., Rechnungsdatum, Buchungsdatum, Rechnungskopf, abw. Zahlungsbedingungen; Forderungsposition, Bruttobetrag, Steuerkonto, Steuerbetrag, Gegenposition (Sammelkonto oder Umsatzkonten)
Eigenschaft der Daten	Nutzdaten: Erzeugung des Offenen Postens; Kontrolldaten: Anstoß der Fakturaerfassung in der Debitorenbuchhaltung	Nutzdaten: Erzeugung des Offenen Postens; Kontrolldaten: Trigger für die Zahlungsregulierung (Lastschrifteinzug)
Wertigkeit		
Informationsrelevanz	mittel: Grundlage für die Zahlungsregulierung	wie A
Auswirkung auf weitere FB	Zahlungsregulierung, Hauptbuchhaltung	wie A
Aktualitätsanforderung	hoch: bei Lastschrifteinzug; mittel: bei Selbstzahlern	wie A
Periodizität	täglich oder wöchentlich	täglich
Informationsvolumen	niedrig, da eher seltener Vorgang	mittel
Form		
Informationsart	unstrukturiert, da beleghaft	strukturiert; wertmäßige Bewegungsdaten
Art der Übertragung	manuell	DV-gestützt offline (batch) oder online
Aggregationsebene	Einzelrechnung	Einzelrechnung

Tab. 4.25: Details des Informationsflusses von der Fakturierung der Filiale zur Debitorenbuchhaltung

4.3.5 Informationsfluß zwischen Fakturierung und Hauptbuchhaltung

Die Fakturierung stellt den Abschluß des Distributionsprozesses im Warenwirtschaftssystem dar und fungiert als Schnittstelle zum Rechnungswesen. Die Informationsflüsse zur Nebenbuchhaltung wurden im vorigen Kapitel bereits erläutert. Hier sind nun die in Abb. 4.36 dargestellten Informationsflüsse von der Fakturierung zur Hauptbuchhaltung zu diskutieren.

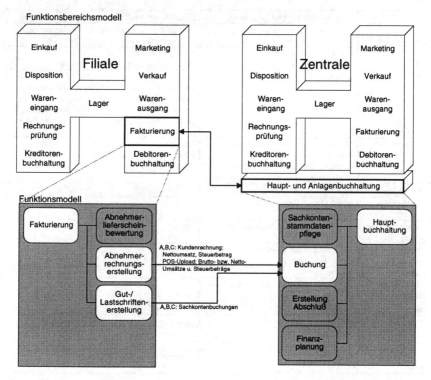

Abb. 4.36: Informationsflußmodell Fakturierung - Hauptbuchhaltung

4.3.5.1 Informationsfluß zwischen Filiale und Zentrale

Im Einzelhandel setzt sich der Informationsfluß von der Fakturierung zur Hauptbuchhaltung aus den kumulierten Umsatzwerten des POS- oder FWWS-Upload zusammen, die vom Funktionsbereich Warenausgang in den Funktionsbereich Fakturierung übermittelt und dort manuell bzw. DV-gestützt erfaßt wurden.[258] Als Gegenbuchung zu den Finanzdaten müssen die Brutto- und Nettoumsatzwerte ihren Niederschlag in den Warenverkaufskonten der Gewinn- und Verlustrechnung finden.[259]

---

[258] Vgl. Kap. 4.3.2.

[259] In der Praxis werden nicht selten die Erfassung der Warenverkäufe in der Fakturierung (WWS) und in der Hauptbuchhaltung (Rechnungswesen) inhaltlich voneinander getrennt. Dafür liegt jedoch i. d. R. kein ablaufbedingter Grund vor - es handelt sich um eine redundante Erfassung der gleichen Werte, ggf. auf unterschiedlichen Hierarchieebenen. Solange die Kontierungsobjekte der Hauptbuchhaltung einen höheren Aggregationsgrad als die Hierarchieobjekte der Fakturierung aufweisen und solange die Beziehung zwischen den Hierarchieobjekten (z. B. Zuordnung von WGR zu Abteilung) eindeutig ist, lassen sich die für die Buchhaltung relevanten Umsätze aus den in der Fakturierung anfallenden Daten ableiten. Eine zeitversetzte Buchung (Warenverkäufe auf WGR-Ebene in der Fakturierung täglich, Umsatzwerte pro Abteilung oder Markt in der Hauptbuchhaltung monatlich) ist ebenfalls denkbar.

Szenario A

Die Umsatzwerte werden bei Szenario A i. d. R. dem Tages- bzw. Monatskassenbericht entnommen, der vom Warenausgang direkt übermittelt wird. Die Erfassung erfolgt in der Hauptbuchhaltung parallel zu der Verarbeitung der Warenverkaufsdaten in der Fakturierung. Die Buchung wird manuell auf den Warenverkaufskonten Brutto mit folgendem Buchungssatz vorgenommen.[260]

Verrechnungskonto WA[261]	344.628,90		
und Rabatte Textil	865,00		
und Leergut	1.350,00		
		an	
			Warenverkauf Fleisch Brutto 26.864,46
		und	Warenverkauf Lebensmittel 105.310,25
		und	Warenverkauf O+G Brutto 45.310,11
		und	Warenverkauf Drogerie Brutto 67.495,34
		und	Warenverkauf Heimwerker Brutto 75.310,19
		und	Warenverkauf Textil Brutto 24.568,25
		und	Pfand 1.985,30

In dem Beispiel wird die separate Ausweisung von Rabatten, die gesondert im Kassenbericht festgehalten und vom Bruttoumsatz über ein separates Konto der Kontenklasse 8 abgesetzt werden, angedeutet. Die Umsätze werden brutto gebucht, d. h. inklusive der gesetzlichen Umsatzsteuer, da eine umsatzsteuerreine Erfassung der Abverkäufe bei der geringen Zahl an Kassenwarengruppen bei Filialen des Szenarios A i. d. R. nicht möglich ist. Auf die Berechnung der Umsatzsteuer aus diesen Umsätzen wird im folgenden Kapitel ausführlich eingegangen. In den Pfandeinnahmen (für volles Leergut) und Leergutausgaben (Rücknahme von Leergut) ist ebenfalls die Umsatzsteuer enthalten.[262]

In einigen Softwaresystemen unterstützen Erfassungsvorlagen den Sachbearbeiter durch Musterbelege, in denen die zu buchenden Sachkonteninformationen enthalten sind und nur die Beträge des Abrechnungszeitraums eingetragen werden müssen.

Szenario B und C

Bei der Nutzung von Scannerkassen und der Sammlung der Kassenberichtsdaten im FWWS können die POS- bzw. FWWS-Upload-Daten bereits für die Fakturierung (Fortschreibung der Warenverkäufe im WWS) und die Hauptbuchhaltung (Buchung der Umsätze) aufbereitet übergeben werden, so daß ein manueller Eingriff bzw. manuelle Buchungen nicht mehr notwendig sind. Zwischen Szenario B und C besteht bezüglich der Übermittlung der Verkaufswerte kein Unterschied.

---

[260] Vgl. das Beispiel in Abb. 4.34. Für die Umsatzaufteilung werden hier sieben Kassenwarengruppen (sechs Abteilungen und die Warengruppe Pfand) unterstellt.

[261] Die Buchung über das Verrechnungskonto kann entfallen, wenn die Tageskassenberichte über die Schnittstelle der Fakturierung neben den Abverkaufswerten auch die Finanzdaten übermitteln.

[262] In Cash-and-Carry-Märkten, bei denen im allgemeinen an Wiederverkäufer fakturiert wird, erfolgt der Ausweis des Pfandbetrages Netto ohne Umsatzsteuer.

Ein wichtiger Unterschied besteht zu Szenario A insofern, als in den Szenarios B und C die Umsätze bei einer Scannerquote[263] von 100 % mehrwertsteuerrein vorliegen.[264] Jeder Artikel ist bei der Stammdatenpflege eindeutig mit einem Steuersatz versehen worden, daher können beim Abverkauf der Nettopreis ermittelt und die Umsätze artikelgenau fortgeschrieben werden. Werden artikelgenaue Daten in der Zentrale für Auswertungszwecke benötigt, werden diese über den POS-Upload an die Fakturierung weitergeleitet und für die Hauptbuchhaltung nach Hierarchieebenen mehrwertsteuergenau verdichtet. In Szenario C genügt bei einer dezentralen Sortimentssteuerung u. U. die Übertragung von aggregierten Warenverkaufsdaten Netto und Steuerbeträgen getrennt nach Umsatzsteuersätzen durch den FWWS-Upload.

Der Buchungssatz für die Hauptbuchhaltung lautet in diesem Fall:

Verrechnungskonto WA	344.628,90	an		
			Warenverkauf Fleisch erm. Steuer	26.864,46
			Warenverkauf Fleisch volle Steuer	325,25
		und	Warenverkauf Lebensmittel erm. Steuer	75.231,25
		und	Warenverkauf Lebensmittel volle Steuer	35.380,19
		und	Umsatzsteuer ermäßigte Steuer	7.286,70
		und	Umsatzsteuer volle Steuer	5.355,82
		etc.		

Trotz der technischen Möglichkeiten der Umsatztrennung in den Filialen mit Scannerkassen gilt z. B. bei REWE die Maxime, die Umsätze in der Zentrale für eine Vertriebsschiene einheitlich zu buchen, um die Basis der Auswertungen einheitlich zu halten. Diese Vorgabe hat bei Niederlassungen mit Filialen, die keine 100 %-Scannerquote erreichen, zur Folge, daß anstelle der Nettoumsätze die *Brutto*umsätze der Filialen auf einer Hierarchie oberhalb des Artikels gebucht und die Mehrwertsteuerbeträge durch entsprechende Verfahren ermittelt werden.[265]

Des weiteren sind im Szenario B und C aus den Rechnungen an Endkunden, den Kundenkreditkartenabrechnungen und den Gut- und Lastschriften die Gegenbuchungen auf den Sachkonten vorzunehmen.

---

[263] Die Scannerquote gibt das Verhältnis der Anzahl durch den Scanner erkannten Waren zur gesamten verkauften Warenmenge an.

[264] Auch wenn eine Scannerquote von 100 % häufig nur sehr schwer umzusetzen ist, sollte zumindest eine mehrwertsteuerreine Erfassung der Warenverkäufe durch zusätzliche Warengruppentasten, die nach Steuersätzen getrennt sind, erfolgen.

[265] Gespräch mit Herrn König, REWE-Informations-Systeme GmbH, am 28.10.1997. Vgl. zu den Verfahren zur Umsatzsteuerberechnung aus den Bruttoumsätzen Kap. 4.3.5.2.

Inhalt	A: zentrale Organisation	Szenario B und C	Szenario B und C
Kurzbeschreibung	Umsatzbuchungen aus dem Kassenbericht; WWS-RW	Umsatzbuchungen aus dem Kassenbericht des POS- bzw. FWWS-Upload; WWS-RW	Übergabe der Warenverkäufe aus der Faktura; WWS-RW
Sender / Empfänger	Warenausgang Filiale, Fakturierung Zentrale / Hauptbuchhaltung Zentrale	wie A	Fakturierung Filiale, Zentrale / Hauptbuchhaltung Zentrale
Bestandteile	Tageskassen- oder Monatsbericht: Beleg-Nr., Belegdatum, Buchungsdatum, Markt-Nr., Kassenbericht-Nr., Umsätze brutto je Kassenwarengruppe, Pfand- und Leergutbeträge, Sachkonten	Tageskassen- oder Monatsbericht: Beleg-Nr., Belegdatum, Buchungsdatum, Markt-Nr., Kassenbericht-Nr., Umsätze brutto oder Umsätze netto und Steuerbetrag je Hierarchieobjekt, Pfand- und Leergutbeträge, Sachkonten	Belegkopf: Rechnungsnummer, Rechnungsdatum, Buchungsdatum Sachkontenposition: Steuerkonto, Steuerbetrag, Warenverkaufskonto, Nettobetrag, Zusatzkontierung, Gegenposition (Sammelkonto oder Debitorenkonten)
Eigenschaft der Daten	Nutzdaten: Buchung der Bruttoumsätze; Kontrolldaten: ggf. Trigger für Umsatzauswertungen in der Hauptbuchhaltung	Nutzdaten: Buchung der Nettoumsätze; Kontrolldaten: wie A	Nutz- und Kontrolldaten: Erzeugung der Sachkontenpositionen der Offene-Posten-Buchung, Umsatzsteuerwerte
Wertigkeit			
Informationsrelevanz	mittel	mittel	mittel: ggf. notwendig für Auswertungen zum Periodenabschluß
Auswirkung auf weitere FB	Kostenrechnung, Controlling	wie A	Kostenrechnung, Controlling
Aktualitätsanforderung	niedrig - mittel	wie A	niedrig - mittel
Periodizität	täglich, monatlich	wie A	täglich, monatlich
Informationsvolumen	mittel: je nach Aggregationsebene zwischen 10-40 Sachkontenpositionen je Kassenbericht	wie A	mittel - hoch: je nach Anzahl der Hierarchieobjekte und Differenzierungskriterien der Warenverkaufskonten
Form			
Informationsart	teilweise strukturiert bei Verwendung eines standardisierten Kassenberichtsformulars; wertmäßige Bewegungsdaten	strukturiert, da DV-unterstützt; wertmäßige Bewegungsdaten	strukturiert; wertmäßige Bewegungsdaten
Art der Übertragung	manuell	DV-gestützt offline (batch)	DV-gestützt offline (batch)
Aggregationsebene	Kassenwarengruppe	Artikeldaten verdichtet zu OWGR, HWGR, Abteilung	Sachkontenpositionen

Tab. 4.26: Details des Informationsflusses Warenverkäufe zwischen Fakturierung und Hauptbuchhaltung

4.3.5.2 Die Umsatzsteuerberechnung als besondere Problematik im Einzelhandel

Steuerrechtlich gesehen stellt die Umsatzsteuer (USt) eine Verkehrsteuer, unter wirtschaftlichem Aspekt eine Verbrauchsteuer dar, da sie den privaten Verbrauch erfaßt.[266] Die Umsatzsteuer wird aus Gründen der Zweckmäßigkeit nicht beim Endverbraucher erhoben, sondern bei den Unternehmern[267], bei denen der Endkunde die Ware erwirbt. Von ihrem System her ist die Umsatzsteuer eine Mehrwertsteuer; der Unternehmer stellt die ihm in Rechnung gestellte Vorsteuer der von ihm kassierten Umsatzsteuer gegenüber und führt den Saldo (d. h. die Umsatzsteuer auf den Mehrwert) an das Finanzamt ab.[268] Im Einzelhandel ist die *Bruttopreis*auszeichnung der Ware die Regel, d. h., die Mehrwertsteuer ist im angegebenen Preis bereits enthalten. Zwischen zwei umsatzsteuerpflichtigen und vorsteuerabzugsberechtigten Unternehmern wird gewöhnlich als Entgelt[269] für die Lieferung oder Leistung der *Nettopreis* angegeben, auf den die Mehrwertsteuer noch zu leisten ist (Nettopreisauszeichnung).[270]

Der Gesetzgeber verpflichtet den Unternehmer nach § 22 Abs. 2 Nr. 1 und Nr. 3 UStG, die Entgelte für die von ihm ausgeführten Lieferungen und Leistungen in steuerpflichtige und steuerfreie Umsätze, die steuerpflichtigen wiederum nach den einzelnen Steuersätzen, zu trennen und entsprechend aufzuzeichnen.[271]

Die Ermittlung der Bemessungsgrundlage aus den Verkaufspreisen stellt viele Handelsunternehmen vor Probleme. In Kassensystemen (Szenario A) können keine artikelgenauen Umsätze erfaßt werden, sondern es werden Warengruppen erfaßt, die u. U. nicht vollständig einem einzigen Umsatzsteuersatz zugeordnet werden können. Dadurch liegen vermischte Bruttoumsätze in den Kassenwarengruppen vor, und das Verhältnis der Umsätze nach den verschiedenen USt-Sätzen ist nicht ermittelbar.

Auf Antrag kann das Finanzamt eine Erleichterung der Trennungspflicht gewähren, wenn einem Unternehmen nach Art und Umfang des Geschäfts eine Trennung nach Steuersätzen bei der Aufzeichnung nicht zumutbar ist.[272] Die Erleichterung besteht darin, daß der Unternehmer die Entgelte erst nachträglich unter Berücksichtigung des Wareneingangs oder, in Ermangelung dieses Datums, nach anderen Merkmalen trennt. Im alten Umsatzsteuerrecht war die Aufteilung der Umsätze nach Maßgabe des Wareneingangs unter der

---

[266] Vgl. Schult (1994), S. 114; Eisele (1990), S. 530.
[267] Vgl. zum Begriffsverständnis des Unternehmers im Steuerrecht Rose (1997), S. 48-59; Schult (1994), S. 116 f.
[268] Vgl. Rose (1997), S. 153 ff.; Luckey (1992), S. 162 ff.
[269] Unter Entgelt als Bemessungsgrundlage wird im Steuerrecht „[...] alles, was den Wert der Gegenleistung bildet, die der Lieferer oder Dienstleistende vom Abnehmer [...] erhält oder erhalten soll", verstanden (Art. 11 Teil A Abs. 1 Buchst. A der 6. EG-Richtlinie), und enthält nach § 10 Abs. 1 und Nr. 4 UStG nicht die Umsatzsteuer, vgl. Rose (1997), S. 136 ff.; Wagner (§10) (1997), Anm. 5 und derselbe (§22) (1997), Anm. 25. Vgl. auch Koenig, Wittenmayer (1997), S. 2. Der Begriff Umsatz wird synonym zu Entgelt benutzt und beinhaltet nach der Steuerrechtsdefinition nicht die darauf anzuwendende Umsatzsteuer.
[270] Vgl. Falk, Wolf (1992), S. 539.
[271] Vgl. dazu auch die Ausführungen bei Rössler (Hrsg.) (1971), S. 146.
[272] § 63 Abs. 4 UStDV; vgl. auch Koenig, Wittenmayer (1997), S. 4 f.

Bezeichnung *Berliner Verfahren* bekannt.[273] Diese Methode bietet eine buchtechnisch rationelle Verfahrensweise zur Aufteilung gemischter Umsätze. Voraussetzung für die Anwendung dieser Verfahrensweise ist, daß die Wareneingänge, deren Lieferung den gemäßigten Steuersätzen unterliegen, getrennt von den Wareneingängen mit vollen Steuersätzen in einem Wareneingangsbuch oder auf einem Wareneinkaufskonto aufgezeichnet werden.[274] Für die Erleichterung der Trennung der Entgelte sind zwei verschiedene Verfahren vom Gesetzgeber zur Anwendung vorgesehen:

Anwendung tatsächlicher und üblicher Aufschläge

Als Mindestanforderung für die Aufzeichnung sind die Umsätze mit ermäßigter oder voller Umsatzsteuer den entsprechenden Wareneingängen im Wareneingangsbuch gegenüberzustellen. Es muß eine Bewertung des Wareneingangs zum tatsächlichen oder voraussichtlichen Verkaufsentgelt aufgrund *tatsächlicher oder üblicher Aufschlagsätze* durchgeführt werden, die i. d. R. aus der VK-Kalkulation im WWS vorhanden sind. Nach Ablauf des Voranmeldungszeitraums für die Umsatzsteuer sind die bewerteten Verkaufsumsätze des aufgezeichneten Steuersatzes zu ermitteln und von der Gesamtsumme aller im selben Zeitraum vereinbarter oder vereinnahmter Entgelte steuerpflichtiger Umsätze einschließlich der Umsatzsteuer (Bruttopreise) abzusetzen. Die Differenz zwischen Gesamtsumme und Einzelbetrag ergibt die Summe der übrigen Entgelte einschließlich der Umsatzsteuer. Reichen die technischen Möglichkeiten nicht aus, um eine artikelgenaue Gegenüberstellung der Wareneingänge zu EK und VK eines Steuersatzes zu erreichen, ist anstelle dieser Berechnung auch die detaillierte Aufzeichnung von zwei Warengruppen getrennt nach Entgelten (ohne Steuer) bzw. Verkaufspreisen (inkl. Steuer) mit normalem und ermäßigtem Steuersatz gestattet.[275] Der Gesamtbetrag der tatsächlichen Umsätze der Kassen ist im Verhältnis der rechnerisch ermittelten Verkaufspreise der Warengruppen aufzuteilen (vgl. Abb. 4.37).

---

[273] Vgl. Rössler (Hrsg.) (1971), S. 79.
[274] Vgl. Art. 259 USt-RiL 1996 vom 7. Dezember 1995 (BStBl Sondernummer 4/1995, Banz Nummer 239 a), abgedruckt in Handbuch zur Umsatzsteuer (1997), Rdnr. 57 ff.
[275] Vgl. Koenig, Wittenmayer (1997), S. 5.

Rechnungs-Nr. und Datum der Eingangsrechnung	Rechnungs-endbetrag	Vorsteuern	Einkaufs-entgelte 7 v.H.	Einkaufsentgelte 15 v.H.		Verkaufs-entgelte 15 v.H.
1	2	3	4	5		6
8892 v. 3.8.1993	176,00	16,00	100,00	Ware Nr. Y 51	60,00	80,00
8998 v. 5.8.1993	437,60	37,60	280,00	Ware Nr. Y 12	120,00	150,00
...	...	...	...	...	...	...
Summe August 1993	27.956,80	2.126,80	18.940,00		6.890,00	9.250,00

+15 v.H. Umsatzsteuer =   1.387,50
Summe der Verkaufspreise (Bruttoumsatz) zu 15 v.H. =   10.637,50

Gesamtbetrag der vereinbarten (bzw. vereinnahmten) Entgelte zuzüglich Umsatzsteuer (Bruttoumsatz) August 1993	35.660,00		
+ Eigenverbrauch (ggf. pauschal)	400,00		
= Zwischensumme	36.060,00		
./. Errechnete Verkaufspreise zu 15 v.H. (brutto, s.o.)	-10.637,50	USt.=	1.387,50
verbleiben Verkaufspreis zu 7 v.H.	25.422,50	USt.=	1.663,16
./. Umsatzsteuer (7 v.H.)	-1.663,16	(Divisor 15,2857)	
= Verkaufsentgelte (Nettoumsatz) zu 7 v.H.	23.759,34		
+ Verkaufsentgelte zu 15 v.H. (siehe oben Spalte 6)	9.250,00		
= Summe	33.009,34	USt.=	3.050,66

Quelle: BMF Merkblatt 100 (1997), S. 4.

Abb. 4.37: Beispiel für das Verfahren der tatsächlichen und üblichen Aufschläge

Anwendung eines gewogenen Durchschnittsaufschlags

Unter der Voraussetzung einer getrennten Erfassung solcher Wareneingänge, die dem ermäßigten und dem allgemeinen Steuersatz unterliegen, kann bei diesem Verfahren den aufgezeichneten Einkaufsentgelten einer Warengruppe ein gewogener Durchschnittsaufschlag hinzugerechnet werden. Als Ergebnis ergibt sich der Umsatz (ohne Umsatzsteuer) der betreffenden Warengruppe, der nach Hinzurechnung der betreffenden Umsatzsteuer vom Gesamtbetrag der vereinbarten und vereinnahmten Entgelte einschließlich der Umsatzsteuer abgesetzt wird. Die Differenz stellt wiederum die Summe der übrigen Entgelte dar. Der gewogene Durchschnittsaufschlagsatz ist vom Unternehmer unter Ansatz von drei repräsentativen Monatsumsätzen zu ermitteln und kann für die Dauer von fünf Jahren angewendet werden. Nach Ablauf der Frist oder wenn sich die Struktur des Unternehmens z. B. durch eine wesentliche Änderung des Warensortiments ändert, ist der Aufschlagsatz neu zu ermitteln.[276] Abb. 4.38 zeigt ein Beispiel für die Anwendung dieses Verfahrens.

---

[276] Vgl. Art. 259 Abs. 13 und 14 USt-RiL.

Rechnungs-Nr. und Datum der Eingangsrechnung	Rechnungs-endbetrag	Vorsteuern	Einkaufsentgelte 7.v.H.		Einkaufs-entgelte 15 v.H.
1	2	3	4		5
651 v. 2.8.1993	491,60	51,60	Ware Nr. XY 2	180,00	260,00
698 v. 4.8.1993	156,20	16,20	Ware Nr. RS 5	60,00	80,00
715 v. 7.8.1993	345,30	35,30	Ware Nr. YZ 7	140,00	170,00
	...	...	...	...	...
Summe August 1993	41.712,80	4.352,80		15.640,00	21.720,00

Der Unternehmer hat nach den tatsächlichen Verhältnissen des 1. Kalendervierteljahres 1993 für die begünstigten Waren, deren Anteil am Gesamtumsatz gegenüber den voll steuerpflichtigen Waren geringer ist, einen gewogenen Durchschnittsaufschlagsatz von 21,7 v. H. festgestellt.

Summe der Einkaufsentgelte zu 7 v.H. lt. Spalte 4	15.640,00
+ 21,7 v.H.	3.394,00
= Errechneter Verkaufspreis zu 7 v.H. (netto)	19.034,00
+ Umsatzsteuer 7 v.H.	1.332,38
= errechnete Verkaufspreise zu 7 v.H. (brutto)	20.366,38

Gesamtbetrag der vereinbarten (bzw. vereinnahmten) Entgelte zuzüglich Umsatzsteuer (Bruttoumsatz) August 1993	41.650,00	
+ Eigenverbrauch (ggf. pauschal)	300,00	
= Zwischensumme	41.950,00	
./. Errechnete Verkaufspreise zu 7 v.H. (brutto, s.o.)	-20.366,38	
verbleiben: Verkaufspreis zu 15 v.H. (brutto)	21.583,62	USt.= 2.815,24
./. Umsatzsteuer	-2.815,24	(Divisor 7,6667)
= Verkaufsentgelte (netto) zu 15 v.H.	18.768,38	
+ Verkaufsentgelte (netto) zu 7 v.H. (siehe oben)	19.034,00	USt.= 1.332,38
= Summe	37.802,38	USt.= 4.147,62

Quelle: BMF Merkblatt 100 (1997), S. 4.

Abb. 4.38: Beispiel für die Anwendung des gewogenen Durchschnittsaufschlags

Für Filialunternehmen hat der Gesetzgeber eine weitere Vereinfachung gestattet: „Von Filialunternehmen kann die Trennung der Bemessungsgrundlagen [...] auch in der Weise erfolgen, daß die tatsächlichen Verkaufsentgelte der Waren, deren Lieferungen dem gemäßigten Steuersatz unterliegen oder nach dem allgemeinen Steuersatz zu versteuern sind, im Zeitpunkt der Auslieferung an den einzelnen Zweigbetrieb gesondert aufgezeichnet werden. Eine getrennte Aufzeichnung der Wareneingänge ist in diesem Fall entbehrlich."[277] Dadurch wird die Aufzeichnungspflicht in die Zentrale verlegt, was bei einer ausschließlichen Belieferung der Filialen über die Zentrale grundsätzlich umsetzbar ist. Werden allerdings auch Waren im Streckengeschäft an die Filialen geliefert, ist dieses Verfahren nicht anwendbar.

Mit dem Einsatz von Scannerkassen (*Szenarios B und C*) ist im Normalfall die artikelgenaue, nach Umsatzsteuersätzen getrennte Warenausgangserfassung möglich. Allerdings müssen bei Scannerquoten unter 100 % nach Umsatzsteuersätzen getrennte Warengruppentasten eingerichtet und eine organisatorische Regelung für die umsatzsteuer-

---

[277] Art. 259 Abs. 15, Satz 1 und 2 USt-RiL.

genaue Zuordnung von Artikeln zu einer dieser Warengruppen geschaffen werden, um den Mißbrauch bzw. die unbewußte Falschzuordnung zu verhindern.[278]

Bei herkömmlichen Kassensystemen ohne Barcode-Erfassung *(Szenario A)* bereiten vor allem diejenigen Artikel Probleme, die vom Verkaufspersonal nicht eindeutig einer Steuergruppe zugerechnet werden können. Das ist beispielsweise der Fall, wenn ein Artikel durch seine Verpackung oder Ausstattung mit Zusatzprodukten seinen Steuersatz wechselt. Zu den schwer zuordenbaren Artikelgruppen gehören z. B. Lebensmittel (normalerweise ermäßigter Steuersatz), deren Verpackungen einen höheren Materialwert aufweisen als der Lebensmittelanteil (Senf in besonderen Gläsern, Süßigkeiten in Tassen), und Printmedien mit einer CD- oder Spielzeugbeilage. Lösungsansätze sind hier unter anderem die Verwendung von farblich unterschiedlichen Preisetiketten auf den Artikeln bzw. die verschlüsselte Angabe des Umsatzsteuersatzes auf dem Etikett oder in der Artikelnummer.

Darüber hinaus sind bestimmte Artikelgruppen wie Blumen, Dünger etc. schwer zu scannen bzw. verursachen für eine Einzelauszeichnung einen zu hohen organisatorischen Aufwand, so daß für diese Artikel ggf. ein Warenausgangsbuch an der Kasse manuell geführt werden sollte.

Umsetzung in der Praxis

In der Praxis sind neben unterschiedlichen Berechnungsverfahren auch verschiedene Berechnungs- und Buchungszeitpunkte anzutreffen. Beispielsweise wird bei einigen Unternehmen die Umsatzsteuerumrechnung im Rahmen des Monatsabschlusses durchgeführt, andere wiederum berechnen die Nettoumsätze bei der täglichen Buchung des POS-Upload.

Voraussetzung für beide Verfahren ist die Fortschreibung der Wareneingänge zu theoretischen Verkaufspreisen. Auf einer gesonderten Kontenklasse werden bei jedem Wareneingang die nach UStR 259 geforderten üblichen Verkaufsentgelte in der Hauptbuchhaltung mitgebucht.

a) Buchung direkt durch den Informationsfluß Fakturierung - Hauptbuchhaltung

Bei der Anwendung eines gewogenen Durchschnittsaufschlags werden die Umsatzsteueranteile der theoretischen Verkaufserlöse der einzelnen Warengruppen des Vorjahres als Berechnungsgrundlage für die Umsatzsteueraufteilung des laufenden Jahres verwendet.[279] Die Umsatzsteueranteile des Vorjahres werden z. B. in einer Tabelle fortgeschrieben, wie es exemplarisch in Tab. 4.27 dargestellt ist.

---

[278] Vor allem ist dafür Sorge zu tragen, daß der Gebrauch der sog. Sumpftasten vermieden wird, in denen alle nicht zuordenbaren Umsätze gemischt vereinnahmt werden.

[279] Die Verwendung der Vorjahreswerte wird unter anderem dadurch notwendig, daß die Umsatzwerte des abgelaufenen Monats der Buchhaltung erst zwei oder drei Wochen nach Monatsende vorliegen und die Umsatzsteuervoranmeldung bereits am 10. des Monats abgegeben werden muß (Aussage von Herrn Vielhaber, J. F. Bremke & Hoerster GmbH & Co.KG, Arnsberg, in einem Gespräch am 17.11.1997).

Firma	Filiale	WGR	Ust-Satz	Kalk. Bruttoerlös Vorjahr	Verhältnis
10	1001	4711	7%	17.723.351,76	0,808
10	1001	4711	15%	4.210.372,89	0,192
10	1001	4712	7%	2.608.966,21	1,000
10	1001	4712	15%	0,00	0,000
10	1001	4713	7%	571.198,87	0,083
10	1001	4713	15%	6.269.634,46	0,917
10	1002	4711	7%	12.563.321,76	0,188
10	1002	4711	15%	54.213.472,12	0,812
10	1002	4712	7%	1.663.456,21	0,848
10	1002	4712	15%	298.345,98	0,152
10	1002	4713	7%	467.154,87	0,072
10	1002	4713	15%	5.989.634,54	0,928

Tab. 4.27: Beispieltabelle zur Ermittlung des Umsatzanteils pro Warengruppe und Steuersatz

Eine solche Tabelle nimmt, wie aus der Darstellung zu erkennen ist, sehr schnell große Ausmaße an: pro Firma, pro Filiale, pro Warengruppe, pro Steuersatz ein Anteilssatz. In der Schnittstelle Fakturierung - Hauptbuchhaltung werden zur Ermittlung von Nettoumsatz und Steuerbetrag die auf Warengruppen aggregierten Bruttoverkaufswerte mit dem entsprechenden Anteilswert multipliziert. Diese Werte werden anschließend der Fakturierung für die Fortschreibung der Warenverkäufe pro Warengruppe und der Hauptbuchhaltung für die Buchung des Umsatzes und des Umsatzsteuerbetrags zugeführt. Somit erfolgt bereits innerhalb der Periode auf den Konten der Finanzbuchhaltung eine umsatzsteuerreine Verbuchung von *Nettoumsätzen* (Entgelten).[280]

b) Buchung im Rahmen des Monatsabschlusses

Die Berechnung erfolgt analog zur o. g. Vorgehensweise, jedoch mit dem Unterschied, daß innerhalb der Periode die Bruttoumsätze gebucht werden und die Berechnung und Buchung der Nettoumsätze und Steuerbeträge im Rahmen des Monatsabschlusses erfolgt. Die tatsächlichen Entgelte inkl. Umsatzsteuer werden anhand der fortgeschriebenen Anteile des laufenden Jahres aufgeteilt und die Umsatzsteuer aus dem Bruttobetrag zurückgerechnet. Im Anschluß an die Berechnung wird gegen das Bruttoumsatzkonto oder ein weiteres Verrechnungskonto auf den Nettoumsatz- und den Steuerkonten gebucht (vgl. Abb. 4.39 für eine kumuliert-saldierte Buchung der Umsatzsteuerbeträge).[281]

---

[280] Vgl. die Beispielbuchungssätze in Kap. 4.3.5.1.
[281] Durch die Anwendung der kumuliert-saldierten Berechnung lassen sich die unterjährigen Abweichungen zwischen theoretischem und tatsächlichem Umsatz reduzieren.

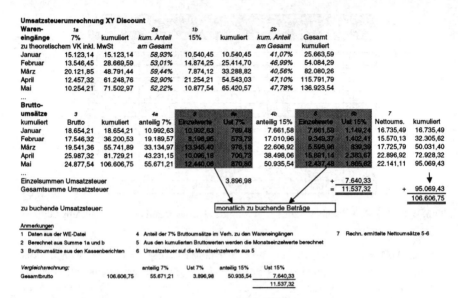

Abb. 4.39: Beispiel für die Berechnung im Rahmen des Monatsabschlusses

Der Informationsfluß bezieht sind hauptsächlich auf Szenario A, wobei es auch in den Szenarios B und C aufgrund der Übermittlung von Bruttoumsätzen zur Anwendung der geschilderten Verfahren kommen kann.[282]

Inhalt	A: zentrale Organisation, (B und C) Umrechnung direkt beim POS-Upload	A: zentrale Organisation, (B und C) Umrechnung im Rahmen des Monatsabschlusses
Kurzbeschreibung	Ermittlung der Nettoumsätze; WWS-RW	Ermittlung der Nettoumsätze, RW-intern
Sender / Empfänger	Fakturierung / Hauptbuchhaltung	Hauptbuchhaltung
Bestandteile	Belegkopf: Belegnr., Beleg-, Buchungsdatum; Belegposition: Verrechnungskonto, Bruttoumsatz; Warenverkaufskonten, Nettoumsatz; Steuerkonten, Steuerbeträge	Belegkopf: Belegnr., Beleg-, Buchungsdatum; Belegposition: Verrechnungskonto, Bruttoumsatz; Warenverkaufskonten, Nettoumsatz; Steuerkonten, Steuerbeträge
Eigenschaft der Daten	Nutzdaten: Erzeugung der Sachkontenpositionen der Umsatzbuchung Kontrolldaten: --	Nutzdaten: Erzeugung der Sachkontenpositionen der Umsatzbuchung Kontrolldaten: Trigger der mtl. Umsatzsteuervoranmeldung

---

[282] Vgl. Fußnote 244 auf S. 206.

Wertigkeit		
Informations-relevanz	mittel: für Umsatzsteuervoranmeldung notwendig	mittel
Auswirkung auf weitere FB	Kostenrechnung: Auswertung von Nettoumsätzen	Kostenrechnung
Aktualitäts-anforderung	mittel	niedrig
Periodizität	täglich	monatlich
Informations-volumen	mittel: fünf Positionen je Hierarchieebene	mittel: fünf Positionen je Hierarchieebene
Form		
Informationsart	strukturiert; wertmäßige Bewegungsdaten	strukturiert; wertmäßige Bewegungsdaten
Art der Übertragung	DV-gestützt offline (batch)	DV-gestützt offline (batch)
Aggregations-ebene	WGR, HWGR, Abt.	WGR, HWGR, Abt.

Tab. 4.28: Details des Informationsflusses von der Fakturierung zur Hauptbuchhaltung im Rahmen der Umsatzsteuerumrechnung

4.3.6 Informationsfluß zwischen Debitorenbuchhaltung und Hauptbuchhaltung

Die Ausführungen zu den Kontenstrukturen der Kreditorenbuchhaltung in Kap. 4.2.7 gelten in gleicher Weise für die Kontenstruktur der Debitorenbuchhaltung. Daher wird hier die Bereitstellung der Sachkonten für das Nebenbuch der Debitorenbuchhaltung und die Bankunterkonten (Informationsfluß Stammdaten von der Hauptbuchhaltung zur Debitorenbuchhaltung) nicht weiter diskutiert.

Die Debitorenbuchhaltung ist gemeinhin in der Zentrale angesiedelt und führt die Aufgaben sowohl für die dezentralen Einheiten als auch für die Großhandelsstufe durch. Im Unterschied zu den Darstellungen in Kap. 4.2.7 sind die Funktionen der Debitorenbuchhaltung jedoch auch in den dezentralen Einheiten der Szenarios B und C anzutreffen. In Abb. 4.40 sind daher die Funktionen der Debitorenbuchhaltung auf der linken Seite zusammengefaßt. Eine Unterscheidung nach den Szenarios kann hier unterbleiben.[283]

Im Rechnungswesen sind Interdependenzen zwischen den Funktionen des Distributionsprozesses vor allem bei der aktiven und passiven Zahlungsregulierung herauszustellen. Unter aktiver Zahlungsregulierung wird der Einzug von Forderung über das Lastschriftverfahren verstanden. Die Debitorenbuchhaltung erstellt in einem regelmäßig stattfindenden Zahllauf die fälligen Posten zusammen und gruppiert sie für jeden Abnehmer zu einer Lastschrift, die im Einzugsermächtigungs- oder Abbuchungsverfahren den Banken zur Einlösung vorgelegt werden.[284] Als passive Zahlungsregulierung wird die Überwachung des Zahlungseingangs bezeichnet, der vom Debitor per Scheck oder Überweisung vorgenommen wird (Selbstzahler).

---

[283] Ist die Debitorenbuchhaltung in das FWWS integriert, entsteht ein Informationsaustausch von der Filiale zur Hauptbuchhaltung.

[284] Vgl. Becker, Schütte (1996), S. 335.

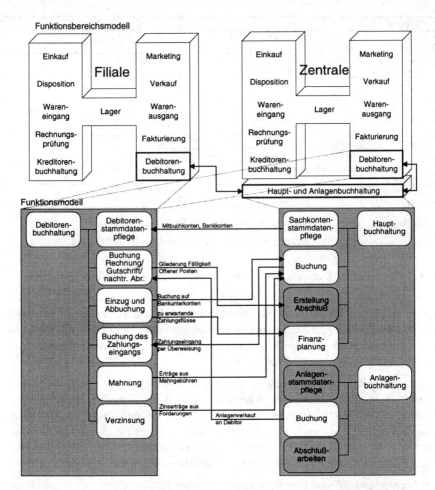

Abb. 4.40: Informationsflußmodell Debitorenbuchhaltung - Hauptbuchhaltung

4.3.6.1 Informationsfluß von der Hauptbuchhaltung zur Debitorenbuchhaltung

Die aktive Zahlungsregulierung hat für das Handelsunternehmen den Vorteil, daß die Höhe und der Zeitpunkt der Zahlungseingänge beeinflußt werden können. Der Finanzplanung stehen somit sichere Daten für die Liquiditätsrechnung zur Verfügung. Nach der Durchführung des Zahlungslaufs werden die Offenen Posten auf den Debitorenkonten ausgeglichen und die Zahlungseingänge auf den Bankunterkonten gebucht.

Die Buchungssätze bei Lastschrifteinreichung (a) und Gutschrift durch die Bank (b) lauten:

a) Lastschrifteneinreicher Bank A   an Debitor

| b) | Bank A [und Nebenkosten des Geldverkehrs]²⁸⁵ Debitor²⁸⁶ | an | Lastschrifteinreicher Bank A |

Im Rahmen der für das Handelsunternehmen passiven Zahlungsregulierung werden die Zahlungseingänge per Überweisung durch die Debitoren von den Banken über den schriftlichen oder elektronisch übermittelten Kontoauszug übermittelt. Zahlungen per Scheck gehen zuerst beim Handelsunternehmen ein und werden anschließend der Bank zur Einlösung bzw. Gutschrift eingereicht.²⁸⁷

Die Buchungssätze zur Scheckeinreichung des Handelsunternehmens (a) und zur Scheckgutschrift durch die Bank (b) lauten:

| a) | Scheckeingang Bank A | an | Debitor |
| b) | Bank A [und Nebenkosten des Geldverkehrs] | an | Scheckeingang Bank A |

Bestimmte Anwendungsprogramme, wie z. B. das Rechnungswesenmodul FI des SAP R/3-Systems, erlauben die automatische Buchung der Bankkontoauszüge im Anwendungssystem. Nach dem Import der Kontoauszugsdaten und der Aufbereitung (Ergänzung von Belegpositionstexten, Zuordnung von unklaren Posten) werden die einzelnen Positionen auf den Bankunterkonten ausgebucht. Insbesondere bei Lastschrifteinreichern eignet sich der automatische Ausgleich, da die Daten auf der Lastschrift durch das Handelsunternehmen bestimmt werden und somit die Konformität mit der Schnittstelle zum Anwendungssystem gewährleistet werden kann.

Die passive Zahlungsregulierung erfordert weitere Arbeitsschritte in der Debitorenbuchhaltung zur Zuordnung und zum Ausgleich Offener Posten auf den Debitorenkonten, da die Zahlungseingänge der Abnehmer nicht immer automatisch den Offenen Posten zugeordnet werden können, wenn der Abnehmer beispielsweise berechtigte oder unberechtigte Abzüge vorgenommen hat.²⁸⁸

Im Rahmen der Anlagenbuchhaltung stellt die Buchung einer Forderung aus dem Verkauf einer Anlage des Anlagevermögens einen Informationsfluß von der Anlagenbuchhaltung zur Debitorenbuchhaltung dar. Der Anlagenstammsatz wird gegen den Debitor entlastet. Eventuell anfallende Aufwendungen oder Erträge aus der wertmäßigen Auflösung des Anlagegutes werden an die Hauptbuchhaltung zur Buchung auf den entsprechenden GuV-Konten weitergeleitet.²⁸⁹

---

²⁸⁵ Nebenkosten fallen z. B. bei Auslandsschecks an, bei denen die Banken Bearbeitungs- und Umrechnungsgebühren berechnen.
²⁸⁶ Eine Rückbelastung des Debitoren mit dem Forderungsbetrag und ggf. in Rechnung gestellter Gebühren erfolgt bei Nicht-Einlösung der Lastschrift bei der bezogenen Bank.
²⁸⁷ Vgl. die Darstellungen zur Zahlungseingangsbuchung von Kreditoren in Kap. 4.2.7.1.
²⁸⁸ Vgl. für einen exemplarischen Ablauf der Zahlungseingangsbuchung Becker, Schütte (1996), S. 340.
²⁸⁹ Für die Buchungen beim erfolgswirksamen und erfolgsneutralen Verkauf von Anlagegütern vgl. Eisele (1990), S. 215 f.

Inhalt	Aktive Zahlungsregulierung	Passive Zahlungsregulierung
Kurzbeschreibung	Zahlungseingang Debitor Lastschrift; RW-intern	Zahlungseingang Debitor Scheck oder Überweisung; RW-intern
Sender / Empfänger	Hauptbuchhaltung / Debitorenbuchhaltung	Hauptbuchhaltung / Debitorenbuchhaltung
Bestandteile	Belegkopf: Kontoauszugnr., Beleg-, Buchungsdatum; Belegposition: Bankunterkonto, Zahlbetrag, Nettobetrag, Zusatzkontierung; Gegenposition (Bankkonto)	Teil des Buchungssatzes Bankkonto an Debitor: Belegkopf: Kontoauszugnr., Beleg-, Buchungsdatum; Belegposition: Debitorkonto, Zahlbetrag, Positionstext; Gegenposition (Bankkonto)
Eigenschaft der Daten	Nutzdaten: Erzeugung der Sachkontenpositionen des Bankunterkontoausgleichs; Kontrolldaten: Ausgleich des Bankunterkontos	Nutzdaten: Buchungsdaten; Kontrolldaten: Ausgleich der Offenen Posten auf dem Debitor
Wertigkeit		
Informationsrelevanz	mittel	mittel
Auswirkung auf weitere FB	Finanzplanung: Ausgleich des eingeplanten Postens	Finanzplanung (da bisher dort nicht erfaßt)
Aktualitätsanforderung	mittel	mittel
Periodizität	täglich	täglich
Informationsvolumen	mittel	mittel
Form		
Informationsart	strukturiert; wertmäßige Bewegungsdaten	strukturiert; wertmäßige Bewegungsdaten
Art der Übertragung	DV-gestützt offline (batch) oder online	DV-gestützt online
Aggregationsebene	Zahlungsbelegposition	Zahlungsbelegposition je Debitor

Tab. 4.29:   Details des Informationsflusses von der Haupt- zur Debitorenbuchhaltung

4.3.6.2 Informationsfluß von der Debitorenbuchhaltung zur Hauptbuchhaltung

Im Funktionsbereich Debitorenbuchhaltung werden Daten für die Hauptbuchhaltung in den Funktionen der aktiven Zahlungsregulierung, der Mahnung und der Verzinsung erzeugt.

Im Rahmen der Mahnung von Offenen Posten können Erträge aus der Berechnung von Mahngebühren entstehen, die den Debitorenkonten belastet und auf den Ertragskonten der Hauptbuchhaltung gebucht werden. Bei der Verzinsung von Debitorenkonten ist erstens die Saldenverzinsung zu betrachten, bei der die Inanspruchnahme einer Kreditlinie berechnet wird. Beispielsweise nutzen die Abnehmer einer kooperativen Gruppe die Finanzkraft der Zentrale zu zinsgünstigen Kontokorrentkrediten. Zweitens ist die Postenverzinsung zu nennen, bei der die überfälligen Posten mit Zinsen belastet werden. Diese Form der Verzugszinsberechnung erfolgt häufig in Zusammenhang mit der Mahnung überfälliger Posten und fließt in die Bonitätsbeurteilung des Abnehmers mit ein.[290]

---

[290] Vgl. Becker, Schütte (1996), S. 336; Mertens (1995), S. 271 f.

Der Informationsfluß bei der Buchung des aktiven Zahlungsausgangs wurde bereits oben erläutert. Ein Informationsfluß von der Debitorenbuchhaltung zur Hauptbuchhaltung findet dagegen bei der passiven Zahlungsregulierung nicht statt.

Inhalt	Aktive Zahlungsregulierung	Mahnung / Verzinsung
Kurzbeschreibung	Zahlungsregulierung Debitor Lastschrift; RW-intern	Buchung der Erträge aus der Mahnung und Verzinsung von Debitorenkonten; RW-intern
Sender / Empfänger	Debitorenbuchhaltung / Hauptbuchhaltung	Debitorenbuchhaltung / Hauptbuchhaltung
Bestandteile	Lastschriftbelege als Buchung auf dem Bankunterkonto Lastschrifteinreicher; Belegnummer, -datum, Buchungsdatum, Sachkonten, Zahlbeträge, Valutabuchung	Sachkonto, Buchungsschlüssel, Betrag netto, Steuerbeträge, Kontierungsobjekte, Buchungstext; Gegenposition Debitor: Belegnummer, -datum, Buchungsdatum, Betrag brutto;
Eigenschaft der Daten	Nutzdaten: Erzeugung der Sachkontenpositionen der Offenen-Posten-Buchung, Umsatzsteuerwerte Kontrolldaten: --	Nutzdaten: Buchungsdaten; Kontrolldaten: --
Wertigkeit		
Informationsrelevanz	mittel: für den späteren Ausgleich der Bankunterkonten relevant; hoch: Finanzplanung	niedrig - mittel
Auswirkung auf weitere FB	Finanzplanung, Bankenabwicklung	Offene-Posten-Verwaltung (Mahnung)
Aktualitätsanforderung	hoch: für Finanzplanung werden zeitnahe Daten benötigt	niedrig: periodische Abrechnung
Periodizität	periodisch	periodisch nach Abschluß einer Abrechnungsperiode
Informationsvolumen	mittel - hoch: je nach Anzahl der Lastschriften	niedrig
Form		
Informationsart	strukturiert; wertmäßige Bewegungsdaten	strukturiert; wertmäßige Bewegungsdaten
Art der Übertragung	DV-gestützt online	DV-gestützt online, DV-gestützt offline (batch)
Aggregationsebene	Sachkontenpositionen	Sachkontenpositionen

Tab. 4.30: Details des Informationsflusses von der Debitoren- zur Hauptbuchhaltung

Ein weiterer, dem Rechnungswesen zugeordneter, aber hier nicht weiter betrachteter Informationsfluß findet zwischen Debitoren- und Kreditorenbuchhaltung statt. Es werden Daten über verrechnungsfähige Posten ausgetauscht, wenn für einen Lieferanten gleichzeitig ein Kundenkonto geführt wird und die Forderungen und Verbindlichkeiten konsolidiert werden müssen. Eine Integration auf Datenebene ist bei Verwendung eines Anwendungssystems für Debitoren- und Kreditorenbuchhaltung gegeben.[291]

---

[291] Eine Verwendung von getrennten Anwendungssystemen für die Verwaltung der Debitoren- und Kreditorenbuchhaltung erscheint nur sinnvoll, wenn damit besondere Anforderungen erfüllt werden sollen, z. B. das Kreditmanagement einer großen Anzahl von Kunden eines Versandhandelsunternehmens, das aus der Buchhaltung ausgegliedert ist.

4.3.7 Informationsfluß bei der Leergutabwicklung

Die Verwendung von mehrwegfähigen Gütern in der Beschaffung und der Distribution wird in der Öffentlichkeit kontrovers diskutiert.[292] Im Handel als Schnittstelle zwischen Produzent und Endabnehmer stellt die logistische und informationstechnische Abwicklung von Leergut über die beteiligten Wirtschaftsstufen eine besondere Problemstellung dar, die eine eingehende Beschäftigung mit dem Thema erfordert.[293] Zu den Waren, die dem Leergut zuzurechnen sind, gehören neben den Getränkekisten und Glas- oder Kunststoffflaschen auch die Mehrwegbehälter für Molkereiprodukte. Eine Besonderheit der Abwicklung stellt der logistische Ablauf dar: Das Leergut nimmt nicht nur den Weg vom Lieferanten zum Kunden, sondern auch den umgekehrten Weg vom Kunden über das Handelsunternehmen zurück zum Lieferanten. Die vielfältigen Teilschritte bei der Leergutabwicklung werden in Abb. 4.41 verdeutlicht.

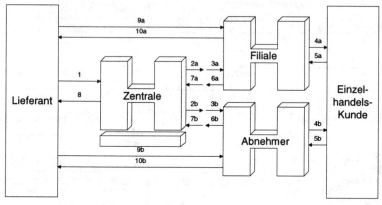

Legende
1 Bestellung/Disposition Pfandgut für das GH-Lager; Anlieferung durch den Lieferanten
2 Auslieferung Pfandgut und Faktura durch Zentrale/Großhandel
3 Wareneingang dezentral
4 Verkauf von Pfandgut an Kunden
5 Rücknahme von Leergut vom Kunden
6 Rückgabe von Leergut an Zentrale/Großhandel
7 Rücknahme von Leergut im GH-Lager
8 Rückgabe von Leergut vom GH-Lager an den Lieferanten
9 Anlieferung von Pfandgut durch Lieferanten (dezentral)
10 Rückgabe von Leergut an Lieferanten (dezentral)

Abb. 4.41: Übersicht über die Logistikprozesse beim Leergut[294]

---

[292] Vgl. Klein (1996); Tietz (1993), S. 754 ff.; Kempcke (1992), S. 106 ff. Vgl. ferner zum Themenbereich Ökologische Verpackungen und Abfallentsorgung Barth (1996), S. 173 ff; Lerchenmüller (1995), S. 550 ff.
[293] Von Leergut wird hier gesprochen, wenn es sich um leere Behältnisse zur Aufnahme von Ware handelt (die leere Getränkekiste, die leere Flasche), Pfandgut bezeichnet das volle Leergut, solange es mit dem werttragenden Artikel verknüpft ist. Vollgut bezeichnet den Inhalt des Behältnisses, also den verkauften Artikel.
Vgl. zur Abwicklung von Leergut Becker, Schütte (1996), S. 204 ff. und S. 325 ff. Auf die Abwicklung von Mehrwegtransportverpackungen (MTV) wird hier nicht weiter eingegangen, weil die ausgelieferten MTV wie normale Artikel fakturiert werden, vgl. Becker, Schütte (1996), S. 326.
[294] Die Prozesse 6b und 7b sind der Vollständigkeit halber in der Abbildung dargestellt. Die Rückgabe des Leergutes erfolgt i. d. R. direkt an den Streckenlieferanten.

Die Problematik der Handhabung liegt dabei nicht unbedingt auf der Seite des Großhandels; dort sind gemeinhin die Prozesse des Wareneingangs und der Lieferantenretoure betroffen[295] - die Bestandsführung erfolgt auf Artikelebene, und die Abrechnung des Leergutes erfolgt als „normaler" und Retouren-Artikel über die Schnittstelle Fakturierung - Debitorenbuchhaltung. Die Probleme entstehen auf der Seite des Einzelhandels - insbesondere, wenn keine artikelgenaue Erfassung der Abverkäufe möglich ist.

Idealtypisch werden bereits bei der Auftragserfassung im Großhandel über eine Stücklistenauflösung die entsprechenden Leergutartikel (Kiste, Flaschen) zu einem Getränkeartikel in den Auftrag eingestellt. Gleiches gilt für die artikelgenaue Erfassung des Warenausgangs von Pfandgut bzw. vollem Leergut im Einzelhandel. Im POS-System werden beim Scanning der Kiste Bier automatisch die Leergutartikel „leere Kiste Bier" und „24 leere 0,33l-Flaschen" gezogen und als Warenausgang mengen- und wertmäßig gebucht. In gleicher Weise wird bei der Erfassung der Leergutrückgabe durch den Kunden der Bestand an Leergut wieder erhöht.

Problematisch stellt sich die Abwicklung im Szenario A dar, bei denen folgende unterschiedliche Verfahrensweisen zu beobachten sind:

Das Pfandgut wird an der Kasse nicht über separate Warengruppentasten erfaßt (Vorgang 4a in Abb. 4.41), sondern in der entsprechenden Kassenwarengruppen des Vollgutes (Getränke, Molkereiprodukte, Fleisch etc.) ausgewiesen.[296] Der negative Umsatz durch die Rücknahme des Leerguts wird ebenfalls in der Warengruppe des Vollgutes erfaßt. Der fehlende Ausweis des Leergutumsatzes hat Auswirkungen auf die Spanne der jeweiligen Warengruppe, da der Saldo zwischen ausgegebenem und zurückgenommenem Leergut in den Umsatzwerten enthalten ist. Ein Problem ergibt sich für die Spannenauswertung der Warengruppen, wenn die vom Lieferanten gelieferten Leergutartikel in anderen Warengruppen als Zugang gebucht wurden als das Vollgut. In diesem Fall ist die Spannenberechnung der Kassenwarengruppen nicht stimmig. Die Umsatzauswertungen müssen daher um den Leergutwert berichtigt werden.[297]

Das Pfandgut wird beim Abverkauf über eine gesonderte Leergut-Warengruppentaste erfaßt.[298] Die Rückgabe des Leergutes durch den Kunden wird über eine gesonderte Leergutkasse, die in der Getränkeabteilung des Marktes geführt wird, abgerechnet.[299] Der Leergutbon wird anschließend bei der Warenausgangserfassung an der Hauptkasse über

---

[295] Vgl. dazu Becker, Schütte (1996), S. 205 ff. und 226 ff.
[296] Noch komplizierter wird die spätere Analyse, wenn alle Pfandwerte zu einer Warengruppe (z. B. Getränke) zugeschlagen werden, obwohl das Pfand auf die Molkereiprodukte in der MoPro-Warengruppe zu erfassen wäre.
[297] Zum Beispiel läßt sich der Warenausgang des Leergutes durch die regelmäßige Bestandsaufnahme des Vollgutes bestimmen und entsprechend vom Vollgutumsatz absetzen.
[298] Problematisch ist dabei die Vielfalt der unterschiedlichen Kisten- und Flaschenarten, die über eine Warengruppentaste nicht zu trennen sind.
[299] Es ist auch die Nutzung von Rückgabeautomaten denkbar, die einen Bon ausdrucken, den der Kunde anschließend an der Hauptkasse einlöst.

die Leergut-Warengruppentaste als Zahlungsausgang gebucht. In diesem Fall ist die Spannenauswertung der Warengruppe des zugehörigen Vollgutartikels nicht betroffen.

In beiden Fällen ist eine artikelgenaue Ermittlung der Leergutbestände nach den verschiedenen Leergutprodukten (Kisten und Flaschen unterschiedlicher Größe und Materialien, ggf. sogar unterschiedlicher Hersteller) nicht möglich.

Einen weiteren Problembereich stellt die Verwaltung des Leergutes in den Filialen dar. Der Bestand an Pfand- und Leergut wird häufig noch manuell fortgeschrieben.[300] Eine DV-technische Unterstützung der Verwaltung des Leergutes und eine regelmäßige, im Idealfall tägliche Bestandsaufnahme ist erforderlich, um Differenzen zwischen dem abverkauften und zurückgenommenen Leergut besser kontrollieren zu können.[301] Umbuchungen zwischen Pfand- und Leergut müssen ebenfalls berücksichtigt werden, z. B. wenn Kunden aus einer vollen Kiste einzelne Flaschen entnehmen und die leere Kiste später im Markt aus dem Bestand an Pfandgut entnommen und als Leergut deklariert wird.

	Informationsfluß im WWS	Informationsfluß zum Rechnungswesen
Wareneingang Zentrale (1) (9)	WE-Beleg, Warenzugangsbuchung	Buchung Warenzugang auf den Bestandskonten (volles Leergut Zentrale)
Warenausgang Zentrale (2) (10)	artikelgenaue Fakturierung; Warenausgangsbuchung	Buchung Offener Posten; Umsatzbuchung, MwSt.; Buchung Warenausgang (volles Leergut Zentrale)
Wareneingang Filiale (3)	WE-Beleg, Warenzugangsbuchung	Buchung Warenzugang auf den Bestandskonten (volles Leergut Filiale)
Warenausgang Filiale (4)	Kassenabrechnung: Zahlungsmittel; Umsatzauswertung; WA-Beleg, Warenausgangsbuchung	Buchung Zahlungseingang (Kasse); Umsatzbuchung, MwSt.; Bestandsminderung (volles Leergut Filiale)
Rücknahme Filiale (5)	Kassenabrechnung: Zahlungsmittel Umsatzminderung Leergut; Wareneingangsbuchung	Buchung Zahlungsausgang (Kasse); Umsatzminderung, MwSt.; (Bestandszugang Leergut Filiale)
Rückgabe von Filiale an Zentrale (6)	Warenausgang (Retoure); Belastung Lieferant	(Bestandsminderung Leergut Filiale); (Belastung auf Kreditor Zentrale)
Rücknahme in der Zentrale (7)	Wareneingang (Retoure); Gutschrift Abnehmer	(Bestandszugang Leergut Zentrale); (Gutschrift Debitor)
Rückgabe von Zentrale an Lieferant (8)	negativer Wareneingang (Retoure); Belastung Lieferant	(Bestandsminderung Leergut Zentrale); (Belastung Kreditor)
Tägliche Inventur	in der Filiale: Bestandskorrektur; in der Zentrale: Leergutabrechnung	--
Monatliche Inventur	Korrekturbuchungen Inventurdifferenz	Buchung der Bestandskorrekturen

Tab. 4.31: Informationsflüsse bei der Leergutabwicklung

Die einzelnen Informationsflüsse im Rahmen der Leergutabwicklung sind in der Tab. 4.31 zusammengefaßt. Von den einzelnen Szenarios wird hier abstrahiert, die Unterschiede sind in den entsprechenden Kapitel zu den einzelnen Informationsflüssen dargestellt.[302]

---

[300] Diese Verfahrensweise trägt ebenfalls zu den besonders hohen Inventurdifferenzen im Bereich des Leergutes bei.
[301] Gerade beim Jahresabschluß sind in der Bestandsbewertung des Leergutes häufig stille Reserven enthalten, die u. U. nicht in die Bewertung des Pfandgutes einfließen. Da die Bestände zum Teil nur manuell geführt werden, sind die Filial-Bestände an Leergut in der Zentrale nicht ermittelbar.
[302] Vgl. die Unterkapitel zum Kap. 4.2 und 4.3.

4.3.8 Informationsfluß auf der Großhandelsstufe

Die Informationsflüsse im Rahmen des Distributionsprozesses im *Großhandel*[303] bestehen aus dem wertorientierten Abrechnungsfluß und aus dem mengenorientierten, warenbezogenen Belegfluß (vgl. Abb. 4.42). Als Querschnitt zum prozeßorientierten Belegfluß sind die einbezogenen Funktionsbereiche erkennbar, an deren Schnittstellen die Informationsflüsse auftreten.

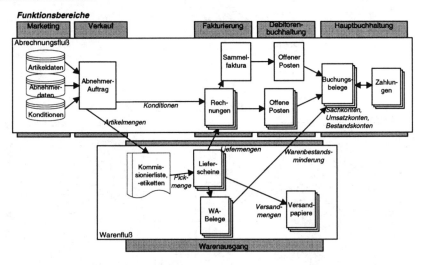

Abb. 4.42: Belegfluß im Distributionsprozeß des Großhandels

Zu einem Auftrag können bei mehreren Teillieferungen aus der Quittierung der Kommissionierung mehrere Lieferscheine erzeugt werden, die in einer oder mehreren Rechnungen zusammengefaßt werden. Rechnungen werden entweder als einzelne Posten übergeben oder in einem Abrechnungslauf zu einer Sammelfaktura zusammengefaßt und an die Debitorenbuchhaltung übergeben. Aus den Lieferscheinen werden im WWS automatisch Warenausgangsbelege erzeugt und in der mengen- und wertmäßigen Bestandsführung gebucht.[304] Die Warenausgänge werden u. U. in der Hauptbuchhaltung als Bestandsminderung gebucht.[305] Die Fakturabelege werden an die Debitorenbuchhaltung für die Belastung des Debitorenkontos und an die Hauptbuchhaltung für die Umsatzbuchung übergeben.[306]

---

[303] Unter Großhandel wird hier sowohl der Großhandel i. e. S. als auch das Zentral- bzw. die Regionalläger verstanden, welches als Großhandelsstufe eines mehrstufigen Handelsunternehmens an die dezentralen Einheiten liefern, vgl. Hertel (1997), S. 284.
[304] Vgl. dazu die Ausführungen im Kapitel 0.
[305] In der Praxis ist eine Warenausgangsbuchung auch im Großhandel nicht immer üblich, obwohl artikelgenaue Abgangsmengen aus dem Lieferschein vorliegen.
[306] Vgl. Kap. 4.3.3 und 4.3.5.

4.3.8.1 Informationsfluß zwischen Verkauf und Debitorenbuchhaltung

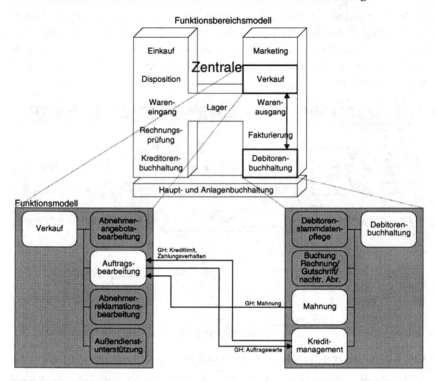

Abb. 4.43: Informationsflußmodell **Verkauf - Debitorenbuchhaltung im Großhandel**

Von der Debitorenbuchhaltung zum Verkauf werden im Großhandel Informationen zu den Abnehmerstammdaten, zur Mahnung und zum Kreditlimit übergeben (vgl. Abb. 4.43). Von den buchhalterischen Stammdaten sind für die Auftragsverwaltung neben den Abnehmerstammdaten, die im Funktionsbereich Marketing gepflegt werden, vor allem die Bankverbindung bei Lastschriftzahlern, die Zahlungsbedingungen und die Aufzeichnungen zum Zahlungsverhalten im Rahmen des Kreditmanagements von Bedeutung.[307]
Mahnungen werden in der Debitorenbuchhaltung auf Grundlage der vakanten Offenen Posten der Debitorenkonten erstellt und dem Verkauf zur Verfügung gestellt; nicht selten übernimmt der Verkauf anschließend die Bearbeitung der Mahnung und die Kommunikation mit dem Abnehmer.

Um das Zahlungseingangsrisiko zu begrenzen, werden bei der Auftragsannahme die Kreditmanagementdaten des Abnehmers geprüft. Für die Ausgestaltung des Kreditlimits sind dabei die Konzernstruktur des Abnehmers sowie u. U. verschiedene Kreditlinien für

---

[307] Vgl. dazu u. a. Becker, Schütte (1996), S. 294 ff.; Lerchenmüller (1995), S. 456.

einzelne Geschäftsarten zu berücksichtigen. Zu den Bonitätsdaten gehören beispielsweise Kennzeichen zur Liefersperre, zu Auftragsannahmesperren und Daten über das Zahlungsverhalten wie die berechtigte oder unberechtigte Inanspruchnahme von Skonto, Anzahl und Volumen Offener Posten. Die Verfügbarkeit der Informationen zum Kreditmanagement erfährt gerade bei Zentralregulierern eine zunehmende Bedeutung, da die Regulierungsstellen gegenüber den Lieferanten das Delkredere übernehmen.[308]

Inhalt	von der Debitorenbuchh. zum Verkauf	vom Verkauf zur Debitorenbuchhaltung
Kurzbeschreibung	Bonitätsprüfungsdaten, buchhalterische Stammdaten; RW-WWS	Auftragswerte; WWS-RW
Sender / Empfänger	Debitorenbuchhaltung Zentrale / Verkauf - Auftragsverwaltung Zentrale	Verkauf Zentrale / Debitorenbuchhaltung Zentrale
Bestandteile	Kreditlimit, Sperrkennzeichen, Anzahl Offener Posten, Volumen Offener Posten, Skontoabzüge etc.	Auftrags-Nr., Auftragswert, abweichende Zahlungsbedingung, voraussichtliche Fälligkeit
Eigenschaft der Daten	Nutzdaten: Berücksichtigung bei der Auftragsannahme; Kontrolldaten: Bei automatischer Bonitätskontrolle Meldung an den Sachbearbeiter	Nutzdaten: Aktualisierung der Kreditmanagementdaten; Kontrolldaten: ggf. Anstoß zur Überprüfung des Engagements
Wertigkeit		
Informationsrelevanz	hoch: Reduzierung des Zahlungsausfallrisikos	mittel - hoch: Reduzierung des Zahlungsausfallrisikos
Auswirkung auf weitere FB	Fakturierung, Kreditmanagement	Zahlungsregulierung
Aktualitätsanforderung	hoch	mittel
Periodizität	Integriertes System: real-time; Schnittstelle: möglichst zeitnah, täglich	täglich, wöchentlich
Informationsvolumen	niedrig	mittel
Form		
Informationsart	strukturiert; Stammdaten	strukturiert, wertmäßige Bewegungsdaten
Art der Übertragung	DV-gestützt offline (batch) oder online	DV-gestützt offline (batch), manuell
Aggregationsebene	-	Auftragskopf, ggf. Auftragspositionen

Tab. 4.32: Details des Informationsflusses zwischen Verkauf und Debitorenbuchhaltung im Großhandel

Die Bereitstellung erfolgt idealtypisch über einen Online-Zugriff auf die Kreditmanagementdaten der Debitorenbuchhaltung. Bei einer Trennung der Anwendungssysteme des Verkaufs und der Debitorenbuchhaltung ist zumindest eine zeitnahe Aktualisierung bei jeder Änderung des Bonitätsstatus zu gewährleisten.

Nach der Auftragsbestätigung werden die Auftragswerte vom Funktionsbereich Verkauf an die Debitorenbuchhaltung zur Aktualisierung der Kreditmanagementdaten zurückgemeldet (vgl. Tab. 4.32).

---

[308] Unter Delkredere-Geschäft wird eine Form des Fremdgeschäfts im Handel verstanden, bei dem ein Einkaufskontor bzw. die Zentrale einer kooperativen Gruppe die Übernahme der Ausfallbürgschaft für alle Einkäufe der Mitglieder übernimmt, vgl. Tietz (1993), S. 264; Falk, Wolf (1992), S. 109 f.

4.3.8.2 Informationsfluß zwischen Warenausgang und Fakturierung

Bei Lieferung der Großhandelsstufe bzw. des Zentrallagers an die Abnehmer besteht der Informationsfluß nach der Kommissionierung hauptsächlich aus dem Lieferschein (vgl. Abb. 4.44). Die Rückmeldung der zu einem Auftrag ausgelieferten Menge (den Lieferscheindaten) stellt die Grundlage für die Fakturierung dar. An den Warenausgang werden die von der Fakturierung erstellten Rechnungen übergeben, wenn diese vor dem Transport der Ware zum Kunden vorliegen müssen (sog. Vor-Fakturierung, die zur Eliminierung des Prozeßobjekts Lieferschein führt).[309]

Die Erfassung des Warenausgangs im Großhandel erfolgt durch den Kommissionierer, der die Pickmenge[310] auf den Kommissionierlisten oder -etiketten bzw. direkt im WWS quittiert. Zur Erfassung werden beispielsweise MDE-Geräte oder Scanner-Lesegeräte eingesetzt.[311]

Liefert der Großhandel an mit dem Unternehmen verbundene Abnehmer, d. h. Filialen und angeschlossene Einzelhändler, werden häufig direkt aus der Faktura des Zentrallagers die Daten für den Wareneingang in der dezentralen Einheit erzeugt (Funktionsintegration).[312] Auf eine Wareneingangsprüfung in der dezentralen Einheit kann bei dieser Verfahrensweise i. d. R. verzichtet werden.

Der Lieferschein wird vom Funktionsbereich Warenausgang zur Bewertung an die Funktion *Lieferscheinbewertung* des Funktionsbereichs Fakturierung übermittelt, um die ausgelieferten Artikelmengen mit den Preisen und Konditionen, die im Auftrag vereinbart wurden, zu bewerten.[313] Die Übermittlung der Lieferscheine erfolgt im integrierten System durch automatisches Ausführen der artikelgenauen Fakturaerstellung, bei getrennten Systemen durch eine periodische Übergabe mit einem Batchlauf.[314]

Die für die Rechnungserstellung notwendigen Informationen über die auf die ausgelieferten Artikel zu berechnende Umsatzsteuer[315] hängt in den meisten Fällen von zwei Komponenten ab: Erstens von der Steuerpflicht des *Abnehmers* und zweitens von der Höhe des auf den entsprechenden *Artikel* zu berechnenden Steuersatzes.[316] Bereits bei der Auftragserfassung wird jede Position entsprechend der Kombination aus Abnehmer- und Artikel-Steuerpflichtigkeit mit einem Steuerkennzeichen versorgt. Die Ableitung des

---

[309] Vgl. Becker, Schütte (1996), S. 322; Sova, Piper (1985), S. 139 f. Ferner ist die Verwendung von Pro-Forma-Rechnungen inbesondere im Exportgeschäft denkbar.

[310] Unter Pickmenge wird im Handel die vom Kommissionierer vom Lagerplatz entnommene Anzahl an Ware verstanden.

[311] Vgl. Hertel (1997), S. 272 ff.; Becker, Schütte (1996), S. 308 f.

[312] Vgl. dazu die Ausführungen in Kap. 4.2.2.1. Siehe ferner Hansen, Marent (1997), S. 385 ff.

[313] Vgl. zur Abnehmerlieferscheinbewertung Becker, Schütte (1996), S. 325 f.

[314] Vgl. das exemplarische Prozeßmodell zur Fakturierung bei Becker, Schütte (1996), S. 330.

[315] Vgl. zur Umsatzsteuer auch das Kap. 4.3.5.2, S. 218 ff.

[316] Je nach Herkunftsland kann die Steuerpflicht eines Abnehmers zwischen nicht steuerpflichtig und steuerpflichtig differenzieren.
Bestimmte Artikel (z. B. das Lebensmittelsortiment) unterliegen dem ermäßigten Mehrwertsteuersatz (zur Zeit 7 %), vgl. Rose (1997), S. 152 f.

entsprechenden Sachkontos erfolgt bei der Übergabe von der Fakturierung zur Hauptbuchhaltung (vgl. Kap. 4.3.8.5).

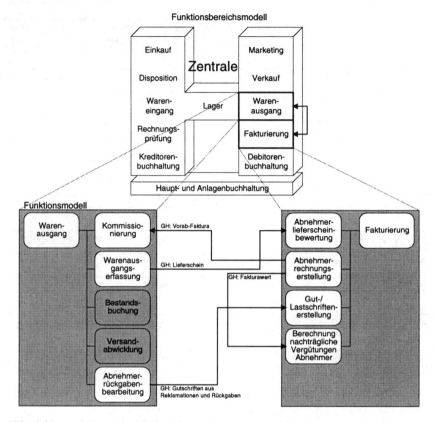

Abb. 4.44: Informationsflußmodell Warenausgang - Fakturierung

Ein Informationsfluß von der Fakturierung zum Warenausgang entsteht, wenn die Faktura bereits bei der Auslieferung der Ware mitgegeben werden soll. Auf der Grundlage des erfaßten Auftrags, der in diesem Fall mit einer Reservierung der bestellten Ware im WWS einhergehen sollte, wird bereits vor der Kommissionierung ein Fakturabeleg erzeugt, der mit den Kommissionierlisten in den Warenausgang übermittelt wird. Sollte wider Erwarten nicht die in Rechnung gestellte Menge einer Auftragsposition ausgeliefert werden können, ist ein Korrekturbeleg zu erstellen und zur Gutschrift an die Fakturierung zurückzugeben. Die Fakturaerstellung wird in diesem Fall automatisch mit einem zeitlichen Nachlauf von i. d. R. zwei Tagen nach der Auftragserfassung angestoßen. Ohne die tatsächliche Auslieferung abzuwarten, wird die Belastung der Abnehmer mit dem fälligen Zahlbetrag veranlaßt.[317]

Inhalt	vom Warenausgang zur Fakturierung	von der Fakturierung zum Warenausgang
Kurzbeschreibung	Lieferscheindaten für die Fakturaerstellung; WWS-intern	Fakturaerstellung *vor* der Kommissionierung; WWS-intern
Sender / Empfänger	Warenausgang Zentrale / Fakturierung Zentrale	Fakturierung Zentrale / Warenausgang Zentrale
Bestandteile	LS-Kopf: Abnehmer-LS-Nr., Belegdatum, Lieferdatum, abw. Lieferadresse, Auftragsnummer; LS-Positionen: Positionsnummer, Artikelnummer, Menge	Rechnungskopf: Rechnungs-Nr., Rechnungsdatum, Gesamtbetrag insgesamt und je Mehrwertsteuersatz; Rechnungspositionen: Positionsnummer, Artikelnummer, Menge, Nettobetrag
Eigenschaft der Daten	Nutzdaten: Bewertung der Mengen mit den Auftragskonditionen; Kontrolldaten: Freigabe des Lieferscheins für die Fakturaerstellung	Nutzdaten: als Kommissionierunterlage, Rechnung für den Kunden; Kontrolldaten: Anstoß der Zahlungsregulierung
Wertigkeit		
Informationsrelevanz	hoch: Die Liefermengen sind entscheidend für die Rechnungserstellung	mittel: Basis für Belastung des Abnehmers
Auswirkung auf weitere FB	Debitorenbuchhaltung, Hauptbuchhaltung	Debitorenbuchhaltung, Hauptbuchhaltung
Aktualitätsanforderung	mittel: Voraussetzung für eine zeitnahe Fakturierung der Forderungen	mittel
Periodizität	real-time, täglich	täglich
Informationsvolumen	hoch	mittel
Form		
Informationsart	strukturiert; mengenmäßige Bewegungsdaten	strukturiert; wertmäßige Bewegungsdaten bzw. Übergabe der Belege
Art der Übertragung	DV-gestützt offline (batch), DV-gestützt online	DV-gestützt offline (batch), manuell
Aggregationsebene	Lieferscheinposition (Artikel)	Rechnung auf Artikelbasis

Tab. 4.33: Details des Informationsflusses zwischen Warenausgang und Fakturierung im Großhandel

Innerhalb der Fakturierung ist ein weiterer Informationsfluß mit Bezug zum Rechnungswesen zu erwähnen, i. e. die Fortschreibung von Umsatzwerten pro Abnehmer für Zwecke der späteren Berechnung nachträglicher Vergütungen zugunsten des Abnehmers. Insbesondere bei angeschlossenen Filialen und Mitgliedern genossenschaftlich organi-

---

[317] Der geschilderte Fall beschreibt eine in der Praxis häufige Vorgehensweise, vgl. Becker, Schütte (1996), S. 322; Sova, Piper (1985), S. 140. Als Gründe für diese Verfahrensweise wird die Glättung von Statistiken und die Rationalisierung im Bereich der Rückmeldung von Kommissionieraufträgen genannt (eine Quittierung im WWS und die Übergabe an die Fakturierung muß bei diesem Ablauf nicht erfolgen). Des weiteren werden dadurch die Kosten der getrennten Versendung der Rechnung per Post eingespart, und bei Selbstzahlern (Abnehmern, mit denen als Zahlungsart Überweisung oder Scheck vereinbart sind) ist u. U. ein schnellerer Zahlungseingang zu erwarten. Ein Problem besteht allerdings bei Abweichungen zwischen Auftragserteilung (entspricht der Faktura) und tatsächlich kommissionierter und ausgelieferter Menge. Abweichungen bedürfen zusätzlicher Arbeitsgänge zur Korrektur der Faktura oder der Gutschriftserstellung bei Minderlieferung.

sierter Kooperationen wird ein Teil der von den Lieferanten gewährten nachträglichen Konditionen an die Filialen bzw. Mitglieder weitergegeben. Dazu werden die Umsätze des Abrechnungszeitraums als Berechnungsgrundlage herangezogen und ggf. eine Sollstellung der zu erwartenden Bonuszahlungen an das Rechnungswesen übermittelt.[318]

Ferner werden u. U. innerhalb der Fakturierung die Forderungen gegenüber den Abnehmern per Lastschrift eingezogen.[319] Die Erstellung der Lastschriften als originär der Debitorenbuchhaltung zugeordnete Funktion wird in einigen Fällen bereits im WWS vorgenommen und die zu erwartenden Zahlungseingänge für die Bankunterkonten an die Debitorenbuchhaltung übergeben. Ein Problem tritt bei dieser Verfahrensweise auf, wenn die Rechnungen nicht mehr auf den Debitorenkonten des Rechnungswesens gebucht werden. Es sind in diesem Fall keine Auswertungen der Forderungen an Debitoren im Rechnungswesen sowie die Kreditlimitprüfung bei der Auftragserfassung möglich.

---

[318] Vgl. dazu Kap. 4.3.8.4, S. 247.
[319] Vgl. Sova, Piper (1985), S. 140.

4.3.8.3 Informationsfluß zwischen Warenausgang und Hauptbuchhaltung

Die Informationsflüsse zwischen Warenausgang und Hauptbuchhaltung im Großhandel werden in Abb. 4.45 dargestellt.

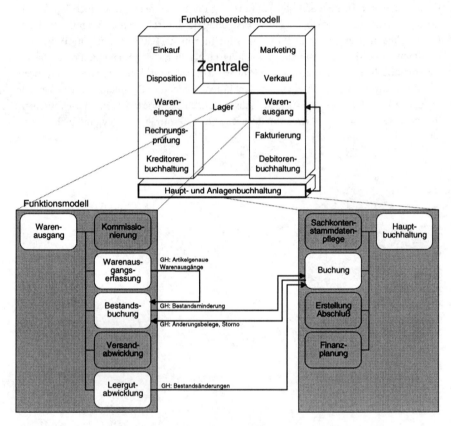

Abb. 4.45: Informationsflußmodell Warenausgang - Hauptbuchhaltung im Großhandel

1. Informationsfluß vom Warenausgang zur Hauptbuchhaltung

Nach der Warenausgangserfassung durch die Rückmeldung der Kommissionierung erfolgt neben der Lieferscheinbewertung im Funktionsbereich Fakturierung die Übermittlung der Bestandsabgänge an das WWS und die Hauptbuchhaltung.[320] Im Prozeßmodell "Kommissionierung" des Handelsreferenzmodells von BECKER, SCHÜTTE ist die Buchung der Bestandsminderung durch die Funktion "Buche Bestandsveränderung" nach

---

[320] Zur Warenausgangserfassung siehe Becker, Schütte (1996), S. 308.

dem Kommissioniervorgang dargestellt, die Schnittstellen zur Bestandsfortschreibung des WWS und der Bestandsführung in der Hauptbuchhaltung sind jedoch nicht explizit modelliert (vgl. Abb. 4.46).

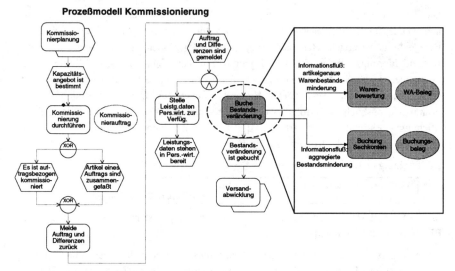

In Anlehnung an Becker, Schütte (1996), S. 316.

Abb. 4.46: Ableitung des Informationsflusses Bestandsminderung aus dem Prozeßmodell Kommissionierung

Im Großhandel ist in der Warenwirtschaft eine artikelgenaue Bestandsführung üblich.[321] Der Bestand des Artikels wird im WWS entsprechend mengenmäßig gemindert. Die wertmäßige Bestandsminderung im WWS ergibt sich aus der Multiplikation der Abgangsmenge mit dem im Artikelstamm hinterlegten EK-Bewertungspreis, z. B. dem Standardpreis, einem durchschnittlichen EK-Preis oder dem Gleitenden Durchschnittspreis (GLD)[322]. Aus dem Vergleich mit dem aus der Faktura bekannten VK-Preis läßt sich die realisierte Warenausgangsspanne im WWS analysieren.[323]

Mit der Erstellung des Warenausgangsbelegs für die Bestandsführung des WWS sind darüber hinaus an der Schnittstelle vom Warenausgang zur Hauptbuchhaltung Buchungsbelege zu erzeugen, welche die Synchronisation der Bestandskonten in WWS und im Rechnungswesen ermöglichen.

Es empfiehlt sich jedoch nicht, die artikelgenauen wertmäßigen Bestandsveränderungen an das Rechnungswesen zu übergeben, da das zu übertragende Datenvolumen aufgrund der Erzeugung einer Buchungsposition je Warenausgangsposition (ergo je Artikel) zu

---

[321] Vgl. Lerchenmüller (1995), S. 456.
[322] Vgl. zum GLD und seiner Berechnung Becker, Schütte (1996), S. 208 ff.
[323] Vgl. Sprenger (1980), S. 459.

umfangreich wäre.[324] Die Warenausgangsdaten werden nach den für die Bestandsführung im Rechnungswesen definierten Hierarchieobjekten (WGR, HWGR oder Abteilung) analog zum Wareneingang kumuliert und anschließend an die Buchhaltung übergeben.

Die zu erzeugenden Buchungssätze für die Bestandsminderung beinhalten demnach neben der intern vergebenen Belegnummer die Warenausgangs-Belegnummer, das Belegdatum, die abgeleiteten Sachkonten für die Positionen der einzelnen kumulierten Bestandsführungsebenen und als Gegenposition den GuV-wirksamen Wareneinsatz. Somit weisen die Konten der Gewinn- und Verlustrechnung Umsatz und Wareneinsatz (WA-Spanne) auf den verwendeten Hierarchieebenen aus. Die Kontenfindung für die Warenausgangsbuchung erfolgt wie bei der Buchung des Wareneingangs aus der Buchungsklassifikation des Artikels, der liefernden Einheit und der Firma (daraus wiederum leitet sich der Kontenplan ab).[325]

Die Buchung lautet:

| Wareneinsatz [Hierarchieobjekt] | an |
| | Warenbestand [Hierarchieobjekt] |

In diesem Fall spiegelt der Saldo des Warenbestandskontos immer den Sollbestand zu EK-Preisen der Waren wider.

In der Praxis ist die oben geschilderte Verfahrensweise eher die Ausnahme.[326] Häufig erfolgt zwar eine Bestandsminderung in der Warenfortschreibung des WWS, die Bestände in der Hauptbuchhaltung werden jedoch i. d. R. nicht zum Zeitpunkt des Warenausgangs korrigiert, sondern erst im Rahmen des Periodenabschlusses. Eine Abstimmung zwischen WWS und Hauptbuchhaltung erfolgt anschließend.

Die Bestände in der Hauptbuchhaltung werden durch die Wareneingänge entsprechend aufgebaut und zum Abschlußzeitpunkt durch die kumulierte Buchung

| Wareneinsatz [kumuliert, Hierarchieobjekt] | an |
| | Warenbestand [kumuliert, Hierarchieobjekt] |

wieder auf den Sollbestand zurückgesetzt.

2. Informationsfluß von der Hauptbuchhaltung zum Warenausgang

Änderungen und Stornierungen von Belegen auf den Sachkonten, die über die Schnittstelle bebucht werden, sollten grundsätzlich nicht in der Hauptbuchhaltung vorgenommen werden, sondern über die WWS-Funktionsbereiche erfaßt und anschließend erneut über die Schnittstelle übergeben werden.[327] In Ausnahmefällen lassen sich Buchungen in der

---

[324] Nichtsdestotrotz ist z. B. im Anwendungssystem Navision Financials eine vollständig integrierte Bestandsführung zwischen Warenwirtschaft und Rechnungswesen implementiert. Voraussetzung dafür ist ein Datenbankkonzept, welches in der Lage ist, das entstehende Belegvolumen effizient zu verarbeiten. Vgl. Navision Software a/s, Dänemark, http://www.navision.com/.

[325] Vgl. Kap. 4.2.1.1, S. 142.

[326] So auch die Aussage von Herrn Funke, Kurt Pietsch GmbH & Co. KG, Ahaus, in einem Gespräch am 22.04.1997.

[327] Vgl. die Ausführungen zum Informationsfluß zwischen Wareneingang und Hauptbuchhaltung in Kap. 4.2.4.

Hauptbuchhaltung nicht vermeiden, jedoch ist für die regelmäßige Abstimmung mit den Beständen des WWS Sorge zu tragen.

Zusammenfassend sind die Informationsflüsse zwischen Warenausgang und Hauptbuchhaltung auf der Großhandelsstufe in Tab. 4.34 dargestellt.

Inhalt	vom Warenausgang zur Hauptbuchhaltung	von der Hauptbuchhaltung zum Warenausgang
Kurzbeschreibung	Bestandsminderung (Wareneinsatzbuchung) nach dem Warenausgang; WWS-RW	Änderungen, Stornierungen; RW-WWS
Sender / Empfänger	Warenausgang Zentrale / Hauptbuchhaltung Zentrale	Hauptbuchhaltung Zentrale / Warenausgang Zentrale
Bestandteile	Belegnummer, WA-Belegnummer, Belegdatum, Sachkonten, Wareneinsatzwert der einzelnen Positionen	Beleginformationen, zu ändernde Daten
Eigenschaft der Daten	Nutzdaten: Fortschreibung der RW-Bestände; Kontrolldaten: Anstoß der Buchung	Nutzdaten: Änderungsdaten, Storno; Kontrolldaten: Trigger für die Änderung oder Stornierung des WA-Beleges
Wertigkeit		
Informationsrelevanz	hoch: für die Synchronisation von WWS und RW; Grundlage für die Spannenauswertung im RW	mittel
Auswirkung auf weitere FB	Kostenrechnung, Controlling	Kostenrechnung, Controlling
Aktualitätsanforderung	mittel	mittel
Periodizität	real-time, täglich: Buchung bei Warenausgang; monatlich (bei Buchung im Rahmen des Monatsabschlusses)	bei Bedarf
Informationsvolumen	mittel	niedrig
Form		
Informationsart	strukturiert; wertmäßige Bewegungsdaten	strukturiert; wertmäßige Bewegungsdaten bzw. Übergabe der Belege
Art der Übertragung	DV-gestützt offline (batch), DV-gestützt online	manuell
Aggregationsebene	WGR, HWGR, Abteilung[328]	WA-Belege

Tab. 4.34: Details des Informationsflusses zwischen Warenausgang und Hauptbuchhaltung im Großhandel

---

[328] Obwohl im Großhandel im allgemeinen nicht die Abteilung, sondern Haupt- und Oberwarenbereiche als Hierarchieobjekte verwendet werden, wird die Bezeichnung *Abteilung* beibehalten, um die Entsprechung zur Darstellung im Einzelhandel zu wahren.

4.3.8.4 Informationsfluß zwischen Fakturierung und Debitorenbuchhaltung

Den Abschluß des Distributionsprozesses bildet die Schnittstelle Fakturierung - Debitorenbuchhaltung mit der Übergabe der Fakturabelege als Offene Posten (vgl. Abb. 4.47).

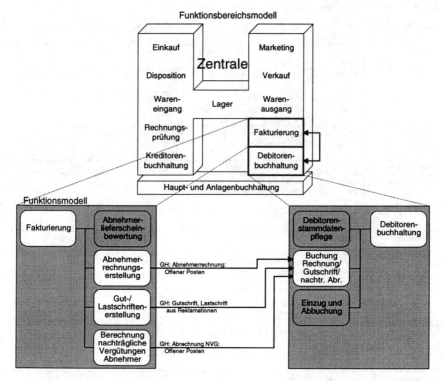

Abb. 4.47: Informationsflußmodell Fakturierung - Debitorenbuchhaltung im Großhandel

Ein Offener Posten setzt sich zusammen aus der Belegnummer der Hauptbuchhaltung, der Rechnungsnummer aus der Faktura, dem Beleg- und dem Buchungsdatum, einem Belegkopftext und den einzelnen Buchungspositionen. Letztere sind allerdings nicht mit den Fakturapositionen vergleichbar: Bei der Umwandlung des Prozeßobjekts (PO) Auftrag in Lieferschein und des PO Lieferschein in das PO Faktura werden die Belegpositionen 1:1 übernommen. An der Schnittstelle zur Debitorenbuchhaltung wird im Gegensatz dazu auf der Debitorenseite der Fakturakopf mit der Gesamtsumme in die Buchungsposition des Buchhaltungsbelegs umgewandelt (1:n-Relation). Die Positionen der Faktura werden je nach Detaillierungsgrad der Umsatzkonten zu den Sachkontenpositionen der Umsatzkonten zusammengefaßt. In Abb. 4.48 und Tab. 4.35 wird exemplarisch eine Einzel- und eine Sammelfaktura und die Verwendung der Informationen für die Buchungspositionen der Debitoren- und Hauptbuchhaltung dargestellt.

EINZELFAKTURA

Lebensmittelgroßhandel XY, Münster

Abnehmer	123545				Rechnungsnummer	30032154
Filiale Ahaus					Rechnungsdatum	10.11.97
Ridderstr. 12					Lieferdatum	08.11.97
48683 Ahaus					Lieferscheinnummer	10000212
					Auftragsnummer	80003454

Rechnungskopfinformationen (Lieferanschrift, etc.)

Rechnungspositionen						Gesamt-	Gesamt-
Pos.-Nr.	Anzahl LE	Bezeichnung	Steuersatz	Rabatt	Nettopreis	netto	bruttopreis
1	400 Kartons	Schokolade Vollmilch	7%	3%	14,30	5.548,40	5.936,79
2	3000 Stück	XY Kekse	7%	3%	0,59	1.716,90	1.837,08
3	1500 Stück	Weihnachtsteller	15%	5%	3,54	5.044,50	5.801,18
...							
					Gesamtbetrag netto	12.309,80	
					Umsatzsteuer 7%	508,57	
					Umsatzsteuer 15%	756,68	13.575,05

Zahlungsbedingungen: 2% innerhalb 12 Tagen, 1% innerhalb 20 Tage, netto 30 Tage

SAMMELFAKTURA

Lebensmittelgroßhandel XY, Münster

Abnehmer	120051	Sammelrechnung Nr.	30032112
Filialverbund Unsere Kette		Rechnungsdatum	10.12.97
Hauptstraße 3			
48159 Münster			

Rechnungskopfinformationen (Lieferanschrift, etc.)

Rechnungspositionen				Nettowert zu			Gesamt-
Pos.-Nr.	Lieferschein	LS-Datum	Empfänger	15%	7%	Gesamtnetto	bruttopreis
1	100 252	01.11.97	Filiale Ahaus	7.510,32	12.859,32	20.369,64	22.396,34
2	100 321	02.11.97	Filiale Kinderhaus	6.522,32	8.645,32	15.167,64	16.751,16
3	100 325	09.11.97	Filiale Gievenbeck	2.365,32	15.566,98	17.932,30	19.376,79
...							
			Gesamtbetrag	16.397,96	37.071,62	53.469,58	
			Umsatzsteuer	2.459,69	2.595,01	5.054,71	58.524,29

Zahlungsbedingungen: 2% innerhalb 12 Tage, 1% innerhalb 20 Tage, netto 30 Tage

Abb. 4.48: Exemplarische Einzel- und Sammelfaktura

Faktura	Debitorenposition	Sachkontenposition
Abnehmernummer	Debitorennummer	--
Rechnungsnummer, Sammelrechnungsnummer	Referenznummer oder Belegnummer	Referenznummer
Rechnungsdatum	Belegdatum	Belegdatum
Lieferscheinnr.	Einzelfaktura: in den Kopftext; Sammelfaktura: in den Positionstext aneinandergereiht	--
Nettobeträge je Umsatzsteuer	--	Warenverkauf je Umsatzsteuer
Steuerbeträge je Umsatzsteuersatz	--	Sachkonto für Umsatzsteuer
Rechnungsgesamtwert Brutto	Forderungsbetrag Debitor	--
Steuerbetrag Gesamt	Steuerbetragsfeld in Debitorenposition	--
Rabattbetrag	--	ggf. als Soll-Position auf dem Sachkonto Erlösschmälerungen[329]

Tab. 4.35: Informationen aus dem Fakturabeleg für die Positionen des Buchungsbeleges im Rechnungswesen

---

[329] In diesem Fall ist auf dem Warenverkaufskonto der Nettobetrag exklusive des Rabattabzugs zu buchen.

Auf der Sollseite wird das Debitorenkonto mit dem Bruttobetrag der Faktura inklusive der relevanten Umsatzsteuer gebucht.[330] Auf der Habenseite werden die Steuerpositionen und die Umsatzpositionen gebucht (Informationsfluß zur Hauptbuchhaltung). Eine bereits im Auftrag angegebene und zum Debitorenstammsatz abweichende Zahlungsbedingung wird ebenfalls an der Debitorenposition mitgegeben.

Der Buchungssatz zur Offenen-Posten-Buchung in Anlehnung an das Beispiel oben lautet:

Debitor Filiale Ahaus	13.575,05	an	
		Sammelkonto WA	13.575,05

Das Sammelkonto Warenausgang wird verwendet, wenn die Debitorenbuchhaltung und die Hauptbuchhaltung nicht integriert sind oder aber die Buchung der Umsätze differenzierter in einem weiteren Schritt aus der Fakturierung übergeben wird.[331] Der Vorteil der Verwendung eines Sammelkontos ist die frühere Buchung der Offenen Posten und damit eine beschleunigte Regulierung der Forderungen. Die Buchung der Umsätze für die GuV erfolgt in diesem Fall periodisch kumuliert, womit Buchungspositionen eingespart werden können.

Nachteile der Verwendung eines Sammelkontos ergeben sich aus der getrennten Buchung von Forderung und Umsatz. In der Buchhaltung ist ein Zugriff auf die Rechnungspositionen des Debitors nicht möglich - es muß auf die Faktura des WWS verwiesen werden. Eine Aufsplittung des Umsatzes nach Umsatzsteuer ist aus dem Debitorenposten ebenfalls nicht mehr erreichbar.

Ein Problem insbesondere auch bei Zentralregulierungsunternehmen stellt die Übergabe von Sammelrechnungen dar, wenn im Offenen Posten die in der Sammelrechnung enthaltenen Einzelrechnungen bzw. -lieferscheine nicht ausgewiesen werden können. In vielen Fällen erwarten die Abnehmer, bei denen die Zahlung mittels Lastschriftverfahren erfolgt, den Ausweis der einzelnen Lieferscheinnummern im Lastschriftbeleg für ihre eigene Buchhaltung. Es erscheint daher empfehlenswert, die Lieferscheinnummern in die Debitorenposition als Positionstext aufzunehmen bzw. je Lieferschein der Sammelrechnung eine Position auf dem Debitorenkonto zu buchen.[332]

Neben der Übergabe von Fakturabelegen als Informationsflüsse von der Fakturierung zur Debitorenbuchhaltung sind folgende Informationsflüsse relevant:

1. Buchung von Gut- und Lastschriften aus Reklamationen

   Aus der Fakturierung werden Gutschrift- und Lastschriftbelege aus Reklamationen und Kundenrückgaben übermittelt, die sowohl im Großhandel als auch im Einzelhandel eine Rolle spielen können. Der Informationsfluß verläuft entsprechend zur Fakturaübergabe.

---

[330] Der Steuerbetrag ist u. U. ein Mischbetrag aus verschiedenen Steuersätzen.
[331] Vgl. für die entsprechenden Buchungssätze Kap. 4.3.5.
[332] Eine pragmatische Handhabung stellt die Versendung der Sammelabrechnung zum Einzugszeitpunkt als Information über die mit dem Zahlungseinzug beglichenen Lieferscheine dar.

2. Berechnung nachträglicher Vergütungen (NVG) für die Abnehmer

Die periodisch erfolgende Be- und Abrechnung nachträglicher Vergütungen für die Abnehmer ist spiegelbildlich zur Abrechnung nachträglicher Vergütungen mit der Industrie zu verstehen.[333] Vor allem bei kooperativen Gruppen und Zentralregulierungsunternehmen stellt die Bonusabrechnung besondere Anforderungen an die Anwendungssysteme, da unterschiedlichste Staffelungen der Bonuskonditionen angewendet werden können und darüber hinaus ggf. die Anrechnung von Mitgliederanteilen (bei Genossenschaften) berücksichtigt werden muß. Daher wird die Abrechnung von Boni und nachträglichen Vergütungen nicht selten in einem separaten Anwendungssystem vorgenommen - mit den bekannten Problemen der Datenredundanz und Inkonsistenz bezüglich der getätigten Umsätze. Idealerweise sollte die Fortschreibung der Ansprüche aus den Auftragswerten bzw. Fakturawerten der Abnehmer erfolgen, die Konditionenverwaltung in die Abnehmerkonditionenverwaltung integriert sein und die Abrechnungserstellung eine Funktion der Fakturierung (Gutschrifterstellung) darstellen. Hierdurch ist die Übergabe an die Debitorenbuchhaltung entsprechend der Verfahrensweise bei Gutschriften aus dem Warengeschäft durchführbar.[334] Die Buchung des Bonus bzw. der nachträglichen Vergütung stellt eine Erlösminderung dar, die in Kontenklasse 8 (Warenverkaufskonten) des Kontenrahmens zu buchen ist. Steht die Bonusgutschrift in Zusammenhang mit der Absatzleistung des Handelsunternehmens an den Abnehmer, ist die *Umsatzsteuer* aus der Hauptleistung entsprechend zurückzurechnen und von der an das Finanzamt abzuführenden Umsatzsteuer abzusetzen. Erfolgt lediglich eine Weiterverteilung der von der Industrie gewährten WKZ oder NVG, so unterliegt die Bonusgutschrift infolge der zugrunde liegenden Hauptleistung aus der Beschaffung der *Vorsteuer* - es ist entsprechend eine Vorsteuererhöhung zu buchen.[335]

Die Zahlungsregulierung erfolgt von Fall zu Fall durch Scheckzahlung oder auch als Einzahlung in das Geschäftsguthaben des Mitglieds.

Boni / NVG und Umsatzsteuer	an	
		Debitorenkonto bzw. Geschäftsguthaben Mitglied

Die Weiterleitung nachträglicher Vergütungen von der Großhandelsstufe an die Filialen innerhalb des Handelsunternehmens erfolgt als reine Sachkontenbuchung, bei der das Erlöskonto *Nachträgliche Vergütungen* des Großhandels belastet und die Erlöskonten der Filialen im Haben gebucht werden. Umsatzsteuer ist in diesem Fall nicht zu buchen, da es sich um eine reine interne Umbuchung für den Ergebnisausweis handelt:

---

[333] Vgl. Kap. 4.2.8.
[334] In der Praxis ist es allerdings nicht selten üblich, die Abrechnungen in einem separaten Anwendungssystem zu erstellen, die Zahlungen per Scheck aus diesem Programm zu drucken und manuell in der Hauptbuchhaltung den Zahlungsausgang zu buchen.
[335] Aussage von Herr Vielhaber, J. F. Bremke & Hoerster GmbH & Co.KG, Arnsberg, in einem Gespräch am 17.11.1997.

Boni / NVG [Großhandel]	an Boni / NVG [Abnehmer x]

In Tab. 4.25 werden die Informationsflüsse zur Übergabe der Faktura und Gutschriften/Lastschriften auf der einen, und der Gutschriften aus der Bonusabrechnung auf der anderen Seite detailliert angegeben.

Inhalt	Faktura	Nachträgliche Vergütungen
Kurzbeschreibung	Übergabe der Faktura und der Kundenkartenabrechnung als Offener Posten; WWS-RW	Abrechnung nachträglicher Vergütungen und Boni; WWS-RW
Sender / Empfänger	Fakturierung Zentrale / Debitorenbuchhaltung Zentrale	Fakturierung Zentrale / Debitorenbuchhaltung Zentrale
Bestandteile	Abnehmer-Nr., abw. Zahlungspflichtiger (Debitorenkonto), Faktura-Nr., Rechnungsdatum, Buchungsdatum, Rechnungskopf, abw. Zahlungsbedingungen; Forderungsposition, Bruttobetrag, Steuerkonto, Steuerbetrag, Gegenposition (Sammelkonto oder Umsatzkonten)	Abnehmer-Nr., abw. Zahlungsempfänger (Debitorenkonto), Abrechnungs-Nr., Rechnungsdatum, Buchungsdatum, Rechnungskopf; Gutschriftsposition, Bruttobetrag, Steuerkonto, Steuerbetrag, Gegenposition (Erlösminderung aus Boni/NVG)
Eigenschaft der Daten	Nutzdaten: Erzeugung des Offenen Postens, Umsatzsteuerwerte; Kontrolldaten: Trigger für die Zahlungsregulierung (Lastschrifteinzug)	Nutzdaten: Erzeugung der Gutschrift, Umsatzsteuerabzüge; Kontrolldaten: Trigger für die Zahlungsregulierung
Wertigkeit		
Informationsrelevanz	hoch: Grundlage für Zahlungsregulierung	mittel: Die Zahlung basiert auf der Übergabe der Buchungen in der Debitorenbuchhaltung[336]
Auswirkung auf weitere FB	Zahlungseingangsbuchung, Hauptbuchhaltung	Zahlungsregulierung, Hauptbuchhaltung
Aktualitätsanforderung	hoch: bei Lastschrifteinzug; mittel - niedrig: bei Selbstzahlern	niedrig
Periodizität	real-time, täglich, periodisch[337]	periodisch (monatlich oder jährlich)
Informationsvolumen	mittel - hoch: je nach Anzahl der Abrechnungen	je nach Anzahl der Abnehmer
Form		
Informationsart	strukturiert; wertmäßige Bewegungsdaten	strukturiert; wertmäßige Bewegungsdaten
Art der Übertragung	DV-gestützt offline (batch) oder online	DV-gestützt offline (batch), (manuell)
Aggregationsebene	Einzel- oder Sammelrechnung je Abnehmer	Gutschrift je Abnehmer

Tab. 4.36: Details des Informationsflusses von der Fakturierung zur Debitorenbuchhaltung im Großhandel

---

[336] Es ist jedoch auch denkbar, die Zahlungen an die Abnehmer ohne Buchung in der Debitorenbuchhaltung durchzuführen, wenn die Abwicklung völlig getrennt von der Warenwirtschaft gehandhabt wird und keine Schnittstelle zur Debitorenbuchhaltung vorgesehen ist.

[337] In der Zentralregulierung findet die Abrechnung der Einzelrechnungen und somit die Übergabe an die Debitorenbuchhaltung im allgemeinen im Zwei-Wochen-Rhythmus statt.

4.3.8.5 Informationsfluß zwischen Fakturierung und Hauptbuchhaltung

Der Informationsfluß zwischen Fakturierung und Hauptbuchhaltung bildet die Ergänzung zur Schnittstelle Fakturierung - Debitorenbuchhaltung (vgl. Abb. 4.49). Es erfolgt die Verarbeitung der zweiten Hälfte der Buchungen der Fakturabelege, also der Sachkontenpositionen des Buchhaltungsbelegs.[338] Entsprechend ihrer Steuerrelevanz werden die einzelnen Positionen der Rechnungen nach Steuersätzen kumuliert und als Posten für die Sachkonten der Gewinn- und Verlustrechnung übergeben.

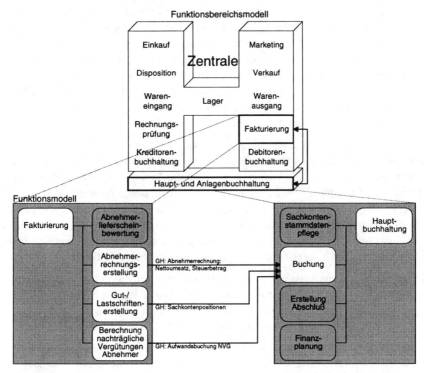

Abb. 4.49: Informationsflußmodell Fakturierung - **Hauptbuchhaltung im Großhandel**

Die Buchung der Verkaufsumsätze aus den Fakturabelegen auf den GuV-Konten lautet:[339]

Sammelkonto WA	13.575,05	an		
			Warenverkauf [Hierarchieobjekt A]	5.548,40
		und	Warenverkauf [Hierarchieobjekt B]	1.716,90
		und	Warenverkauf [Hierarchieobjekt C]	5.044,50

---

[338] Diese Schnittstelle wurde strukturanalog auf der Beschaffungsseite bei den Informationsflüssen der Rechnungsprüfung und der Kreditoren- und Hauptbuchhaltung betrachtet.
[339] Es wird wiederum das Beispiel aus Abb. 4.48 verwendet.

und	Umsatzsteuer volle Steuer	756,68
und	Umsatzsteuer ermäßigte Steuer	508,57

Die Wahl der Hierarchieobjekte hängt vor allem von der Basis der vom Controlling oder der Geschäftsleitung geforderten Auswertungen der Umsatzdaten ab. Vertraut die Geschäftsleitung den Daten des Warenwirtschaftssystems, welches im Idealfall einer synchronen Bestandsführung dieselben Daten aufweist wie das Rechnungswesen, lassen sich Auswertungen bereits im WWS auf beliebiger Hierarchieebene (z. B. WGR, HWGR, Abteilung) realisieren. In diesem Fall kann eine Aufteilung der Umsätze in den GuV-Konten unterbleiben und der Buchungsbeleg auf eine Position *Warenverkauf* beschränkt werden. In vielen Fällen wird jedoch nur auf die Daten der Buchhaltung vertraut, weshalb detaillierte Buchungen der Umsätze erfolgen müssen. Im Rahmen von Periodenabschlußarbeiten werden u. U. Abgrenzungsbuchungen auf Umsatzkonten der Hauptbuchhaltung vorgenommen, die nicht in der Fortschreibung des Warenwirtschaftssystems nachvollzogen werden. In diesem Fall ist die Abstimmung zwischen Warenwirtschaft und Rechnungswesen nicht mehr gewährleistet und die steuerungsrelevanten Daten für das Controlling weichen je nach Herkunft voneinander ab.

Einen weiteren Mißstand in Handelsunternehmen stellt in einigen Fällen die nach Kundengruppen oder ähnlichen Gruppierungsmerkmalen differenzierte Buchung der Umsätze in der Hauptbuchhaltung dar. Zum einen erscheint die Aufblähung des Kontenplans durch die größere Anzahl von Umsatzkonten unnötig, da die gleiche Auswertungsmöglichkeit über die Gruppierung von Debitorenkonten besteht, zum anderen ist die Differenzierung der Warenverkäufe nach Kundenmerkmalen nicht Aufgabe der Gewinn- und Verlustrechnung, sondern originär der Debitorenbuchhaltung bzw. des vorgelagerten Auswertungssystems, das auf die Daten des Warenwirtschaftssystems zugreifen kann.

In anderen Fällen erscheint ein Trennung der Umsätze nach Steuersätzen dagegen notwendig, da z. B. Auswertungen zur Umsatzsteuererklärung über die Saldenliste der Sachkonten erzeugt werden. In dem Fall erhöht sich die Zahl der notwendigen Sachkonten entsprechend (Konto * Anzahl Hierarchieobjekte * Anzahl Steuersätze [0, ermäßigt, voll]).

Wird der Ausweis der rechnungsgebundenen Rabatte und Boni vorgenommen, werden diese ebenfalls als Sachkontenpositionen gebucht. Der entsprechende Buchungssatz lautet:[340]

Sammelkonto WA	13.575,05		
und Rabatte erm. Steuer	224,70		
und Rabatte volle Steuer	265,50	an	
		Warenverkauf erm. Steuer	7.490,00
		und Warenverkauf volle Steuer	5.310,00
		und Umsatzsteuer volle Steuer	756,68
		und Umsatzsteuer ermäßigte Steuer	508,57

Ist die Hauptbuchhaltung mit dem internen Rechnungswesen verbunden, so sind neben den in Tab. 4.35 bereits vorgestellten Daten der Sachkontenpositionen weitere Kontierungsobjekte anzugeben, um die Weiterleitung der Belegdaten an die Kostenrechnung zu

---

[340] In diesem Beispiel werden die Umsatzkonten nach Steuersätzen statt nach Hierarchieobjekten differenziert.

gewährleisten. Auf diesem Wege läßt sich die Aufteilung der Umsatzkonten vermeiden, indem je Hierarchieobjekt ein entsprechendes Kontierungsobjekt angegeben wird. Die Anzahl der Buchungspositionen wird dadurch jedoch nicht verringert.

Des weiteren sind als Informationsflüsse zur Hauptbuchhaltung die Sachkontenpositionen aus der Buchung von Gut- und Lastschriften (statt Erlöskonten werden ggf. Aufwandskonten angesprochen) und die Aufwandsbuchungen aus der Abrechnung von nachträglichen Vergütungen zu erwähnen, die u. U. mit Kostenstellenkontierungen für das interne Rechnungswesen versehen werden.[341]

Inhalt	**Faktura: Umsatzbuchung**	**Nachträgliche Vergütung**
Kurzbeschreibung	Übergabe der Warenverkäufe aus der Faktura; WWS-RW	Erlösminderungen aus nachträglichen Vergütungen und Boni an die Abnehmer; WWS-RW
Sender / Empfänger	Fakturierung Zentrale / Hauptbuchhaltung Zentrale	Fakturierung Zentrale / Hauptbuchhaltung Zentrale
Bestandteile	Belegkopf: Rechnungsnummer, Rechnungsdatum, Buchungsdatum Sachkontenposition: Steuerkonto, Steuerbetrag, Warenverkaufskonto, Nettobetrag, Zusatzkontierung; Gegenposition (Sammelkonto oder Debitorenkonten)	Belegkopf: Belegnummer, Belegdatum, Buchungsdatum; Sachkontenposition: Steuerkonto, Steuerbetrag, Bonuskonto, Nettobetrag, Zusatzkontierung, Gegenposition (Debitorenkonto oder Geschäftsguthabenkonto)
Eigenschaft der Daten	Nutzdaten: Erzeugung der Sachkontenpositionen der Offenen-Posten-Buchung, Umsatzsteuerwerte Kontrolldaten: Anstoß der Buchung	Nutzdaten: Erzeugung der Gutschrift, Umsatzsteuerabzüge Kontrolldaten: Anstoß der Buchung
Wertigkeit		
Informationsrelevanz	mittel: ggf. notwendig für Auswertungen zum Periodenabschluß	mittel: ggf. notwendig für Auswertungen zum Periodenabschluß
Auswirkung auf weitere FB	Controlling	Controlling, Mitgliederbetreuung
Aktualitätsanforderung	niedrig - mittel[342]	niedrig
Periodizität	täglich, monatlich	periodisch (monatlich oder jährlich)
Informationsvolumen	mittel - hoch: je nach Anzahl der Hierarchieobjekten und Differenzierungskriterien der Warenverkaufskonten	je nach Anzahl der Abnehmer
Form		
Informationsart	strukturiert; wertmäßige Bewegungsdaten	strukturiert; wertmäßige Bewegungsdaten
Art der Übertragung	DV-gestützt offline (batch) oder online	DV-gestützt offline (batch), (manuell)
Aggregationsebene	Sachkontenpositionen	Sachkontenpositionen

Tab. 4.37: Details des Informationsflusses von der Fakturierung zur Hauptbuchhaltung im Großhandel

---

[341] Vgl. dazu die Ausführungen in Kap. 4.3.4
[342] Die Buchungen auf den Sachkontenpositionen sind i. d. R. in der Offenen-Posten-Buchung integriert. Separat betrachtet ist die Aktualitätsanforderung an die Buchung der Warenverkäufe eher gering, es sei denn, die Umsatzwerte sind Basis für zeitnahe Auswertungen.

4.3.9 Spannenberechnung

Die Handelsspanne[343] gehört im Handel zu den zentralen Steuerungskonstrukten der kurzfristigen Ergebnisrechnung.[344] Sie bildet die Schnittstelle zwischen dem Beschaffungs- und Distributionsprozeß, da sie die Warenverkaufserlöse den Wareneinstandskosten gegenüberstellt. Dementsprechend sind auch die Informationsflüsse bereichsübergreifend in dem Sinne, daß Funktionsbereiche sowohl des Beschaffungsprozesses als auch des Distributionsprozesses beteiligt sind.

Kernaufgaben der Handelsleistungsrechnung sind erstens die exakte Ermittlung des Handelsertrages und der leistungsbedingten Handelskosten, zweitens die kurzfristige Ergebnisrechnung und drittens die Aufspaltung der betrieblichen Gesamtzahlen auf verschiedene Ertrags- und Kostenbereiche (Deckungsbeitragsrechnung).[345] In vielen Handelsunternehmen übernimmt die Finanzbuchhaltung des externen Rechnungswesens die Aufgabe der Bereitstellung der Daten für die periodische Betriebsabrechnung des internen Rechnungswesens. Die warenbezogenen Kosten und Erträge werden aus der Warenbestandsführung und der Umsatzfortschreibung ermittelt und der Betriebsabrechnung zur Verfügung gestellt.

Die in der Literatur umfassend beschriebenen Verfahren zur Handelsergebnisrechnung lassen sich grob in vier Verfahren einteilen:[346]

1. Ermittlung des Ergebnisses über eine körperliche Bestandsaufnahme durch Stichtagsinventur.

   Bei der Ertragsermittlung im Rahmen der jährlichen Inventurdurchführung wird der Buchwert der Warenausgänge erst am Periodenende durch die Gleichung Anfangsbestand + Wareneinkäufe ./. Endbestand ermittelt. Aus den Warenausgängen ist die Höhe der enthaltenen Abweichungen durch Verderb und Schwund nicht ermittelbar.

2. Buchmäßige Bestandsaufnahme mit laufender Erfassung aller Zu- und Abgänge.

   Den unter a) geschilderten Problemen wird mit der buchmäßigen Bestandsaufnahme, d. h. der laufenden Aufzeichnung der Zu- und Abgänge von Waren unterstützt durch eine permanente Inventur, zu entgegnen versucht. Das Warenbestandskonto spiegelt zu jeder Zeit den Soll-Warenbestand wider. Die Höhe der Abweichungen aus Verderb und Schwund ergeben sich aus der regelmäßigen Inventur.

---

[343] Die Handelsspanne wird in der Handelsbetriebslehre definiert als „[...] ein Entgelt für die vom Handelsbetrieb wahrgenommenen Distributionsaufgaben [...]" (Barth (1996), S. 67) und stellt die Differenz zwischen dem Einkaufspreis und dem Verkaufspreis der Ware dar, vgl. Schenk (Spanne I) (1996) und derselbe (Spanne II) (1996); Schenk (1991), S. 172 f.; Seyffert (1972), S 594.
[344] Vgl. Falk, Wolf (1992), S. 420 f.; Seyffert (1972), S. 594 ff.
[345] Vgl. Witt (1991), S. 288 ff.; Schenk (1991), S. 190 ff.; Buddeberg (1959), S. 122.
[346] Vgl. Röhrenbacher (1985), S. 113 f.; Buddeberg (1959), S. 129 ff.

3. Durchschnittsspannenverfahren.

Beim Durchschnittsspannenverfahren wird ausgehend von einer permanenten Fortschreibung der Warenzugänge zu EK und VK der Endbestand der Waren zu VK durch die feststehenden Warenverkäufe bestimmt.[347] Die Berechnung beruht auf der Unterstellung, daß innerhalb der Abrechnungsperiode beim Warenverkauf die gleiche durchschnittliche Prozentspanne erzielt werden kann, die bei der Vorkalkulation errechnet wurde. Darüber hinaus müssen Schwankungen in den Verkaufspreisen bei dieser Variante sehr genau nachvollzogen werden, um die Durchschnittsspanne zu korrigieren.[348]

4. Stückspannenverfahren.

Die Stückspannenrechnung bietet sich insbesondere an, wenn die Waren einzeln nach ihren Einkaufs- und Verkaufswerten gegenübergestellt werden können. Bei jedem Verkaufsakt sind die Einkaufs- und Verkaufswerte zu ermitteln und ist der Wareneinsatz zu buchen.[349]

Spannenberechnung bei artikelgenauer Bestandsführung

Bei einer artikelgenauen Bestandsführung im Großhandel[350] ist die Spannenberechnung einfach durchzuführen, da die Artikelbewertung zum Zeitpunkt des Wareneingangs vollzogen werden kann und der Wert jedes einzelnen Artikels als gleitender Durchschnittspreis (GLD) jederzeit zur Verfügung steht und darüber hinaus der Abverkauf artikelgenau festgehalten wird.[351] Die Spanne zur Zeit des Wareneingangs (WE-Spanne) stellt die Differenz zwischen EK und kalkuliertem VK dar und wird auch als Sollspanne bezeichnet.[352] Beim Abverkauf der Waren wird im Rahmen des Warenausgangs der GLD (oder der aktuelle EK)[353] als Bewertungsbasis herangezogen;[354] die WA- oder Abverkaufsspanne wird durch das Verhältnis GLD zu tatsächlichem VK-Wert ausgewiesen.

Spannenberechnung bei nicht-artikelgenauer Bestandsführung

Bei einer Fortschreibung der Bestände auf einer dem Artikel übergeordneten Ebene (z. B. WGR, HWGR, Abteilung), wie es im Einzelhandel in der überwiegenden Zahl der Fälle üblich ist, stellt sich die Ermittlung der Spanne komplizierter dar. Die WE-Spanne läßt sich wie vorher auch aus dem Verhältnis des Wareneingangswertes, bewertet zu EK und VK, ermitteln. Für die Ermittlung der WA-Spanne liegt zwar der VK-Wert der abverkauften Waren der Warengruppe bzw. Auswertungsebene vor, die Warenkosten für diesen

---

[347] Vgl. dazu auch Tietz (1993), S. 1193, der das Durchschnittsspannenverfahren als Periodenspannenverfahren diskutiert.
[348] Vgl. Buddeberg (1959), S. 130 f.
[349] Vgl. Buddeberg (1959), S. 131 f.
[350] Die Ausführungen gelten in gleicher Weise auch für die artikelgenaue Bestandsführung im Einzelhandel, nur ist sie dort nicht so häufig anzutreffen.
[351] In diesem Fall spricht TIETZ von einer stückbezogenen Periodenspannenrechnung. Vgl. Tietz (1993), S. 1193.
[352] Vgl. Sprenger (1980), S. 459.
[353] So die Aussage von Herrn Moog, extra Verbrauchermärkte GmbH, in einem Gespräch am 20.11.1997.
[354] Vgl. Kap. 4.3.8.3.

Warenausgang lassen sich jedoch nicht einzeln errechnen, da ein GLD für eine Warengruppe nicht ermittelt werden kann. Aus diesem Grunde wird häufig der Durchschnittsaufschlagsatz, der bei der WE-Spanne berechnet wird, als Abschlag vom VK-Wert für die Wareneinsatzermittlung der Warengruppe verwendet.[355] Wichtig für die exakte Berechnung der WA-Spanne bzw. des Wareneinsatzes ist auch die lückenlose Erfassung von Preis- und Konditionsänderungen: Der Informationsfluß zwischen Filiale und Zentrale bei Preisabschriften (siehe Kap. 4.2.1.2) ist daher besonders bedeutsam.

In Abhängigkeit von der Aggregationsebene der Warenein- und -ausgangserfassung ist die mögliche Berechnung des Wareneinsatzes in Tab. 4.38 zusammenfassend dargestellt.

	Szenario A	Szenario B	Szenario C
Wareneingangserfassung	Artikel	Artikel	Artikel
Bestandsführungsebene EK und VK	HWGR, Abteilung	WGR, HWGR	Artikel
Warenausgangserfassung	HWGR, Abteilung	Artikel, WGR	Artikel
Wareneinsatzermittlung	aus dem Nettoumsatz vermindert um die durchschnittliche Spanne[356]	aus dem Nettoumsatz vermindert um die durchschnittliche Spanne	aus Artikel-WE-Spanne und WA-Spanne
WWS-Spanne (Aggregationsebene)	HWGR, Abteilung	Artikel, WGR	Artikel
Buchung in der Hauptbuchhaltung	HWGR, Abteilung	WGR, HWGR, Abteilung	WGR, HWGR, Abteilung

Tab. 4.38: Berechnung des Wareneinsatzes bei unterschiedlichen Szenarios

Grundlage der dargestellten Wareneinsatzberechnung können auf der einen Seite die im WWS erfaßten Wareneingänge sein, d. h. es werden auch diejenigen Wareneingänge in der Berechnung des Wareneinsatzes berücksichtigt, zu denen noch keine Rechnung eingegangen ist.[357] Auf der anderen Seite erfolgt die Berechnung der Wareneinsätze auf Basis der gebuchten Rechnungswerte aus dem Rechnungswesen, also der Warenzugänge nach Rechnungsprüfung. Der wesentliche Unterschied zwischen beiden Verfahrensweisen besteht darin, daß bei der erstgenannten Methode offene Lieferscheinen berücksichtigt und in die Spannenberechnung einbezogen werden.

Eine Berechnung der Spanne aus dem WWS hat den Vorteil, daß die Daten nur dort auf einem hohen Detaillierungsgrad gehalten werden müssen. In der Buchhaltung sind grundsätzlich nur Bestandsdaten auf Markt- oder Unternehmensebene notwendig. Dadurch kann die Belegflut vom WWS in das Rechnungswesen entscheidend verringert werden.[358]

Im Fall der Spannenberechnung im WWS wird als Informationsfluß zur Hauptbuchhaltung der Wareneinsatz, ggf. verdichtet auf WGR oder Abteilungen im Rechnungswesen,

---

[355] Vgl. für die verschiedenen Verfahren zur Wareneinsatzermittlung auch Tietz (1993), S. 1191 ff.; Falk, Wolf (1992), S. 396 ff.; Röhrenbach (1985), S. 113 ff.

[356] Zur Ermittlung des Nettoumsatzes im Einzelhandel bei nicht-artikelgenauer Warenausgangserfassung siehe Kap. 4.3.5.2.

[357] Die Wareneingänge sind vor allem dann als Basis zu verwenden, wenn die Berechnung der Spanne im WWS durchgeführt wird.

[358] Die Verringerung der Belege hat außerdem Auswirkungen auf die Kosten der Informationsverarbeitung (z. B. Speichermedien) und auf die Schnelligkeit des Reporting.

auf den Aufwandskonten des Wareneinsatzes gebucht. Der Buchungssatz zu diesem Geschäftsvorfall am Monatsabschluß lautet:

Wareneinsatz [Hierarchieobjekt]	an Warenbestandskonto [Hierarchieobjekt]

Zu Lasten des GuV-wirksamen Kontos Wareneinsatz werden die Warenkosten je nach Aggregationsebene auf Abteilungs-, Markt- oder Unternehmensebene zu EK-NN gebucht und die Warenbestandskonten entsprechend ihrer Bestandsführungsebene (WGR, HWGR, Abteilung) entlastet. Der Bestand auf den Warenkonten entspricht anschließend dem wertmäßigen Bestand an Waren, der durch die Inventur bestätigt werden muß.[359]

Die Informationsflüsse werden hier nicht nach Szenarios unterschieden, sondern nach der Art der Bestandsführung, da die Verfahren für den Einzel- und Großhandel vergleichbar sind.[360]

Inhalt	Artikelgenaue Bestandsführung	Nicht-artikelgenauer Bestandsführung
Kurzbeschreibung	Buchung des Wareneinsatzes beim Warenausgang; WWS-RW	Buchung des Wareneinsatzes im Rahmen der Spannenermittlung; WWS-RW
Sender / Empfänger	Warenausgang (Warenbewertung) Zentrale / Hauptbuchhaltung Zentrale	Warenausgang (Warenbewertung) Zentrale / Hauptbuchhaltung Zentrale
Bestandteile	WA-Beleg: Wareneinsatz an Warenbestandskonto, Betrag	Buchungsbeleg mit Wareneinsatzkonto, Warenbestandskonto, Betrag, Hierarchieebene
Eigenschaft der Daten	Nutzdaten: Reporting, Input für Auswertungen; Kontrolldaten: Anstoß für die Buchung des Wareneinsatzes	Nutzdaten: Reporting, Input für Monatsabschlußerstellung; Kontrolldaten: Trigger für Buchung und nachfolgende Aktivitäten im Prozeß der Abschlußerstellung
Wertigkeit		
Informationsrelevanz	hoch: Voraussetzung für die Synchronisation von WWS und RW	mittel: zur Bilanz und GuV einmal jährlich, zusätzlich relevant für internes Reporting
Auswirkung auf weitere FB	Kostenrechnung, Controlling	Kostenrechnung, Controlling
Aktualitätsanforderung	hoch	mittel: nach Periodenabschluß
Periodizität	real-time; bei jedem Abverkauf	monatlich, jährlich
Informationsvolumen	hoch, da Buchung jedes einzelnen WA-Belegs	niedrig, da nur periodisch; abhängig von der Aggregationsebene
Form		
Informationsart	strukturiert; wertmäßige Bewegungsdaten	strukturiert; wertmäßige Bewegungsdaten
Art der Übertragung	DV-gestützt online, DV-gestützt offline (batch)	manuell, DV-gestützt offline (batch)
Aggregationsebene	Artikel, WGR, HWGR	WGR, HWGR, Abteilung

Tab. 4.39: Details des Informationsflusses Wareneinsatzbuchung

---

[359] Um den zeitlichen und personellen Engpaß der Stichtagsinventur in den dezentralen Einheiten zu beseitigen, sind bei einigen Handelsunternehmen Überlegungen zur Durchführung von Stichprobeninventuren im Gespräch, so Herr Schneider, extra Verbrauchermärkte GmbH, in einem Gespräch am 20.11.1997.

[360] Dieser Informationsfluß wurde zum Teil bereits in Tab. 4.34 für den Großhandel erläutert, wird jedoch aus Gründen der Vollständigkeit hier noch einmal ausführlich dargestellt.

5 Zusammenfassung und Ausblick

Die Bedeutung der internen Integration der Informationssysteme der Warenwirtschaft und des externen Rechnungswesens als Basis für die Integration überbetrieblicher Wertschöpfungsketten ist weithin anerkannt. Dennoch gibt es kaum theoretische bzw. praktisch validierte Lösungskonzepte und Überlegungen zur Vorgehensweise bei der Beurteilung der Vorteilhaftigkeit der internen Integration.

In dieser Arbeit wurde ein informationsflußbezogener Ansatz zur Analyse besonders relevanter Szenarios in mehrstufigen Handelssystemen gewählt. Es wurden die Interdependenzen zwischen den Funktionsbereichen aufgezeigt, die in einem individuellen Kontext zur Entwicklung von Gestaltungsempfehlungen für die Integration der Informationssysteme genutzt werden können.

Im methodischen Teil der Arbeit (Kapitel 3) wurden verschiedene Darstellungstechniken auf ihre Eignung für die Informationsflußanalyse untersucht. Eine der Problemstellung angemessene Beschreibungstechnik wurde ausgewählt und anschließend um Beschreibungsmerkmale erweitert, die eine Dokumentation und Bewertung der Informationsbeziehungen ermöglichen.

Aufbauend auf dem Handels-H-Modell von BECKER, SCHÜTTE wurden die Informationsflußmodelle im inhaltlichen Teil der Untersuchung (Kapitel 4) für die Analyse der Informationsflüsse zwischen den Funktionsbereichen der dezentralen Einheiten und der Zentrale von mehrstufigen Handelsunternehmen verwendet. So konnten Erkenntnisse über die Informationsflüsse an den bisher vernachlässigten Schnittstellen zwischen den Funktionsbereichen der Warenwirtschaft und des externen Rechnungswesens in Abhängigkeit von unterschiedlichen Organisationsformen (Szenarios) gewonnen werden. Durch die Merkmalsausprägungen der Informationsflüsse wurden erste Ansätze für die informationstechnische Gestaltung der Verteilung zentraler und dezentraler Aufgaben für die Fragestellung Warenwirtschaft/Rechnungswesen identifiziert.

Die Vorgehensweise und die Bewertungsmerkmale für Informationsflüsse können auch auf andere Informationsflußbetrachtungen übertragen werden. Diese dürften künftig für weitere Fragestellungen der Informationssystem- und Organisationsgestaltung von Interesse sein. Hierzu können insbesondere die betriebswirtschaftlichen Entscheidungsprobleme bei der Auswahl und Einführung von Anwendungssystemen (1) und die werkzeugunterstützte Verwaltung von zwischen- und überbetrieblichen Schnittstellenvereinbarungen im Rahmen von ECR-Projekten (2) gezählt werden.

1. Die zunehmende Verbreitung und Nutzung von Referenzmodellen für die Organisations- und Informationssystemgestaltung wirft die Frage auf, welchen Beitrag Referenzinformationsflußmodelle als Ergänzung zu Prozeß- und Datenmodellen leisten können. Die Nutzungsmöglichkeiten von Informationsflußmodellen in den verschiedenen Phasen der Einführung bzw. Entwicklung von Informationssystemen müssen daher empirisch validiert und im praktischen Einsatz evaluiert werden.

Eine wichtige Fragestellung im Rahmen der Einführung von neuen Anwendungssystemen ist die Integrierbarkeit in die bestehende DV-Landschaft.[1] Informationsflußmodelle können für die Analyse der Informationsflüsse an den Schnittstellen der Altsysteme zum neu einzubindenden System genutzt werden. Es läßt sich mit ihnen überprüfen, inwieweit ein neu zu entwickelndes oder auszuwählendes Anwendungssystem diese Schnittstellen bedienen und Daten aus den Altsystemen als Input verarbeiten kann.

2. Im Rahmen von ECR-Projekten können Informationsflußmodelle ein Kommunikationsmittel und eine Entscheidungshilfe bei der Planung der unternehmensübergreifenden Schnittstellen darstellen. Die Ausweitung der Informationsflußanalyse auf die gesamte Wertschöpfungskette bietet die Möglichkeit, Referenzinformationsflußmodelle als Blueprint für die Gestaltung der unternehmensübergreifenden Prozesse zu erstellen.

Die heutige Situation des elektronischen Datenaustauschs mit externen Partnern basiert trotz der Verwendung von standardisierten Austauschformaten i. d. R. auf bilateralen Absprachen, da z. B. verschiedene Versionen des EDIFACT-Standards verwendet werden oder Besonderheiten der informationstechnischen Abwicklung beim Kooperationspartner zu beachten sind. Hier ist weiterer Entwicklungsbedarf bezüglich der tool-gestützten Verwaltung der bilateralen Schnittstellenvereinbarungen gegeben. Denkbar ist zum Beispiel die Verwendung von Informationsflußmodell-Bausteinen für die Kommunikation mit dem Lieferanten auf konzeptueller Ebene. Durch die Werkzeugunterstützung könnte ein referenzmodellbasiertes Customizing der Schnittstellenimplementierung ermöglicht werden.[2] Ferner müssen Überlegungen bezüglich einer Versionsverwaltung der Schnittstellen zu den externen Marktpartnern berücksichtigt werden.

Es bleibt künftigen Forschungsarbeiten vorbehalten, die hier aufgezeigten Nutzungsmöglichkeiten von Informationsflußmodellen zu untersuchen und einen weiteren Beitrag zur Effizienzsteigerung von unternehmensinternen und -externen Prozeßketten zu leisten.

---

[1] Vgl. Schütte (1998), S. 212 f.
[2] Vgl. Bold, Hoffmann, Scheer (1997).

Literaturverzeichnis

-A-

A&R: Produktbroschüre. A&R EDV-Handelsgesellschaft mbH (Hrsg.), Ettlingen 1997.

Achabal, Dale D.; McIntyre, Shelby H.: Information technology is reshaping retailing. Journal of Retailing, 63 (1987) 4, S. 321-325.

Adam, Dietrich: Planung und Entscheidung. Modelle - Ziele - Methoden. 4. Aufl., Wiesbaden 1996.

Ahlert, Dieter: Warenwirtschaftsmanagement und Controlling in der Konsumgüterdistribution. In: D. Ahlert, R. Olbrich (Hrsg.), Integrierte Warenwirtschaftssysteme und Handelscontrolling. 3. Aufl., Stuttgart 1997, S. 3-112.

Aichele, Christian; Elsner, Thaddäus; Thewes, Karl-J.: Optimierung von Logistikprozessen auf Basis von Referenzmodellen. m&c, 2 (1994) 4, S. 253-258.

Altmann, Franz: Zentralgesteuerte Warenbewirtschaftung im Bedienungsfachhandel – Dargestellt am Beispiel des Filialsystems der WMF AG. In: D. Ahlert, R. Olbrich (Hrsg.), Integrierte Warenwirtschaftssysteme und Handelscontrolling. 3. Aufl., Stuttgart 1997, S. 395-412.

Athur Andersen: Global best practices. (http://www.arthurandersen.com/bus_info/services/gpb/define.htm, 06.12.1997).

ARTS: ARTS Preliminary Integrated Data Model. Release 1.0. Reading 1996.

ARTS: ARTS Newsletter May 1997. Reading 1997.

Atzberger, Marco: Automatische Disposition - Von den Lehrbüchern in die Filialen. In: EuroHandelsinstitut e.V. (Hrsg.), Automatische Disposition: Bestandsaufnahme und Perspektiven. EHI Enzyklopädie des Handels. Köln 1997, S. 6-12.

Ausschuß für Begriffsdefinitionen aus der Handels- und Absatzwirtschaft (Hrsg.): Katalog E: Begriffsdefinitionen aus der Handels- und Absatzwirtschaft. 3. Ausgabe, Köln 1982.

-B-

Backhaus, Klaus: Industriegütermarketing. 5. Aufl., München 1997.

Bär, W.: Rechnungsprüfung auf Basis von Stichproben - Einsatz des Systems ACCOUNT bei der VW AG. In: A.-W. Scheer (Hrsg.), Rechnungswesen und EDV: Rechnungswesen im Unternehmen der 90er Jahre, 10. Saarbrücker Arbeitstagung. Heidelberg 1989, S. 210-229.

Baetge, Jörg: Betriebswirtschaftliche Systemtheorie. Opladen 1974.

Baetge, Jörg: Bilanzen. 4. Aufl., Düsseldorf 1996.

Balzert, Helmut: Die Entwicklung von Software-Systemen. Köln-Braunsfeld 1982.

Balzert, Helmut (Hrsg.): CASE - Systeme und Werkzeuge. 4. Aufl., Mannheim et al. 1992.

Balzert, Helmut: Lehrbuch der Software-Technik - Software-Entwicklung. Heidelberg et al. 1996.

Barbitsch, Christian E.: Einführung integrierter Standardsoftware. München-Wien 1996.

Barrenstein, Peter: Kritische Erfolgsfaktoren in Handel und Industrie. Erscheint in: D. Ahlert, J. Becker, R. Olbrich, R. Schütte (Hrsg.), Informationssysteme für das Handelsmanagement - Konzepte und Nutzung in der Unternehmenspraxis. Berlin et al. 1998, S. 109-122.

Barth, Klaus: Betriebswirtschaftslehre des Handels. 3. Aufl., Wiesbaden 1996.

Beaumont, John R.: Towards an integrated information system for retail management. Environment and Planning A, 21 (1989) March, S. 299-309.

Becker, Jörg: CIM-Integrationsmodell - Die EDV-gestützte Verbindung betrieblicher Bereiche. Berlin et al. 1991.

Becker, Jörg: Unternehmensweite Datenmodelle im Handel und die Informationstechnische Unterstützung der Distributionskette im Konsumgüterbereich. In: D. Ahlert, R. Olbrich (Hrsg.), Integrierte Warenwirtschaftssysteme und Handelscontrolling. 2. Aufl., Stuttgart 1995, S. 157-179.

Becker, Jörg (HIS): Handelsinformationssysteme. In: M. G. Zihali-Szabó (Hrsg.), Kleines Lexikon der Informatik. München-Wien 1995, S. 222-225.

Becker, Jörg (Strukturanalogien): Strukturanalogien in Informationsmodellen - Ihre Definition, ihr Nutzen und ihr Einfluß auf die Bildung von Grundsätzen ordnungsmäßiger Modellierung (GoM). In: W. König (Hrsg.), Wirtschaftsinformatik '95. Heidelberg 1995, S. 133-150.

Becker, Jörg: Schnittstellenmanagement. In: W. Kern, H.-H. Schröder, J. Weber (Hrsg.), Handwörterbuch der Produktionswirtschaft. 2. Aufl., Stuttgart 1996, Sp. 1817-1829.

Becker, Jörg (Architektur): Architektur für Handelsinformationssysteme - Definitorische Basis und Klassifikation aus der Sicht von Informationssystemen, Prozessen und Objekten. m&c, 4 (1996) 1, S. 42-49.

Becker, Jörg: Handelsinformationssysteme und Handelscontrolling - ein methodenorientierter Ansatz. In: D. Ahlert, R. Olbrich (Hrsg.), Integrierte Warenwirtschaftssysteme und Handelscontrolling. 3. Aufl., Stuttgart 1997, S. 173-210.

Becker, Jörg; Priemer, Jürgen; Wild, Raoul G.: Modellierung und Speicherung aggregierter Daten. Wirtschaftsinformatik, 36 (1994) 5, S. 422-433.

Becker, Jörg; Rosemann, Michael: Logistik und CIM. Heidelberg et al. 1993.

Becker, Jörg; Rosemann, Michael; Schütte, Reinhard: Grundsätze ordnungsmäßiger Modellierung. Wirtschaftsinformatik, 37 (1995) 5, S. 435-445.

Becker, Jörg; Schütte, Reinhard: Handelsinformationssysteme. Landsberg/Lech 1996.

Becker, Jörg; Schütte, Reinhard: Referenz-Informationsmodelle für den Handel: Begriff, Nutzen und Empfehlungen für die Gestaltung und unternehmensspezifische

Adaption von Referenzmodellen. In: H. Krallmann (Hrsg.), Wirtschaftsinformatik '97. Heidelberg 1997, S. 427-448.

Becker, Jörg; Schütte, Reinhard (HIS): Handelsinformationssysteme - intra- und interorganisationale Aspekte. In: V. Trommsdorff (Hrsg.), Handelsforschung 1997/98. Kundenorientierung im Handel. Jahrbuch der Forschungsstelle für den Handel Berlin (FfH) e.V. Wiesbaden 1997, S. 343-370.

Becker, Jörg; Vossen, Gottfried: Geschäftsprozeßmodellierung und Workflow-Management - Eine Einführung. In: G. Vossen, J. Becker (Hrsg.), Geschäftsprozeßmodellierung und Workflow-Management. Modelle, Methoden, Werkzeuge. Bonn et al. 1996, S. 17-26.

Bellmann, Kurt: Prozeßorientierte Organisationsgestaltung im Büro. zfo, 60 (1991) 2, S. 107-111.

Benkenstein, Martin: F & E und Marketing. Wiesbaden 1987.

Berthel, Jürgen: Informationsbedarf. In: E. Frese (Hrsg.), Handwörterbuch der Organisation. 3. Aufl., Stuttgart 1992, Sp. 872-886.

Betts, Mitch: Manage my inventory or else! Computerworld, 28 (1994) 5, S. 93-95.

Biehl, Bernd: Gute Gründe für ein Category Management. Lebensmittelzeitung, 07.03.97, o. Jg. (1997) 10, S. 42-45.

Biehl, Bernd (Boni): Boni kommen in Mode. Kundenkarten werden attraktiver - Rabatte und mehr Service für Stammkunden. Lebensmittelzeitung, 12.12.97, o. Jg. (1997) 50. S. 1-2.

Biethahn, Jörg (Konzeption 2): Konzeption eines ganzheitlichen Informationssystems für kleine und mittlere Einzelhandelsbetreibe (Teil 2): Prof. Dr. R. Gümbel zum 60. Geburtstag. Zeitschrift für Planung, 1 (1990) 3, S. 195-215.

Biethahn, Jörg; Muksch, Harry; Ruf, Walter: Ganzheitliches Informationsmanagement. Band II: Entwicklungsmanagement. 2. Aufl., München-Wien 1997.

BIFOA: Informationsfluß. In: H.-J. Schneider (Hrsg.), Lexikon der Informatik und Datenverarbeitung. 4. Aufl., München-Wien 1997, S. 415.

Bleicher, Knut: Zentralisation und Dezentralisation. In: E. Grochla (Hrsg.), Handwörterbuch der Organisation. 2. Aufl., Stuttgart 1980, Sp. 2405-2418.

Blüthmann, Heinz; Freese, Gunhild: Der Preis ist der größte Kick. Ein ZEIT-Gespräch mit Metro-Chef Erwin Conradi. Die Zeit, Ausgabe 18.10.96, o. Jg. (1996) 43, S. 39-40.

Bode, Jürgen: Der Informationsbegriff in der Betriebswirtschaftslehre. zfbf, 49 (1997) 5, S. 449-468.

Böhm, Rolf; Fuchs, Emmerich; Pacher, Gerhard: System-Entwicklung in der Wirtschafts-Informatik. 2. Aufl., Zürich 1993.

Bold, Markus; Hoffmann, Michael; Scheer, August-Wilhelm: Parameterassistenten zur Optimierung von betriebswirtschaftlicher Standardsoftware. IM Information Management & Consulting, 12 (1997) 4, S. 55-61.

Braun, D.: Rationalisierung der zentralen Rechnungsprüfung auf der Basis einer EDV-Dialogverarbeitung. In: W. Kilger, A.W. Scheer (Hrsg.), Rationalisierung. Würzburg-Wien 1982, S. 227-246.

Brenig, Hendrik: Informationsflußbezogene Schnittstellen bei industriellen Produktionsprozessen. IM Information Management, 5 (1990) 1, S. 19-29.

Brenner, Walter; Lieser, Klaus; Österle, Hubert: Datenintegration über Datenklassifikation - Ein Erfahrungsbericht. Angewandte Informatik, 30 (1988) 7, S. 302-309.

Brockhoff, Klaus; Hauschildt, Jürgen: Schnittstellen-Management - Koordination ohne Hierarchie. zfo, 62 (1993) 6, S. 396-403.

Brooks, B.: Design - The Starting Point for CIM. R&D Management, 20 (1990) 3, S. 211-227.

Brown, Ann: Getting value from an integrated IS strategy. European Journal of Information Systems, 3 (1994) 2, S. 155-165.

Bruhn, Manfred; Weber, Stephan Maria: Netzwerkartige Hersteller-Handel-Serviceanbieter-Beziehungen aufgrund moderner Informations- und Kommunikationssysteme - Eine transaktionsanalytische Untersuchung. In: V. Trommsdorff (Hrsg.), Handelsforschung 1996/97. Positionierung des Handels. Jahrbuch der Forschungsstelle für den Handel Berlin (FfH) e.V. Wiesbaden 1996, S. 401-421.

Buddeberg, Hans: Betriebslehre des Handels. Wiesbaden 1959.

Buhl, Hans Ulrich: Best practices vs. common practices bei der Softwareentwicklung. Wirtschaftsinformatik, 39 (1997) 6, S. 639-640.

Buhl, Hans Ulrich; Löfflad, Armin: Electronic Banking. In: P. Mertens et al. (Hrsg.), Lexikon der Wirtschaftsinformatik. 3. Aufl., Berlin et al. 1997, S. 135-136.

Bühner, Rolf: Betriebswirtschaftliche Organisationslehre. 8. Aufl., München-Wien 1996.

Bullinger, Hans-Jörg; Fähnrich, Klaus-Peter; Kopperger, Dietmar: Component Ware - Integration von Dokumentenmanagement, Bürokommunikation und Anwendungssystemen in Client/Server-Umgebungen. Office Management, 43 (1995) 1-2, S. 14-19.

Bullinger, Hans-Jörg; Niemeier, Joachim: Informationsmanagement und Computer Integrated Business. In: H.-J. Bullinger (Hrsg.), Handbuch des Informationsmanagement im Unternehmen. München 1991, S. 24-46.

Burg, Monika: Stand und Entwicklungsperspektiven des Controlling in der Handelspraxis - Ergebnisse einer empirischen Verbindungsreihe. In: D. Ahlert, R. Olbrich (Hrsg.), Integrierte Warenwirtschaftssysteme und Handelscontrolling. 3. Aufl., Stuttgart 1997, S. 247-279.

Burschhardt, Dieter: Blockschaltbilder zur Darstellung betriebsorganisatorischer Systeme. Berlin 1968.

Busse von Colbe, Walther: Rechnungswesen. In: W. Busse von Colbe (Hrsg.), Lexikon des Rechnungswesens. München-Wien 1990, S. 403-406.

-C-

CCG: Arbeitsbereicht 1996. Ausblick 1997. Centrale für Coorganisation GmbH (Hrsg.), Köln 1997.

Chwallek, Andreas: Preiskampf um Ferrero. Lebensmittelzeitung, 15.11.96, o. Jg. (1996) 46, S. 2.

Coenenberg, Adolf Gerhard: Kostenrechnung und Kostenanalyse. 2. Aufl., Landsberg/Lech 1993.

Conz, Bernd: Datenerfassung ohne Umweg. Möglichkeiten mobiler Terminals in Handelsbetrieben. Köln 1979.

Coopers & Lybrand: Die offizielle Europäische ECR Scorecard. ECR Europe (Hrsg.), o. O. 1997.

Cox, John: Making packaged applications fit in. Network World, 23 (1995) 12, S. 36.

Czap, Hans: Optical Character Regocnition (OCR). In: P. Mertens et al. (Hrsg.), Lexikon der Wirtschaftsinformatik. 3. Aufl., Berlin et al. 1997, S. 298.

Czeguhn, Klaus; Franzen, Helmut: Die rechnergestützte Integration betrieblicher Informationssysteme auf der Basis der Betriebsdatenerfassung. zfbf, 39 (1987) 2, S. 169-181.

-D-

DeMarco, Tom: Structured Analysis and System Specification. Englewood Cliffs 1979.

DIN (Hrsg.): Normung von Schnittstellen für die rechnerintegrierte Produktion (CIM). DIN-Fachbericht 15, Berlin-Köln 1987.

DIN (Hrsg.): Schnittstellen der rechnerintegrierten Produktion (CIM) - Fertigungssteuerung und Auftragsabwicklung. DIN-Fachbericht 21, Berlin-Köln 1989.

Doch, Jörg: Zwischenbetrieblich integrierte Informationssysteme - Merkmale, Einsatzbereiche und Nutzeffekte. HMD Theorie und Praxis der Wirtschaftsinformatik, 29 (1992) 165, S. 3-17.

Dönselmann, Sabine: Untersuchung der Koordinationsmechanismen zwischen mehrstufigen Handelsunternehmen und Lieferanten unter besonderer Berücksichtigung der modernen Datenverarbeitung und Darstellung von Optimierungspotentialen in der realen Handelswelt. Diplomhausarbeit. Münster 1996.

Dörr, Roland: Vorteilhafte Standardisierung. DHI-Empfehlungen zum Datenaustausch zwischen Warenwirtschafts- und Waagenverbundsystemen. Dynamik im Handel, 36 (1992) 5, S. 18-20.

DUDEN: Etymologie: Band 7. G. Drosdowki (Hrsg.), 2. Aufl., Mannheim et al. 1989.

-E-

Ebert, Kurt: Warenwirtschaftssysteme und Warenwirtschafts-Controlling. Frankfurt/M. 1986.

Eierhoff, Klaus: Efficient Consumer Response - Ein neuer Weg in der Kooperation zwischen Industrie und Handel. Erscheint in: D. Ahlert, J. Becker, R. Olbrich, R. Schütte (Hrsg.), Informationssysteme für das Handelsmanagement - Konzepte und Nutzung in der Unternehmenspraxis. Berlin et al. 1998, S. 365-386.

Eisele, Wolfgang: Technik des betrieblichen Rechnungswesens. 4. Aufl., München 1990.

Emery, James C.: Integrated information systems and their effects on organizational structure. In: E. Grochla, N. Szyperski (Hrsg.), Information Systems and Organizational Structure. Berlin-New York 1975, S. 95-104.

Emons, Florian: Markant setzt Zeichen. Coorganisation, 12 (1993) 1, S. 17-19.

European Software Institute: Best Practice Repository: What is Software Best Practice? (http://www.esi.es/Repositories/BPR/whatis.html, 06.12.1997).

-F-

Falk, Bernd R.; Wolf, Jacob: Handelsbetriebslehre. 11. Aufl., Landsberg/Lech 1992.

Feierabend, Ralf: Beitrag zur Abstimmung und Gestaltung unternehmungsübergreifender logistischer Schnittstellen. Schriftenreihe der Bundesvereinigung Logistik e.V. Band 4. Bremen 1980, S. 1-79.

Feiten, Ludwin; Hoyer, Rudolf; Kölzer, Georg: KSA - Analyse von Kommunikationsstrukturen im Büro. In: H. Schönecker, M. Nippa (Hrsg.), Neue Methoden zur Gestaltung der Büroarbeit: Computergestützte Organisationshilfen für die Praxis. Baden-Baden 1987, S. 143-164.

Ferstl, Otto; Sinz, Elmar J.: Grundlagen der Wirtschaftsinformatik, Band 1. 2. Aufl., München-Wien 1994.

Fischer, Thomas: Computergestützte Warenkorbanalyse als Informationsquelle des Handelsmanagements - Umsetzung anhand eines praktischen Falles. In: D. Ahlert, R. Olbrich (Hrsg.), Integrierte Warenwirtschaftssysteme und Handelscontrolling. 3. Aufl., Stuttgart 1997, S. 281-312.

Fischer, Thomas M. (Kostenmanagement): Kostenmanagement strategischer Erfolgsfaktoren - Instrumente zur operativen Steuerung der strategischen Schlüsselfaktoren Qualität, Flexibilität und Schnelligkeit. München 1993.

Fischer, Wolfgang: Vereinigungsstrategien für getrennte DV-Welten. Diebold Management Report, o. Jg. (1993) 8/9, S. 14-18.

Flechtner, Hans-Joachim: Grundbegriffe der Kybernetik. München 1984.

Fox, Bruce: ARTS And The Risk Of Irrelevance. Chain Store Age, o. Jg. (1995) 9, S. 90.

Frank, Ulrich; Konen, Juliane: Kommunikationsanalyseverfahren - Theoretische Konzepte, Anwendungspraxis und Perspektiven zur Gestaltung von Informationssystemen. Braunschweig 1991.

Freimuth, Joachim: Zwischen allen Stühlen? Das Management von Schnittstellen. zfo, 55 (1986) 4, S. 235-240.

Frese, Erich: Aktuelle Organisationskonzepte und Informationstechnologie. m&c, 2 (1994) 2, S. 129-134.

Frese, Erich: Grundlagen der Organisation - Konzept - Prinzipien - Strukturen. 6. Aufl., Wiesbaden 1995.

Friedrich, Stephan A.; Hinterhuber, Hans H.; Rodens, Brigitta: Handel und Industrie - Der Wertschöpfungspartnerschaft gehört die Zukunft. io Management Zeitschrift, 64 (1995) 11, S. 40-44.

-G-

Gabler Wirtschaftsinformatik-Lexikon: E. Stickel, H.-D. Groffmann, K.-H. Rau (Hrsg.). Wiesbaden 1997.

Gagsch, Siegfried: Subsystembildung. In: E. Grochla (Hrsg.), Handwörterbuch der Organisation. 2. Aufl., Stuttgart 1980, Sp. 2156-2171.

Gaitanides, Michael: Prozeßorganisation - Entwicklung, Ansätze und Programme prozeßorientierter Organisationsgestaltung. München 1983.

Gerling, Michael: Mehr Ertrag auf gleicher Fläche. Interview mit Hr. Viehoff und Hr. Jüsche. Dynamik im Handel, 40 (1996) 2, S. 102-107.

Gerling, Michael: Scannerdaten - Basis für bessere Bestellungen. In: EuroHandelsinstitut e.V. (Hrsg.), Automatische Disposition: Bestandsaufnahme und Perspektiven. EHI Enzyklopädie des Handels. Köln 1997, S. 70-74.

Gerling, Michael; Kolberg, Bernfried: Der Weg bestimmt die Ziele. Dynamik im Handel, 40 (1996) 2, S. 108-111.

Glunz, Robert: WWS-Software für Filialsysteme. Anforderungen an Warenwirtschaftssysteme bei Unternehmen mit zentraler und dezentraler Warenversorgung. Dynamik im Handel, 35 (1991) 6, S. 60-64.

Görgen, Walter; Huxold, Stephan: Schnittstellenmanagement zur Koordination von Marketing und Rechnungswesen. Arbeitsberichte des Instituts für Markt- und Distributionsforschung der Universität zu Köln, Nr. 16, Köln 1987.

Goslich, Christine: Märchen - Ein BONSAI für ein Königreich: Anforderungen an Bonussysteme. Der Verbund, 10 (1997) 2, S. 20-22.

Greiner, Harald: Standortbewertung im Einzelhandel. Organisation und Durchführung der Standortselektion am Beispiel der REWE-Gruppe. In: V. Trommsdorff (Hrsg.), Handelsforschung 1997/98. Kundenorientierung im Handel. Jahrbuch der Forschungsstelle für den Handel Berlin (FfH) e.V. Wiesbaden 1997, S. 233-253.

Grob, Heinz Lothar: Einführung in die Investitionsrechnung. 2. Aufl., München 1994.

Grob, Heinz Lothar: Leistungs- und Kostenrechnung. 2. Aufl., Münster 1996.

Grob, Heinz Lothar (Positionsbestimmung): Positionsbestimmung des Controlling. In: A.-W. Scheer (Hrsg.), Rechnungswesen und EDV: Kundenorientierung in Industrie, Dienstleistung und Verwaltung, 17. Saarbrücker Arbeitstagung. Heidelberg 1996, S. 137-158.

Grochla, Erwin und Mitarbeiter: Integrierte Gesamtmodelle der Datenverarbeitung. München-Wien 1974.

Grochla, Erwin: Betriebliche Planung und Informationssystem. Reinbek 1975.

Grochla, Erwin: Grundlagen der organisatorischen Gestaltung. Stuttgart 1982.

Groner, Bruno: Leistungen und Kosten der LEH-Betriebsformen. Jahresauswertung 1993 von SB-Filialen im Lebensmitteleinzelhandel: Kennzahlen der SB-Märkte, Supermärkte, Verbrauchermärkte und SB-Warenhäuser. Dynamik im Handel, 38 (1994) 12, S. 2-8.

Gröner, Uschi: Integrierte Informationsverarbeitung - Eine Standortbestimmung aus der Sicht der Anwender. In: H. Jacob, J. Becker, H. Krcmar (Hrsg.), Integrierte Informationssysteme (SzU Band 44). Wiesbaden 1991, S. 19-34.

Grupp, Bruno: Optimale Verschlüsselung bei Online-Datenverarbeitung. Aufbau moderner Nummernsysteme für Sachnummern jeder Art, Personennummern u. Auftragsnummern. Köln 1987.

Gümbel, Rudolf: Handel, Markt und Ökonomie. Wiesbaden 1985.

Günther, Johannes: Handelscontrolling - Allgemeine Grundlagen des Controlling-Begriffs und die Funktionen des Controlling im Steuerungssystems des stationären Einzelhandels. Frankfurt/M. et al. 1989.

-H-

Haberfellner, Reinhard: Organisationsmethodik. In: E. Grochla (Hrsg.), Handwörterbuch der Organisation. 2. Aufl., Stuttgart 1980, Sp. 1701-1710.

Haberstock, Lothar: Kostenrechnung I - Einführung. 8. Aufl., Hamburg 1987.

Hagen, Karlheinz: Quo Vadis EAN-Strichcode? Coorganisation, 7 (1988) 2, S. 46-49.

Hagen, Karlheinz: ECR-Deutschland. Coorganisation, 14 (1995) 4, S. 22-25.

Hallier, Bernd: Kommunikationstechnologie zwischen Handel und Industrie. HMD Theorie und Praxis der Wirtschaftsinformatik, 29 (1992) 165, S. 108-116.

Hallier, Bernd: Scanner-gestütztes Handelsmarketing. In: V. Trommsdorff (Hrsg.), Handelsforschung 1995/96. Informationsmanagement im Handel. Jahrbuch der Forschungsstelle für den Handel Berlin (FfH) e.V. Wiesbaden 1995, S. 51-62.

Hammer, Michael; Champy, James: Reengineering the Corporation - A manifesto for Business Revolution. New York 1993.

Hampe, Jochen: Reengineering - Potentiale für Raiffeisen-Verbund. Dynamik im Handel, 41 (1997) 9, S. 52-55.

Handbuch zur Umsatzsteuer: Schriften des Deutschen Wissenschaftlichen Steuerinstituts der Steuerberater und Steuerbevollmächtigten e.V. München 1997.

Hansen, Hans R.: Wirtschaftsinformatik I. 7. Aufl., Stuttgart 1996.

Hansen, Hans R.; Marent, Christian: Referenzmodellierung warenwirtschaftlicher Geschäftsprozesse in Handelssystemen. In: V. Trommsdorff (Hrsg.), Handelsforschung 1997/98. Kundenorientierung im Handel. Jahrbuch der Forschungsstelle für den Handel Berlin (FfH) e.V. Wiesbaden 1997, S. 371-393.

Hansen, Ursula: Absatz- und Beschaffungsmarketing des Einzelhandels. 2. Aufl., Göttingen 1990.

Hars, Alexander: Referenzdatenmodelle - Grundlagen effizienter Datenmodellierung. Wiesbaden 1994.

Hauschildt, Jürgen: Zielsysteme. In: E. Grochla (Hrsg.), Handwörterbuch der Organisation. 2. Aufl., Stuttgart 1980, Sp. 2419- 2430.

Hausmann, Axel; Kettner, Peter; Schmidt, Hubert: Wege zur integrierten Informationsverarbeitung in mittelständischen Unternehmen. CIM-Management, 4 (1988) 6, S. 41-53.

Hax, Herbert: Kommunikation. In: E. Grochla (Hrsg.), Handwörterbuch der Organisation. Stuttgart 1969, Sp. 825-831.

Heesen, Bernd: Big Bang oder Schritt für Schritt. Business Computing, o. Jg. (1995) 3, S. 47-49.

Heilmann, Heidi: Integration - Ein zentraler Begriff der Wirtschaftsinformatik im Wandel der Zeit. HMD Theorie und Praxis der Wirtschaftsinformatik, 26 (1989) 150, S. 46-58.

Heinrich, Lutz J.: Informationsmanagement. 5. Aufl., München-Wien 1996.

Heinrich, Lutz J. (SP I): Systemplanung. Planung und Realisierung von Informatik-Projekten. Band 1. 7. Aufl., München-Wien 1996.

Heinrich, Lutz J. (SP II): Systemplanung. Planung und Realisierung von Informatik-Projekten. Band 2. 5. Aufl., München-Wien 1994.

Henkel, Klaus; Schwetz, Roland: Schwachstellenanalyse, Technik der. In: E. Frese (Hrsg.), Handwörterbuch der Organisation. 3. Aufl., Stuttgart 1992, Sp. 2245-2255.

Heinzl, Armin: Outsourcing der IV. In: P. Mertens et al. (Hrsg.), Lexikon der Wirtschaftsinformatik. 3. Aufl., Berlin et al. 1997, S. 304-305.

Henneböle, Jörg: Executive Information Systems für Unternehmensführung und Controlling. Strategie-Konzeption-Realisierung. Wiesbaden 1995.

von Herder, Hans: Filialunternehmen - Alle Macht der Zentrale. Rationeller Handel, 22 (1979) 4, S. 2-8.

von Herder, Hans (1979a): Filialorganisation - Optimierung mit Kompromissen. Rationeller Handel, 22 (1979) 5, S. 8-13.

von Herder, Hans (1979b): Wie zentralistisch ist mein Betrieb? Rationeller Handel, 22 (1979) 6, S. 33-39.

von Herder, Hans: Determinanten der (De-)Zentralisation. Rationeller Handel, 23 (1980) 1, S. 2-6.

Hertel, Joachim: Ein ausgereiftes WWS arbeitet heute mehrstufig und individuell. Computerwoche, o. Jg. (1995) 29, S. 30.

Hertel, Joachim: Warenwirtschaftssysteme. Grundlagen und Konzepte. 2. Aufl. Heidelberg 1997.

Hesse, Georg-F.; Schmidt, Siegfried; Zschenderlein, Manfred: Spezielle Handelsbetriebslehre. Darmstadt 1983.

Hesse, Wolfgang; Barkow, Georg; von Braun, Hubert; Kittlaus, Hans-Bernd; Scheschonk, Gert: Terminologie der Softwaretechnik. Ein Begriffssystem für die Analyse und Modellierung von Anwendungssystemen. Teil 2: Tätigkeits- und ergebnisbezogene Elemente. Informatik Spektrum, 17 (1994) 2, S. 96-105.

Hichert, Richard; Moritz, Michael (Hrsg.): Management-Informationssysteme. Praktische Anwendungen. 2. Aufl., Berlin et al. 1995.

Hill, Wilhelm; Fehlbaum, Raymond; Ulrich, Peter: Organisationslehre - Ziele, Instrumente und Bedingungen der Organisation sozialer Systeme. 5. Aufl., Stuttgart et al. 1994.

Hoffmann, Horst-Joachim: Computer Integrated Trading senkt den Kostendruck. Computerwoche, o.Jg. (1995) 29, S. 27-29.

Hoffmann, Werner; Kirsch, Jürgen; Scheer, August-Wilhelm: Modellierung mit Ereignisgesteuerten Prozeßketten - Methodenhandbuch. In: A.-W. Scheer (Hrsg.), Veröffentlichungen des Instituts für Wirtschaftsinformatik, Heft 101. Saarbrücken 1993.

Hoffmann, Werner; Kusterer, Frank: Handels-Controlling auf Basis eines Datawarehouses und OLAP. Controlling, 9 (1997) 1, S. 46-53.

Hogarth-Scott, Sandra; Parkinson, Stephen: Who does the Marketing in Retailing? A Case Study of Organizational Selling Behaviour in a Large Complex Organization. European Journal of Marketing, 27 (1993) 3, S. 51-62.

Hörmann, Franz: Das Automatisierte, Integrierte Rechnungswesen. Heidelberg 1990.

Horst, Frank (WWS): Dezentrale Warenwirtschaft. Einsatzbeispiele aus dem Lebensmitteleinzelhandel. Dynamik im Handel, 38 (1994) 7, S. 21-22.

Horst, Frank: Inventurdifferenzen - hoch wie eh und je. Dynamik im Handel, 41 (1997) 9, S. 36-39.

Horváth, Péter: Controlling. 5. Aufl., München 1994.

Horváth, Péter; Petsch, Manfred; Weihe, Michael: Standard-Anwendungssoftware für das Rechnungswesen. 2. Aufl., München 1986.

Hotch, Ripley: New directions in retailing. Nation's Business, October 1992, 80 (1992) 10, S. 48-50.

Hübner, Heinz: Integration und Informationstechnologie im Unternehmen. München 1979.

Huckert, Klaus; Walz, Dirk: Integration von neueren Informationstechnologien in betriebliche EDV-Anwendungssysteme. zfbf, 46 (1994) 9, S. 775-786.

Hudson, Debra L.: Practical Model Management Using CASE Tools. Boston et al. 1993.

-I-

IBM: Anwendungsarchitektur Handel / Retail Application Architecture (RAA) - Überblick. Böblingen 1991.

-J-

Jablonski, Stefan; Böhm, Markus; Schulze, Wolfgang (Hrsg.): Workflow-Management - Entwicklung von Anwendungen und Systemen. Heidelberg 1997.

Joschke, Heinz K.: Darstellungstechniken. In: E. Grochla (Hrsg.), Handwörterbuch der Organisation. 2. Aufl., Stuttgart 1980, Sp. 431-462.

Jost, Wolfram: EDV-gestützte CIM-Rahmenplanung. Wiesbaden 1993.

Jost, Wolfram: Das ARIS-Toolset - Eine neue Generation von Reengineering-Werkzeugen. In: A.-W. Scheer (Hrsg.), Prozeßorientierte Unternehmensmodellierung: Grundlagen - Werkzeuge - Anwendungen (SzU Band 53). Wiesbaden 1994, S. 77-100.

Jünemann, Reinhardt: Materialfluss und Logistik. Systemtechnische Grundlagen mit Praxisbeispielen. Berlin et al. 1989.

-K-

Kalmbach, Ulf: Handel und Industrie schmieden Prozeßketten. Kundenorientierung mit ECR. Office Management, 45 (1997) 9, S. 37-40.

Keller, Gerhard: Informationsmanagement in objektorientierten Organisationsstrukturen. Wiesbaden 1993.

Keller, Gerhard; Meinhardt, Stefan: SAP R/3-Analyzer. Optimierung von Geschäftsprozessen auf Basis des R/3-Referenzmodells. SAP AG (Hrsg.), Walldorf 1994.

Keller, Gerhard; Meinhardt, Stefan (BPR): Business process reengineering auf Basis des SAP R/3-Referenzmodells. In: A.-W. Scheer (Hrsg.), Prozeßorientierte Unternehmensmodellierung: Grundlagen - Werkzeuge - Anwendungen (SzU Band 53). Wiesbaden 1994, S. 35-62.

Keller, Gerhard; Nüttgens, Markus; Scheer, August-Wilhelm: Semantische Prozeßmodellierung auf der Basis "Ereignisgesteuerter Prozeßketten (EPK)". In: A.-W. Scheer (Hrsg.), Veröffentlichungen des Instituts für Wirtschaftsinformatik, Heft 89. Saarbrücken 1992.

Keller, Gerhard; Teufel, Thomas: R/3 prozeßorientiert anwenden - iteratives Prozeß-Prototyping zur Bildung von Wertschöpfungsketten. Bonn et al. 1997.

Kemmner, Andreas; Treuling, Walter: Die Notwendigkeit der ganzheitlichen Betrachtung. CIM-Management, 5 (1989) 3, S. 38-43.

Kempcke, Thomas : Mehrweg - Teures Handling im Handel. Absatzwirtschaft, 35 (1992) 9, S. 106-111.

Kern, Werner: Industrielle Produktionswirtschaft. 5. Aufl., Stuttgart 1992.

Kirchner, J. Dietrich; Zentes, Joachim: Führen mit Wirtschaftssystemen - Vor dem Durchbruch. Absatzwirtschaft, 27 (1984) 2, S. 52-57.

Kirchner, J. Dietrich; Zentes, Joachim (Führen mit WWS): Führen mit Warenwirtschaftssystemen - Neue Wege zum Informationsmanagement in Handel und Industrie. absatzwirtschaft-Schriften zum Marketing Band 7. Düsseldorf-Frankfurt 1984.

Kirkman, Patrick: Electronic Funds Transfer Systems - The Revolution in Cashless Banking and Payment Methods. Oxford 1987.

Kirsch, Jürgen: Handbuch ARIS-Methoden, Version 3.0. IDS Prof. Scheer GmbH (Hrsg.). Saarbrücken 1995.

Klein, Henner H. L.; Lachhammer, Johann: Die Aufgaben des Beziehungs-Managements. Absatzwirtschaft, 39 (1996) 2, S. 62-66.

Klein, Joachim: Vom Informationsmodell zum integrierten Informationssystem. IM Information Management, 5 (1990) 2, S. 6-16.

Klein, Joachim: Darstellung der Problematik heterogener betrieblicher Informationssysteme am Informationsmodell der Unternehmung. IM Information Management, 6 (1991) 4, S. 46-55.

Klein, Joachim: Datenintegrität in heterogenen Informationssystemen. Ereignisorientierte Aktualisierung globaler Datenredundanzen. Wiesbaden 1992.

Klein, Joachim: Die Modellierung von Geschäftsprozessen in der logistischen Praxis. In: A.-W. Scheer (Hrsg.), Prozeßorientierte Unternehmensmodellierung: Grundlagen - Werkzeuge - Anwendungen (SzU Band 53). Wiesbaden 1994, S. 141-160.

Klein, Petra: Mehrwegquote: Auf der Kippe. Der Handel, o. Jg. (1996) 9, S. 15-19.

Koch, Joachim: Betriebliches Rechnungswesen. 2. Finanzbuchhaltung für den DV-Anwender. Heidelberg 1988.

Koenig, Werner; Wittenmayer, Heinz: Entgelt. In: J. Schaeberle, H. Utech (Hrsg.), Deutsches Steuerlexikon: 10. Ergänzungslieferung November 1996. München 1997, S. 2-5.

Köhl, Eva: Optimale Datenintegration bei rechnerintegrierter Produktion. Berlin et al. 1990.

Köhler, Richard: Absatzorganisation. In: E. Frese (Hrsg.), Handwörterbuch der Organisation. 3. Aufl., Stuttgart 1992, Sp. 34-55.

Köhler, Richard; Görgen, Walter: Schnittstellenmanagement. DBW, 51 (1991) 4, S. 527-529.

Kolodziej, Markus: Der Schritt vom Scanning zur Warenbewirtschaftung. Fallbeispiel dm-drogerie markt. In: J. Zentes (Hrsg.), Moderne Warenwirtschaftssysteme im Handel: Internationale Fachtagung 25.-27.10.84. Berlin et al. 1985, S. 51-72.

Köpper, Franz: Logisches Kernsystem. „Generalbebauungsplan" als Instrument zur Entwicklung von Informationssystemen. Dynamik im Handel, 37 (1993) 1, S. 57-63.

Koreimann, Dieter S.: Methoden der Informationsbedarfsanalyse. Berlin-New York 1976.

Kosiol, Erich: Organisation der Unternehmung. Wiesbaden 1962.

Krcmar, Helmut: Schnittstellenprobleme EDV-gestützter Systeme des Rechnungswesens. In: W. Kilger, A.W. Scheer (Hrsg.), Rechnungswesen und EDV, 4. Saarbrücker Arbeitstagung. Würzburg-Wien 1983, S. 323-350.

Krcmar, Helmut: Bedeutung und Ziele von Informationssystem-Architekturen. Wirtschaftsinformatik, 32 (1990) 5, S. 395-402.

Krcmar, Helmut: Integration in der Wirtschaftsinformatik - Aspekte und Tendenzen. In: H. Jacob, J. Becker, H. Krcmar (Hrsg.), Integrierte Informationssysteme (SzU Band 44). Wiesbaden 1991, S. 3-18.

Kreikebaum, Hartmut: Strategische Unternehmensplanung. 5. Aufl., Stuttgart et al. 1993.

Kreis, Rudolf: Betriebswirtschaftslehre. EDV-orientierte Einführung. 3. Aufl., München-Wien 1992.

Küchler, Peter R.: Integrierte Systeme - Voraussetzung für ein erfolgreiches Informationsmanagement. Computer Magazin, 19 (1990) 9, S. 28-32.

Kurrle, Stefan: Integration von Informations- und Produktionstechnologien im Industriebetrieb. Pfaffenweiler 1988.

-L-

Lehmann, Helmut: Integration. In: E. Grochla (Hrsg.), Handwörterbuch der Organisation. Stuttgart 1969, Sp. 768-774.

Lehner, Franz; Auer-Rizzi, Werner; Bauer, Robert; Breit, Konrad; Lehner, Johannes; Reber, Gerhard: Organisationslehre für Wirtschaftsinformatiker. München-Wien 1991.

Lehner, Franz; Hildebrand, Knut; Maier, Ronald: Wirtschaftsinformatik - Theoretische Grundlagen. München-Wien 1995.

Lehner, Franz; Maier, Ronald: Information in Betriebswirtschaftslehre, Informatik und Wirtschaftsinformatik. Forschungsbericht Nr. 1. Schriftenreihe des Lehrstuhls für Wirtschaftsinformatik und Informationsmanagement, WHU Vallendar, Vallendar 1994.

Leismann, Uschi: Modellierungsansätze für integrierte Informations- und Kommunikationssysteme unter Einsatz von Bildschirmtext. IM Information Management, 4 (1989) 4, S. 6-15.

Leismann, Uschi: Warenwirtschaftssysteme mit Bildschirmtext. Berlin et al. 1990.

Lerchenmüller, Michael: Handelsbetriebslehre. 2. Aufl., Ludwigshafen 1995.

Linß, Heinz: Integrationsabhängige Nutzeffekte der Informationsverarbeitung. Vorgehensmodell und empirische Ergebnisse. Wiesbaden 1995.

Loos, Peter; Scheer, August-Wilhelm: Vom Informationsmodell zum Anwendungssystem. Nutzenpotentiale für den effizienten Einsatz von Informationssystemen. In: W. König (Hrsg.), Wirtschaftsinformatik '95. Heidelberg 1995, S. 185-204.

Luckey, Günter: Bilanzen und Steuern. 4. Aufl., Stuttgart 1992.

Luft, Alfred Lothar: Information - Daten - Wissen. In: P. Mertens et al. (Hrsg.), Lexikon der Wirtschaftsinformatik. 3. Aufl., Berlin et al. 1997, S. 195-196.

-M-

Mader, Richard: The Need For Open System Technology Standards. Chain Store Age, o. Jg. (1994) 5, S. 109.

Mag, Wolfgang: Entscheidung und Information. München 1977.

Männel, Wolfgang: Entwicklung der Kostenrechnung zum Controlling-Instrument. Aktuelle Anforderungen, methodische Konzepte, Integrationserfordernis, DV-Unterstützung. Kostenrechnungs-Praxis, Sonderheft 1 (1988), S. 5-18.

Marent, Christian (Referenzmodelle): Branchenspezifische Referenzmodelle für betriebswirtschaftliche IV-Anwendungsbereiche. Wirtschaftsinformatik, 37 (1995) 3, S. 303-313.

Marent, Christian: Werkzeuggestützte Referenzmodellierung für den Handel. Dissertation, Wirtschaftsuniversität Wien 1995.

Marré, Heribert: Handelsfunktionen. In: B. Tietz (Hrsg.), Handwörterbuch der Absatzwirtschaft. Stuttgart 1974, Sp. 709-720.

Martin, James; McClure, Carma: Structured Techniques - The Basis for CASE. Englewood Cliffs 1988.

McMenanim, Stephen M.; Palmer, John F.: Strukturierte Systemanalyse. München et al. 1988.

Meffert, Heribert: Informationssysteme. Grundbegriffe der EDV und Systemanalyse. Tübingen-Düsseldorf 1975.

Meffert, Heribert: Marketing. Grundlagen marktorientierter Unternehmensführung. Konzepte - Instrumente - Praxisbeispiele. Wiesbaden 1998.

Mertens, Peter: Integrierte Informationsverarbeitung 1. Administrations- und Dispositionssysteme in der Industrie. 10. Aufl., Wiesbaden 1995.

Mertens, Peter; Bissantz, Jochen; Geyer, Helmut; Hagedorn, Jürgen; Holzner, Jochen; Ludwig, Petra: IV-Anwendungsarchitekturen für Branchen und Betriebstypen - erörtert am Beispiel der Ergebnisrechnung. Wirtschaftsinformatik, 38 (1996) 5, S. 485-495.

Mertens, Peter; Bodendorf, Freimut; König, Wolfgang; Picot, Arnold; Schumann, Mathias: Grundzüge der Wirtschaftsinformatik. 3. Aufl., Berlin et al. 1995.

Mertens, Peter; Holzner, Jochen: Eine Gegenüberstellung von Integrationsansätzen der Wirtschaftsinformatik. Wirtschaftsinformatik, 34 (1992) 1, S. 5-25.

Michel, Reiner; Langguth, Matthias; Scheuermann, Hans-Dieter; Vorfelder, Britta: Finanzplanung und -controlling. Rollierende Disposition der Liquidität. Renningen-Malmsheim 1994.

Milde, Heidrun: Handelscontrolling auf der Basis von Scannerdaten - dargestellt auf der Grundlage von Fallbeispielen aus der Beratungspraxis der A.C. Nielsen GmbH. In: D. Ahlert, R. Olbrich (Hrsg.), Integrierte Warenwirtschaftssysteme und Handelscontrolling. 3. Aufl., Stuttgart 1997, S. 431-451.

Möhlenbruch, Dirk; Meier, Christian: Defizite im Handelscontrolling: Ausgewählte Ergebnisse einer empirischen Untersuchung im Einzelhandel. Controlling, 9 (1997) 5. S. 318-325.

Mohme, Joachim: Der Einsatz von Kundenkarten zur Verbesserung des Kundeninformationssystems im Handel - Umsetzung anhand eines praktischen Falls. In: D. Ahlert, R. Olbrich (Hrsg.), Integrierte Warenwirtschaftssysteme und Handelscontrolling. 3. Aufl., Stuttgart 1997, S. 313-329.

zur Mühlen, Michael: Der Lösungsbeitrag von Metamodellen und Kontrollflußprimitiven beim Vergleich von Workflowmanagementsystemen. Diplomhausarbeit. Münster 1996.

Muhme, Horst: Was ist ein Warenwirtschaftssystem. Elektronische Rechenanlagen, 21 (1979) 4, S. 189-191.

Müller-Hagedorn, Lothar: Handelsmarketing. In: R. Köhler, H. Meffert (Hrsg.), Kohlhammer Edition Marketing. 2. Aufl., Stuttgart et al. 1993.

-N-

Neuburger, Rahild: Electronic Data Interchange. Einsatzmöglichkeiten und ökonomische Analyse. Wiesbaden 1994.

Neuhof, Bodo: Das Rechnungswesen als Informationszentrum. Neuwied 1978.

Nickel, Horst: Ansatz einer ganzheitlichen Logistik in verteilten Systemen. HMD Theorie und Praxis der Wirtschaftsinformatik, 30 (1993) 171, S. 95-103.

Niemeier, Joachim: Konzepte der Wirtschaftlichkeitsberechnung bei integrierten Informationssystemen. In: P. Horváth (Hrsg.), Wirtschaftlichkeit neuer Produktions- und Informationstechnologien. Stuttgart 1988, S. 15-34.

Nippa, Michael: Gestaltungsgrundsätze für die Büroorganisation. Konzepte für eine informationsorientierte Unternehmungsentwicklung unter Berücksichtigung neuer Bürokommunikationstechniken. Berlin 1988.

Nonnenmacher, Martin Georg: Informationsmodellierung unter Nutzung von Referenzmodellen. Die Nutzung von Referenzmodellen zur Implementierung industriebetrieblicher Informationssysteme. Frankfurt/M. et al. 1994.

Nordsieck, Fritz: Die schaubildliche Erfassung und Untersuchung der Betriebsorganisation. 6. Aufl., Stuttgart 1962.

Nordsieck, Fritz: Betriebsorganisation - Lehre und Technik. 2. Aufl., Stuttgart 1972.

Nüttgens, Markus: Koordiniert-dezentrales Informationsmanagement. Wiesbaden 1995.

-O-

o. V.: Scanner-Einsatz - Mehr Licht in den Warenfluß. Rationeller Handel, 22 (1979) 4, S. 10-13.

o. V.: Warenwirtschaftssysteme zunehmend dezentral. Dynamik im Handel, 33 (1989) 2, S. 14-18.

o. V.: Scanning und Warenwirtschaft im mittelständischen LEH. Dynamik im Handel, 35 (1991) 6, S. 56-58.

o. V.: Retail distribution and logistics - the impact of information technologies. Chain Store Age Executive, Mai 1993 sec. 2, 69 (1993) 5, S. 1A-30A.

o. V. (Definition): Definition "Warenwirtschaft" und "Warenwirtschaftssysteme". Dynamik im Handel, 27 (1983) 10, S. 53.

o. V. (EANCOM): EANCOM-Spezial. Coorganisation, 14 (1995) 2, S. 20-29.

o. V. (Ferrero): Handel attackiert Ferrero. Lebensmittelzeitung, 15.11.96, o. Jg. (1996) 46, S. 1 und 3.

o. V. (ILN): Von der bbn zur ILN - Der Übergang zur Internationalen Lokationsnummer. Coorganisation, 14 (1995) 1.

o. V. (Konditionendruck): Der Konditionendruck wächst weiter. Lebensmittelzeitung, 04.04.97, o. Jg. (1997) 14, S. 4.

o. V. (Konzentration): Lebensmittelhandel Europa - Konzentration nimmt weiter zu. Pressemeldung M+M EUROdATA vom 09. Oktober 1996. (http://www.mm-eurodata.de/prm_0996.htm, 09.10.97).

o. V. (M+M): TOP-Firmen 1997. Strukturen, Umsätze und Vertriebslinien des Lebensmittelhandels Food/Nonfood in Deutschland. M+M Gesellschaft für Unternehmensberatung und Informationssysteme mbH (Hrsg.), Frankfurt/M. 1996.

o. V. (M+M): Lebensmittelhandel 1996 mit nur marginalem Umsatzzuwachs - Marktanteil von 96% für Spitzengruppe der TOP 30. Pressemeldung M+M EUROdATA vom 30. Januar 1997. (http://www.mm-eurodata.de/pr0197.htm, 09.10.97).

o. V. (PM): Pfeiffer & May offers new services through the WWW. Intersystems Corporation (Hrsg.). (http://www.intersys.com/mktg/stories/pmay.html, 01.11.97).

o. V. (SINFOS): SINFOS-Spezial. Coorganisation, 12 (1993) 2, S. 20-27.

o. V. (Spar-Kontor): Spar-Kontor macht Druck. Lebensmittelzeitung, 05.12.97, o. Jg. (1997) 49. S. 1.

o. V. (TOP 30): TOP 30 des Lebensmittelhandels 1996 nach Gesamtumsätzen. Pressemeldung M+M EUROdATA. (http://www.mm-eurodata.de/grat3096.htm, 09.10.97).

Obermayr, Norbert; Lehner, Franz: Schnittstellen bei der Realisierung integrierter Informationsverarbeitung. IM Information Management, 3 (1988) 4, S. 68-75.

Oesterreich, Bernd: Objektorientierte Softwareentwicklung mit der Unified Modeling Language. 3. Aufl., München 1997.

Olbrich, Rainer: Informationsmanagement in mehrstufigen Handelssystemen - Grundzüge organisatorischer Gestaltungsmaßnahmen unter Berücksichtigung einer repräsentativen Umfrage zur Einführung dezentraler computergestützter Warenwirtschaftssysteme im Lebensmittelhandel. In: D. Ahlert (Hrsg.), Schriften zu Distribution und Handel, Bd. 8. Frankfurt/M. et al. 1992.

Olbrich, Rainer: Stand und Entwicklungsperspektiven integrierter Warenwirtschaftssysteme. In: D. Ahlert, R. Olbrich (Hrsg.), Integrierte Warenwirtschaftssysteme und Handelscontrolling. 3. Aufl., Stuttgart 1997, S. 117-172.

Olbrich, Rainer (Konzentration): Evaluation von Konzentrationsprozessen im Konsumgüterhandel. Ein Meßinstrumentarium zur Identifizierung von Austausch- und Verkrustungsprozessen in der Spitzengruppe von hochkonzentrierten Märkten. In: V. Trommsdorff (Hrsg.), Handelsforschung 1997/98. Kundenorientierung im Handel. Jahrbuch der Forschungsstelle für den Handel Berlin (FfH) e.V. Wiesbaden 1997, S. 441-466.

Olthoff, Helmut: Trading up des Handelsmarketing. Modularer Aufbau von Informationssystemen hat sich durchgesetzt. Dynamik im Handel, 36 (1992) 5, S. 33-37.

Ortner, Erich: Unternehmensweite Datenmodellierung als Basis für integrierte Informationsverarbeitung in Wirtschaft und Verwaltung. Wirtschaftsinformatik, 33 (1991) 4, S. 269-280.

Österle, Hubert; Brenner, Walter; Hilbers, Konrad: Unternehmensführung und Informationssystem - Der Ansatz des St. Galler Informationssystem-Managements. Stuttgart 1991.

Österle, Hubert; Vogler, Petra (Hrsg.): Praxis des Workflow-Managements. Grundlagen, Vorgehen, Beispiele. Braunschweig-Wiesbaden 1996.

Otte, Randy; Patrick, Paul; Roy, Mark: Understanding CORBA - The Common Object Request Broker Architecture. New York et al. 1996.

-P-

Pant, Somendra; Rattner, Laurie; Hsu, Cheng: Manufacturing information integration using a reference model. International Journal of Operations & Production Management, 14 (1994) 11, S. 52-72.

Pauli, Christoph G.; Hoffmann, Friedrich: Zukunftsorientierte Führung von Einzelhandelskooperationen. In: V. Trommsdorff (Hrsg.), Handelsforschung 1994/95. Kooperation im Handel und mit dem Handel. Jahrbuch der Forschungsstelle für den Handel Berlin (FfH) e.V. Wiesbaden 1994, S. 135-154.

Petri, Christian: Externe Integration der Datenverarbeitung. Unternehmensübergreifende Konzepte für Handelsunternehmen. Berlin et al. 1990.

Pfohl, Hans-Christian: Logisitiksysteme - betriebswirtschaftliche Grundlagen. 5. Aufl., Berlin et al. 1996.

Picot, Arnold; Maier, Matthias: Analyse und Gestaltungskonzepte für das Outsourcing. IM Information Management, 7 (1992) 4, S. 14-27.

Picot, Arnold; Maier, Matthias: Ansätze zur Informationsmodellierung und ihre betriebswirtschaftliche Bedeutung. zfbf, 46 (1994) 2, S. 107-126.

Picot, Arnold; Reichwald, Ralf: Informationswirtschaft. In: E. Heinen (Hrsg.), Industriebetriebslehre: Entscheidungen im Industriebetrieb. Wiesbaden 1991, S. 241-394.

Picot, Arnold; Reichwald, Ralf; Wigand, Rolf T.: Die grenzenlose Unternehmung - Information, Organisation und Management. 2. Aufl., Wiesbaden 1996.

Priemer, Jürgen: Entscheidungen über die Einsetzbarkeit von Software anhand formaler Modelle. Sinzheim 1995.

Prüssing, Lars: Prozeßbearbeitung und Warenfluß gehören zusammen. Computerwoche, o. Jg. (1997) 38, S. 63-65.

Puchtler, Günther: Erfolgsfaktor integrierte Informationsverarbeitung. Köln 1990.

-R-

Ranky, Paul G.: Concurrent engineering and enterprise modelling. Assembly Automation, 14 (1994) 3, S. 14-21.

Rautenberg, Hans Georg: Datenerfassung im Warenwirtschaftssystem des Einzelhandels. HMD Theorie und Praxis der Wirtschaftsinformatik, 20 (1983) 114, S. 65-74.

Reblin, Erhard: Elektronische Datenverarbeitung in der Finanzbuchhaltung. Stuttgart 1971.

Reblin, Erhard: Alternative Formen der Informationsverarbeitung im Finanz- und Rechnungswesen. HMD Theorie und Praxis der Wirtschaftsinformatik, 23 (1986) 132, S. 3-16.

Rehborn, Gisela; Steckner, Clemens: Bondatenanalyse - Tool mit Zukunft. Dynamik im Handel, 41 (1997) 9, S. 24-29.

Reichmann, Thomas: Controlling mit Kennzahlen und Managementberichten. 4. Aufl., München 1995.

Reinwald, Berthold: Workflow-Management in verteilten Systemen. Teubner-Texte zur Informatik Band 7, 2. Aufl., Stuttgart-Leipzig 1995.

Reinwald, Berthold; Wedekind, Hartmut: Integrierte Aktivitäten- und Datenverwaltung zur systemgestützten Kontroll- und Datenflußsteuerung. Informatik Forschung und Entwicklung, 7 (1992) 2, S. 73-82.

Reiter, Werner: Electronic Banking. In: K. Kurbel, H. Strunz (Hrsg.), Handbuch Wirtschaftsinformatik. Stuttgart 1990, S. 138-139.

Reitwiesner, Bernd; Will, Andreas: Best practice oder common practice: Eine Frage der Wirtschaftlichkeit. Wirtschaftsinformatik, 39 (1997) 6, S. 640-641.

Remer, Andreas: Organisationslehre. 3. Aufl., Bayreuth 1996.

Retter, Gabriele; Bastian, Michael: Kombination einer Prozeß- und Wirkungskettenanalyse zur Aufdeckung der Nutzenpotentiale von Informations- und Kommunikationssystemen. Wirtschaftsinformatik, 37 (1995) 2, S. 117-128.

Riebel, Paul: Einzelkosten- und Deckungsbeitragsrechnung. Grundfrage einer markt- und entscheidungsorientierten Unternehmensrechnung. 7. Aufl., Wiesbaden 1994.

Ritter, Sabine: Auf den Spuren der Praxis. Continuous Replenishment in USA. Coorganisation, 15 (1996) 3, S. 25-31.

Röhrenbacher, Hans: Die Kosten- und Leistungsrechnung im Handelsbetrieb unter besonderer Berücksichtigung der industriellen Vertriebskosten- und Absatzsegmenterfolgsrechnung. Berlin 1985.

Rose, Gerd: Betrieb und Steuer. Zweites Buch: Die Verkehrsteuer. 13. Aufl., Wiesbaden 1997.

Rosemann, Michael: Komplexitätsmanagement in Prozeßmodellen - Methodenspezifische Gestaltungsempfehlungen für die Informationsmodellierung. Wiesbaden 1996.

Rosemann, Michael; Rotthowe, Thomas: Der Lösungsbeitrag von Prozeßmodellen bei der Einführung von SAP R/3 im Finanz- und Rechnungswesen. HMD Theorie und Praxis der Wirtschaftsinformatik, 32 (1995) 182, S. 8-25.

Rosemann, Michael; Rotthowe, Thomas; Schütte, Reinhard: Modellbasierte Organisations- und Informationssystemgestaltung unter Verwendung der R/3-Referenzmodelle. In: P. Wenzel (Hrsg.), Geschäftsprozeßoptimierung mit SAP R/3: Modellierung, Steuerung und Management betriebswirtschaftlich-integrierter Geschäftsprozesse. Braunschweig-Wiesbaden 1995, S. 14-42.

Rosemann, Michael; Schulte, Rainer: Effiziente Prozeßgestaltung im Rechnungswesen. In: G. Vossen, J. Becker (Hrsg.), Geschäftsprozeßmodellierung und Workflow-Management. Modelle, Methoden, Werkzeuge, Bonn et al. 1996, S. 193-208.

Rosmanith, Uwe: Neue Freiheiten für Marktleiter? LZ-Net Marketfacts. (http://www.lz-net.de/marketfacts/snapshot/seiten/toph032.shtml, 10.11.97).

Rössler, Rudolf (Hrsg.): Wörterbuch des Steuerrechts. Freiburg i. Br. 1971.

Ross, Julie Ritzer: Are Partnerships for Real? Stores, o. Jg. (1996) 9, S. 24-30.

Ross, Julie Ritzer (ARTS): Microsoft Pact Marks Major Step for ARTS Open Systems Quest. Stores, o. Jg. (1996) 4, S. 54-57.

Ruf, Walter: Ein Software-Entwicklungssystem auf der Basis des Schnittstellen-Management-Ansatzes. Berlin et al. 1988.

Rumbaugh, James; Jacobsen, Ivar; Booch, Grady: The Unified Modeling Language, Documentation Set 1.0. Rational Software Corporation, Santa Clara 1997.

Rumbaugh, James; Jacobsen, Ivar; Booch, Grady (Notation Guide): The Unified Modeling Language - UML Notation Guide Version 1.0. Rational Software Corporation, Santa Clara 1997.

-S-

Sääksjärvi, Markku V. T.; Talvinen, Jari M.: Integration and effectiveness of marketing Information Systems. European Journal of Marketing, 27 (1993) 1, S. 64-79.

SAP: SAP-Informationsmodell - Modellgestütztes Informationsmanagement im R/3-system (Methoden-Broschüre). SAP AG, Walldorf 1994.

SAP: R/3-System Release 3.0 Online-Hilfe. Walldorf 1996.

SAP: System R/3. Das Warenwirtschaftssystem der SAP - Funktionen im Detail. SAP AG, Walldorf 1997.

Schanz, Günther: Organisationsgestaltung. Management von Arbeitsteilung und Koordination. 2. Aufl., München 1994.

Scheer, August-Wilhelm: Schnittstellen zwischen betriebswirtschaftlicher und technischer Datenverarbeitung in der Fabrik der Zukunft. In: H.-D. Ehrlich (Hrsg.), GI - 14. Jahrestagung, Braunschweig 2.-4. Oktober 1984, Proceedings, Informatik Fachberichte 88. Berlin et al. 1984, S. 56-79.

Scheer, August-Wilhelm: Entwurf eines Unternehmensdatenmodells. IM Information Management, 3 (1988) 1, S. 14-23.

Scheer, August-Wilhelm: Computer Integrated Manufacturing (CIM). In: K. Kurbel, H. Strunz (Hrsg.), Handbuch Wirtschaftsinformatik. Stuttgart 1990, S. 47-68.

Scheer, August-Wilhelm: Computergestützte Integration. In: E. Frese (Hrsg.), Handwörterbuch der Organisation. 3. Aufl., Stuttgart 1992, Sp. 1042-1051.

Scheer, August-Wilhelm: ARIS - Architektur integrierter Informationssysteme. In: A.-W. Scheer (Hrsg.), Handbuch Informationsmanagement. Wiesbaden 1993, S. 82-112.

Scheer, August-Wilhelm: Wirtschaftsinformatik. Referenzmodelle für industrielle Geschäftsprozesse. Studienausgabe. Berlin et al. 1995.

Scheer, August-Wilhelm (ARIS): Architektur integrierter Informationssysteme - Grundlagen der Unternehmensmodellierung. 2. Aufl., Berlin et al. 1992.

Scheer, August-Wilhelm (CIM): CIM - Der computergesteuerte Industriebetrieb. 4. Aufl., Berlin et al. 1990.

Scheer, August-Wilhelm (EDV): EDV-orientierte Betriebswirtschaftslehre. 4. Aufl., Berlin et al. 1990.

Scheer, August-Wilhelm; Hoffmann, Wolfgang; Wein, Ralf: Customizing von Standardsoftware mit Referenzmodellen. HMD Theorie und Praxis der Wirtschaftsinformatik, 31 (1994) 180, S. 92-103.

Scheer, August-Wilhelm; Leismann, Uschi: Konzeption eines Bildschirmtext-gestützten Warenwirtschaftssystems zur Kommunikation mit verzweigten Handelsunternehmen. In: K. Kurbel, P. Mertens, A.-W. Scheer (Hrsg.), Interaktive betriebswirtschaftliche Informations- und Steuerungssysteme. Berlin-New York 1989. S. 111-133.

Scheer, August-Wilhelm; Loos, Peter; Allweyer, Thomas; Klabunde, Steffen; Kraus, Michael; Zimmermann, Volker: Modellbasiertes Geschäftsprozeßmanagement. m&c, 2 (1994) 4, S. 287-292.

Scheer, August-Wilhelm; Nüttgens, Markus; Zimmermann, Volker: Objektorientierte Ereignisgesteuerte Prozeßkette (oEPK): Methode und Anwendung. In: A.-W. Scheer (Hrsg.), Veröffentlichungen des Instituts für Wirtschaftsinformatik, Heft 141. Saarbrücken 1997.

Schenk, Hans-Otto: Marktwirtschaftslehre des Handels. Wiesbaden 1991.

Schenk, Hans-Otto (Spanne I): Die Handelsspanne als zentrale Leistungs- und Führungskennzahl des Handels (I). WISU, 25 (1996) 1, S. 43-49.

Schenk, Hans-Otto (Spanne II): Die Handelsspanne als zentrale Leistungs- und Führungskennzahl des Handels (II). WISU, 25 (1996) 2, S. 133-141.

Schierenbeck, Henner: Grundzüge der Betriebswirtschaftslehre. 11. Aufl., München-Wien 1993.

Schiffel, Joachim: Warenwirtschaftssysteme im Handel. Möglichkeiten und Grenzen. Augsburg 1984.

Schinnerl, Rudolf: EDV-gestützte Steuerung des Warenflusses in Handelsbetrieben. Die Integrationsfunktion von Warenwirtschaftssystemen (WWS). zfo, 55 (1986) 2, S. 124-129.

Schlageter, Gunter; Stucky, Wolffried: Datenbanksysteme - Konzepte und Modelle. 2. Aufl., Stuttgart 1983.

Schmidt, Götz: Organisation. Methode und Technik. 2. Aufl., Gießen 1975.

Schmidt, Götz: Methode und Techniken der Organisation. 11. Aufl., Gießen 1997.

Schmidt, Horst: Berichtswesen, Organisation des. In: E. Grochla (Hrsg.), Handwörterbuch der Organisation. 2. Aufl., Stuttgart 1980, Sp. 320-330.

Schminke, Lutz: Die Informationspolitik von Handelsbetrieben in kooperativen Gruppen unter besonderer Berücksichtigung der Bereiches der Warenwirtschaft. Dissertation, Göttingen 1981.

Schneider, Dieter: Betriebswirtschaftslehre - Band 1: Grundlagen. 2. Aufl., München-Wien 1995.

Scholz-Reiter, Bernd: CIM-Informations- und Kommunikationssysteme. München-Wien 1990.

Scholz-Reiter, Bernd: Definition und Umsetzung eines einheitlichen Unternehmensdatenmodells mit Hilfe von CASE Werkzeugen. CIM-Management, 7 (1991) 5, S. 46-53.

Scholz-Reiter, Bernd: Structured Analysis and Design Technique (SADT). In: P. Mertens et al. (Hrsg.), Lexikon der Wirtschaftsinformatik. 3. Aufl., Berlin et al. 1997, S. 387-388.

Schreuder, Siegfried; Upmann, Rainer: CIM-Wirtschaftlichkeit - Vorgehensweise zur Ermittlung des Nutzens einer Integration von CAD, CAP, CAM, PPS und CAQ. Köln 1988.

Schröder, Hendrik: Neuere Entwicklungen der Kosten- und Leistungsrechnung im Handel und ihre Bedeutung für ein integriertes Warenwirtschafts-Controlling. In: D. Ahlert, R. Olbrich (Hrsg.), Integrierte Warenwirtschaftssysteme und Handelscontrolling. 3. Aufl., Stuttgart 1997, S. 331-366.

Schröder, Hendrik; Tenberg, Ingo: Zufriedenheit interner Kunden in mehrstufigen Handelssystemen. In: V. Trommsdorff (Hrsg.), Handelsforschung 1997/98. Kundenorientierung im Handel. Jahrbuch der Forschungsstelle für den Handel Berlin (FfH) e.V. Wiesbaden 1997, S. 155-177.

Schult, Eberhard: Betriebswirtschaftliche Steuerlehre. Einführung. München-Wien 1994.

Schulte, Karl; Steckenborn, Ilona; Blasberg, Lutz: Systeme der Warenwirtschaft im Handel. Eine Einführung für Mittelbetriebe. Köln 1981.

Schulte, Rainer; Rosemann, Michael; Rotthowe, Thomas: Business Process Reengineering in Theorie und Praxis: Geschäftsprozeßoptimierung in einem Großhandelsunternehmen. m&c, 2 (1994) 3, S. 211-219.

Schulte-Zurhausen, Manfred: Integration und unternehmensinterne Verteilung von EDI-Daten. Wirtschaftsinformatik, 36 (1994) 1, S. 57-65.

Schulte-Zurhausen, Manfred: Organisation. München 1995.

Schumann, Mathias: Betriebliche Nutzeffekte und Strategiebeiträge der großintegrierten Informationsverarbeitung. Berlin et al. 1992.

Schüppler, David: Sinn und Unsinn der Konditionenvielfalt im Handel. Internes Arbeitspapier des Lehrstuhls für Wirtschaftsinformatik und Informationsmanagement, Institut für Wirtschaftsinformatik. Münster, 1997.

Schüppler, David; Dönselmann, Sabine: Optimierungspotential im Wareneingang. In: EuroHandelsinstitut e.V. (Hrsg.), Automatische Disposition: Bestandsaufnahme und Perspektiven. EHI Enzyklopädie des Handels. Köln 1997, S. 66-69.

Schütte, Reinhard: Prozeßorientierung in Handelsunternehmen. In: G. Vossen, J. Becker (Hrsg.), Geschäftsprozeßmodellierung und Workflow-Management. Modelle, Methoden, Werkzeuge, Bonn et al. 1996, S. 258-275.

Schütte, Reinhard: Grundsätze ordnungsmäßiger Referenzmodellierung. Dissertation, Universität Münster. Münster 1997.

Schütte, Reinhard: Analyse, Konzeption und Realisierung von Informationssystemen - eingebettet in ein Vorgehensmodell zum Management des organisatorischen Wandels. Erscheint in: D. Ahlert, J. Becker, R. Olbrich, R. Schütte (Hrsg.), Informationssysteme für das Handelsmanagement - Konzepte und Nutzung in der Unternehmenspraxis. Berlin et al. 1998, S. 191-237.

Schütte, Reinhard; Schüppler, David: Prozeßorientierte Einführung integrierter Handelsinformationssysteme. HMD Theorie und Praxis der Wirtschaftsinformatik, 32 (1995) 186, S. 115-132.

Schwarze, Jochen: Einführung in die Wirtschaftsinformatik. 2. Aufl., Herne-Berlin 1991.

Schweitzer, Marcell; Küpper, Hans-Ulrich: Systeme der Kosten- und Erlösrechnung. 6. Aufl., Landsberg/Lech 1995.

Seibt, Dietrich: Integrationsaspekte technologiegestützter Informations- und Kommunikationssysteme. In: G. Tenzer (Hrsg.), Büroorganisation - Bürokommunikation, 2. Aufl., Heidelberg 1989, S. 143-163.

Seibt, Dietrich: Information Resource Management. In: P. Mertens (Hrsg.), Lexikon der Wirtschaftsinformatik. 2. Aufl., Berlin et al. 1990, S. 212-215.

Seubert, Michael; Schäfer, Torsten; Schorr, Martin; Wagner, Jürgen: Praxisorientierte Datenmodellierung mit der SAP-SERM-Methode. Informatik - Zeitschrift der schweizerischen Informatikorganisationen, 2 (1995) 1, S. 15-23.

Seyffert, Rudolf: Wirtschaftslehre des Handels. E. Sundhoff (Hrsg.). 5. Aufl., Opladen 1972.

Simmet, Heike: Transparente Kundenstrukturen. Strategische Informationsvorteile durch vernetzte Warenwirtschaftssysteme. Dynamik im Handel, 37 (1993) 2, S. 55-59.

Simmet, Heike; Schulte, Egon: Strategisches Informationsmodell für den Einzelhandel. Erfassung bis zum einzelnen Artikel! Logistik heute, 12 (1990) 1/2, S. 40-41.

Singh, S. K.: Using Information Technology Effectively - Organizational Preparedness Models. Information & Management, 24 (1993) 3, S. 133-146.

Sinz, Elmar J.: Das Entity-Relationship-Modell (ERM) und seine Erweiterungen. HMD Theorie und Praxis der Wirtschaftsinformatik, 27 (1990) 152, S. 17-29.

Sinz, Elmar J.: Datenmodellierung im Strukturierten Entity-Relationship-Modell (SERM). In: G. Müller-Ettrich (Hrsg.), Fachliche Modellierung von Informationssystemen: Methoden, Vorgehen, Werkzeuge. Bonn et al. 1993, S. 61-124.

Sinz, Elmar J.: Kann das Geschäftsprozeßmodell der Unternehmung das unternehmensweite Datenschema ablösen? Bamberger Beiträge zur Wirtschaftsinformatik Nr. 33. Bamberg 1995.

Solaro, Dietrich: Schnittstellen-Controlling. In: P. Horváth, H. Gassert, D. Solaro (Hrsg.), Controllingkonzeptionen für die Zukunft. Stuttgart 1991, S. 91-110.

Sonnenschein, Martin: Organisation von Informationsflüssen an Schnittstellen betrieblicher Funktionsbereiche. Diplomhausarbeit. Karlsruhe 1989.

Sova, Oldrich; Piper, Jürgen: Computergestützte Warenwirtschaft im Handel. Köln 1985.

Sowa, John F.; Zachman, John A.: Extending and formalizing the framework for Information systems architecture. IBM Systems Journal, 31 (1992) 3, S. 590-615.

Spindler, Georg: Wettbewerbsvorteile durch Warenwirtschaftssysteme. Office Management, 39 (1991) 3, S. 41-46.

Sprenger, Heinrich: Das Online-Informationssystem im Großhandel der REWE Lebensmittel-Großhandel eG. Schwerte. In: P. Stahlknecht (Hrsg.), Online-Systeme im Finanz- und Rechnungswesen. Anwendergespräch, Berlin, April 1980. Berlin et al. 1980, S. 457-475.

Staehle, Wolfgang H.: Kennzahlen und Kennzahlensystem als Mittel der Organisation und Führung von Unternehmen. Wiesbaden 1969.

Stahlknecht, Peter: Computerunterstützung in den betriebswirtschaftlichen Funktionsbereichen. In: K. Kurbel, H. Strunz (Hrsg.), Handbuch Wirtschaftsinformatik. Stuttgart 1990, S. 31-45.

Stahlknecht, Peter; Hasenkanp, Ulrich: Einführung in die Wirtschaftsinformatik. 8. Aufl., Berlin et al. 1997.

Staudte, Werner: Internet. Der Handel ist noch unsicher. Risiken und Chancen des Internet können noch nicht richtig eingeschätzt werden. Der Handel, o. Jg. (1996) 7, S. 46-47.

Stay, J. F. : HIPO und Integrated Program Design. IBM Systems Journal, 15 (1976) 2, S. 143-154.

Stecher, Peter: Building business and application systems with the Retail Application Architecture. IBM Systems Journal, 32 (1993) 2, S. 278-306.

Steffenhagen, Hartwig: Konditionengestaltung zwischen Industrie und Handel. Wien 1995.

Sternberg, Hans: Warenwirtschaftssysteme. In: K. Kurbel, H. Strunz (Hrsg.), Handbuch Wirtschaftsinformatik. Stuttgart 1990, S. 101-118.

Strahringer, Susanne: Zum Begriff des Metamodells. In: W. Domschke, H. Stadtler, H. J. Petzold (Hrsg.), Schriften zur Quantitativen Betriebswirtschaftslehre, Nummer 6/95, Stand 2/96. Darmstadt 1996.

Strebi, Susanne: Kritische Erfolgsfaktoren bei der Einführung von SAP R/3. Arbeitsberichte des Institut für Wirtschaftsinformatik der Universität Bern, Nr. 91. Bern 1996.

Striening, Hans.-Dieter: Rationalisierungsanalysen und -maßnahmen im Gemeinkostenbereich. In: F.-J. Witt (Hrsg.), Aktivitätscontrolling und Prozeßkosten-Management. Stuttgart 1991, S. 131-149.

Stubbe, Helmut: Elektronik in der Warenwirtschaft. Selbstbedienung - Dynamik im Handel, 24 (1980) 4, S. 2-4.

Sturzenegger, Martin: Warenbewirtschaftungssysteme im Warenhaus. Bern-Frankfurt/M. 1974.

Swoboda, Bernhard: Multimediale Systeme im Handel. Einsatzgebiete und Wirkung elektronischer POS-Kundeninformationssysteme. WISU, 26 (1997) 1, S. 50-55.

-T-

Thiel, Monika: Flexible Bearbeitung, schneller Service, zufriedene Kunden: Workflow-Management bei der Quelle AG. Office Management, 43 (1995) 6, S. 40-43.

Tiemeyer, Ernst; Zsifkovits, Helmut E.: Information als Führungsmittel - Executive Information Systems; Konzeption, Technologie, Produkte, Einführung. München 1995.

Tietz, Bruno: Der Handelsbetrieb. Grundlagen der Unternehmenspolitik. 2. Aufl., München 1993.

Tietz, Bruno (Distributionslogistik): Computergestützte Distributionslogistik. In: A. Hermanns, V. Flegel (Hrsg.), Handbuch des Electronic Marketing. Funktionen und Anwendungen der Informations- und Kommunikationstechnik im Marketing. München 1992, S. 717-760.

Tietz, Bruno (EH): Einzelhandelsperspektiven für die Bundesrepublik Deutschland bis zum Jahre 2010. Dynamik im Handel Band 1. Frankfurt/M. 1992.

Tietz, Bruno (Zukunft): Zunkunftsstrategien im Handel. Dynamik im Handel Band 3. Frankfurt/M. 1993.

Timm, Ulf: Computer Aided Selling (CAS). In: P. Mertens (Hrsg.), Lexikon der Wirtschaftsinformatik. 3. Aufl., Berlin et al. 1997, S. 87-88.

Töpfer, Armin: Efficient Consumer Response - Bessere Zusammenarbeit zwischen Handel und Herstellern. In: V. Trommsdorff (Hrsg.), Handelsforschung 1995/96. Informationsmanagement im Handel. Jahrbuch der Forschungsstelle für den Handel Berlin (FfH) e.V. Wiesbaden 1995, S. 187-200.

Töpfer, Armin: Efficient Consumer Response (ECR) - Wie realistisch sind die versprochenen Vorteile? In: CPC Deutschland GmbH (Hrsg.), Ergebnisse des 1. CPC Trend Forum. Mainz 1996.

Treuling, Walter: Entscheidungen gut vorbereiten. DFG-Projekt zu Gestaltungsalternativen bei komplexen Strukturen. fir+aiw-Mitteilungen, 22 (1990) 1, S. 3-6.

Trommsdorff, Volker; Fielitz, Helge; Hormuth, Steffen: Integrierte Warenwirtschaftssysteme im Handel. In: V. Trommsdorff (Hrsg.), Handelsforschung 1988. Jahrbuch der Forschungsstelle für den Handel Berlin (FfH) e.V. Heidelberg 1988, S. 179-192.

-V-

Veit, Thomas; Walz, Hartmut; Gramlich, Dieter: Investitions- und Finanzplanung. 4. Aufl., Heidelberg 1993.

Vialon, Hans: Entscheidungsunterstützungssysteme auf der Basis computergestützter Warenwirtschaftssysteme für das Absatzmarketing im Einzelhandel. In: D. Ahlert, R. Olbrich (Hrsg.), Integrierte Warenwirtschaftssysteme und Handelscontrolling. 3. Aufl., Stuttgart 1997, S. 367-392.

-W-

Wagner, Wilfried (§10): Kommentar zum UStG, § 10 Abs. 1. In: G. Mößlang (Hrsg.), Sölch, Ringleb, List: Umsatzsteuergesetz mit Durchführungsbestimmungen und Ergänzungsvorschriften: Kommentar. München 1997, Anm. 4-8a.

Wagner, Wilfried (§22): Kommentar zum UStG, § 22. In: G. Mößlang (Hrsg.), Sölch, Ringleb, List: Umsatzsteuergesetz mit Durchführungsbestimmungen und Ergänzungsvorschriften: Kommentar. München 1997, Anm. 11-51.

Weber, Helmut K.: Die Zwecke des Betriebswirtschaftlichen Rechnungswesens. WiSt, 6 (1977) 3, S. 114-119.

Weber, Helmut K.: Betriebswirtschaftliches Rechnungswesen - Band 1: Bilanz und Erfolgsrechnung. 3. Aufl., München 1988.

Weber, Jürgen: Einführung in das Controlling. 6. Aufl., Stuttgart 1995.

Wedekind, Hartmut: Systemanalyse. 2. Aufl., München-Wien 1976.

Wermeyer, Frank: Marketing und Produktion. Schnittstellenmanagement aus unternehmensstrategischer Sicht. Wiesbaden 1994.

Wieland, H.-J.: Reengineering im Supermarkt. Potentiale bei Bestellung und Wareneingang. Dynamik im Handel, 39 (1995) 4, S. 28-30.

Wiendahl, Hans-Peter: Betriebsorganisation für Ingenieure. 3. Aufl., München-Wien 1989.

Wiezorek, Heinz: Efficient Consumer Response - Kooperation statt Konfrontation. Erscheint in: D. Ahlert, J. Becker, R. Olbrich, R. Schütte (Hrsg.), Informationssysteme für das Handelsmanagement - Konzepte und Nutzung in der Unternehmenspraxis. Berlin et al. 1998, S. 387-400.

Wildemann, Horst: Integrationslücken und Integrationspfade für CIM. DBW, 51 (1991) 4, S. 413-434.

Wildemann, Horst: Informationsflußintegration. In: M. G. Zihali-Szabó (Hrsg.), Kleines Lexikon der Informatik. München-Wien 1995, S. 261-267.

Wildemann, Horst (Erfolgsfaktor): Der Erfolgsfaktor Informationsverarbeitung in kundennahen, schlanken Unternehmen. Wirtschaftsinformatik, 37 (1995) 2, S. 95-104.

Winter, Friedgard; Maag, Daniela: AD/CYCLE - Verstärkung für SAA? IM Information Management, 5 (1990) 2, S. 32-39.

Winterstein, Alexandra: Effizienter Umgang mit Daten verlangt spezielle Werkzeuge. Computerwoche, o. Jg. (1997) 38, S. 57-58.

Witt, Frank-Jürgen: Deckungsbeitragsmanagement. München 1991.

Witt, Frank-Jürgen: Handelscontrolling. München 1992.

Wittmann, Waldemar: Unternehmung und unvollkommene Information. Köln-Opladen 1959.

Wittmann, Waldemar: Information. In: E. Grochla (Hrsg.), Handwörterbuch der Organisation. 2. Aufl., Stuttgart 1980, Sp. 894-904.

Wöhe, Günter: Einführung in die allgemeine Betriebswirtschaftslehre. 18. Aufl., München 1993.

Wolf, Thomas Klaus: Warenwirtschaftssysteme. Dritte Generation - Mehr Vorsprung im Wettbewerb. Diebold Management Report, o. Jg. (1993) 10, S. 11-17.

Wüst, W.: EDV-Schnittstellen der Kosten- und Leistungsrechnung. In: W. Kilger, A.-W. Scheer (Hrsg.), Plankosten- und Deckungsbeitragsrechnung in der Praxis. Würzburg-Wien 1980, S. 425-442.

-Y-

Yourdon, Edward; Constantine, Larry L.: Structured Design. Fundamentals of a discipline of computer program and systems design. Englewood Cliffs 1979.

-Z-

Zachman, John A.: A Framework for Information Systems Architecture. IBM Systems Journal, 26 (1987) 3, S. 276-292.

Zangemeister, Christof: Nutzwertanalyse in der Systemtechnik. Eine Methodik zur multidimensionalen Bewertung und Auswahl von Projektalternativen. 4. Aufl., München 1976.

Zelewski, Stephan: Schnittstellen bei betrieblichen Informationssystemen - Eine Darstellung aus systemtheoretischer und betriebswirtschaftlicher Sicht. Arbeitsbericht des Seminars für Allgemeine Betriebswirtschaftslehre, Industriebetriebslehre und Produktionswirtschaft an der Universität zu Köln, Nr. 6. 2. Aufl., Köln 1986.

Zentes, Joachim (Hrsg.): Moderne Warenwirtschaftssysteme im Handel. Internationale Fachtagung 25.-27.10.84. Berlin et al. 1985.

Zentes, Joachim (WWS): Warenwirtschaftssysteme - Auf dem Weg zum Scientific Management im Handel. ZFP, 10 (1988) 3, S. 177-181.

Zentes, Joachim: Nutzeffekte von Warenwirtschaftssystemen im Handel. IM Information Management, 3 (1988) 4, S. 58-67.

Zentes, Joachim: „CIM" und „global sourcing". Auswirkungen von Warenwirtschaftssystemen auf Logistik und Distribution. Dynamik im Handel, 35 (1991) 7, S. 69-74.

Zentes, Joachim: Kooperative Wettbewerbsstrategien im internationalen Konsumgütermarketing. In: J. Zentes (Hrsg.), Strategische Partnerschaften im Handel. Stuttgart 1992, S. 3-32.

Zentes, Joachim: Strategische Allianzen - Neuorientierung der kooperativen Wettbewerbsstrategien im Handel. In: V. Trommsdorff (Hrsg.), Handelsforschung 1994/95. Kooperation im Handel und mit dem Handel. Jahrbuch der Forschungsstelle für den Handel Berlin (FfH) e.V. Wiesbaden 1994, S. 73-85.

Zentes, Joachim: ECR - eine neue Zauberformel? In: A. Töpfer (Hrsg.), Efficient Consumer Response (ECR). 1. CPC TrendForum. Mainz 1996, S. 24-46.

Zentes, Joachim: Trends im Handel - Chancen und Risiken zwischenbetrieblicher Kooperationen. Erscheint in: D. Ahlert, J. Becker, R. Olbrich, R. Schütte (Hrsg.), Informationssysteme für das Handelsmanagement - Konzepte und Nutzung in der Unternehmenspraxis. Berlin et al. 1998, S. 345-352.

Zentes, Joachim; Anderer, Michael (WWS): Warenwirtschaftssysteme. In: A.-W. Scheer (Hrsg.), Handbuch Informationsmanagement, Wiesbaden 1993, S. 347-363.

Zentes, Joachim; Exner, Ralf; Braune-Krickau, Michael: Studie Warenwirtschaftsyteme im Handel - Über den Stand und die weitere Entwicklung von Warenwirtschaftssystemen im Einzelhandel mit Konsumgütern des täglichen Bedarfs. Essen-Rüschlikon 1989.

Zimmer, Wolfgang: Scanning und Warenwirtschaft. Der mühsame Weg zum geschlossenen System. Dynamik im Handel, 34 (1990) 9, S. 27-32.

Zwicky, Fritz: Entdecken, Erfinden, Forschen im Morphologischen Weltbild. München-Zürich 1966.

Anhang

Anhang A:

Interviews in mehrstufigen Handelsunternehmen

Im Zeitraum vom 21. März 1997 bis zum 17. November 1997 wurden bei neun Handelsunternehmen Gespräche mit den für die Funktionsbereiche Warenwirtschaft, Rechnungswesen, EDV/Organisation zuständigen leitenden Mitarbeitern durchgeführt.

Die Gespräche orientierten sich an semi-strukturierten Fragebogen, die den Interviewpartner vor dem Gespräch zugesandt wurden.

In Tab. A.1 bis Tab. A.3 werden die Ergebnisse der Untersuchung anhand der Charakteristika der einzelnen Unternehmen und Vertriebsschienen erläutert.

	Gruppe	extra Verbrauchermärkte				Rewe		
	Branche	Lebensmitteleinzelhandel				Lebensmitteleinzelhandel		
	Logistik	Regionallager				Regionale Niederlassungen und mehrere Lager		
	Vertriebsschienen = Abnehmer	extra	tip Discount	toom	Penny Markt	selbständige Rewe-Märkte [1]	HL, minimal	
	Betriebstyp	Verbrauchermarkt	Discounter	SB-Warenhaus Baumarkt	Discounter	Supermärkte	Supermarkt	
	Anteil Belieferung über							
	Lagergeschäft	60%	90%	10%	95%	ca. 40-60%	ca. 40-60%	
	Streckengeschäft	40%	10%	90%	5%	ca. 60-40%	ca. 60-40%	
	Sortimentsgröße (Artikel)	20.000-40.000	1.400	40.000-70.000	2.000	7.000-8.000	8.000-12.000	
	Sortimentspolitik	zentral	zentral	zentral	zentral	dezentral	zentral	
	Stammdatenpflege	zentral	zentral	zentral	zentral	zentral	zentral	
	Preispolitik	zentral	zentral	zentral	zentral	dezentral	zentral	
	Bestellpolitik	zentral/ dezentral	zentral	zentral	zentral	dezentral	zentral	
	Informationssysteme							
	dezentrale Einheit	POS-System	POS-System	FWWS	POS-System	FWWS, POS	POS-System	
	Zentrale: WWS	Individualentwicklung	Individualentwicklung	Individualentwicklung	Individualentwicklung	Individualentwicklung	Individualentwicklung	
	Rechnungswesen	SAP R/3 FI	SAP R/3 FI		SAP R/2 RF und R/3 FI, CO			
	Wareneingangserfassung	dezentral, artikelgenau	zentral, manuell	dezentral mit Bezug zur Bestellung	zentral (durch Belastung mit Lief.-daten)	dezentral	dezentral oder Belastung mit Lieferantendaten	
	Buchung WE / Wareneinsatz dezentrale Einheit	--	--	artikelgenau zu EK-NN, VK	--	artikelgenau, WGR, HWGR		
	WWS Zentrale: Aggregationsebene, Wert	artikelgenau zu EK-NN, VK	artikelgenau zu EK-NN, VK	WGR, HWGR zu EK-NN, VK	WGR, HWGR zu EK-NN, VK	WGR, HWGR zu EK-NN, VK	WGR, HWGR zu EK-NN, VK	
	Hauptbuchhaltung: Aggregationsebene, Zeitpunkt	Abteilung zum Monatsabschluß	Abteilung zum Monatsabschluß	8 Abteilungen beim Wareneingang	2 Abteilungen beim Wareneingang	2 Abteilungen beim Wareneingang	2 Abteilungen beim Wareneingang	
	Rechnungsprüfung	zentral	zentral	zentral	zentral	zentral	zentral	
	Anzahl Belege pro Monat	230.000			580.000			
	Abgleichquote autom. Rechn.-pr.	73%	73%	60%	60%	60%	60%	
	Warenausgangserfassung							
	Nicht-Scanner-Märkte	7/9 Kassen-WGR	--	--	--	5 Kassen-WGR	5 Kassen-WGR	
	Scanner-Märkte	artikelgenau	artikelgenau	artikelgenau	artikelgenau	artikelgenau	artikelgenau	
	Buchung Warenausgang dezentrale Einheit	--	--	artikelgenau mengen- und wertmäßig	artikelgenau, automatische Nachdisposition	WGR, HWGR	WGR, HWGR	
	WWS Zentrale	Monats-abschluß	Monats-abschluß	5 Abteilungen	5 Abteilungen	5 Abteilungen	5 Abteilungen	
	Hauptbuchhaltung	--	--	--	--	--	--	
	Wareneinsatzermittlung	Monatsabschluß aus WWS	Monatsabschluß aus WWS	Monatsabschluß aus WWS	Monatsabschluß aus WWS	Monatsabschluß aus WWS	Monatsabschluß aus WWS	
	Buchung Umsätze Warenwirtschaft	täglich Artikel/ WGR/Abt.	täglich Artikel/WGR	artikelgenau	artikelgenau, HWGR	artikelgenau, HWGR	WGR, HWGR, Abteilung	
	Hauptbuchhaltung	täglich auf Marktebene	täglich auf Marktebene	5 Abteilungen, täglich	2 Abteilungen täglich	2 Abteilungen täglich	5 Abteilungen	
	Ermittlung Umsatzsteuer	nach d. Grundsätzen des Berl. Verfahrens	nach d. Grundsätzen des Berl. Verfahrens	tatsächliche Aufschläge aus WE zu VK	tatsächliche Aufschläge aus WE zu VK	tatsächliche Aufschläge aus WE zu VK	tatsächliche Aufschläge aus WE zu VK	
	Buchung Zahlungsmittel	maschinell über WWS	maschinell über WWS	POS-Upload	POS-Upload	POS-Upload	POS-Upload oder manuell	

Bemerkungen:
1 je nach Ausstattung der selbständigen Einzelhändler

EK-NN: EK-Netto-Netto
HWGR: Hauptwarengruppe
k. A.: keine Angabe

SSW: Standardsoftware
WE: Wareneingang
WGR: Warengruppe

Tab. A.1: Charakteristika der interviewten Firmen - Teil 1

Gruppe	Interspar	Götzen [1]		Bremke & Hoerster		Marktführer im Segment
Branche	Lebensmittelhandel	Baustoffe, Heimwerker		Lebensmitteleinzelhandel		Consumer Electronics
Logistik	Regionallager	--		Zentrallager		
Vertriebsschienen = Abnehmer	Spar, Interspar, Eurospar	Götzen Baumärkte		Famila	Combi/Friz	2
Betriebstyp	Supermarkt	Baumarkt		SB-Warenhaus	Supermarkt	Fachmarkt
Anteil Belieferung über						
Lagergeschäft	35%	--		75%	80%	--
Streckengeschäft	65%	100%		25%	20%	100%
Sortimentsgröße (Artikel)	40.000-60.000	80.000-100.000		20.000	10.000	Tonträger 350.000, andere 180.000
Sortimentspolitik	zentral	zentral/ dezentral	zentral		zentral	zentral/ dezentral
Stammdatenpflege	zentral	zentral/ dezentral	zentral		zentral	zentral
Preispolitik	zentral	zentral/ dezentral	zentral		zentral	dezentral
Bestellpolitik	zentral/ dezentral	zentral/ dezentral	zentral		zentral	zentral (5%)/ dezentral (95%)
Informationssysteme						
dezentrale Einheit	POS-System	FWWS		POS-System	POS-System	Individualentw.
Zentrale: WWS	IBM MAS-90 SSW	Individualentwicklung		Individualentwicklung, ab 1998 SAP IS-Retail		Individualentwicklung
Rechnungswesen	FIBS SSW	SSW		SAP R/3 FI		SAP R/3 FI
Wareneingangserfassung	dezentral mit Bezug zur Bestellung	dezentral mit Bezug zur Bestellung		zentral/ artikelgenau mit Bezug zur Bestellung		dezentral mit Bezug zur Bestellung
Buchung WE / Wareneinsatz						
dezentrale Einheit	artikelgenau	artikelgenau zu EK-N, VK		--	--	artikelgenau zu EK-NN und VK
WWS Zentrale: Aggregationsebene, Wert	verdichtet auf 12 HWGR zu EK-N, VK	nachts, artikelgenau zu EK-N, VK		artikelgenau zu EK-NN und VK	artikelgenau zu EK-NN und VK	--
Hauptbuchhaltung: Aggregationsebene, Zeitpunkt	12 HWGR nach Rechnungsprüfung	98 WGR nach Rechnungsprüfung		Abteilung beim Wareneingang	Abteilung beim Wareneingang	1 Warenbestandskonto nach der Rechnungsprüfung
Rechnungsprüfung	zentral	zentral		zentral	zentral	zentral
Anzahl Belege pro Monat	70.000	90.000		70.000		Vorprüfung in der Filiale 1.500 pro Filiale [2]
Abgleichquote autom. Rechn.-pr.	30-40%	75-85%		k.A.	k.A.	manuelle Prüfung
Warenausgangserfassung						
Nicht-Scanner-Märkte	16 WGR	--		12 Kassen-WGR	3 Kassen-WGR	--
Scanner-Märkte	artikelgenau	artikelgenau		artikelgenau	artikelgenau	artikelgenau
Buchung Warenausgang						
dezentrale Einheit	--	artikelgenau mengenmäßig		--	--	artikelgenau mengen- und wertmäßig zum GLD
WWS Zentrale	18 Kassen-WGR, Artikel	artikelgenau wertmäßig zu GLD		geplant: wöchentlich artikelgenau zum GLD		--
Hauptbuchhaltung	--	--		Verdichtung zu WGR		nur im Rahmen des Jahresabschlusses
Wareneinsatzermittlung	Monatsabschluß aus RW	Monatsabschluß aus WWS		Monatsabschluß aus RW	Monatsabschluß aus RW	Monatsabschluß aus WWS
Buchung Umsätze						
Warenwirtschaft	18 HWGR	täglich Artikel/WGR		geplant: wöchentlich artikelgenau		bonweise mengen- und wertmäßig für Statistik, 15 Abteilungen
Hauptbuchhaltung	18 HWGR	98 WGR		täglich 1 Umsatzkonto, wöchentlich Abteilung		1 Umsatzkonto aus Kassenbericht
Ermittlung Umsatzsteuer	Durchschnittsaufschlag auf Vorjahreswerte	MwSt.-rein		Durchschnittsaufschlag auf Vorjahreswerte	Durchschnittsaufschlag auf Vorjahreswerte	MwSt.-rein
Buchung Zahlungsmittel	täglich manuell	POS-Upload		täglich manuell	täglich manuell	täglich manuell

Bemerkungen
1 Angaben gültig nach Einführung des geplanten WWS
2 geplant ist eine dezentrale Rechnungsvorprüfung

EK-NN: EK-Netto-Netto
HWGR: Hauptwarengruppe
k. A.: keine Angabe

SSW: Standardsoftware
WE: Wareneingang
WGR: Warengruppe

Tab. A.2: Charakteristika der interviewten Firmen - Teil 2

Gruppe	L. Stroetmann		Pietsch	Soennecken
Branche	Lebensmittelgroßhandel		Sanitärgroßhandel	Großhandel, Zentralregulierung
Logistik	Zentrallager		Zentrallager	Zentrallager
Vertriebsschienen = Abnehmer	Cash-and-Carry-Märkte	Einzelhändler	Fachmarkt, Handwerker	Mitglieder
Betriebstyp	Großhandel, C+C Märkte	Supermärkte	Großhandel	Fachmärkte
Anteil Belieferung über				
Lagergeschäft	k. A.	78%	93%	10%
Streckengeschäft	k. A.	32%	7%	90%
Sortimentsgröße (Artikel)	42.000	8.000	19.600	Lager: 1.100 ZR: k. A.
Sortimentspolitik	zentral	zentral	zentral	zentral
Stammdatenpflege	zentral	zentral	zentral	zentral
Preispolitik	zentral	zentral	zentral	zentral
Bestellpolitik	zentral/ dezentral	zentral/ dezentral	zentral	zentral
Informationssysteme				
dezentrale Einheit	FWWS	POS-System	--	FWWS, POS
Zentrale: WWS	Individual-entwicklung	Individual-entwicklung	MB-Handel SSW, angepaßt	CPL SSW, angepaßt
Rechnungswesen	IBM IBS SSW	IBM IBS SSW	MB-Handel	Asring FIBU
Wareneingangserfassung	dezentral	dezentral	zentral mit Bezug zur Bestellung	dezentral
Buchung WE / Wareneinsatz dezentrale Einheit	artikelgenau zu EK-N, VK	artikelgenau zu EK-N, VK	k. A.	k. A.
WWS Zentrale: Aggregationsebene, Wert	Abteilungsgenau auf Wareneinsatzkonten	Abteilungsgenau auf Wareneinsatzkonten	artikelgenau zu EK nach Wareneingang	artikelgenau zu EK nach Rechn.prüfg.
Hauptbuchhaltung: Aggregationsebene, Zeitpunkt	Abteilungsgenau auf Wareneinsatzkonten	Abteilungsgenau auf Wareneinsatzkonten	artikelgenau zu EK täglich	2 Bestandskonten
Rechnungsprüfung	zentral	zentral	zentral	zentral
Anzahl Belege pro Monat	5.000	3.500	15.000-16.000 Positionen im Monat	Lager: 1.000 ZR: 170.000
Abgleichquote autom. Rechn.-pr.	82%	80%	Kontrolle im Dialog	k. A.
Warenausgangserfassung				
Nicht-Scanner-Märkte	--	--	k. A.	k. A.
Scanner-Märkte	artikelgenau	artikelgenau	k. A.	k. A.
Buchung Warenausgang dezentrale Einheit	artikelgenau zum GLD	artikelgenau zum GLD	k. A.	k. A.
WWS Zentrale	--	--	artikelgenau zu GLD	artikelgenau zu durchschnittl. EK
Hauptbuchhaltung	--	--	artikelgenau zu GLD	--
Wareneinsatzermittlung	direkt beim Wareneingang	direkt beim Wareneingang	beim Warenausgang	Monatsabschluß
Buchung Umsätze				
Warenwirtschaft	artikelgenau	artikelgenau	artikelgenau	k. A.
Hauptbuchhaltung	1 Umsatzkonto	1 Umsatzkonto	k. A.	k. A.
Ermittlung Umsatzsteuer	MwSt.-rein	MwSt.-rein	MwSt.-rein	MwSt.-rein
Buchung Zahlungsmittel	täglich manuell	täglich manuell	--	k. A.

Bemerkungen
EK-N: EK-Netto SSW: Standardsoftware
EK-NN: EK-Netto-Netto WE: Wareneingang
HWGR: Hauptwarengruppe WGR: Warengruppe
k. A.: keine Angabe

Tab. A.3: Charakteristika der interviewten Firmen - Teil 3

Anhang B:

Gesamtmodell der Informationsflüsse zwischen Warenwirtschaft und Rechnungswesen

Nr.	Bezeichnung	Nr.	Bezeichnung
1	A: Umsatzwerte pro WGR, HWGR oder Abteilung	40	A,B,C: erfaßte Rechnung mit Sperrkennzeichen
2	B,C: Umsatzwerte pro Artikel, WGR, oder Abteilung; WA-Beleg bei Kundenauftrag	41	A,B,C: freigegebene Rechnung
3	B,C: Lieferschein	42	A,B,C: Belastungsanzeigen/Gutschriften nach Abrechnung
4	GH: Lieferschein	43	A,B,C: geänderte Rechnung, Storno, Nachforderungen
5	GH: Faktura	44	A,B,C: Zahlungsausgleich
6	GH: Gutschriften aus Reklamationen und Rückgaben	45	A,B,C: Umsätze Brutto, Finanzdaten
7	GH: Fakturawert	46	A,B,C: Zahlungsmittelbestände
8	A,B,C: Kundenkartenabrechnung, Abnehmerrechnung: Offener Posten; GH: Abnehmerrechnung: Offener Posten	47	A,B,C: Bestandsminderung
9	a) GH: Gutschrift, Lastschrift aus Reklamationen b) B,C: Gutschrift, Lastschrift aus Reklamationen	48	A,B,C: Bestandsänderungen
10	GH: Abrechnung NVG: Offener Posten	49	GH: Artikelgenaue Warenausgänge
11	A,B,C: Kundenrechnung: Nettoumsatz, Steuerbetrag; POS-Upload: Brutto- bzw. Nettoumsätze u. Steuerbeträge	50	GH: Bestandsminderung
12	A,B,C: Sachkontenbuchungen	51	GH: Bestandsänderungen
13	GH: Abnehmerrechnung: Nettoumsatz, Steuerbetrag	52	B,C: Warenbewegung
14	GH: Sachkontenpositionen	53	B,C: Offene Wareneingänge, Inventurdaten
15	GH: Aufwandsbuchung NVG	54	A: Warenbewegung auf WGR-Ebene
16	Artikelgrunddaten	55	A: Offene Wareneingänge, Inventurdaten
17	Lieferantenstammdaten	56	GH: Gliederung Fälligkeit offener Posten
18	Mitbuchkonten	57	GH: Buchung auf Bankunterkonten
19	Bestandskonten	58	GH: zu erwartende Zahlungsflüsse
20	Mitbuchkonten	59	GH: Erträge aus Mahngebühren
21	Sachkonten	60	GH: Zinserträge aus Forderungen
22	Abnehmerstammdaten	61	GH: Mitbuchkonten, Bankkonten
23	Kreditorische Debitorenstammdaten	62	GH: Zahlungseingang per Überweisung
24	GH: Offene Rechnungen	63	GH: Anlagenverkauf an Debitor
25	GH: Buchung auf Bankunterkonten	64	B,C: bewerteter Wareneingang
26	GH: Zinsaufwand aus Verbindlichkeiten	65	A: Bewerteter Lieferschein
27	Mitbuchkonten, Bankkonten	66	B,C: Bestandskorrekturen
28	GH: Zahlungseingang NVG	67	A: Lieferscheine
29	(C: erfaßte Rechnung mit Zahlsperre)	68	B,C: bewerteter Wareneingang
30	(C: offene Rechnungen)	69	B,C: Bestellungen, Warenerwartung
31	(C: freigegebene Rechnung, Bestandskorrekturen)	70	B,C: Änderungen Stammdaten
32	A,B,C: offene Rechnungen	71	A,B,C: Sortimentsinformationen
33	A,B,C: erfaßte Rechnung mit Zahlsperre	72	GH: Kreditlimit, Zahlungsverhalten
34	A,B,C: freigegebene Rechnung, Bestandskorrekturen	73	(B),C: Artikelstammdaten Regionalsortiment
35	A,B,C: erfolgswirksame Vergütungen	74	B,C: Artikelstammdaten
36	A,B,C: Zahlungseingang nachtr. Vergütungen	75	B,C: Lieferantenstammdaten
37	(C): erfaßte Rechnung mit Sperrkennzeichen	76	B,C: Konditionsinformationen
38	(C): freigegebene Rechnung	77	GH: Änderungsbelege, Storno
39	(C): geänderte Rechnung, Storno, Nachforderungen	78	A,B,C: Änderungsbelege, Storno

Tab. B.1: Informationsflußinhalte des Gesamtmodells

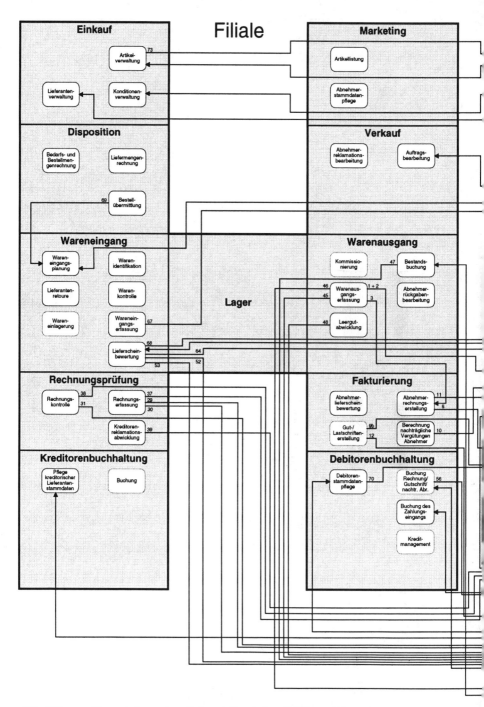

Abb. B.2: Gesamtinformationsflußmodell zwischen Filiale und Zentrale

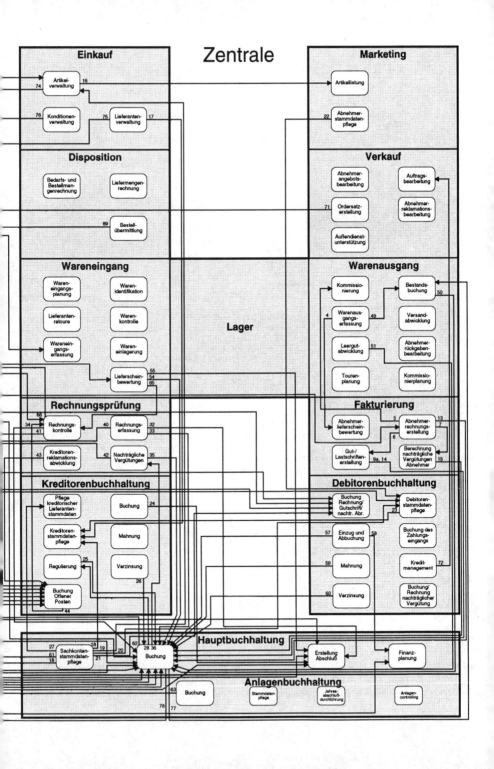